ガバナンスと評価　13

政治哲学と
イデオロギー
——レオ・シュトラウスの政治哲学論——

早瀬 善彦 著

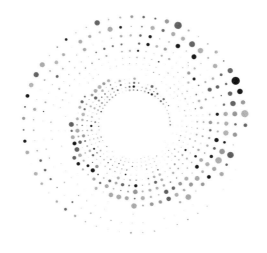

晃洋書房

目　次

第Ⅱ部　レオ・シュトラウスの政治哲学論

序　章 ┃ ディシプリンとしての政治哲学の再考
──イデオロギーを超えて──

✛ は じ め に
──第二期政治哲学の復興──

　冬の古都に立ちこめた濃霧のような価値的退廃・ニヒリズム的風潮が一気に晴れわたり，規範理論の興隆という光が差し込んだ1990年代以後，政治哲学，あるいは政治理論，政治的規範理論と呼称される学問分野への関心，意義が，欧米圏はもちろん，日本においても，急速に普及しつつある[1]・[2]

　その理由としては，ここ数十年の比較的短い思想的文脈でみれば，90年代のいわゆるポストモダニズムの退潮により，政治（権力性）と哲学（知）を同一視する議論が廃れ，ある程度，政治概念の混乱が収束に向かったことが大きいだろう．後にくわしくふれるとおり，社会，学校，家族，人間関係といったあらゆる領域に無理矢理「政治」を嗅ぎ取ろうとするポストモダニズムの習性は，逆に，政治的なものと非政治的なものの境界線を曖昧にすることで，結果として，政治的なものの消失につながる恐れを絶えず秘めていた[3]．政治があらゆる場面に見出されるとき，政治学，あるいは政治哲学固有の意義は廃れ，他の隣接分野──たとえば社会学──に飲み込まれるという運命的帰結が，政治哲学の前には待っている[4]．

　だが，理由はおそらくこれだけではない．たとえ一過性のものだったとはいえ，日本で起こったサンデルブーム[5]にみられるように，アカデミズムの世界を飛び出るような形で政治哲学（サンデルの展開した一連の議論が「政治哲学」であったかは別にして）に光が当てられた背景には，現実の世界の動きそのもの，より具体的にいえば，何らかの社会的な不安や危機意識があったように思われる．実に陳腐ないい方となるが，不安定な時代が政治哲学を求めているということだろうか．たしかに，これまでの思想の歴史をふりかえってみれば，優れた政治哲学は，それぞれの時代の危機に呼応する形で生まれてきたことも事実である．政治哲学の創始者といわれるプラトン，アリストテレスはポリスの混乱と衰退に立ち向かいつつ，マキアヴェッリはイタリア分裂の

危機の渦中にあって，ホッブズは祖国イギリスの内乱を横目でみながら，カール・シュミットはワイマール共和国の行きづまりを憂えて……といったように，あらゆる政治哲学（者）は，それぞれの生きた時代の混乱と危機に向き合ってきたといえるだろう．

　では，現代に目を転じれば，事態はどうみえてくるだろうか．藤原保信が指摘するとおり，核戦争の恐怖や環境破壊の問題は，人間の実存にかかわる哲学や近代性そのものを問い直す政治思想を生み出した［藤原 2007］．その一方で，二度の世界大戦と全体主義の経験，イデオロギー対立といわれた冷戦状況は，政治哲学，しいては現実政治そのもののイデオロギー化という危機をもたらしたともいえる[6]．そして，冷戦終結から30年以上の月日がたとうとしている今日，新たに顕在化してきたいわゆるグローバリズムという現象が一つの脅威として認識されはじめたという事実は，経済的な便益や単なる功利といった要素に還元されることのない，より本質的な価値や規範といった問題の重要性を根底から再認識させるにいたっている．

　こうした現実社会の動向をふまえ，今一度，何らかの規範的な議論の復活や政治社会のあるべき姿を見出そうというムーブメントが，政治学の分野に限らず，さまざまな分野で活発化してきているが，政治哲学に浴びせられている脚光もこのことと無関係ではないだろう．今日の政治哲学は，これまでの社会科学では対処しえなくなったさまざまな諸問題に光を当てることで，自身を再興する素地を整えたのである．

　しかしながら，以上のような1970年代以来（すなわちロールズ政治哲学の出現以来）の「第二の政治哲学の復権」の流れは，アカデミズム内でディシプリンとしての足場を固めた政治哲学の深化につながったといえるだろうか[7]．むしろ，さまざまな立場，独自の視角から展開される政治哲学論の乱立状況が，ディシプリンとしての政治哲学の混乱へとつながっており，政治哲学，政治理論を取り巻く現在の状況は，伝統的アプローチと科学的アプローチに加え哲学的アプローチが混在する，行動論革命以前の混然一体とした政治理論の状況に似通っている，とさえいえるのではないか［松元 2014：145］．

　以上の問題を考察するにあたり，まずは，第一期政治哲学の復権にいたるまでの過去の流れを英米系政治学の状況を中心として，簡単にふりかえっておきたい．というのも，現在の政治哲学をめぐる言説の混乱の一端は，後にみるように，ロールズ政治哲学の政治観に存すると同時に，その淵源はロールズ以前の政治哲学がおかれた状況にあったのではないか，と考えるからである．

1950，60年代における政治哲学の危機とその思想的背景

　「今日，政治哲学は，まったく消滅してしまったのではないにしても，荒廃し

た状態に，そしておそらくは腐敗した状態にある．政治哲学の取り扱う内容，その方法，その役割に関して，完全な不一致が存在するだけでなく，どんな形のものであるにせよ，まさにその可能性が問題とされるに至っているのである.」
[Strauss 1959 : 17]（傍点筆者．以下，引用中の傍点については特に記載がない限り同様）.

　この一文は，レオ・シュトラウスの主著，Strauss [1959] からの引用であるが，シュトラウスは，これと似たような趣旨の言葉を自身の著作や論文のなかで幾度となく繰り返している．シュトラウスのなかに，たえず一貫して存在し続けた確信，それが，現代における政治哲学の危機であった．といっても，この当時，「政治哲学の危機」を感じ取っていたのは，シュトラウスだけではない.

　かつて，ピーター・ラスレットが，論集『哲学・政治・社会』の序文で政治哲学にたいし「死滅宣告」を行ったのが1956年，また一方で，アイザイア・バーリンが「政治理論はまだ存在するのか」（“Does Political Theory still Exist ?”）という論文を発表し，政治理論の擁護へと向かったのは1962年のことであった．少なくとも，この時期，多くの政治理論家が政治哲学なるものが危機に瀕しているという共通の地盤に立っていたことはたしかである．ではなぜ，1950年〜1960年代という時代に，政治哲学そのものの学問的危機が盛んに喧伝されたのだろうか.

　第一に，政治哲学に値する，あるいは政治哲学と銘打った著作が，この時期，ほとんど記されていなかったという端的な事実をラスレットは挙げる [Laslett 1956]．たしかに，英米では政治哲学，あるいは，政治理論を真正面から扱う文献，雑誌は，この当時驚くほど少なかった[8)]．その一方で，アメリカにおける，いわゆる実証的政治科学の隆盛は，政治理論そのものの有効性や基盤を掘り崩すことにもつながった．それは，デイヴィッド・イーストンの脱行動論革命を経てもなお，本質的には変わらなかったのである[9)].

　第二の論点は以上の問題と関連する．バーリンによれば，一つの学問，学的知が完全に死滅するというとき，その根拠となるのは，次の二点，すなわち，その学問の前提が完全に人々から受け入れられなくなったとき，そして，他の学問に取って代わられるときだという [Berlin 1956 邦訳 456]．古代や中世の錬金術が化学に，占星術が天文学に取って代わられた事実などがその好例であるが，当時の政治哲学もまた，そのような運命にさらされている学問として受け止められたのであった.

　第三に，当時の政治学の分野において，分析哲学の立場に立ったウェルドン主義の伝統が根強く残っていた点も大きい．ウェルドン主義によれば，経験的な事実の分析を超えた政治哲学は，政治の語彙分析にのみ集中すべきだとされていた．非経験的な推論に頼らざるを得ない政治哲学は，社会的な文脈における政治的価値の論理的な機

能のみを問題にすべきと判断されたのである［Weldon 1960］.

　最後に，より広範な思想的動向・政治的な状況との関連が考えられる．19世紀後半からのマルクス主義の台頭とナショナリズムの勃興，そして戦間期に出現した全体主義の経験は，政治哲学の退潮を招く大きな要因となった．なぜなら，経済的な還元主義に立つマルクス主義や，言語・ネイションを強調するナショナリズムが，政治的な紐帯や抽象的な政治的原理に基礎を置く政治哲学の考え方と上手く折り合う要素は非常に少なかったからである．さらにいえば，20世紀が経験した全体主義は，現実の政治問題にたいし有効な処方箋すら示すことのできなかった学問としての政治哲学（ひいては，哲学を中心とした人文系学問）への信頼を揺るがすこととなってしまった．政治が哲学者に任せるには深刻にすぎるものとなったのである．以上のような経験，記憶が新しかった1950，60年代前半という時代背景を考えると，伝統的な政治哲学に期待を寄せることそれ自体が敬遠された理由も理解できよう.

　だが，ラスレットらの予想と懸念は，少なくとも，アメリカのアカデミズムにおいて，10年後，劇的な展開をもって覆されることになる．いうまでもなく，ジョン・ロールズの『正義論』（1971年）の刊行である．後にふれるとおり，これ以後，現代の政治哲学・政治理論は新たな局面に突入していく.

　以上の流れからもわかるとおり，ロールズ以前においては，政治哲学と政治理論の違いといった細かな問題というより，政治学全体における規範理論の不在それ自体が問題の中心であった．[10] こうした知的風土，文脈のなかで，真正面から政治や社会にたいする体系的な規範を語った理論が現れたからこそ，ロールズの『正義論』が「政治哲学の復権」として受け止められたのだといえる．ゆえに，われわれは，ここからロールズの政治哲学にたいする批判へと歩を進めたいのだが，その前に，今や大陸系の政治哲学と対比される英米系政治哲学の中心とも評されている分析的政治哲学について簡単にふれておきたい．分析的政治哲学は，先述したウェルドン主義とも関係すると同時に，ロールズ政治哲学の方法論的基礎ともなった政治哲学の大きな潮流であ[11]るが，はたして，ディシプリンとしての政治哲学の一角を担う学だといいうるのだろうか.

＋ 1. 分析的政治哲学の手法と政治哲学

（1）分析的政治哲学と科学的方法論

　近年，「分析系政治哲学とその対抗者たち」といった雑誌特集が組まれるなど，日本において，分析的政治哲学の隆盛がつづいている［乙部 2017］．英米圏においても，分析系政治哲学と大陸政治哲学との比較があらためて再検討されるなど，独立した政

治哲学の分野として確立しつつあるようだ[12]．事実，政治理論や政治思想史と区別される意味においての政治哲学といえば，しばしば分析的政治哲学を意味しており，オックスフォード・ハンドブックシリーズの『政治哲学ハンドブック』（David Estland,ed.,Oxford Handbook of Political Philosophy）は，分析的政治哲学のみを扱っている［乙部 2017：194][13]．このように，日本内外を問わず，分析的政治哲学がまさに政治思想研究の風景を塗り替えつつあるといわれる状況のなか，分析的政治哲学を政治哲学，政治理論の領域全体のなかでどう位置づけるかという問題は，政治哲学というディシプリンを再考するうえで避けてとおれないテーマであろう．

　ここで，今一度，分析的政治哲学と命名されるにいたった背景について，簡単にふりかえっておこう．いうまでもなく，分析的政治哲学とは，フレーゲを起点としてラッセル，ムーアらによって始まった分析哲学に大きく影響を受けた政治哲学の一流派である．当初，経験から独立した論理的妥当性をもつ命題と，経験にもとづく事実命題のみを有意味な主張とみなし，この二つに属さない命題――規範道徳的，形而上学的な命題――を無意味な命題だとして，一切の関心をもたなかった分析哲学は，プラムナッツやバーリンたちからの批判，さらにはロールズを呼び水として[14]，1960年代を境に，規範的研究へとシフトしていく．けれども，「分析と正当化は切り離せない」というアンソニー・クイントンの言葉のとおり，その研究手法は，あくまで分析哲学を基調としたものであった［Quinton 1978］．

　では，現代の分析哲学の目指す手法・関心とはなにか．松元雅和は，大陸哲学との対比から，ウィリアムズの定義をもとに，明晰化・区別・論証という三つの指標をまとめているが，この指標が「哲学の科学化」という試みを意識したものであるのは明白だろう[15]［松元 2015：48-49］．事実，松元は，アプローチという観点でみれば，科学と哲学には類似点がみられる，と主張する．政治哲学者が解明しようとする価値は，単なる好き嫌いではない以上，事実――であるに関する知識――とともに価値――すべきに関する知識――もまた，客観的な証拠を提示することを通じてその真偽を試されるのである［松元 2015：20-21］．

　こうした松元の穏当な立場よりも，もう少し踏み込んだ議論，すなわち，分析的政治哲学と科学の同質性を強調するのが，ダニエル・マクダーモットである．彼によると，分析的政治哲学とは，明晰さ，体系的厳格さ，焦点の厳密さ，理由に重点をおくといった点で，科学と同類の知識への取り組みだとされる［McDermott 2000：11］．科学理論の役割は，法則・原理にしたがった説明をすることで，経験的事実の間のつながりや関係性を明らかにしつつ，経験的事実にかんするより優れた理解を提供することだが，マクダーモットによれば，この科学的方法論は，政治的・道徳的問題を同意理論によって導く際の手法と変わらないという［Ibid.：19］．つまり，科学者は科学的

問題に対峙したときに，自分たちの知っていると思う事柄から出発し，それを知らないことに関する洞察を得るための基礎として用いるが，国家の正統性をめぐる同意理論もまた，統治される者たちの同意について特定の事例の関係を見定めつつ，制度の妥当性を導くというわけだ．しかしながら，科学者が用いる洞察の過程は，客観的な事実にもとづいた理論構築であるのにたいし，政治哲学者が用いる同意理論の判定は，単なる「直観」にもとづくものであり，政治哲学と科学理論は根本的に異なるのではないか．こうした反論にたいし，マクダーモットは以下のようにこたえている．

> 「なぜ，道徳的直観が物理的世界についての直観とは根本的に異なっていると考える人がいるのだろうかということをたしかめることは容易である．道徳的真理は，見ることも，触ることも，空間的場所を占めることもできない．原理が『外的世界』のどこかに存在しないのであれば，それは『内的世界』のどこかに存在する，すなわち私の内的構造の一部であるはずだと考えられる．だが，数学的真理に関して同様のことを言う人がいるだろうか．数学的真理もまた，見ることも，触ることも，空間的場所を占めることもできない．しかし，それは明らかに私や私の頭の中にあるものとは無関係である．……確かに，政治哲学者が私たちの直観というときに意味しているのは，往々にして私の直観であることは事実である．しかし，それを脇に置いておくと，問題は，対象を持たない直観は無意味であるということだ．」［*Ibid.*：15］

やや文意が取りにくい一節ではあるが，おそらくこういうことであろう．物理的直観を絶対とする人々は，道徳的直観が外的世界には存在しない真理を対象とする以上，内的世界という曖昧な世界にしか存在しない原理に支えられた不完全なものであると批判する．一方，数学的直観もまた外的世界には存在しない真理を対象とするが，だからといって，数学的な真理は内的世界に存在するわけではない．ゆえに，道徳的直観がとらえる真理もまた，内的世界に存在すると断定することはできないのではないか．要するに，マクダーモットは，道徳的直観と数学的直観の類似性を提示することで，科学理論の立場から道徳的直観のみが批判され，数学的直観が批判されないことの矛盾を論じているのであろう．だが，この反論は説得力に欠けている．たとえば，数学の世界では，二曲線が「接する」という，丁寧に図示さえすれば，誰しも直観的に把握できる事象をもとに，この「接する」という言葉を，さらに頭の中で厳密に定義しなおしていく．つまり，「$y=f(x)$ と $y=g(x)$ が $x=a$ で接する $\Leftrightarrow f(a)=g(a)$ かつ $f'(a)=g'(a)$ が成り立つ」といったように，一般的に「二曲線が接する」という数学的事象は，「その点において関数の値と微分係数が等しいことを表す」という厳密な論理によって定式化されるのである．こうした数学的真理へといたる道のりは，「接

する」という論証のスタートとなる直観の形式自体が道徳的直観とは次元を異にするのみならず，厳密性，論証の精緻さという点においても，道徳哲学とは比にならないものであろう．

（2）政治哲学における検証の可能性

　次に，科学的な検証方法と政治哲学の検証可能性をめぐるマクダーモットの議論をみていこう．マクダーモットは以下のように主張する．一般的に，科学理論の対象は物理的世界であるため，経験的な検証が可能だとされている[17)]．その一方，政治哲学が対象とする規範理論の原理を検証しようとしたところで，それを行う実験室は存在しない．こうした懐疑論者の主張にたいし，マクダーモットは以下のように反論する．検証という言葉は，純粋に経験的な検証のみを意味するのではない．非経験的な検証がふさわしい事柄を対象とする，その他の学問分野も存在する，というのがマクダーモットの主張である［*Ibid.* : 17］．たとえば，われわれは，礼儀正しさ，文法の正しさについて，社会的な同意・ルールをもとに検証を行う．政治哲学の文脈においても同様，明らかな同意というものはないにせよ，暗黙の同意や自身の規範的信念によって国家の正統性といった問題について検証を重ねていくが，こうした検証もまた同意にもとづく一つの検証の形である．さらにいえば，この非科学的な検証は，科学者が経験的な世界について，自らの信念にもとづいて理論を構築していく手法と本質的には変わらないとマクダーモットは述べる．

　　「科学者は，経験的世界についての自らの信念にもとづいて理論を構築するが，こうした信念は究極的にはかれらの感覚による証拠に依拠している．かれらの理論を検証する際には，何と照らし合わせてその妥当性を問うのだろうか．それもやはり経験的世界についてのかれらの信念である．かれらが集める証拠，かれらが行う実験はすべて，かれらの感覚に依拠している．よって，科学理論も規範理論と同様に，結局は完全に循環的なのである．」［*Ibid.* : 19］

　ただし，科学的検証と政治哲学者の検証に大きな差が存在することも事実だ，とマクダーモットは認めている．その最たる例が，政治哲学的な検証による論争解決の限界と理論への信頼性である．「人食い」という行為の正否をめぐり，どれだけ哲学的な議論を積み重ねようと，完全な合意にいたることはないが，科学的な論争をめぐっては一般的に同意へといたる可能性が高い．科学的真理への信頼性と道徳的真理の信頼性を比較したとき，科学理論が依拠する経験的判断にたいしては，大きな信頼性がおけ，一般的にみて，より大きな合意が存在するからである．とはいえ，進化論─創造論論争のように，科学的な論題をめぐっても，論争の解決がみえない問題は存在す

る．マクダーモットが主張するとおり，創造説が主張する全知全能な魔法的存在が実在しないことを証明することはできないからである［*Ibid.*：21］．創造論説者と進化論者が論争しているのは競合する議論——その成功・失敗は証明できる——をめぐってではなく，競合する理論をめぐってである．ダーウィンと彼の支持者たちは，たしかに進化論を擁護するためにさまざまな議論を行ってきた．しかし，理論そのものは議論ではない．こうして，マクダーモットは，科学的真理への信頼性と道徳的真理の信頼性の差異は，結局のところ，程度問題にすぎないと主張するのである［*Ibid.*：24］．

　しかしながら，進化論—創造論論争のように，科学的真理の問題であっても決着がつかない問題があるという事実をもって，科学的真理への信頼性と道徳的真理の信頼性を程度問題に還元する以上の議論は，ある種の暴論ではないだろうか．なぜなら，科学理論における対立的理論と政治哲学における対立的理論の背後には，真の実在についての相違があるからだ．はしなくも，マクダーモットが述べるとおり，「確実であるのは，このような進化論—創造論の見解の相違があるからと言って，人類の起源についての真理は存在せず，ただ異なった意見があるのみだ，などという推測にはいたらないということである．」［*Ibid.*：21］この主張は，科学理論をめぐる議論の性質が，道徳的議論とは大きく異なることを示す．人類の起源についての真理（この場合，歴史的事実といいかえてもよいだろう）[18]は客観的に存在するであろうが，「人食い」という行為についての正否を判断する基準そのものは，客観的に，もっといえば，過去の事実と同様の形式で存在するわけではない．こうした差異を無視し，科学的真理への信頼性と道徳的真理の信頼性を程度問題といった議論で同一視する議論にはおよそ説得力がないように思われる．

　以上のマクダーモットの議論からみえてくるものは何か．これまで考察してきた科学的検証と政治哲学者の検証をめぐる議論は，おそらく科学的方法論における「説明」と分析哲学における明晰化との類似性についての議論のように思われる．だが，そもそも科学の説明モデルには，統合化モデル，演繹的・法則的モデル，因果メカニズムモデルなどがあるように，説明という言葉一つをとっても，複雑な問題を内在させている[19]．仮に，道徳的直観と科学的な説明モデルの関係を問いたいのであれば，こうした問題との関連性についても，より深い考察がなされるべきであろう．結局のところ，マクダーモットは，政治哲学と科学の方法の類似性にこだわるあまり，道徳や政治哲学の議論を科学的な水準にまで高めていこうとする努力に身を捧げるというよりは，科学そのものがもつ厳密性や世界観を不当に低く見積もる議論を展開しているのではないか．マクダーモットによる一連の議論の混乱は，そもそも，政治哲学を道徳哲学の一部門と位置づけ，そこに科学的方法論との類似性を見出そうとした点にあると思われる．ゆえに，われわれは，分析哲学と科学の近接性という議論からいっ

たん離れ，科学的方法論全般ではなく，その思考方法の一部との類似性を主張する井上彰の議論を考察してみたい．

（3）概念分析の有効性

　井上は，分析哲学の生起が19世紀後半の，論理学や数学基礎論の核心的な発展を背景にしていることから考えて，分析的政治哲学が論証プロセスの厳密性を重視することは至極もっともなことであると認めつつも，明晰化と論証の厳密さを強調するだけでは，経験的な政治理論が目指す政治学の方向性や方法論との違いが明確でないと主張する［井上 2014：18-19］．合理的選択制度論や高度な統計モデルを用いる経験的な政治理論もまた，論証の厳密性を重視しており，いかなる前提のもとで権力分立型の政治体制が安定するのかといった問題を研究しているからだ．もちろん，政治体制のあるべき姿を追求する政治哲学と政治体制のあり方の説明を論じる，という点で両者に隔たりはあるが，合理的選択制度論をはじめとする経験的政治理論もまた論証の厳密性を重視する以上，論証という手法を分析的政治哲学の最たる方法論的特徴として位置づけることは，その本質を見誤らせることになるのである［井上 2014：19］．

　では，分析的政治哲学にあって，経験的な政治理論にはない方法論的特徴とは何か．井上は，区別の側面，なかでも，厳密な概念区別にもとづく論理的再構成に注目する．概念の分節化は分析哲学一般に共有されている考え方であるが，その方法論を政治哲学に応用することにより，規範概念の解明を目指すことが経験的な政治理論と一線を画すものとなるからである．以上の考察から，井上が，分析的政治哲学のもっとも重要な側面として強調する手法が，いわゆる概念分析である[20]．

　ひと口に，概念分析といっても，多くの立場，方法論が存在する．そうしたなか，論理実証主義にもとづくカルナップの議論や日常言語主義，クワインのホーリズムといったこれまでの分析哲学のさまざまな立場をこえて，穏当な概念分析を提唱しているのがフランク・ジャクソンである[21]．ジャクソンによれば，概念分析は以下のとおり定義される．

> 「明示化されていないある主題の通常の概念あるいは民衆理論（folk theory）をその主題にまつわる可能な諸事例についての直観をもとに明示化することである」［Jackson 1998：32］．

　では，その具体的手順はどういったものなのか．井上の整理にならい，簡単にみていこう．たとえば，「自由」という概念を分析するとき，自由な行為として記述されるケースから真に「自由な行為」といえる事態を腑分けする．その作業のなかで依拠すべきものはわれわれの直観とされるのだが，そうした直観のなかでも，自分だけの

ものではない，すなわち，われわれが共有する直観が民衆理論と規定される．次に，その理論にもとづき，ケースの腑分け作業を行うとき，その概念が真に，すなわち精確に特定の記述的性質と照応するケースをカヴァーしているというためには，あらゆる証拠をふまえたうえで，われわれの直観的反応が意味するところをもっともよくとらえる理論が求められてくるという流れである［井上 2014：25］．

では，以上の概念分析が規範性をもつのはなぜか．井上は，ジャクソンの理論をもとに，以下のようにまとめている．

> 「規範的性質が，規範的価値に関わるがゆえにあらゆる世界に一貫した位置をキープするという穏当な見立てを所与とすれば，それがすべての可能世界において記述的性質に随伴するとみなしうる．となると，規範的概念の分析は，共有する道徳的直観たる民衆道徳理論を現行の道徳理論上の対立を乗り越えた『成熟した民衆道徳』を支える理論を打ち出すものとなるだろう．」［井上 2014：25］．

以上のような規範的概念の分析を成熟した民衆道徳を支える理論にまで昇華させようとする井上の戦略は画期的なものである．これまで曖昧な形のまま放置されてきた政治哲学全体の方法論を定式化したものとして，大いに評価されるであろう．

（4）分析的政治哲学と政治

筆者は，分析的政治哲学が，形而上学的なバックボーンを極力さけようと，いいかえれば，合理性の探究という形で議論を精緻化させてきた意義それ自体を否定するものではない．方法論としての合理性探究は，原理的には万人に開かれたものであることにより，政治哲学の民主制，公共性に寄与するのみならず，問題解決の志向をもふくんでいる[22]．概念の明晰化は直接的に規範を指示するものではないかもしれないが，規範概念の適用に寄与するという意味で，規範的な政治的問題の解決の糸口となるであろう［乙部 2017：200］．「正義」「平等」「自由」といった何らかの政治的諸価値とされる問題を論じることで，いいかえれば，これらを政治言語として分析することで，「政治哲学」として規定されるこうした分析的政治哲学の立場は，それ自体が，有益な政治哲学研究の一環であったことはたしかである．

しかしながら，だとしても，規範的な問題一般を扱う倫理学や道徳哲学，もしくは，同じカテゴリーに属する対抗者としての大陸系政治哲学と分析的政治哲学の境界線が，分析的政治哲学に従事する研究者のなかで未だ曖昧なまま見過ごされている事実は否めないように思われる[23]．ただ，筆者がここで問題としているのは，分析的政治哲学と大陸系政治哲学のうち，どちらの立場が，政治的なものをより深く，哲学的な視覚においてとらえることに成功しているか，ということではない．最大の論点は，彼ら分

析的政治哲学の研究者たちが，「分析的」という頭文字を付けているにせよ，「政治哲学」というディシプリン名にこだわる必要があったのかという，学問的命名をめぐる問題である．彼らの問題関心は，あくまで分析哲学という手法，フレームワークそのものであり，その分析の対象がたまたま，「正義」「平等」「自由」といった政治的とされる諸概念だったにすぎないのではないか．もし仮に，分析的「政治哲学」というディシプリンにこだわるのであれば，政治そのものについての考究をさらに深めたうえで，どういった理由から「正義」「平等」「自由」といった規範概念が選択され，分析の俎上に乗せられることになったのか，その本質を問うべきあり，さらにいえば，政治という概念それ自体を真正面から分析していくべきではなかったのか．

　いずれにせよ，分析系・大陸系を問わず，「政治哲学の復権」という壮大な標語をとなえるならば，ポスト行動論以後始まったその学問的潮流を今一度，理論的に見直し，そのディシプリンとしての存立基盤の再確認及び，扱うべき主題の境界設定を幅広い視点から問い直さねばならない．「政治哲学」と銘打つ以上，方法論としての政治思想史研究[24]との相対的区別はいうまでもなく，そこには少なくとも，公共哲学，道徳哲学，倫理学，社会思想，社会哲学といった隣接学問の守備範囲とは一線を画す固有の問題設定や学問的理論が認められなくてはならないのではないだろうか[25].

　以上の問題意識をもとに，第2節では，政治哲学に固有の問題を考察するため，先述のとおり，現代政治哲学復権の立役者であり，分析的政治哲学の系譜にも位置するロールズの政治哲学論へと踏み込んでいく．

＋ 2．ロールズの政治哲学理解
──政治なき政治哲学，倫理学第一主義という批判──

　従来の分析的政治哲学との断絶，政治学における規範理論の復活という点からも，現代政治理論の流れにおける「分水嶺」とまで評されるロールズの『正議論』だが[Barry 1990]，この作品をめぐる内在的な議論，あるいは，原初状態・反省的均衡（reflective equilibrium）といった方法の問題については膨大な批判，研究の蓄積が存在するため，ここではふれないでおこう[26]．あくまで，われわれが注目したいのは，いわゆるロールズの一連の仕事が，はたして，文字通り「政治哲学」の復権であったのかという，ディシプリンの主題にかかわる問題である．

　現代政治哲学の立役者として認知されるロールズだが，彼自身は，そもそも政治哲学をどのように定式化していたのだろうか．簡単にまとめておくと，ロールズは政治哲学の四つの役割について以下のように述べている［Rawls 2000：邦訳 16-17].

　第一に，実践的役割．社会の抗争のなかで，社会的協同が維持されるよう，意見の

相違の幅を狭めていくこと．第二に，理性と反省がはたす役割．政治的・社会的制度全体について，市民たる自分自身について，人々がどう考えるかに貢献するもの．第三に，和解．社会の諸制度は合理的に発展してきたのであって，このことを示せば，社会の不満や怒りは鎮めることができる．第四に，実行しうる政治的可能性の限界の探求．この探求は，あくまで，民主的な体制が可能であるとの信念にもとづく．

　これらの定義から分かることは，ロールズにとっての最大の問題関心は，『正義論』においても主題化されているとおり，主要な社会制度が基本的な権利と義務を分配し，社会的協働が生み出した相対的利益の分割を決定する方式であり，構想した正義原理にしたがいつつ，競合する権利主張の調和を目指す具体的制度の構築であった[Rawls 1971：邦訳 11]．ここからいえることは，少なくとも，政治的なものの根底にある権力関係，政体論などの問題は重要視されなかったという事実であろう．民主主義社会における社会的統合そのものが，ロールズが目指す最終ゴールであって，彼の政治哲学のなかで展開される細かい思考実験や理論構築は，すべてそのための手続き的な議論にすぎない．社会的協同が可能となる秩序や合意形成はいかにしてなされるのか，なぜ人は市民たるべきなのか，社会の諸制度が合理的に発展してきた根拠は何か，そもそも立憲的なデモクラシーのみがなぜ正当な体制として自明視されるのか……．哲学的に考えれば，無数の疑問符がつくこれらの重要な問題について，ロールズは，自身の政治哲学のなかで深く考察することはなかったといえるだろう．

　さらにいえば，以上のようなロールズの議論には，結局のところ，普遍的承認を優先させるという前政治的な目的が全面に押し出されることはあっても，政治の本質を問うという態度もあまりみられないように思われる．要するに，ロールズの正義論とは広い意味での社会理論であっても，正確な意味での政治哲学とはいえないのではないか．

　では，はたして，ロールズの政治哲学がこうした問題を抱えてしまった原因は何であったのか．結論からいえば，それは彼の政治的なものにたいする軽視ではなかったか．その意味で，こうしたロールズの政治哲学を「政治なき政治哲学」と喝破したシャンタル・ムフの批判は正鵠を射ていたといえる．以下では，ムフのロールズ批判を簡単に整理した上で，ロールズの政治哲学の問題点をさらにくわしく明らかにしていこう．

（1）シャンタル・ムフのロールズ批判——政治なき政治哲学
　シャンタル・ムフは Mouffe [1993] 所収の「ロールズ——政治なき政治哲学」において，さまざまな角度から，極めて鋭いロールズ批判を展開している．議論を先取りしておけば，ロールズの正義論の内在的な議論との関連からいうと，ロールズは政体

論を論じなかったが故に，自身の理論に矛盾を来たしてしまったということが指摘で
きる[30]．要するに，ロールズの有名な定式，つまり「善にたいする正の優位性」が成り
立つには，自由と平等という政治的な諸原理を自由民主主義体制が前提としなければ
ならないのである．ムフは次のように指摘する．

　　「自由民主主義の体制は，定義からして，政治社会としてのその特定性を構成し
　　ている政治的諸原理，すなわち，平等と自由の政治的諸原理を，主張するからで
　　ある．数多くの自由主義者たちは，政治的自由主義を中立的国家と同一視するこ
　　とを望んでおり，またそれが誤った自滅的な戦略であるということを理解してい
　　ない．」［Mouffe 1993：邦訳 94-95］．

　各人の善に優劣をつけないという正の構想そのものが成立する社会は，そもそも，
何らかの「善」を前提としていなければならない．すなわち，平等や自由といったよ
うな政治的諸原理を「善」とみる自由民主主義の体制を基礎としなければ，ロールズ
の議論は成立しえないとムフは主張するのである．
　次に，より本質的な問題となるのは，正義と政治の関係である．先述のとおり，
ロールズの一連の仕事を政治哲学の復権と位置づけるのであれば，彼の正議論におい
て，最大の問題となるのは，どういった意味で正義の構想が政治的であるのかという
点であろう．だが，ロールズはこの問題について，極めて曖昧かつ消極的な形でしか
議論を提示していない[31]．『正議論』やその他の著作を精読すると明らかとなることだ
が，ロールズは，自身の正義の構想について，民主主義社会に潜在する基本的な直感
的理念を基礎としている．だが，この直感的理念は，あくまで政治以前の，すなわち，
道徳的議論にとどまる次元の問題にすぎない．ゆえに，ムフは，ロールズの正議論に
潜む問題点を次のように指摘した．

　　「ロールズは，初めに彼の正議論を道徳哲学への寄与として提示した後に，それ
　　は政治哲学の一部として見なされるべきであると宣言したのである．ここでの問
　　題は，最初からロールズが，道徳的言説に固有の推論様式を使用していたという
　　事実である．その推論様式を政治の領域に適用すれば，その帰結は，道徳の諸制
　　約のもとで種々の私的利益を調停する一種の合理的プロセスへと政治を還元して
　　しまうことである．そこでは紛争，敵対関係，権力関係，従属や抑圧の諸形態が，
　　端的に消失するにいたり，その結果，諸利益の多元性という典型的な自由主義的
　　ヴィジョンに直面することになる．またそこでは，多元的な諸利益を規制するう
　　えで，政治的決定を下すための高次の次元の権力を必要としないと理解されるだ
　　けでなく，また主権の問題も，後退してしまう．」［*Ibid.*：邦訳 98][32]．

これは極めて重要な指摘である．要するに，ロールズの政治哲学は，道徳哲学の地平において正義の構想を練り上げたにすぎないということだ．それは結果として，正義の構想が集団の社会的な道徳に関わるという文脈の限りにおいて「政治哲学」と呼ばれるにすぎない．いうなれば，そこでは「政治的討議を偽装した道徳的，哲学的討議」が行われているにすぎないといえるだろう [Walzer 2007：邦訳 4]．さらに，ムフも指摘しているとおり，こうした政治以前の価値からの帰結として導かれた政治は，単なる利益政治の次元を超えることはない．その結果，ロールズの政治哲学が想定する政治は，極めて一面的な政治理解とならざるをえないのである．

以上をまとめるとすれば，ロールズの政治哲学論の問題点は以下の二点に収斂されるだろう．第一に，正義の構想の重要な基礎たる「善にたいする正の優位性」という定式化そのものが，自由主義社会の価値観を前提としていること．つまり，政治的な価値や生を根底から形づくる政治体制（レジーム）の問題を熟考することがなければ，政治哲学という学問はどうしても不十分な知的営為に止まらざるをえないという帰結である．

第二に，ロールズの政治哲学や思想に内在する，ある種楽観的ともいえる政治観である．「社会的協同」や「和解」といったキーワードにのみ固執し，政治的なものの本質の一つである「他の何にも還元不可能な対立」という次元に目を向けなかった結果として，ロールズは，ムフのいう政治なき政治哲学にたどりついてしまったように思われる．

（２）政治的リアリズムからの批判[33]——倫理学第一主義と政治哲学

次に，ムフの議論と重なりつつも，より現実主義に踏み込んだ視角からロールズ批判を行う政治的リアリズムの一群の議論をみていこう．2000年以降，政治的リアリズムという潮流[34]に注目が集まっているが，その代表的論者のひとり，レイモンド・ゴイスは，政治哲学は応用化された倫理学だと主張する立場を「倫理学第一主義」(Ideal Ethical Theory) として批判している [Geuss 2008：1]．その主な論敵はロールズであり，ムフの観点と同じく，ロールズの政治理論は，結局のところ，政治的な構想を道徳的構想によって基礎づけているとゴイスはみているのである．

では，倫理学第一主義を政治理論に適用することによって，いかなる問題が引き起こされるのだろうか．倫理学第一主義とは，人間の社会的生活を考えるとき，倫理的な理想理論からはじめようとする思想のことであるが，こうした倫理的な理論を政治理論に応用することにより，現実の政治に内在する個別性・具体的実践を見落とすおそれがある [Geuss 2008：1]．以上の理由から，ゴイスは，「政治哲学はリアリストでなければならない」と断言する [Geuss 2008：9]．では，ゴイスのいうリアリストと

は一体何か．リアリストは，第一に，ある時点のある社会における制度の現実的作用
と，その状況下でなにが人々にそう行動させるか，という問題に関心をもつ．第二に，
政治が信念，命題ではなく，行為と行為の文脈にかかわる．第三に，政治とは，歴史
的に位置づけられたものであり，時間的に変化する制度的文脈のなかにおいて相互に
行為する人間にかかわる．そして最後に，政治とは創作であり，技法の営みと位置づ
けられる [Geuss 2008：1]．以上の政治観をもとに，ゴイスは，ホッブズ的な問題関
心を発展させる形において，権力関係（レーニン的問題），人間の有限性のなかでの選
択（ニーチェ的問題），正統性（ヴェーバー的問題）を議論し，リアリズムにもとづいた
政治哲学を確立しようとするのである．

　政治的リアリズムを代表するもうひとりの論者，バーナード・ウィリアムズもまた，
道徳を政治に優先するという観点から，ロールズ批判を展開する．ウィリアムズによ
れば，ロールズは政治的概念について，結局のところ，道徳的概念に依拠しつつそれ
を規定しており，その規定は，特定の制約下で，ある主観的な問題に適用された概念
にすぎないのである [Williams 2005：2]．こうして，ウィリアムズは，政治的道徳主
義に代わる政治的思考特有の自律的概念として，政治的リアリズムを提唱するのだが，
その求められる政治的問題の要旨は以下の二点である [Williams 2005：2-4]．第一に，
秩序，防衛，安全，信頼，協力の状態を確保することへの問いであり，第二に，秩序
づけられた国家を正統的なものとしてみたす基本的な正統性要求（the Basic Legitima-
tion Demand）である．

　以上のとおり，ムフ，ゴイス，ウィリアムズが展開した政治哲学論に共通する方向
性，それは政治哲学を道徳哲学や倫理学の下位学問，もしくはその応用とみるのでは
なく，政治哲学固有の理論を追求しようとする姿勢であった．現実的な行為，権力や
無慈悲な暴力，政治的悪の問題，偶然性，歴史的文脈といったリアリズムが指針とす
る，道徳・経済・法といった別領域とは区別される政治特有の領域，いいかえれば政
治学が抱えてきた古典的テーマに真摯に向き合おうとする彼らの試みは，政治哲学固
有のディシプリンの確立へと近づいていく道である，と筆者は考える．けれども，こ
うした「リアリズム」には，丸山真男による現実主義の陥穽といった議論をもちだす
までもなく，古くから批判が投げかけられてきた．すなわち，現実的であることを要
求する政治哲学は，現状維持を追認する保守主義ではないかという批判，特定の場
所・状況下において現実的な実行可能性を問うだけの政治哲学であれば，政治哲学た
りえないといった批判である．こうした批判にたいしては，ウィリアムズなどは，お
そらく，正統性といった概念で反論すると思われる．だが，はたして，彼らのいう正
統性概念は政治固有の論理，内在的理論にのみもとづき，確立されたものといえるの
だろうか．そもそも，正統性といった概念を道徳や倫理といっさい交わらせることな

く，政治固有の価値として確立することは可能なのか．リアリズムの政治哲学が政治的領域の固有性や政治固有の価値を強調する点はよいとして，リアリズムという視角を強調する議論だけで，政治哲学のディシプリンは確立されるのだろうか．そもそも，リアリズムが想定する政治の「現実」（reality）とは何か．[41] 以上のすべての問いについて詳細に論じるには別稿を要するが，本章では，少なくとも，政治的な正統性概念を道徳や倫理といっさい交わらせることなく，政治固有の価値として確立することは可能なのかという問題ついては一定の視座を示しておきたい．ただし，この問題については，政治哲学という言葉そのものを一度吟味した上で，改めて考察することとしよう．

╋ 3．政治哲学，政治理論，政治思想

（1）レオ・シュトラウスによる分類

われわれは，ここまで，政治哲学と政治理論という言葉をあえて厳密に区別してこなかった．たしかに，今日の日本のアカデミズムにおいては，一部の研究者を除き，[42] 政治理論，政治思想，政治哲学といった用語が，ほとんど似たような意味で，あまり明確な区別もされず使われているのが現実である．一方，英米圏においては，オックスフォード大学出版局から「政治理論」「政治哲学」という二種類のハンドブックが刊行されていることからもわかるとおり，政治理論と政治哲学については，緩やかな括りが想定されている．分析的政治哲学の項でも指摘したとおり，政治哲学は，歴史や思想史との関係が深く，経験や実践との関りが強い政治理論と比較されながら，道徳理論をはじめとする哲学——メタフィジクス，認識論，心の哲学等の分析哲学——に属するものとして特徴づけられているという現状がある［井上 2014：2］．

以上のような問題意識，区分概念とはまったく違った観点から，政治哲学と他の政治学に関する語を同一視する現代の曖昧さに警告を発してきたのがレオ・シュトラウスである．シュトラウスによれば，政治哲学／政治思想／政治理論という三つの言葉は，厳密に区別されることが重要とされ，その区別は単なる学問的分類という問題を超えた意味をもつ．ここでは，ひとまず，シュトラウスの議論をまとめつつ，各分野の比較を行ってみたい．まずは，政治理論の定義から検討してみよう．シュトラウスは政治理論について，次のように述べている．

> 「今日，人々はしばしば，政治理論を広範な政策の提案につながっていくような，政治状況に関する包括的な省察として理解している．そのような省察は，結局のところ，世論あるいは大方の世論に受け入れられる諸原理に訴えかける．すなわち，それらの省察は，なお問題されてしかるべき諸原理を，独断的に仮定してい

るのである.」〔Strauss 1959：13〕.

　たしかに,ある意味で,もっとも現実的な個々の政策へと直接的につながり,一見,実用的にみえるのが,この政治理論という言葉の特徴である.だがシュトラウスのいうとおり,それは大方の世論に受け入れられる諸原理を意識せねばならない,という厳密性や哲学的考察の欠如を必然的にともなう.こうした意味で,政治理論はいわゆる近代西欧型の自由民主主義体制や立憲主義を前提として語られねばならないという宿命（制約）に拘束されざるを得ないと考えられるだろう.[43]

　では次に,政治思想という語についてはどうか.一般的に考えても,政治思想という場合,おそらく政治理論という語以上に広範な意味をもつ.そのことはシュトラウスも十分に認識しており,政治思想についてはそれを政治哲学と比較しながら次のように語っている.

　　「政治哲学は一般的な政治思想とは区別されるべきである.今日では,それらはしばしば同一視されている.人々はこれまで随分と哲学という名前の品位を貶めてきたのであって,今では哲学といっても低俗な詐欺師の哲学などというようなもののことをいうほどになっている.政治思想ということによって我々が理解しているのは,政治的な諸観念についての反省とか説明のことであり,政治的な観念ということによってわれわれが理解しうるのは,何らかの政治的に重要な『幻想,想念,種概念,あるいは何であれ』,政治的諸原理に関して『それを思惟するのに精神が用いられうるもの』である.したがってあらゆる政治哲学は政治思想であるが,しかしあらゆる政治思想が政治哲学であるわけではない.」〔*Ibid.*：13〕.

　政治哲学と政治思想,どちらの語も,政治的諸原理に関して,それを思惟するのに精神が用いられうる,という点においては同様の意味をもつ.となれば,両者の決定的な相違は一体どこにあるのか.一言でいえば,それは,哲学,つまり真理の探求にたいする態度に関わる.

　　「政治思想は,それ自体,意見と知識の区別に無関心である.しかるに,政治哲学は,政治的諸原理についての意見をそれらに関する知識によって置き換えんとする,意識的で首尾一貫したたゆまざる努力である.」〔*Ibid.*：11〕.

　政治思想家たちは政治的なものについての思索に耽る.だが,そこから政治についての真の知を導き出そうとはしない.つまり,政治についての時と場所を越えた超越的な知を探求することそのものにはこだわらないのである.

　以上のとおり，われわれはシュトラウスの考察をもとに，政治哲学／政治理論／政治思想についてそれぞれの関係をみてきたが，結局のところ，彼にとっての政治哲学とは，最終的にどう定式化されるのか．最後にそれを確認しておこう．

　政治思想との比較のなかですでにみたとおり，政治哲学はどこまでも哲学という営為に固執する．つまり哲学それ自体が，彼にとっては非常に重要な意味をもつことは明らかである．シュトラウスは哲学の定義について，簡潔にではあるが，次のように語っている．

> 「そもそも哲学とは知恵を探求することであり，それは普遍的な知識のための探求，全体（the whole）についての知識の探求であり，全体についての意見を全体についての知識に置き換えようとする試みである．」[*Ibid.*：11].

　ここでいう意見とは，ギリシア語でいうところのドクサ（臆見）であり，また知識はエピステーメー（真知）を意識したものだが，この対立構図はまさにソクラテス－プラトン的な哲学観を彷彿とさせるだろう[44]．シュトラウスにとって，哲学の基礎は，近代的な認識論ではなく，全体の知識へと向かう愛知である．以上のような哲学観をふまえれば，シュトラウスが政治哲学を次のように定式化するのは論理的な必然である．

> 「政治哲学は，このように（先に見たように）理解された哲学の一分肢である．それゆえ政治哲学とは，政治的な事柄の本性についての意見を政治的な事柄の本性についての知識に置き換えんとする試みである」[*Ibid.*：11-12].

　このように，政治思想や政治理論との差異を明らかにしつつ，政治哲学の重要性を語ったという点で，シュトラウスの政治哲学をめぐる議論はそれなりに重要なことを示唆している．しかしながら，この定式は，結局のところ「政治を哲学的に考察すること」以上の意味を語っていないこともたしかだ．それどころか，われわれがこれまで批判的に検討してきた，政治哲学を道徳哲学や倫理学の一部と解釈するロールズたちの議論と同じく，その哲学バージョンとも受け取れるだろう．いうなれば，シュトラウスは，政治哲学という語について，字義どおりそのままの意味を語っているにすぎないともいえるのである[45]．

（2）「政治」哲学と政治「哲学」

　理論や思想ではなく，あくまで哲学的な知，いいかえれば，ソクラテス的な哲学観を基礎に政治を考察するという政治の哲学的知に重点をおいたシュトラウスだが，ここで再び問題となるのは，やはり政治（学）と哲学の内在的な関係である．

　古代ギリシアからつづく賢人の教えにしたがう限り，哲学とは本来，知識を扱う理

論学であった．それにたいし，政治学は実践学の分野として定義づけられてきた．そして，今日，われわれが政治哲学一般に期待するのは，本章冒頭でも述べたとおり，われわれの政治社会における規範的な議論，あるいは，望ましい政治社会のあり方の提示に他ならない．だとすれば，現代の政治哲学は，アリストテレスの定式化した理論学と実践学，どちらの立場に立つべきなのか．あるいは，渡辺幹雄の指摘するとおり，政治哲学とは，「実践学的理論学」というある種の矛盾言語となってしまうのだろうか［渡辺 2006：124］．

　たしかに，それぞれに温度差はあるとはいえ，「哲学」の名のもとに，自身の政治的なイデオロギーを流布しよう試みた哲学者（イデオローグ）は，これまで無数に存在した．渡辺に倣い，彼らの試みを「政治」哲学と規定すれば，政治哲学とイデオロギーの境界線は限りなく曖昧なものとなっていくだろう．たとえば，先述の政治的リアリズムの代表者であるゴイスは，現実政治に影響力をもつ規範は，しばしば混乱し，潜在的に矛盾し，不完全で外からの影響を受けやすいために，結果として，その規範は権力によって操作され歪められたもの，すなわち，イデオロギーとして影響を及ぼすしかないと批判する［Geuss 2008：36］．規範は，理想理論が想定するようなものとはならないのである．

　こうした窮地に陥らない方法として，たとえば，マイケル・オークショットは，政治哲学のあり方について，実践や規範的議論とのかかわりを一切排した政治についての考究ととらえる［Oakeshott 1986］．要するに，オークショットにとっての政治哲学とは，実践的な価値や規範意識を一切ふくむことなく，政治を現実の現象そのものとしてとらえ，その経験の総体を具体的に明らかにしていくだけの学なのである．こうしたあくまで哲学にアクセントをおく政治哲学を，再び渡辺に倣い，政治「哲学」とよんでおこう．ただ，このように理解すれば，政治「哲学」とは，ただ単にメタ理論的な「政治を対象とする哲学」以上の意味をもたないことになってしまう．あくまで，政治「哲学」とは，哲学の一分野となり，これは先にみたシュトラウスの表層的な定義と大差のないものとなるだろう．そこに本質的な差異があるとすれば，各論者の哲学の内実をめぐる違いのみであり，それはもはや，政治哲学ではなく，哲学とは何かをめぐる別次元の問題に還元されざるをえない．

　さらにいえば，オークショット流の政治哲学の定義は，彼自身の哲学観が基礎になっているとはいえ，一切の実践的価値や理念を排すという点で，いわゆる実証的な政治科学の政治にたいするアプローチと理念そのものは共通するといえるのではないか．政治哲学を単なる哲学の一分野に還元してしまう政治「哲学」とは，科学に代わる哲学というアプローチでもって，政治の本質を明らかにするという意味や限界を超えていくことはできないだろう．結果として，「政治」哲学か政治「哲学」か，とい

う二者択一は袋小路に迷い込まざるをえないのである.

（3）現象としての政治という観点の見直し——政治的なるものの再考

　以上の問題に何らかの解決の糸口を見出すなら, 政治という概念そのものの原点に立ち返りつつ, その本質を的確にとらえなおすことが必要である. 政治の本質的な規定という問いから哲学との関係を考えるとき, はじめて, 政治哲学全体の意義がみえてくるだろう.

　そもそも, 政治, あるいは, 政治的なるものを考究しつづけてきた知的格闘が伝統的な意味での政治学の歴史であったわけだが, 19世紀以後は, 政治学そのものの空洞化が進んだ時代でもあった. というのも, かつての政治学の対象であった領域から, 社会や経済といった要素が分化していき, そこに社会の重要性や実態が移っていったからである [川崎 2010 : 8]. 結果として, 社会や経済といった要素をはぎ取られ, 残ったごく限られた領域——投票行動, 議会制度など——を, 政治科学は自身の研究対象としてとらえた. その意味で, 政治科学とは, 経済現象や社会現象とは明確に区別される政治という「現象」を実証科学の手法によって分析した学と規定できよう. いわば, 政治科学は, 明確に分節化された「現象としての政治」を対象としたのである.

　一方, 本章の冒頭でもふれたとおり, 政治学を専門としない1980年代の構造主義に代表される現代思想もまた, 「政治」にたいする新たな意味を構築していった. 要するに, 彼らは, あらゆる領域に「ミクロ的な政治」を見出し, 従来の政治像の転換を迫ったわけである. だが, 先述のとおり, こうした潮流もまた, メタファーとしての次元を超えることはなく, 逆に政治をめぐる言説の混乱を招いただけであったといえる[48].

　では, はたして, われわれは, 政治的なるものの本質にどう向き合うべきなのか. たとえば, 先にみた政治的リアリズムは, 政治的なるものの本質を「現実政治」ととらえ, 政治を倫理や道徳に還元することなく, 紛争や敵対関係, 実践や行為, 秩序における正統性の要求といった観点で政治そのものの固有性を確立しようと試みた. しかしながら, その一方で, ゴイスもウィリアムズも政治の明確な領域を示すことには驚くほど消極的な態度をみせていたことも事実だ[49]. たしかに, 彼らは, 政治と具体的な現実の関係, 偶然性を強調しつつ, 経験的政治理論に陥ることのない規範の必要性を語ってはいる. しかしながら, 彼ら自身の政治についての規定が曖昧である以上, 政治的リアリズムの戦略が, その政治的規範性の正統化根拠を道徳的規準から完全に解放できているようには思えないのである. ゆえに, われわれが求めるべきは, たとえ政治の外部から基礎づけられたものであっても, 政治という固有の領域・世界において機能しうる意味や規範の可能性であろう. こうした政治の可能性を探究することが, 規範／経験, 哲学／実践という二分法に収まることのない政治哲学の世界へとつ

ながるはずである．そのためには，政治的なるものを観察可能なものにも規範的なものにも還元しないという観点において再構成することが重要となるだろう．

　ここで参考となるのが，田村哲樹の「政治／政治的なるものと政治理論」についての考察である．田村は，エルネスト・ラクラウの議論をもとに，政治的なるものを，それ自体が規範的方向性を指し示すものではないが，他方で，経験的に観察可能なものでもない概念として定式化している．すなわち，既存の秩序には，抑圧され，沈殿してはいるが，それでも再活性化（客観性の偶発的な性質を，新たな敵対性をつうじて再発見すること）されることが可能な別の可能性があり，それは観察可能ではない別の規範的要素を指し示す可能性を秘めたものなのである［田村 2014：59］．こうした政治的なるものは，沈殿したまま，ありえたはずの他の選択肢を忘却した社会的なものとは区別される．要するに，政治／政治的なるものとは，経験的に存在している可能性があるが，しかし観察可能ではない別の規範的要素を指し示す概念なのである．

　以上の田村による分析に依拠すれば，あらゆる政治的なるものが，政治に固有の価値や規範性を奥底に秘めた基礎概念であると同時に，今ある現実社会とは別の社会の可能性を示すという点において何らかの規範的機能をはたしうる可能性を秘めた実践的概念でもある，という二義的な意味をもっていることがわかる．政治的なるものが，結果として，今ある社会の保存や変革に直接的に関わる以上，政治を第一に中立的概念として規定することはできないのであり，こうした政治の性質そのものが，他の政治的実践と対立する契機を秘めていることはいうまでもない．こうした観点からすると，少なくとも，政治を，経験的な政治科学のように，観察可能な社会の一領域として定式化する見方は，政治的なもののある一部分のみをとらえたものにすぎないといえるだろう．以上の考察から，政治とは単なる現象やシステムといった類のものに還元できない何かだと考えられるのではないか．

　だとすれば，客観的に観察可能な中立的・科学的視点とは違ったパラダイムにおいて，政治哲学は，その政治的なものの本質にどう向き合うべきなのか．あらゆる領域にはみ出した政治的なるものでもなく，政治科学の対象とされる現象としての政治でもない，自然本来の政治のあり方それ自体を追い求めることを政治哲学の使命だと規定すれば，先にみた「政治」哲学でも政治「哲学」でもない新たな道が開かれることになるかもしれない．そのためには，政治的なものと社会的なものが分化する以前の時代，政治と科学的な思考が交わっていない時代，すなわち，政治哲学そのものの故郷である古代ギリシアの政治観にいったん回帰し，あらためて政治哲学の意味をとらえ直す必要がある．次節では，ギリシア的な政治の原点，すなわちポリス的なものをふり返るなかで，ディシプリンとしての政治哲学という問いにたいする一定の視座を最終的に提示することとしよう．

┼ 4. 古代ギリシアにおける「政治」の発明

（1）ポリスと政治

　あらゆる西洋語としての政治が，古代ギリシアのポリスに起源をもつとおり，他の地域にはない形で「政治」が発明されたのは，古代ギリシアであった［宇野 2004：74］．政治的なるものは，ポリス（polis），すなわち都市国家に関連する一群のギリシア語の単語から派生したもの，たとえば politeia（「政体」），polites（市民），politi-kos（政治家），これらはすべて人々の公的な関心の意味合いを示唆する言葉であり，したがって，私的な事柄や〈自分自身に帰属するもの〉（idion）とみなされる事柄とのあいだに一つの際立った対比を作り上げていた［Wollin 1960：319］．つまり，権謀術数，権力闘争といった政治のあり方は，古今東西の政治に共通する性質だが，対等な市民による討論や投票による社会の秩序形成，あるいは合意による漸進的変革といった公的な政治はギリシア特有のものだったのである．

　ただし，ここで注意すべきは，対等な市民による討論や投票がギリシア的な政治の基礎にあるといっても，こうした政治観は，民主主義を基礎にした社会統合を目指す今日の政治とは根本的に異なっているという点である．なぜなら，古代ギリシアにおける自由な討論はあくまで手続き的な過程であって，民主制そのものは最終目的でも，価値としても認識されていなかったからである．

　では，なぜ，この古代ギリシアにおいて発明された「政治」が，後世のヨーロッパを中心とした近代社会のなかで，あらゆる政治的なものの基礎を形づくる起源となったのだろうか．それはやはり，政治の舞台となる空間，すなわちポリスの成立と大きなかかわりをもっている．かつて，ギリシアの伝統的共同体は，血縁にもとづくゲノスと呼ばれる共同体であった．だが，紀元前の6世紀に入り，この血縁的共同体は，いわゆるポリスへと移行する．アテナイの民主制の基礎を築いたソロンの改革が紀元前594年であったことを考えれば，このことはただちに理解できるが，こうして成立したポリスは，少なくとも，三つの条件にしたがっていた．第一に，民主制を支えるために，経済的な領域であるオイコスとポリスが峻別された上で，特殊なものではなく共通なものを追求する後者における二原則を確立した点．第二に，ポリスにおける権力の行使の正当性根拠として，善き秩序の観念が導入されたという点．第三に，ポリスにおける営み，すなわち政治は言語を媒介とする実践的な営みであったという点である［小野 2002：96］．

　以上の指摘から，政治社会，すなわちポリスとは，神的な共同体や自然の秩序ではなく，ノモス，つまり人間の手によってつくられた人為的構築物であったということ

が理解できるだろう．そして，このことは，ポリスに，他の共同体にはない大きな意
味をもたせることになる．なぜなら，ノモスにしたがう限り，ポリスは，人々の意識
や努力によって改良が可能だと認識されるにいたるからである．既存の社会的秩序へ
の懐疑，変革の意識が人々に生まれたとき，はじめて政治は生まれ，望ましい政体へ
の渇望も生まれたのだった．そして，この渇望こそが，哲学，ひいては政治哲学誕生
の重要な鍵となる[51]．

（2）哲学とポリスの誕生

　ここで興味深いのは，ギリシアにおいて，哲学の誕生とポリスの成立が同時期に起
こったという指摘である．哲学とは，本来，永遠の秩序を求める構想であるが，なぜ
ギリシア人は，こうした思考を生み出したのだろうか．それは，コスモスという超人
間的な秩序を前にして，人々の間に，何とか，コスモスのもたらす理不尽な偶然性を
克服したいという強い欲求が生じたからであった．たしかに，ギリシア人がコスモス
的な秩序を信じていたことは有名だが，この秩序は人間の理解を超えたものであるが
ゆえに，偶然という，時に人間の生を脅かす圧倒的な力として現れることとなる．要
するに，偶然に抗して秩序を洞察したいという欲求が，自然哲学や道徳哲学を，そし
て遂には政治哲学を生み出したのである［小野 2002：94］．

　この意味で，自然の秩序化と社会の秩序化は，同一の思考様式からきていることが
わかるだろう．要するに，政治哲学における究極的な対象はポリスそのものであり，
その目的は，人的力によるポリスの秩序そのものなのである．

　では，そのポリスの秩序を規定するものとは何であったのか．具体的にいえば，そ
れは，政体，すなわちレジームに他ならない．レジームとは，いかなる時代，国，地
域を問わず，国家や政治社会に正当性を付与する根本原理，いうなれば，その政治社
会全体が，どういった生き方をもっとも重要な価値基準と考えるかにかかわる根本的
な原理である[52]．要するに，ポリスの秩序，いうなれば，ポリス的な生を基礎づける政
治哲学の原点は，このレジームの問題を考察することにあったといえるのである．

　以上の考察から，政治哲学とは，はたして，実践学たる政治学の一分野か，それと
も理論学たる哲学の一分野なのかという先述の問いに，暫定的な解答を出しておこう．
結論からいえば，政治哲学の原点は，ポリスの秩序にかかわるという点で，その両者
の性質を有している．なぜなら，ポリスの秩序にかかわるということは，ポリスにお
ける権力行使の正当性根拠を考究する理論学でありつつ，ポリスにおける営みを実践
していく作業に他ならないからである．

＋ おわりに
——本書の構成と射程——

（1） なぜレオ・シュトラウスか

　本書は，これまで述べてきた問題意識をもとに，学としての政治哲学の再興という
プロジェクトを絶えず意識しつつ，政治哲学とイデオロギーとの関係性を解明するこ
とを目的としている．政治哲学にかせられた使命の一つが，規範理論の提示，あるい
は，政治共同体における営みを実践し，導いていく作業であるならば，先にみた政治
哲学の「政治」哲学的側面であるイデオロギーとの緊張関係は，政治哲学にとって避
けてはとおれない問題である．

　本書において，このイデオロギーと政治哲学という両者の関係性を考究する船旅の
ログポースと位置づけるのは，先にもふれたレオ・シュトラウスの政治哲学論である．
ここで，なぜレオ・シュトラウスに着目するのか，簡単にふれておきたい．

　アメリカ政治学全体におけるレオ・シュトラウスの評価は，一言でいえば，「異端」
である[53]．シュトラウス政治哲学は，政治理論とは明確に区別された政治哲学を標榜し
つつも，分析的政治哲学とは一線を画し，またロールズ以後の現代政治理論の流派の
いずれにも属さない孤高の政治哲学である．それゆえ，シュトラウスやその学派へ厳
しい目を向ける論者も数多く存在する．シュトラウスは特定の信奉者から導師（グル）として
崇められる政治哲学者のひとりであるが，ブライアン・バリーによれば，そうした事
実そのものが，彼らが政治哲学というよりはむしろ，世俗的な宗教の御用達だという
ことを示唆しているという［Barry 1996：537］．また，現代的な参加民主主義の重要性
をとなえる政治学者・ベンジャミン・バーバーからは，古代への郷愁家として片づけ
られ［Barber 2009：207］，その秘教的な古典読解法は古典文献学の専門家からエキセ
ントリックなものとして評価されていることも事実である［Burnyeat 1985；中畑 2021］．
こうした数々の批判にさらされてきたシュトラウスだが，近年においては，ついにア
メリカのネオコンの思想的黒幕であり，現代の帝国を裏で操るゴッドファーザーにま
で祭り上げられるにいたった［Drury 1999；LaRouche 2003；Weinstein 2004］．だが，こ
のような政治哲学の導師（グル）とアメリカ帝国のゴッドファーザーというまさに両極端とも
いえる評価こそが逆にシュトラウスの魅力でもあり，アメリカにおいては，シュトラ
ウシアンと呼ばれる弟子たちが大きな学派を形成していることもまた事実である[54]．

　まさに異端の思想家レオ・シュトラウスであるが，本書第4章でも明らかにすると
おり，政治と哲学とのすさまじいまでの緊張関係をもとに，するどい考察でもって，
人間の生全体における政治的なるものの本質とその限界に独自の視点から光を照射す

る政治哲学論を展開した人物でもあった．現代の政治哲学・理論研究におけるメイン
ストリームのどの枠組みにもはまらない政治哲学者であったからこそ，その政治にた
いする視座は，ロールズインダストリーの系譜に位置する政治理論やリアリズムの政
治理論にはみられない異彩を放っている．シュトラウスの政治哲学にたいする論じ方
やその定式が正当な政治哲学のディシプリンのあり方であったかという問題は別とし
て，少なくとも，シュトラウス流政治哲学は一つの完成された政治哲学の形であった
と筆者はみている．

（2）イデオロギー論とレオ・シュトラウス

イデオロギー論とシュトラウスの政治哲学の関係についても一言ふれておこう．先
に，政治哲学とイデオロギーとの緊張関係という問題について述べたが，ともすれば，
イデオロギー論とレオ・シュトラウスの思想という研究アプローチは，これまでの
シュトラウス研究の歴史から考えると，かなりアクロバティックなものかもしれない[55]．
しかしながら，シュトラウスは，政治哲学とイデオロギーの関係について，重要な一
節をのこしている．いうなれば，以下の一節の内的論理を解き明かすことこそが，本
書全体をとおして流れる通奏低音である．

　　「政治哲学が堕落してイデオロギーにまで成り下がってしまったことは，政治
　　哲学が，研究においても授業においても，政治哲学の歴史と置き換えられてし
　　まったという事実のなかに，もっとも明瞭に示されている．」[Strauss 1964 : 5]．

すなわち，シュトラウスがとらえた政治哲学からイデオロギーへという大きな思潮
の流れの背後には，政治哲学を政治哲学史へと変容させてしまった歴史主義という古
層が関係しているのではないかという洞察である[56]．したがって，本書の第一のテーマ
は，先に述べたとおり，イデオロギー研究という側面をもつ．イデオロギーという思
考の本質が明らかにされない限り，現代の政治哲学がイデオロギーへと変容している
というシュトラウスの批判を，本当の意味で昇華していくことはできないからである．
そして，第二のテーマは，レオ・シュトラウスの政治哲学研究である．レオ・シュト
ラウスの政治哲学論を分析していくことにより，第一のテーマで提起した問題を，一
つずつ解き明かしていく作業が，後半部分の大きな流れとなるだろう．以上の背景か
ら，本書は，以下のような二部構成をとる．

第Ⅰ部は，イデオロギー論の検証を目指すものである．第1章では，イデオロギー
論の系譜を思想史的に追いつつ，第2章では，イデオロギー形成の背後にある歴史主
義の問題を考察する．そして，第3章では，イデオロギーがいかにして政治の領域と
結びつくのかという，イデオロギーの機能的側面を考察し，イデオロギー化された政

治の超克の可能性を模索する.

　第Ⅱ部は，第Ⅰ部で明らかにされたイデオロギーと歴史主義，イデオロギーと政治の内的関係性を批判的に克服していく．具体的には，レオ・シュトラウスの政治哲学論を，第Ⅰ部における主題に対応させながら，内的な連関を意識しつつ論じていく．図式としては，第4章が第3章にたいする応答であり，第6章が，第2章への応答となっている．以上のような構成を経たうえで，イデオロギーと対置される政治哲学の可能性を模索しつつ，第7章において，イデオロギーや歴史的相対主義に還元されない政治哲学の再興の可能性を提示する．そして，最終章にて，古典的政治哲学論の知見をもとに現代のガバナンス論と統治の関係を考察する.

注
1） 政治哲学，政治理論，政治的規範理論，あるいは政治思想史といった用語の分類の問題については，後に本章第3節にてくわしく論じる．ここでは，さしあたり「政治哲学」という言葉を，経験科学・実証分析的な手法に比重をおく政治学（政治科学）と対比される規範理論一般を重視した政治学系という意味でもちいる．もちろん，経験的／規範的といった二分法で政治学を分類すること自体への批判も存在するが［松元 2014；稗田 2015］，この問題については第1項にて少し論じたい．ちなみに，経験的／規範的政治学の違いについて，松元［2015］では以下のように述べられている．「政治科学における説明が，因果的説明に見られるように，原因を特定しようとするのに対して，政治哲学における説明は理由を特定しようとする．理由は，ある行為が成り立つ根拠を示す点で原因と似ているが，行為者の意図に基づく一種の目的論的構造を備えている点で原因とは異なる.」［松元 2015：28］．
2） 「政治哲学」「政治理論」を冠する著作が，とりわけ2000年代後半以降，新書レベル，政治学の入門書・教科書レベルでも急増している．主なものだけでも，2014年以降の岩波書店からの講座政治哲学シリーズの刊行をはじめ，飯島［2009］，小川［2010］，伊藤［2012］，宇野・井上［2012］，井上［2014］，田村・松元・乙部［2017］，寺島［2019］，山岡・大澤［2021］など．
3） ポストモダニズム批判については，Habermas［1990］と仲正［2018］がまず参照されるべきである．ポストモダニズムと政治理論の関係については，向山［1990］，小野［2005］を参照.
4） シェルドン・ウォーリンは，政治的なものと社会的なものとの関係について，西洋の政治哲学史をふりかえるなかで詳細に分析し，以下のように語っている．「政治思想における西欧的伝統の長い発展を通じて，政治的なものと，社会にとって一般的なものとを同一視する傾向が繰り返し現れてきた.」［Wolin 1960：429］．また，周知のとおり，ハンナ・アーレントも「政治的なもの」を「社会的なもの」と対置させ，近代における「社会的なもの」の拡張から「政治的なもの」を救済しようとする議論を展開した［Arendt 1958］．ただし，こうしたアーレントの社会的なもの批判には，再批判が寄せられている．くわしくは，新井［2018］を参照.

5）　当時のサンデルブームを受けた日本の政治理論研究者の反応は複雑なものであった．井上の言葉を引きつつ，岡崎が語った以下の言葉は，日本の政治理論研究者のほとんどが感じていた正直な思いではなかっただろうか．「井上彰が『政治思想学会会報』に書評『サンデルとその人気を読む』を掲載し，「誰が何言った式」の研究に終始してきたことが『サンデルという『外資』に日本の政治哲学『市場』を奪われた最たる原因であると考えるのは私だけであろうか』と苦言を呈している．」［岡崎 2014：99］．

6）　この「イデオロギー化した政治」の問題については，第3章でくわしく論じる．

7）　ここでいうディシプリンの足場固めとは，一つひとつの設問を万人にとっての検討対象へと鍛えていくための有効な訓練の場として役立てるという意味に加え［那須 2005：198］，学問の対象とする領域や固有の概念を最低限，明確化させておくという意味である．

8）　キムリッカによれば，1971年当時，政治哲学の議論に特化した雑誌は「倫理学」のみであったとされる［Kymlicka 2002：viii］．

9）　その理由としては，あくまでイーストンらが，合理的選択理論を前提としていたからである．この点については，小野［2005］を参照．また，西村は当時のアメリカ政治学の状況について次のように述べている．「実際のところ，当時のアメリカ政治学全体が，〈政治哲学の死〉と向き合っていたように思われる．〈科学派〉と結びつけられる行動論の論客たちにしても，その点は変わらない．コバンの論文のさらに2年前，前後して行動論の立役者となっていくデイヴィッド・イーストンもまた，『近代政治理論の没落』と題された論文を記していた（David Easton, "The Decline of Modern Political Theory," *Journal of Politics,* 13-1, 1951, pp. 36-58.）．過去の思想家による規範的主張が歴史主義の波に押されて普遍性を否定されていくのに際し，ラズレットがそれを過去の時々の社会（的意味）構造の産物と見たとすれば，イーストンの方はそれを各思想家の個人的な時代経験の産物だとするだろう．イーストン自身はそこから価値の理論と事実の理論との接合を図ろうとしたものの，実際には両者の区分けを進めるという形で行動論が展開されていく．ただ，結果がどうあろうと出発点がこのようなものだったことに鑑みれば，この運動もまた，〈政治哲学の死〉に対する一つの応答だったのだと見るべきである」［西村 2021：113］．

10）　以上の通説にたいする反論も存在する．大陸系のアプローチを主とする哲学者に目を移せば，50年代，60年代は，本書で取り上げるレオ・シュトラウスの他にエリック・フェーゲリン，ハンナ・アーレント，ヘルベルト・マルクーゼなどのドイツ系亡命知識人，ミシェル・フーコー，ジャック・デリダなどのポストモダン系の哲学者が旺盛な活動を繰り広げていた時代である．だが，乙部も指摘するとおり，これらの思想家が，政治哲学という学問分野を根づかせたといえるかは難しい．シュトラウスとアーレントを除けば，彼らの活動は，政治的側面を多く含むものではあったが，政治哲学として自覚的になされたものではなかったからである［乙部 2017：197-198］．

11）　ロールズの政治哲学の方法論的基礎が，論証と正当化に重きをおくという点において，彼が分析的政治哲学の系譜に位置することは間違いない．だが，正義の概念分析のみならず，正義の構想（conception）の正当化にまで踏み込んだ点を評価されたことを考えると，ロールズ以前の分析的政治哲学と同列に論じられるべきかどうかは議論の余地があろう．この点は，松元［2010］，井上［2022］を参照．

12) *European Journal of Political Theory*, Volume15 Issue 2, 2016 でさまざまな立場から，分析系政治哲学と大陸政治哲学の比較考察がなされたように，分析系政治哲学は間違いなく一つの学として確立されつつある.

13) その背景は，政治哲学の本拠が哲学部にあるという事実である．分析的政治哲学の系譜やその方法論を取り巻く状況については，松元［2011：2015］，井上・田村［2014］，Pettit［2017］を参照.

14) ウィーン学団の哲学的立場をあらわす論理実証主義の時代において，すなわち，分析哲学そのものが定式化されていない時代において，分析的哲学や分析的政治哲学という語を使うこと自体が矛盾と感じるかもしれない．しかし，ロールズ以前にもおいても，分析的政治哲学の先祖にあたる流れは存在した．くわしくは，松元［2015：第2章］を参照.

15) 大陸哲学の特徴として反科学があげられる．Critchley［2001］を参照.

16) 数学の哲学を研究しているシャピロは，数学的直観について以下のように述べている．「プラトンとのつながりから示唆されるのは，人間と，抽象的で［現実世界から］切り離された数学的領域とのなかば神秘的なつながりの存在である．ときに，「数学的直観」とよばれるのだが，この能力は，様々な理論における公理のような．基礎的な数学的命題への知識へと導いてくれると想定されている．外的世界の知識へと導いてくれるのは感覚知覚だが，「数学的直観」はこれと似たようなものである.」［Shapiro 2000：邦訳 35］.

17) 科学的検証は「経験的な検証が可能」といっても，科学者の間においてもさまざまな立場があることは一考すべきだろう．たとえば，かつて自然科学の世界では，歴史性のあるもの，すなわち長期の時間軸に従う特に1回きりの現象（ダーウィンの進化論がその代表）は，ヒトの一生において検証不能であるために科学的でないとされた［木村 2006：13］．またここでは深く立ち入らないが，科学的実在論・反実在論のどちらの立場によるかによっても，経験的な検証の意味は違ってくるはずだ.

18) 歴史的事実とは何かという問題については，第2章において，物語り論などの視点から考察する.

19) 初期の科学的説明（説明を推論の一種と考えるモデル）については，以下の四つの条件が必要とされた．①その推論は論理的に妥当な演繹である．②説明項は少なくとも一つの一般法則を含んでおり，それは被説明項を導き出すのに不可欠なものでなくてはならない．③説明項は経験的に確かめることが可能なものでなくてはならない．④説明項に含まれる文は真でなくてはならない［戸田山 2005：103］．科学と哲学の関係については，科学的知と哲学的知という視角から第4章にてあらためて検討する.

20) 概念分析一般の説明については，井上［2022］も参照．「概念分析とは，名指しされるものの使用や適用にあたっての必要十分条件を明らかにすること」とされる［井上 2022：162］．なお，抽象的概念の分析を進める上で，井上が重視する方法が思考実験である．分析的政治哲学，ひいては，政治哲学全般にとってこの思考実験という手法が適切かという問題については，議論が拡散されるため，ここでは深く立ち入らない．くわしくは，井上［2017］を参照.

21) ジャクソンの「形而上学における概念分析の役割」についてくわしく論じたものとして，仲宗根［2015］を参照．ジャクソンが形而上学的なものの概念分析を重要視した背景につ

いて，仲宗根は以下のようにとらえている．「ジャクソンが『真剣な形而上学（serious metaphysics）』と呼ぶ形而上学とは，制限された構成要素によって何らかの主題（心，自由意志など）の包括的な説明を追求する形而上学である．物理主義は，私たちの世界についての十全な説明に物理学的な概念のみを用いるという制約が課されているという意味で，まさに真剣な形而上学の一例である．ここで，物理学では用いられない概念は不必要なものとして消去されるのか，それとも物理学的な説明の中にその居場所を得るのか，という位置づけ問題が発生する．この問題に対するジャクソンの答えはこうである．私たちの世界は物理学的な概念だけで十全に説明されるが，物理学で用いられない概念は物理学的な説明の中に暗に示されている（implicit），すなわち物理学的な説明がその概念を伴立する」［仲宗根 2015：94］．

22)　この「問題解決の志向」という点については，第3章にて，政治的思考と政策学的思考という観点から論じなおす予定である．

23)　乙部は，政治の位置づけに注目したうえで，分析的政治哲学と大陸的政治哲学の関係を考察した研究があまりに少ないことを指摘する．「先にあげた *European Journal Political Theory* の特集を含め，このような『政治』をめぐる違いへの関心は不思議と希薄である．政治哲学を離れ，分析・大陸それぞれの哲学を扱った議論においても，大陸哲学における政治・社会への関心が指摘されるのみで，それ以上立ち入った分析がなされることは少ない．」［乙部 2017：201］．分析的政治哲学の立場からすれば，大陸系の議論は取るに足らないものと考えているのかもしれない．

24)　政治思想史の方法論については，飯島［1995］や安武［2014］がさまざまな角度から議論を展開している．また，小野［2005］も思想史研究と理論研究の架け橋を探究した著作である．

25)　こうした問題意識を論じた研究として，森［2014］を参照．

26)　ロールズに関連した著作は今や世界中で5000を超えるという［山岡 2009：164］．なお，日本でも優れた研究書・論文は数多く存在する．ロールズの政治哲学全体の世界観やそれへの批判もふくめ，包括的な研究書として，まずは，渡辺［2000；2001；2007］の3部作が挙げられる．より基本的な概説としては川本［2005］，さまざまなアプローチ方法・観点からロールズの政治哲学を研究した著作として，井上他［2018］，格差原理を独特な視点で論じた著作として，盛山［2006］がある．また，政治思想史的な側面からロールズの政治哲学の特徴を浮かびあがらせた著作として，仲正［2013］を参照．

　　仲正によると，ロールズへの批判類型は以下の七つにまとめられるという［仲正 2013：21-22］．①功利主義原理をベースにした経済・社会政策を構想する厚生経済学者，②国家が財の再配分を行うことに反対するリバタリアン，③普遍的正義の存在を否定し，共同体ごとの価値（善）をより重視するコミュニタリアンたち，④ロールズの平等論は資本主義社会の構造的不平等を正当化するものだと批判するマルクス主義左派，⑤ロールズの平等論はジェンダー的不平等を隠蔽していると批判するラディカル・フェミニスト，⑥ロールズの正義論は西欧的な自由や平等を普遍的なものと見なす西欧中心主義の発想にもとづいていると批判するポストモダン左派，⑦④〜⑥の陣営とは逆に，ロールズの正義論を，アメリカの古き良き伝統を破壊する左派思想の表面上は穏健な偽装形態と見て攻撃する保守

主義者たち．以上のそれぞれの立場からのよりくわしいリベラリズム批判については，施光［2003］の第1章にてまとまった形で整理されている．

27) アイリス・マリオン・ヤングは，ロールズの政治的制度にたいする姿勢について以下のように指摘する．「社会的正義に関する議論の多くは，分配が行われる場となる制度的文脈を無視しているだけでなく，特定の制度的構造について，その正しさの評価を下さぬまま，所与の前提としてしまう結果に陥っている．たとえば，一部の政治理論は，社会の大多数の人々の日常生活とは隔絶した中央集権的な立法・司法制度や，政策を決定し強制できるだけの権威を持った国家官僚の存在などを前提する傾向がある．……そのため統治制度に関する正しい組織のあり方や，政治的意思決定の正しい方法といった論点は，めったに提起されることがない．」［Youug 1990：邦訳 30］．

28) 後述するとおり，ここには体制＝レジームの問題を重要視しない思想がみられる．くしくも，訳者の田中成明はこう語っている．「ロールズにとって，日本国憲法にも定められているような基本的人権を保障するリベラル・デモクラシーの体制は当然のものであって，それ自体を正当化する必要があるとは考えていない．正当化する必要があるのは，その体制内部での特定の正義原理だけである．だから，リベラル・デモクラシーを破壊しようとする人々は，道理に反する人々であり，対話の余地はない．アナーキズムや全体主義は論外である．」［Rawls 2001：邦訳解説 464］．

29) 大著『正義論』において，「政治的正義」や「政治的義務」について語られることはあっても彼自身が想定する「政治」について，明確な定義がなされていないことは注目に値する．Rawls［1971］の36節，53節を参照．

30) ただし，注28で論じることと関係するが，田中将人は，正義論から政治的リベラリズムへの展開に伴い，道徳哲学から政治哲学へと主題が移行したことを指摘する．そのなかで，重なり合うコンセンサスの観念の導入と並行して，立憲体制，立憲デモクラシーといった「体制」（regime）の概念が重要視されるにいたったこと，そして，その体制概念は比較政治学におけるような政治的・経済的構造ではなく，人びとの心理的性向の陶冶までをも含むものだと分析している［田中 2017：113-122；322］．こうした体制概念が後期ロールズの問題関心の一つであったとすれば，まさに，シュトラウスのレジーム論と近接してくる．くわしくは本書第5章を参照．

31) たしかに，ロールズは，後期の主要著作『政治的リベラリズム』や論文「公正としての正義─形而上学的でなく，政治的な」において，公正としての正義を政治的構想と規定しなおし，「『正義論』では，正義の道徳的な教説は，全般的な範囲にわたっており，正義の完全に政治的な構想と区別されてはいない」としたうえで，「政治的リベラリズム」の特徴をについて，三点にまとめている．① 正義の政治的構想は，特定の主題，社会の政治的・社会的・経済的制度という主題を扱うためのものである．② 正義の政治的構想はいかなる宗教的・哲学的・道徳的包括的教説も前提にすることなく，それらから独立したかたちで提示することができる．③ 正義の政治的構想の内容は，民主的な社会の公共的政治的文化に内包されている［Rawls 1993］．おそらく，もっとも重要な点は②③へいたる論理であり，「政治的」とは，哲学的・宗教的・道徳的教説といった人間の生に包括的な指針を与える世界観とは区別される，民主的社会において限定的に通用する領域ということであろう．

これは一つの政治観といえるが，やはり，政体の正統性根拠にまでふみこんだ議論とはいえないだろう．

32)　ただし，田村哲樹も指摘するとおり，ムフはこのロールズ批判において，規範的政治理論をすべて経験的なものに還元しようと試みているわけではない［田村 2014：55］．あくまで，道徳理論と政治理論の境界性を明確化することが彼女の主張の骨子である．

33)　ロールズと政治的リアリズムの関係を政治的判断という観点から論じた論文として，Gledhill［2011］を参照．

34)　Galston［2010］，乙部［2015］，松元［2016］，山岡［2013；2022］を参照．なお，政治的リアリズムといっても，さまざまな派閥の総称である．たとえば，政治的リアリズムが強調する政治と道徳の距離感について，松元は以下のように述べる．「その内実を分析するならば，実は政治的リアリズムの主張も一枚岩ではない．ある主張によれば，政治の世界とは権力という核心を道徳という表面が取り繕う場所だと捉えられる（無道徳テーゼ）．別の主張によれば，政治の世界とは通常の道徳とは別種の道徳が要請される独自の場所だと捉えられる（別道徳テーゼ）．政治的リアリストは，異口同音に道徳に対する政治の優位を唱えるが，実は道徳それ自体からの距離は人それぞれである．」［松元 2016：101］．なお，松元は，倫理や道徳を過去の「政治の亡骸」とみなすゴイスの議論を無道徳テーゼ，正統性の考察を中心とする政治の別道徳性を示唆するウィリアムズの議論を別道徳テーゼと見立てている．

35)　こうした一連の政治にたいするゴイスの視座・認識は，とりたてて目新しいものではない．第3章で論じるとおり，マイケル・オークショットの政治観と重なるものである．

36)　「正統な統治と直接的権力のあいだには本質的な違いがある．」［Williams 2005：135］と述べるとおり，この「基本的な正統性要求」というウィリアムズの概念は，政治哲学において正統なレジーム概念の重要性を強調するレオ・シュトラウスの議論とつながるところがある．くわしくは第5章を参照．

37)　古典的な政治的リアリストとしては，当然のことながら，マキアヴェッリやホッブズが第一に挙げられる．とはいえ，彼ら，特にマキアヴェッリが単純な政治的リアリズムを主張していたわけではない．

38)　丸山は次のように述べている．「いうまでもなく社会的現実はきわめて錯雑し矛盾したさまざまな動向によって立体的に構成されていますが，そうした現実の多元的構造はいわゆる『現実を直視せよ』とか『現実的地盤に立て』とかいって叱咤する場合にはたいてい無視されて，現実の一つの側面だけが強調されるのです．」［丸山 2006：173］なお，いうまでもなく，この『「現実」主義の陥穽』という論文は，1952年当時における日本の全面講和論およびその後の再軍備に反対する政治的意図をもって書かれたものである．このように，「現実主義」という言葉は，丸山自身が批判したい「現実」を批判する手段としても使える実に曖昧な言葉なのである．

39)　以上の批判については，第3章にてくわしく検討する．

40)　Baderin［2021］の批判を参照．

41)　山岡は「政治理論におけるリアリティの問題は，《政治理論が現実（とされているもの）を正確に反映している（represent）しているかどうか》という問いではない．」と主張し

ている［山岡　2022：230］.

42）　日本においては，山岡龍一，井上彰，田村哲樹，松元雅和といった研究者たちが，それ
　　　ぞれの関心をベースに，政治哲学，政治理論のディシプリンや方法論を確立しようと精力
　　　的な研究をつづけている．Miller［2003］の訳者・山岡龍一の優れた解説を参照［Miller
　　　2003：邦訳 183］.

43）　たとえば今日，この文脈における政治理論と呼べるものの典型としては，ロールズ以降
　　　展開された現代政治理論の流れをまとめたウィル・キムリッカの大著 Kymrikka［2002］
　　　において展開されている諸理論が挙げられるであろう．本書の序文において，著者キム
　　　リッカがドゥウォーキンの言葉を引きながら，「今日あらゆる説得力のある政治理論は同一
　　　の究極的価値を付帯しており，それは平等だとされる」と述べていることからも分かるよ
　　　うに，広範な現実政策や人間生活への応用や影響を考えるという性格を政治理論がもたね
　　　ばならないという意味で，哲学的な厳密さを欠くと思われる．その証拠に，いわゆるシュ
　　　トラウス学派は，少なくとも，平等を究極の価値とは決して定式化しない．古典的政治的
　　　合理主義の再生を目指すシュトラウス学派にとっては，現代の通俗的な平等主義そのもの
　　　が，彼らの政治哲学にとっての敵対者であった．というのも，彼らは，古典的な政治的合
　　　理主義は反民主主義的な形をとって現れてくる，つまり，我々の時代と文化にもっとも深
　　　く根ざしているもっとも強力な道徳的感情としての平等主義の感情に敵対して生まれてく
　　　ると考えるからである［Strauss 1989：邦訳 8］.　そもそも，なぜ自由民主主義なのか，な
　　　ぜ平等という価値が尊ばれるべきなのか．そうした究極的な哲学的根拠を問うことなくリ
　　　ベラル，コミュニタリアニズム，多文化主義などといった，各々の主張する理論の優劣に
　　　関する論争を繰り広げても，究極的には平等の分配方法などといった「技術的」な問題に
　　　終始せざるをえないのではないか．ちなみに，井上［2017］は，平等という語の概念分析
　　　を綿密に行うことで，その普遍性を明確化しようと試みている．シュトラウス学派の平等
　　　観と井上の研究の比較については，あらためて論じてみたいテーマである.

44）　シュトラウスの哲学観がソクラテス—プラトン的なものとどう関係しているかについて
　　　は，第 4，7 章を参照.

45）　ただし，シュトラウスが政治哲学を強調するとき，政治科学や政治学との対比という，
　　　学問論的な方法という文脈を超え，そこにはもう一つの重要な意味が隠されている．むし
　　　ろ，このもう一つの意味こそが，シュトラウスの政治哲学の独自性を物語っているのだが，
　　　この点については第 4 章でくわしく論じたい.

46）　むろん，こうした前提にとらわれない見方も存在する．たとえば，先にみた分析的政治
　　　哲学の流れなどを参照.

47）　オークショットの政治哲学理解については本書 3，4 章にてさらにくわしく検討する.

48）　こうした反省から，ジャン・リュック・ナンシーなどは，無為の共同体といったキー
　　　ワードで「政治的なるもの」を問い直そうとしている．くわしくは，宇野［2004］を参照.
　　　また，政治的なるものと哲学的なるものの関係をランシエールらの理論をもとに，独自の
　　　観点からとらえた研究として，松葉［2010］も参照.

49）　乙部は政治的リアリズム論者の政治観について以下のように述べている．「ゴイス，ウィ
　　　リアムズともに政治の定義には慎重である．たとえばウィリアムズは「政治的なものの定

義を求めても実り少ない」[Williams 2005：12] と述べる．なるほど，ウィリアムズは
ホッブズ的な問いを「第一の政治的な問い」と呼びはするものの，なぜ，秩序が政治固有
の問いであるのか，あるいは，他に第二，第三の政治の問いが存在するかについては明言
を避ける．ゴイスもまた，政治については「権力についてまず考える」ことが必要だとし
つつも [Geuss 2008：97]，「政治の明確な領域」を示すことは慎重に避けている．」[乙部
2015：214]．なお，政治的リアリズムとは違った視角において，「政治的な政治理論（*politi-
cal* political theory）」の必要性をとなえているのが，ジェレミー・ウォルドロンである．
ウォルドロンは政治理論が具体的な制度への関心を欠いていたことを指摘しつつ，実証的
な政治学への接近を試みようとしている [Waldron 2013]．こうした制度への着目こそ，
まさに，第5章でくわしく検討するシュトラウスのレジーム論とつながるものである．

50)　シュトラウスは，Strauss [1953] において，自然的な方法で政治をみることの重要性を
　　　語っている．

51)　以上の議論は第7章にて議論するシュトラウスの見解とはいささか異なっている．人為
　　　的構築物たるノモスとピュシス，そして，政治的共同体の正当性といった議論が本書第Ⅱ
　　　部のテーマとなってくる．

52)　本書第5章を参照．

53)　シュトラウスのアメリカ政治学全体における評価については，Gunnell [1993]，Zuckert
　　　[2008] を参照．

54)　シュトラウシアンを構成する具体的メンバーについては，ズッカートがくわしく列挙し
　　　ている [Zuckert 2008：29]．シュトラウシアンは地理的・思想的に三種類に分かれるとさ
　　　れている．シュトラウス自身が率先して学派をつくろうとしたのか定かではないが，哲学
　　　は学派，あるいは，教派の形態において現れると述べている．なお，日本においても，石
　　　崎嘉彦・飯島昇藏といった研究者を中心に，精力的にシュトラウス研究が展開されており，
　　　幸いにも，さまざまな意味で近づきがたい，難解なシュトラウス研究の素地が整いつつあ
　　　る．政治哲学研究会を中心とした一連の研究は，シュトラウスのみならず，その周辺の人
　　　物の研究にまで広げられている．現在のところ，シュトラウスを主題とした日本の研究書
　　　としては，石崎 [2009；2013]，松尾 [2018] などがある．

55)　これまでの主なシュトラウス研究は，大きく分けて，四つの方向性に分類されるように
　　　思われる．第一の方向性は，政治思想史研究者としてのシュトラウス研究である．この研
　　　究は，ホッブズやマキアヴェッリなど，シュトラウス本人というよりは他の哲学者につい
　　　ての研究者がシュトラウスの思想史解釈に着目するものである．第二の方向性は，ユダヤ
　　　思想家としてのシュトラウスに着目するもので，近年，さまざまな角度から研究が進めら
　　　れている [Deutsch 1994；Meier 2003]．第三の方向性は，ややジャーナリスティックな
　　　研究であり，いわゆるブッシュ政権におけるネオコンとシュトラウスとの思想的関連性が
　　　指摘されるようになってから増大した [Minowitz 2009；Gottfried 2013]．第四の方向性
　　　が，Drury [1988]，Zuckert [2008] などのシュトラウス自身の思想・哲学に内的に着目
　　　する研究である．

56)　シュトラウスが政治哲学の歴史を批判しつつも，なぜ政治哲学史的な研究を遂行したか
　　　については，飯島 [2014] を参照．

第Ⅰ部 イデオロギー論の再検証

政治学におけるイデオロギー研究の重要性と困難性

　現実政治を舞台とするイデオロギー対立が存在した冷戦期ほどではないにせよ，イデオロギーという語，概念をどうとらえるかという問題はこれまでにも幾度となく語られてきた[1]．とりわけ，社会学や政治学など，いわゆる社会科学の分野においては，未だ根強く残るマルクス主義の影響もあり，主要なテーマであり続けている．そして，今なお，現実の世界にはイデオロギー的な対立とみられるものが，生き残っている．第1章3節でも検討する，いわゆるイデオロギーの終焉論が語られてすでに60年以上がたつが[2]，依然としてわれわれがイデオロギー的な問題から解放される気配は一向にみえてこない．とりわけ，政治の世界においては，イデオロギーという不気味で，不確定な観念が未だそれを動かしている．事実，現代の日本に限ってみても，イデオロギーがもっとも鮮明に表出する左右の政治的対立軸が歴然と存在する[3]．

　イデオロギー論を語るとき，もっとも難しい点は，イデオロギーという言葉のつかみ所の無さ，定義そのものの曖昧性[4]はもちろん，われわれの語りそのものがイデオロギーのなかに囚われてしまうという事実であろう [Ricoeur 1983 : 253]．たとえば，包括的な虚偽意識，根本的な自己欺瞞という意味でこの概念を用いる／受け取る場合，これを自分自身の思考に対する反省的吟味に用いることは論理的に不可能となり，対称（二人称）的ないし他称（三人称）的な概念としてしか使えなくなる．つまり，イデオロギーは，しばしば「おまえ（かれら）の思考は当人には自覚不可能な仕方で根本的に歪み，偏っている」という主張を行うためにのみ用いられ，なおかつそれに対するあらゆる反論を，（場合によっては相手の思考，立場に対する真剣な検討や理解の努力を抜きにして）頭ごなしに拒絶することを可能にする言葉，概念となりうるのである．

　これほどまでに厄介な概念たるイデオロギーであるが，ここで少なくとも，本書が採用するイデオロギー概念・研究についての一定の方向性を示しておきたい．さまざまな論者によるイデオロギーという語の使い方の類型をまとめたヴィアトルによれば，イデオロギー研究は以下の六つの類型を提示することが可能だという [Wiatr 1966 : 60-63]．

　　A：中立的，静態的 → 諸理念の規範

　　B：中立的，動態的 → 行動指針を含む

　　C：中立的，価値への方向付け → 規範的な社会理論

　　D：中立的，原因をなす諸条件 → 経済的諸条件を土台とする諸思想

　　E：否定的，誤謬の強調 → 歪められた，神話化された諸思想

　　F：否定的，純粋性の欠如 → 自分の権力構造を覆い隠す諸思想．

　本書の立場は，あくまでイデオロギーという語をまずは中立的に定義することを目指した上で，動態的かつ価値の方向づけという視点も含むため，BとC，ときにFをあわせた類型に該当するだろう．

機能・分析概念としてのイデオロギー

　上記の研究手法の整理をふまえたとしても，イデオロギー概念の検証は困難を極めるだろう．

ゆえに，イデオロギーを実体概念としてではなく，機能概念・分析概念としてとらえる手法もある．つまり，ある思想なり立場なりを「イデオロギー」と呼びうるかどうかは，その内実によってではなく，その使われ方，コミュニケーションや社会的実践においてはたしている役割や作用に応じて決まる，という態度だ．この考え方に従えば，あらゆる思想にはつねにイデオロギー的に機能する可能性が潜在しており，しかしどんな思想もその内容だけをみてイデオロギー的であるかどうかを判定することはできない．どれだけ哲学的に（科学的に）精妙かつ堅牢に築かれた思想的立場やその教義も，その受け取られ方，使われ方によってはきわめてイデオロギー的に作用することもある一方で，逆に，いかにイデオロギー的に構築され用いられてきた思想も，その理解の仕方次第ではそのイデオロギー性をかなりのところまで払拭できる可能性がある．

　近年，こうした機能・分析概念としてのイデオロギー研究をすすめているのが，「形態学（Morphology）としての政治理論」を主張するマイケル・フリーデンである．フリーデンによると，イデオロギーの分析は，特定の政治的行為を指したり，推奨したりするためのものではない．その目的は，説明，解釈，解読，カテゴリー化である [Freeden 1996：6]．本来，イデオロギーを構成する諸概念は，他の概念との関連性のもとにおかれて意味が定まる「本質的に論争的」な概念である．だが，概念構成の正当性をめぐる競争こそが，政治システムを支配しようとするイデオロギー間，さらにはイデオロギー内部での闘争の原動力であるため [Freeden 2006：6]，イデオロギー的な諸概念は脱論争化されてしまう．ゆえに，イデオロギー分析に，ある程度親しんだ後に奨励されることの一つは，普遍主義を緩和すること（取り壊すこととは異なる）であり，また「良い社会とは何か」という問いに対する複数の，そしておそらくは変異する解決策の可能性を支持することなのである [Freeden 2006：6]．以上のフリーデンのイデオロギー分析の方法論は，これからのイデオロギー研究にとって，一つの方向性を提示したものといえるだろう．

第 I 部の構成

　第 1 章では，カール・マルクス，カール・マンハイム，ダニエル・ベルのイデオロギー論を追っていくなかで，イデオロギー論の思想的系譜をふりかえってみたい．イデオロギーと政治という内的関係の研究に入る前に，少なくとも，その概念使用の変遷や思考の源泉をみておきたいからである．

　第 2 章では，第 1 章のイデオロギー論の思想的系譜を追っていく過程からみえてきたイデオロギー形成の背後に眠る歴史主義の問題へと踏み込んでいく．具体的には，アーサー・ダントーの歴史の物語り論，および，マンハイムの歴史主義への肯定的評価を検討した上で，歴史主義と相対主義の問題がどう関係しているのかを解明していく．

　第 3 章では，イデオロギーの機能的・実践的側面に着目しつつ，イデオロギーと政治の内在的な関係という問題に焦点をあてていく．近代以後の政治が，なぜイデオロギー化された政治へと陥ったのかという問題を検討しつつ，政治的思考の根源をみることで，それがイデオロギー的な思考とは切り離せないことを実証する．

　いうなれば，第1，2章がイデオロギーの概念整理であり，第3章はイデオロギーを機能とし
てとらえ，政治的思考にどういった影響を与えるのかという分析ということになる．ただし，イ
デオロギー分析といっても，二次元の直行座標上に各政治的信念を配置させ，相互に分析すると
いった研究手法やイデオロギーの実証分析という手法を本書はとらない．自由主義・社会主義・
保守主義といった各々のイデオロギー・シンボル［三宅 1989］を産み出すその思考形態の根源
そのものを問いたいからである．

　注
1）　イデオロギー研究をはじめるための基本的な参考文献としては，フレデリック・ワトキ
　　ンスやヤーコブ・バリオンなどが主なものをまとめている．
2）　当然のことながら，ダニエル・ベルらが展開した一連の議論をさす．当時，すでにソ連
　　を中心とした共産主義体制の欺瞞が露になっていたとはいえ，冷戦体制のまっただ中でこ
　　うした論調が出ていたことは興味深い．第1章3節でもくわしくみるが，少なくとも，大
　　量消費に支えられた「豊かな社会」への渇望が世界を覆っていき，やがてマルクス主義的
　　な階級対立のイデオロギーは消滅するというベルの予想は，ある側面においては正しかっ
　　たと認めざるを得ないだろう．
3）　その争点となる主なキーワードを並べてみても，天皇，国旗・国歌，憲法改正，核武装，
　　歴史認識，靖国神社，外国人参政権，移民政策，フェミニズム，マイノリティーの擁護，
　　LGBT 問題など，分野的にも相当多岐にわたっている．政界や論壇，マスコミはこれら政
　　策にたいする立場によってグラデーション状に分かれており，双方ともにイデオロギッ
　　シュな批判の応酬が，国会，言論誌，ネット上などあらゆる場において日夜，繰り広げら
　　れている．冷戦体制の崩壊から30年以上たったとはいえ，内政・外政をとわず，イデオロ
　　ギー的錯綜は依然として終結しておらず，この先も何らかの合意が出来あがることはおよ
　　そ不可能に近いだろう．
4）　テリー・イーグルトンはイデオロギーの定義について，16もの定義を列挙している．し
　　かもこの定義は，いずれもイデオロギーという語の本質を掴んでいるにもかかわらず，互
　　いに矛盾を含んだものであり，イデオロギーという語の明確な定義がいかに難しいものか
　　がここから分かる．結局，彼は，相矛盾する16の定義を提示した上で，イデオロギーにつ
　　いて明確な定義を下すことは不可能であると結論づけている［Eagleton 1991：邦訳 20］．
5）　イデオロギーの実証分析については，蒲島・竹中［2012］の第二部を参照．なお，イデ
　　オロギーの実証分析にあたっては，あまり複雑な定義よりも，むしろ操作的な定義の方が
　　望ましい，と述べている［蒲島・竹中 2012：34］．

第1章　イデオロギー論の思想的系譜

──マルクス，マンハイム，そして終焉論──

╋ は じ め に

　本章のテーマは，イデオロギー論の思想的系譜である[1]．ただし，思想史研究として
は，本書の理論的枠組み・関心に沿いながら追っていくかなり限定されたラフスケッ
チとならざるをえない．イデオロギー概念は，18世紀フランス啓蒙主義期の観念学と
いう意味からカール・マルクスの階級的利益の隠蔽＝虚偽意識という意味づけ[2]，カー
ル・マンハイムの知識社会学による存在被拘束性という議論を経て，今日の一般的な
信念体系・政治的教義として確立したが，すでに指摘したとおり，その定義や使用法
は未だ錯綜しているのが現状である．イデオロギー終焉論の嚆矢であるダニエル・ベ
ルは，信念体系としてのイデオロギーとイデオロギーが社会において実際にはたす機
能を区別し，後者の消滅を主張したが，そもそもイデオロギーが現実に機能するには，
存在を規定する社会的文脈を前提とする．

　イデオロギー論をめぐる今日の状況は，第3章でも考察するように，現実政治と結
びついたイデオロギーのもつ闘争的，実践的側面が強調されるあまり，「社会的存在
による意識の規定」というマルクスの重要な定式化が忘れ去られてきた歴史だったと[3]
いえるだろう．そもそも，イデオロギーが実践的性格を帯びるその背景には，意識と
存在の統一を目指す働きが関係している．つまり，その自律化した意識が，存在，さ
らには社会をも変革する強固な意思をもつとき，その志向が実践として表出した結果
が，イデオロギーのもつ極めて実践的な側面にすぎないともいえるのである．した
がって，イデオロギー論の系譜へと足を踏み入れていくとき，われわれは，マルクス
のイデオロギー論に回帰せねばならない．

✝ 1．マルクスのイデオロギー論
——存在と意識——

（1）マルクス以後のイデオロギー概念の混乱

「哲学者たちはこれまで，世界をさまざまに解釈してきただけである．肝心なのは，世界を変革することである．」[Marx and Engels 1888：邦訳 43]．マルクスの遺したもっとも有名な言葉の一つである．自分たちが生きる現実社会にたいし何らかの不条理・矛盾を感じるならば，目の前にある世界，今ある社会や現実をいかに変えていくかということに関心をもつことは当然である，というマルクスの情熱が伝わってくる．今日，イデオロギーという言葉を，政治学・社会科学の世界において決定的な意味をもたせた哲学者はマルクスをおいて他にはない．ゆえに，イデオロギー論の思想的系譜のスタートとして，マルクスを外すことはできないだろう．

とはいえ，今日のイデオロギーという語の混乱の原因がマルクスにあったこともまた事実である．なぜなら，マルクスがイデオロギーという言葉を使用して以降，社会主義者たちの間においてさえ，その使用の混乱がみられたからである [Seliger 1976]．具体的にどういうことかみておこう．

第一に，マルクスのイデオロギー概念は，① 虚偽意識あるいは観念論的に転倒された意識，② 階級的意識，③ 支配的諸思想，④ 宗教・道徳・哲学などの観念諸形態，などと関連づけられ整合的に把握されてこなかったという思想的背景が存在する [渡辺 2001：78]．要するに，後にみるとおり，マルクスの遺したテクストの曖昧さを起因として，さまざまな解釈が生まれてしまったのである．

第二に，レーニンの意識＝反映論を背景に，社会の法則性を科学的に認識し，プロレタリア階級の歴史的な使命を表現する「科学的なイデオロギー」としてマルクス主義をとらえる見方も根強く存在したことから，それがさらなる混乱を招いてきた [Lenin 1956]．マルクス主義もまたイデオロギーの一形態であるが，同時に科学的，絶対的真理でもあるという「マルクス主義＝科学的真理」とみなす視角である[4]．イデオロギーと科学という対立構造からイデオロギー論を分析するこうした手法は，そもそも，マルクス主義それ自体が科学的な真理か否かという別の視点を持ち込むことになり，純粋なマルクスのイデオロギー論としては議論が拡散する恐れがあるだろう．さらにいえば，科学的な知への信頼が揺らいでいるなかにあって，イデオロギーか科学かという二項対立そのものが，今日においては，意味を失いつつある．

したがって，本節では，マルクスのテクスト内部における用語や定式化の整合性を重視したうえで，マルクス自身が展開したイデオロギー論・イデオロギー批判を分析

する．その分析作業において鍵となるのは，虚偽意識としてのイデオロギー論と上部・下部構造の関係性，より具体的にいえば，存在と意識の相互関係という論点である．この存在と意識の相互関係という問題系を解き明かしていくなかで，両者の関係性を把握する根底に，人間存在を「感性的自然を変化させる生産主体」と規定したマルクス特有の人間観が横たわっていたことを確認する．

（2）虚偽意識と階級意識

　マルクスが本格的にイデオロギー批判を体系化したのは，いうまでもなく，『ドイツ・イデオロギー[5)]』においてである．そして，マルクスのイデオロギー論といえば，この『ドイツ・イデオロギー』をもとにした虚偽意識論とイコールで結びつけられるくらいに，その両者の関わりは根深い．しかしながら，マルクスのイデオロギー論を検証していく上で，何度も立ち返り，さまざまな角度から解釈のメスを入れていかねばならないのは，やはり，『経済学批判』のなかの唯物論的歴史観の定式といわれる次の有名な一節である．この一節は，もはやマルクスの唯物史観を理解するための理論的公式ともなっているので，多少長いが正確に引用しておこう．

　　「人間は，その生活の社会的生産において，一定の，必然的な，彼らの意志から独立した諸関係を，とりむすぶ．この生産諸関係の総体は社会の経済的機構を形作っており，これが現実の土台となって，その上に，法律的，政治的上部構造がそびえ立ち，また，一定の社会的意識諸形態は，この現実の土台に対応している．物質的生産様式は，社会的，政治的，精神的生活諸過程一般を制約する．人間の意識がその存在を規定するのではなくて，逆に，人間の社会的存在がその意識を規定する．

　　　社会の物質的生産諸力は，その発展がある段階にたっすると，いままでそれがそのなかで動いてきた既存の生産諸関係，あるいはその法的表現にすぎない所有諸関係と矛盾するようになる．これらの諸関係は，生産諸力の発展諸形態からその桎梏へと一変する．このとき社会革命の時期がはじまるのである．経済的基礎の変化につれて，巨大な上部構造全体が，徐々にせよ急激にせよ，くつがえる．このような諸変革を考察するさいには，経済的な生産諸条件におこった物質的な，自然科学的な正確さで確認できる変革と，人間がこの衝突を意識し，それと決戦する場となる法律，政治，宗教，芸術，または哲学の諸形態，つづめていえばイデオロギーの諸形態とを常に区別しなければならない．」[Marx 1934：邦訳 13]．

　後半の記述からもわかるとおり，矛盾や対立を内包しつつも，マルクスが，法律・政治・宗教・芸術といった社会的意識の諸形態をイデオロギーの基本的要素として認

識していることは明白である．そして，この「社会的意識の諸形態＝イデオロギー」が観念論的上部構造を形成している，という図式がマルクスのイデオロギー論の骨格であることは間違いない．とはいえ，なぜ，その社会的意識の諸形態であるイデオロギーが，「現実」を転倒させた幻想，すなわち，虚偽意識と解釈されるか，という点については別の論拠が必要となるだろうか．そもそも，外側の世界から「イデオロギー＝虚偽意識」とみる人々は，どういった基準をもって，その意識形態を「虚偽」とみなすのだろうか．とある道徳や宗教観を「真理」として信奉する人々に向かって，それは特定の，しかも誤った意識形態であって，虚偽意識にすぎないと批判の矢を浴びせるとき，そこには，必然的に，外在的な基準が必要となるはずである．

　この問題についての人口に膾炙した説明としては，階級理論としてのイデオロギー論，すなわち，支配者階級の利益に奉仕するイデオロギーを虚偽意識として規定する見方が存在する [Thompson 1991]．要するに，社会の主流を形成し，普遍的にみえる観念形態であっても，それはその時代の支配者階級が自分たちの利益を確保し，被支配者階級を支配するために産み出した虚偽の意識にすぎないという解釈である．たとえば，マルクスは，ジョン・ロックの政治理論を支配者階級の正当化理論にすぎないとみていた．今日，一般的に近代市民革命の思想的基礎とされている『統治論』でさえ，オランダの資本主義に影響を受けたロックが，イギリスのブルジョワジーの利益に沿ったイデオロギーを構築した作品にすぎないと批判するのである．保守主義の父，エドマンド・バークにたいする批判にいたっては，より鮮烈だ．

　　　「エドマンド・バークは『働く貧民』という表現を，忌まわしい政治的流行語と
　　　呼んだとき，人は『忌まわしい流行語屋』エドマンド・バークの誠意なるものを，
　　　こういうことによって判断できる．彼は，アメリカ紛争のはじめに，北アメリカ
　　　植民地に雇われて，イギリス寡頭政治に反対する自由主義者を演じたのと全く同
　　　じように，イギリス寡頭政治に雇われて，フランス革命に反対して過去を賛美す
　　　る人を演じたこのへつらい者は，徹底的に俗流のブルジョワであった．」[Marx
　　　1954：76]

　だが，はたして，マルクスのいうように，支配者階級によって産み出された意識だけをイデオロギーと呼ぶことは妥当なのか．被支配者階級に眠る意識――たとえば宗教――をイデオロギーと呼ぶことはできないのだろうか．さらにいえば，そもそも，こうした支配者階級の意識について，それを政治的支配の正当化論理と呼ぶことはできても，現実転倒の虚偽意識である，と論理的に規定することは可能なのだろうか．あるいは，その虚偽意識が暴露されていくプロセスのなかで，現実の社会変革にかか

わる意識をイデオロギーと規定すべきなのだろうか.

　以上のようなイデオロギー解釈に潜む問題構成を簡潔にまとめるとすれば, 以下の三つの次元, ① イデオロギーは一般に, 虚偽意識的な観念論的転倒であるという点を構成要素とするのか. また, これと関連して, ② 支配階級の思想のみを転倒した観念とみなし, イデオロギーとよぶのか, ③ 各々の支配階級, あるいは人間に拡大された変革にかかわる意識形態 (階級的意識) もイデオロギーとよぶのか, が鍵になってくるだろう[6].

　では, まず, ② の規定からみていこう. 支配階級の利益を増進する思想のみをイデオロギーとしてとらえる見方はやはり, イデオロギー概念を矮小化してとらえたものである. なぜなら, 先に指摘したように, 被支配者の階級もまた特殊な意識形態—たとえば宗教や道徳観—をもつことは通例であり, それが現実の隠蔽というはたらきをなし, 土台の変革の呼び水となったことも現実の歴史としては多々みられる現象だからである. では, ③ 各々の支配階級に拡大された意識形態 (階級的意識) という見方はどうであろうか. これもまた, 階級[7]や変革という, 別の変数が入り込む形でイデオロギーの規定がなされているという点において, その本質的な規定ではないように思われる. たしかに, 階級的意識や変革がイデオロギーの構成要素となる側面もあるが, 先の『経済学批判』における一節「経済的な生産諸条件におこった物質的な, 自然科学的な正確さで確認できる変革と, 人間がこの衝突を意識し, それと決戦する場となる法律, 政治, 宗教, 芸術, または哲学の諸形態, つづめていえばイデオロギーの諸形態とを常に区別しなければならない.」にもあるとおり, 変革と意識の諸形態それ自体は区別されねばならない, というテーゼがマルクスの基本的な認識である. このようにとらえれば, イデオロギーは階級的意識だけをもって定義されるわけではない.

　となれば, 残る虚偽意識的な観念論的転倒のみがイデオロギーの本質を決定する構成要素といえるのだろうか. ここで, 今一度, マルクスのテクストに立ち戻りながら, イデオロギーと現実の転倒という関係性を再考してみよう. 筆者の知るかぎり, マルクスのテクストにおいて, 現実の転倒 (倒立) にふれた記述は次の一か所しか存在しない.

　　「意識とは, 意識された存在 [das bewußte sein] に他ならない. また人間たちの存在は彼らの現実的な生活過程である. およそイデオロギーのなかでは, 人間たちと彼らの関係はカメラ・オブスキュラ〔暗箱〕の場合のように倒立して現れるのだが, この現象は, 網膜上の対象の倒立が対象の直接に物理的な過程から生じるのと同様に, 人間の歴史的な生活過程から生じるのである.」[Marx 1958：邦訳68].

　たしかに，イデオロギーを規定するうえで，虚偽意識という構成要素が重要な視座をもつことはたしかである．しかしながら，上の引用にあるとおり，イデオロギーそれ自体が虚偽意識であるという定式化は，マルクス自身においてなされてはいない．あくまで，イデオロギーという思考形態を通したとき，われわれ人間の意識と生活過程が倒立して現われるという現象への分析が，この引用における骨子と解釈できる．したがって，虚偽意識それ自体がすなわちイデオロギーであるとの規定が存在しない以上，イデオロギーが，どのような意味において虚偽性をもつのか，すなわち，イデオロギーがどのようなプロセスにおいて虚偽（現実の転倒）を生むのかというメカニズムそのものの方が重要となってくるだろう．

　結局のところ，先にみた三つの次元は，イデオロギーを構成する要素として，相互に関連しつつ，複雑に絡まりながら，その本質を形づくっているのである．

（3）現実的な支配的諸関係

　概観したとおり，イデオロギーが，虚偽性や階級性のどちらにも還元されない以上，むしろ，双方のつながりから，その本質をみていくことが重要となる．改めて，論点を整理しておこう．

　そもそも，なぜ，イデオロギーが虚偽的な意識と関係するのかといえば，その意識が現存する実践の意識とは別のものであるかのように思い込む（＝転倒）「観念論的たわごと」であったからだ．けれども，現存する実践の意識，すなわち，現実に根差した意識は，何をもってそれを現実的とみなされるのだろうか．ここでもちだされるのが，意識形態は基本的に支配的諸思想を基礎として生みだされるという理論であった．というのも，支配的諸思想をもった階級は「階級として支配し，ある歴史的時代の全範囲を規定する」からである[8]．このことは，要するに，マルクスが，意識形態を，現実的支配の諸関係の表現にすぎないとみていたということを意味する．そのように解釈すれば，「現実的支配の諸関係 → 意識形態」という関係性の逆転にこそ，マルクスは，イデオロギーの転倒性を見出していたといえるのではないだろうか．すなわち，マルクスの理論においては，本来であれば，物質的基盤である下部構造が法律や政治といった上部構造を規定するという構造的な枠組みを前提として産み出されたものが社会的な意識の諸形態であるはずなのだが，えてして，人は，意識の諸形態（上部構造）の方が現実的支配（下部構造）という構造を規定するような錯覚に陥っているというわけである．このように解釈すれば，イデオロギーのもつ虚偽性とは，上部構造が下部構造を規定するという，マルクスの理論からすれば，逆の意味の構造的規定，すなわち転倒した規定という意味に解釈できるだろう[9]．

　このように，社会構造的な観点でイデオロギーをとらえるとすれば，社会的意識の

諸形態と解されたイデオロギーは，必ずしも虚偽意識という形態をとらないことになる．なぜなら，本来の因果的生成関係，すなわち，下部構造が原因となり，現実的支配の諸関係によって生み出された社会的意識の諸意識は，転倒という性質をもたないという理由で，イデオロギーと呼ばれないことになるからである．現実的支配の諸関係を生みだすという「転倒した意識」のみをイデオロギーと呼ぶのであれば，社会的意識の諸形態全般をイデオロギーと規定することはできないだろう．

　以上の解釈が正しければ，最終的に，イデオロギーの本質的な規定は，上部構造と下部構造の対応関係をどうみるかという問題に収斂されていく．そして，この見地は，「人間の意識がその存在を規定するのではなくて，逆に，人間の社会的存在がその意識を規定する．」というテーゼそのものを，今一度，深く検討しておかねばならないという道へとわれわれを導くのである．遠回りしながらも，ようやくたどり着いた原点ともいえる問題だが，このテーゼの謎を解き明かすには，今一度，マルクスの考える「意識」と「存在」の関係について掘り下げていく必要があるだろう．

（4）意識の規定

　マルクスが意識そのものの定義についてくわしく考察したテクストは少ないが，意識の生成の過程については，『ドイツ・イデオロギー』のなかで語られている．意外なことに，マルクスがとらえる意識は，人間がどのように歴史をつくってきたかを素描した後に論じられる．

> 「言語は実践的な意識であり，他の人間たちにとっても実在する，したがってまた私自身にとってはじめて実在する現実的意識である．そして言語は意識と同様に，他の人間たちと交わろうとする欲求，絶対的必要性からはじめて発生する．関係が実在するという場合，それは私にとって実在するのである．動物は何ものとも関係せず，そもそも関わることをしない．動物にとって他の動物との関係は関係として実在しない．意識ははじめからすでに社会的産物であり，一般に人間が存在するかぎり，いつまでもそうである．意識は当然にも最初は最も身近な環境についての単なる意識であり，自己を意識するようになった諸個人の外側に存在する人々や事物との狭い関連についての意識である．」［Marx 1932：邦訳 68］.

　ここで鍵となるのは人間と環境との関係性である．動物は自らの生命活動と一致するという意味で，何物とも関係性をもつことはないが，一方において，人間は生命活動そのものへの主体の関係が意識された形で存在する．これは，社会的存在を関係論的に位置づけた上で，人間と社会的存在の間に存在するつながりを「関係性」ととらえる視座といえるだろう．だからこそ，意識は意識する主体の生活から乖離して存在

することはない．現実の生活過程における対象と人間との諸関係を前提とし，この関係を関係としてとらえる観念的はたらき，それがマルクスの規定する意識である．そして，マルクスがいうように，意識とは当然，何かについての意識でもある．意識とは，その対象への意味付けが前提とされて，はじめて，意識として成り立つのである．

　では，その対象とは一体何か．マルクスの結論によれば，それは，自然，社会，そして自己である．この自己意識という観点にヘーゲルの影響を読み取ることも可能だが，そこにはヘーゲル以上の深い意味が隠されているとみるべきだろう．というのも，対象を細かく分けていく際，そこには，われわれの価値が入り込まざるをえないからである．対象との関係を関係として見定めるというとき，そこには，われわれの主体が前提とされていることはたしかである．

（5）存在の規定

　マルクスの存在概念もまた，意識と同様に，多分に曖昧な問題を含んでいる．これは，存在被拘束性という概念を提示したマンハイムにおいても同様で，後のマンハイムの存在規定を検証する節でも明らかになるとおり，両者の「存在」という言葉にたいする定義は数行の限られたテクストをもとに解釈していくしかない．

　マルクスの存在概念を解き明かすうえでの最大の手がかりは，先に引用した倒立に言及したテクスト直前に出てくる「意識とは，意識された存在に他ならない．また人間たちの存在は彼らの現実的な生活過程である．」という一節である．では，ここでいう「現実的な生活過程」とは一体何を意味するのだろうか．前後の文脈，「観念，表象，意識の生産は，さしあたっては，人間たちの物質的活動と物質的交易すなわち現実的生活……」「彼らは現実的な活動する個人であって，彼らの生産諸力とそれに見合う交易の一定の発展によって……」からみる限り，「現実的な生活過程」とは，われわれ人間による日々の生産や物の交換から生まれてくる日常的な営みと解釈できるだろう．マルクスの理解する現実的な生活過程とは，文字どおり，われわれの日常生活を支える物質的・生産的基盤そのものなのである．

　では，以上の考察から，結局のところ，われわれ人間による日々の生産や物の交換が，意識された存在に他ならぬ意識を規定するという構造関係は，どういったプロセスを経て進んでいくのだろうか．具体的にいえば，各個人の生活諸状況，経済状況，社会的な位置といったものが複合的に絡み合う形で各人の意識が形成されていくという流れであろう．そもそもの前提として，生活という現実があり，そこから意識形成がなされるというマルクスの規定は，一種の徹底したリアリズムととらえてもよいかもしれない．

　ただし，もう一点ここで重要なことは，マルクスが「意識とは，意識された存在に

他ならない」とも述べている点である．これまでの分析から明らかになったとおり，意識内容そのものが各人の生活である存在から生まれてくるという流れはいったん認めるとしても，実際，その具体的な存在を再認識するのも各人の意識だといえるからである．つまり，意識とは，当然のことながら，何かについての意識であるがゆえに，それは各人のおかれた現実的生活についての意識に他ならない．[10] このように考えると，卵が先か鶏が先かという因果性ジレンマの議論となり，常に存在が意識を規定するという一方向の流れは誤りであるということになる．とはいえ，意識が人間の生活過程，とりわけ，その関係性を把握し，表現する作用だと考えるのであれば，前提となるのはやはり存在という現実的生活であることもまたたしかであろう．

　では，最終的に，現実を転倒したという意味における「虚偽意識＝イデオロギー」論はどう結論づけられるのだろうか．そもそも，現実的生活たる存在が規定する意識であれば，それが現実を転倒した意識形態になるという理屈は成立しえない．だとすれば，現実の生活をその現実によって規定された意識が再認識する際に，何らかの隠蔽や虚偽という要素が入り込んだ結果，現実についての誤った把握がなされる．このときにこそ，イデオロギーが生まれるということになるのではないか．

　以上のとおり，マルクスによって展開された意識と存在の関係性を突きつめていけば，イデオロギーが支配者階級の意識，あるいは，虚偽意識に限定されないことは明らかである．現実的生活過程がたとえ支配・被支配の構造に組み込まれたものであったとしても，その現実から生み出された意識のみを虚偽意識とよぶことはできないはずである．

（6）人間の存在規定──生産活動を営む存在

　これまで，筆者独自の観点を入れつつ，存在と意識の関係を見てきたが，マルクスのイデオロギー論の核心は，結局のところ，どこにあるのだろうか．一言でいうとすれば，「人間の存在基盤である生活過程が意識を決定する」という基礎的命題を前提とした上で，その両者がどのような関係性を保ちながら意識を発展させていくのか，という過程に他ならない．では，このイデオロギー形成にかかわるプロセスを解明したことで，マルクスのイデオロギー論をめぐる問題は解決しえたのだろうか．実は，最後に，問うべきテーマが残っている．それは，意識を決定する基盤とされた現実的生活過程についての定義をめぐる，より根源的な問題，すなわち，なぜマルクスは，人間存在の規定を物質的な生活規定に限定したのか，という問題である．われわれが通常，人間の存在というとき，一般に，さまざまな側面からのアプローチ法を考えるにもかかわらず，なぜマルクスは物質的な現実の生活にのみ着目したのだろうか．以下では，マルクスの思想の根底に眠る「人間の存在規定を物質的活動と物質的交易を

中心とした現実的生活とみる」という観点を検証しておこう.

　そもそも，なぜ，マルクスは，人間の存在の中心を物質的活動と物質的交易を基礎とする現実的生活においたのだろうか. そこには，マルクスの人間観が深く関係していたとみるべきだろう. 廣松渉が指摘するとおり，古来，人間は，羽根のない二足獣，神の模造，理性的存在，社会的存在等々，さまざまな形で規定されてきたが，マルクスはそこに，生産活動を営む存在という，一見すると当たり前すぎるようにも思えるが，逆に斬新ともいえる視点を持ち込んだ［廣松 1990 : 22］. 人間とは，何をおいても，生産活動により生を営む生物であるという，より基底的，現実的な事実からマルクスは出発したのである.

　では，この人間の存在規定である生産という行為そのものを，生全体において，どう位置づけるべきなのか. 廣松は，生産そのものが，対自然とどうかかわるかという問題，ならびに，相互間の一定の関わり合いに関係していることを指摘した上で，人間が生産手段や生産方法を文化的に発明・創始し，かつ，それらを世代的に継承・進展させることが，消費手段，消費方法を自然的な本来のものから文化的に再形成されたものへと転換させているという点に着目する［廣松 1990 : 30］. 要するに，生産とは，外的な自然に働きかける主体的な作業であると同時に，自然本来の消費手段や方法をも人工的に変容させる作業なのである. 結果として，人間はわれわれの生命的欲求を超えて，すべての対象・外的自然を自己のものとして所有するという労働の意識に憑りつかれていかざるをえない. 事実，『経済学・哲学草稿』には以下の記述がみられる.

> 「労働者は，自然がなければ，感性的な外界がなければ，なにものをも創造することができない. 自然，すなわち感性的な外界は，労働者の労働がそこにおいて実現され，そのなかで活動し，それをもとにそれを介して生産をするための素材である. ……自然は労働に生活手段を提供するが，同様にまた他方では，自然は狭い意味での生活手段を，すなわち労働者自身の肉体的生存の手段をも提供する. したがって，労働者は，彼の労働を通じて，より多くの外界を，感性的自然を獲得すればするほど，二重の側面で生活手段をますます奪いさられていく. すなわち第一に，感性的外界はますます多く彼の労働に属する対象であることを，彼の労働手段であることをやめるし，第二に，感性的外界はますます多く直接的な意味での生活手段，労働者の肉体的生存のための手段であることをやめるのである」［Marx 1932 : 邦訳 88-89］.

　結果として生じるのは，かの有名な，労働疎外である. そして，この疎外を解決しようとしたマルクスの思想・手法にこそ，イデオロギー論の背景となる重要な問題が隠されているのである.

（7）回帰すべき自然そして歴史

　労働は，外なる自然に働きかける意思の行為であったが，資本主義的な生産過程に
おいては，労働が対象化されることで労働者は労働をとおし獲得するはずであった感
性的な自然を剥奪され，自己自身を一商品にまで貶めるという悲劇が生じる．対象と
しての自然を所有しようという労働そのものの営みが，逆に対象の主体にたいする
「疎外」へと逆転させ，それにより，主体が本来の自己自身にたいし，疎遠な存在へ
と変質するところに，労働―生産をめぐるパラドックスが存在するのだといえよう
［仲正 2014：50］．たしかに，労働する主体は，自己自身を生産するため自然を必要と
する．しかしながら，労働を通して獲得する自然は，もはや生の感性的自然ではなく，
自身の手により加工された自然なのである．こうして，われわれは，帰るべき自然を
見失う．

　生産する人間の実態をこのようにとらえるならば，たしかに，マルクスのいう歴史
は，自然から取り残され，歴史のなかにおき去りにされた労働者の自然本性回復運動
と読むことができる．

> 「人間は，ただ自然存在であるばかりではなく，人間的な自然存在でもある．
> ……人間的な諸対象は，直接にあたえられたままの自然諸対象ではないし，人間
> の感覚は，それが直接にあるがままで，つまり対象的にあるがままで，人間的感
> 性，人間的対象性であるのでもない．あらゆる自然的なものが生成してこねばな
> らないのと同様に，人間もまた自分の生成行為，歴史をもっているが，しかしこ
> の歴史は人間にとっては一つの意識された生成行為であり，またそれゆえに意識
> をともなう生成行為として，自己を止揚していく生成行為である．歴史は人間の
> 真の自然史である．」［Marx 1932：邦訳 208］

　歴史を「自然」へと回帰させようとする意識的行為と理解する点において，マルク
スは，すでに主体的な人間の意識を前提としてしまっている．ゆえに，人間の真の自
然史とは，もはや，自然とは切り離された歴史である．[11] エンゲルスが，『フォイエル
バッハ論』において「人間〔各個人〕はそれぞれ歴史を，それがいかなるものになろ
うとも，各人自身の意識的に意欲された目的を追求することによって，つくる．そし
て，これらさまざまな方向に作用する多数の意志と外的世界に対するその多様な作用
の合成こそが，まさしく歴史なのである」［Marx and Engels 1958：邦訳 122］と述べる
とおり，主体としての意識によってつくられたものこそが，マルクスらの理論から帰
結する歴史に他ならない．

　結局のところ，マルクスの陥ったアポリアとは何であったのか．仲正昌樹も指摘し
ているように，自分がかつて体験したこともない「もの＝失われた自然」の回復とい

う着想そのものが近代形而上学の裏返しであったということではないか［仲正 2014：
38］．要するに，マルクスの歴史観は，内的に運動する中心を精神から物質へと反転
させただけであり，その中心軸が主体＝精神から客体＝物質へと変わったといっても，
結局のところ，人間が歴史をつくるという自己の意識，そして，自然に働きかけると
いう意思の行為が基底にあったという事実は揺るがなかったといえるのである．

　以上のマルクスの人間観，自然観から，イデオロギー論との関係において，何が見
えてくるだろうか．歴史の起動因を経済的下部構造におくといっても，その経済的下
部構造そのものは，人間の物質的生活，すなわち，自然を改変するという意識的な行
為により生産主体がつくったものである．そして，生産諸関係と意識形態の関係性か
らなる階級闘争史観の根底に存在するのも唯物史観に他ならない．すでに述べたとお
り，対象化された自然はもはや自然と呼ぶことはできない．イデオロギー形成の背景
には，こうした，自然の征服，対象化が存在している．そして，感性的な自然を取り
戻そうするその運動それ自体もまた，われわれ人間の世界の中で意識的に再構成され
た近代的な歴史意識を根底的基礎にしているのである．こうした事実こそ，マルクス
のイデオロギー論に秘められた重要な視点のように思われる．

╋ 2．カール・マンハイムのイデオロギー論
——部分的イデオロギーと全体的イデオロギーの検討——

（1）はじめに

　マルクスが，存在と意識という観点からイデオロギー論を展開したとすれば，それ
をさらに発展させ，存在と思考という観点でイデオロギー論を体系化したのが，ハン
ガリーの社会学者，カール・マンハイムである．

　本節では，イデオロギー論の古典ともいわれる『イデオロギーとユートピア』のイ
デオロギー論，なかでも部分的イデオロギーと全体的イデオロギーの問題を取り上げ
る．このイデオロギー概念を二分する議論は，さまざまな論者がイデオロギー論を論
じるとき[12]，またマンハイム研究においては，必ずといってよいほど言及されるにもか
かわらず，実のところ，その深い部分は曖昧なままに放置されてきた．したがって，
このイデオロギー二分類を具体的，思想的に検討し，マンハイムのイデオロギー論の
本質にせまることが本節の目的である．

（2）マンハイムの基本認識——思考とは何か

　本格的な主題に入る前に，なぜ社会学者であるマンハイムがイデオロギー論の分析
へと足を踏み入れるにいたったのか，その軌跡を，彼の基本的な問題意識と絡めなが

ら，まずは簡単に追っていこう．マンハイムが体系化した学は，今日，知識社会学[13)]として知られている．マンハイムによれば，知識社会学の主要な命題は，人の思考の社会的起源が曖昧なままに放置されているかぎり，その的確な理解には達しえない思考様式が存在するという点にある［Mannheim 1952：3］．すなわち，われわれ人間が普段，ごく普通に行っている思考の起源が何に由来するのかという点が明らかにされなければ，思考の種類や形態によっては，その深い理解にすら達することのできない領域や分野があるということである．では，その思考の社会的起源とは何か．そもそも，人間の思考とはいかなるものなのか．

　周知のとおり，デカルトは，思考を「私」自身の精神のはたらきとしてとらえ，そして，思考している間のみ，私は確実に在るという哲学を打ち立てた[14)]．要するに，デカルトが定義する「思考」とは，あくまで「私」というひとりの人間，すなわち個人のなかで展開される精神の作用，はたらきであったといえる．具体的な思考の中身がどうであれ，すなわち，何かを疑い，理解し，肯定し，否定し，欲し，また想像し，感覚するにせよ，これらは「私」自身から切り離すことはできないのである［Descartes 1953：邦訳 48］．こうした「私」，いいかえれば，全くの独立した個人の自我や精神のみを基盤とする思考のとらえ方を明確に否定したのが，マンハイムの知識社会学であった．彼はあくまで，現実の人々が実際にどのように思考しているかという問題にこだわったのである［Mannheim 1952：邦訳 5］．

　では，実際に行われる人間の思考とはどういうものなのか．マンハイムによれば，ある個人が行った思考は，その個人のみの力や固有の能力に由来するものではない．実際には，他の人の思想や彼を取り巻く社会から受けた影響に左右されながら，人間は思考を構築し，進めていくはずである．したがって，まったくの単独の個人が思考する，ということは現実的には誤りであり，あくまで外の世界から受ける影響を基礎にして思考を形成するという点にマンハイムは着目するのである[15)]．

　観点は微妙に異なるが，マンハイムが科学的な思考のとらえ方に接近していたことは間違いない．マンハイムは人間の思考を，いわゆる社会全般との関係からとらえ直したのであり，こうした見方から，個人は「彼以前に他人が考えてきている思考に加わる」とさえいい切るのである［*Ibid.*：邦訳 7］[16)]．以上の「現実の過程」を重視した思考方法の観察を踏まえ，知識社会学が目指す研究方法とは以下のようなものとされる．

　　「知識社会学は単独の個人やその思考に出発点を求めるというやり方を意識的にしりぞける．さまざまに分化した個々人の思考を徐々に生み出すところの歴史的・社会的状況の具体的な仕組みをとらえ，そのなかで思考を理解すべく務める」［*Ibid.*：邦訳 7］．

　すでに述べたとおり，現実に行われる人間の思考はまったくの個人の能力によって
生み出されるわけではなく，社会の状況や歴史によって大きく左右される．こうした
思考のあり方を総称する形で，マンハイムは「思考の存在被拘束性」とよぶが，実は
この存在被拘束性という概念そのものが非常に曖昧な要素を含んでいるのである．以
下では，この存在被拘束性という用語について少しばかり掘り下げておこう．

（3）思考の存在被拘束性

　存在被拘束性＝Seinsverbundenheit[17] という用語は，知識社会学そのものを成り立
たせるための重要な鍵概念であると同時に，一方で，非常に曖昧な語でもある．そも
そも，この概念が，先のマルクスの有名ないわゆる上部構造・下部構造の議論の応用
であることは明らかであろう．

　しかしながら，マルクスの議論と同様，マンハイムの意図が理解しにくいのは，存
在被拘束性の「存在」という言葉が，どのような意味で使われているか判然としない
点に原因があるからだといえる．というのも，マンハイムが存在被拘束性という言葉
を使う場合，各論文，著書により微妙な意味の差異が存在するからである[18]．だが少な
くとも，マンハイムの一連の著作，問題意識を概観する限り，彼が存在被拘束性とい
う場合の「存在」を，一般的な広い意味での存在と解釈すべきではないし，またハイ
デガーのように，哲学的に深い意味をもたせているとみる必要もない．

　ここでは，この「存在」という語について，第Ⅰ部のテーマであるイデオロギー論
に引き付ける形で，すなわち，Mannheim［1952］で提示されている以下の定義，「い
つも具体的に通用している——つまり，現に力をもっており，この意味で現実的と規
定できる——生活秩序として把握されるもの」[*Ibid.*：邦訳 342][19] と解釈しておきたい．
要するに，彼の規定する「存在」とは，経済的・権力的な構造を基礎にしつつも，わ
れわれの現実の生にたいし，具体的で直接的な影響力を与えるありとあらゆる要素と
理解できよう．

　たとえば，分かりやすく現代の日本を例にとれば，まず日本人として生まれたとい
う意識そのもの，アイデンティティ，そして今日の時代状況，さらにはどういった家
庭に生まれ，どういった学歴か，職種は何か，さらには年齢，性別といった状況さえ
もが関係して，その人間の思考がつくられるものと考えられる．当然といえば，当然
の指摘のようにも思えるが，こうした思考の本質と外界の性質との関係性を体系化し
ようとしたのが，マンハイムの意図する知識社会学であったといえるだろう．

　ではなぜ，マンハイムは思考そのものの問題，その存在との関係をここまで問おう
とするのか．そこには人間の思考パターンや思考の本質そのものが，時代的な変遷の
なかで決定的に変質したという，マンハイム自身の問題意識が規定となっているから

である．以下では，この点を論じていこう．

（4）社会学的思考と集団

　思考をかたちづくる歴史的，社会的状況を考える必要性，つまりマンハイムのいう知識社会学が確立された背景には，どのような問題意識が隠されているのか．それは一言でいえば，時代的な状況，要請によって必然的に変質を強いられた人間の思考そのものの特徴にある．すなわち，人々の思考の多様化という現実が，人間の思考そのものを社会的背景からみなおすよう迫ってきたのである．では，その時代状況とは，具体的には一体何か．いうまでもなく，中世的世界観の終焉，すなわち近代という時代の到来である．

　近代という時代をどうとらえるか，という問題そのものが非常に複雑かつ壮大なテーマであるが，マンハイム自身は，明澄な世界秩序なるものが信じられていた中世的世界観の崩壊として単純にとらえている．というのも，中世世界を規定づけていた神―世界―人という絶対的な世界秩序の前にあっては，「存在価値をもっているのは事物の階等秩序の世界における客観だと考えていた中世において……人間の能力，思考の価値は客観の世界によって決定される」［Mannheim 1952：邦訳 26］以上，仮に思考の違いが表れたとしても，その相違は，客観的な秩序を基準に判定すれば，基本的に解決可能な問題だったからである．極言すれば，今日でいうところの「思考」そのものが，絶対的な神を前にしては本来的に必要のないものであり，人々の思考の社会的背景という問い自体が顕在化することはなかったのだといえよう．だが，この中世的世界観の崩壊が進むにつれて，本来自由に思考するはずの，いわば，人間の性質が一気に噴出しはじめたのが近代という時代の必然であった．

　このように，近代以後における世界認識の多様化の要因を，中世的な教会組織の崩壊にみているという点においては，マンハイムの近代観はとりたてて斬新なものではない．それよりも，むしろ興味深いのは，近代以後の思考の変遷を追っていくその視座，すなわち，今日の知識社会学的な視座につながる思考様式へと発展していく経緯を，認識論，心理学，社会学的観点という三段階の発展として描いている点である．以下，この流れを順に追っていこう．

（5）認識論的観点と心理学的観点

　周知のとおり，近代以後の哲学がもっとも重大なテーマの一つとして選んだのは，一言でいえば，認識主観の分析，すなわち，人はどのようにして外界の事物や知識を正しく知ることができるのか（もしくは，誤ってしまうのか）という問題であった．マンハイムの解釈にしたがえば，われわれ人間の主観をすべての出発の契機とするこの

考え方は，われわれの制御を受けいれやすい主観のなかで，思考の発生を経験的に再構成することを基本とする［*Ibid.*：邦訳 26］．すなわち，思考は，基本的に自身の主観的精神から形づくられることとなり，世界の構成部分は，その思考（知的制御）に従わせるという形で生まれてきたのである．その結果，可能となったのは，伝統や教会の力を後ろ盾にしていた創造伝説の打破であり，認識行為をもとにした世界観をつくりだすという新たな試みであった［*Ibid.*：邦訳 28］．こうした意味で，認識論のはたした影響力は絶大であったといえるだろう．

　しかしながら，この主観を出発点とする思考方法は同時に重大な問題を含んでいた．認識の基礎が個々人の「主観」である以上，それらが常に完全な一致をみせる根拠はなく，神・世界・人間といった究極的な問題にたいする統一をはかることができなくなることは当然の帰結であったからである．その結果，個々人の主観と外の世界とをどう一致させるべきかという新たな問題が生まれてきた．いうなれば，この命題こそ，主観と客観をどう一致させるかという，認識論上の伝統的な哲学的課題であった．そのような思想的状況のなかで着目されたのが，いわゆる経験論から派生した心理学的なアプローチである[20]．要するに，外の世界が与えるさまざまな現象，出来事が人間の内面（心）にどういった作用をもたらすか，という経験的な観察が今日の心理学へと発展していったのである．

　マンハイムによれば，この心理学的分析の特徴は，力学からひきだされた解釈図式を人間の内的経験に適用することにあった［*Ibid.*：邦訳 28］．つまり，外的な要因と心理的な動きを，力と物体の移動との関係を定式化した物理学の法則に応用させたのである．たとえば，10 kg の重さの水をもたされた時にかかる心の負担は，5 kg の水を持たされた場合の 2 倍となるというような実験がそれである．この意味で，心理学的分析は認識論的アプローチよりも科学的であり，また経験的でもあった．こうして，心理学的分析は心理発生論的な知見にも応用され，人間の自我や性格の形成といった心理的側面を説明することにも適していたのである．

　しかしながら，この心理学的分析は，人間の実際の思考や認識を把握する上で，決定的な欠陥を内抱させていたとマンハイムはみている．

　　「心理発生論的アプローチが蔵しているもっとも基本的な限界は，それ自身にとってきわめて重要な意義をもった観察，つまり，すべての意味はその発生という光のもとで理解されるべきであり，またその背景を形成している本源的な生の体験連関のなかで理解されるべきであるという観察の中に横たわっている．それというのも，この観察は，みずからのうちに，心理発生論的アプローチは個人にしか適用できないだろうという，不当な圧縮を含んでいるからである」［*Ibid.*：

邦訳 49].

　ここで重要なのは，本源的な生の体験連関という指摘であろう．生の体験連関とは，あくまで個々人同士の関係，枠組みを超えるものではなく，その意味で，心理的な観察は個人の心理を超えて適用することはできないと，マンハイムには理解されたのである．

　以上の理由から，マンハイムは，認識論と発生論的心理学を個人主義の枠を出ないものとして批判する．そのようななか，こうした認識論と心理学の限界を超えようと画策されたのが，マンハイムのいう社会学的観点であった．

（6）社会学的観点と集合的無意識

　マンハイムのいう社会学的観点は，人間の思考や認識をどのようにとらえたのか．社会学的観点によれば，認識とは，はじめから集団生活における一個の協働過程だとされる [*Ibid.*：邦訳 53]．つまり，認識論的，心理学的観点においては当然のこととされていた個人の認識と集団の認識の分離を突き崩したものこそが，社会学的な視点であったのだ．たしかに，個人は個人のもつ脳で物事を認識し，思考を進める．だが，同時に，人は集団として思考する場合もあり，しかもその集団の思考過程は，えてして個人には意識されないままであるという指摘は，エーリッヒ・フロムやユングなどの分析からすでに明らかにされている．

　こうして社会学的観点にたどり着いたことで，ついに集合的な無意識の発見がなされる．知識社会学の目的は，まさにこの集合的無意識の問題を正確にとらえ，知識と社会の関係を突きつめていくところにあるといえる．この認識に関する社会学的観点の全面的出現は，必然的に，合理的な認識の非合理的な基盤を徐々に暴露してゆくということに他ならない [*Ibid.*：邦訳 57]．このことはいわば，先に述べた思考の存在被拘束性の束を暴いていくことでもある．ゆえに，ここから集合的無意識の分析そのものが重要な課題となる．

　では，そもそも集合的無意識とはどのようにして生まれてきた意識なのか．マンハイムによれば，政治の世界が肥大化することによってである[21]．政治とは突きつめれば，公権力による他者の支配である以上，近代の民主主義が確立する以前の時代においては，全国民が政治にかかわるという事態は起こりえないことであった．しかしながら，国民国家，近代民主主義という制度が確立されるに至り，より多くの人間がこの政治という領域に否応なく関わることとなっていく．その結果，多くの政治的議論が活発に交わされるなかで，お互いの思考の社会的存在被拘束性が人々の目に映るようになったのであり，その意味で，政治こそがはじめて社会学的観点を発見したといって

も過言ではないのである [*Ibid.*：邦訳 72]. なぜなら, 思想や学問と比べ, 政治の世界ほど, 敵対者の社会的存在や精神的存在の基盤を粉砕していくことにその本質をもつものはなく, そのためには敵側の集合的無意識の裏に潜む動機や利害関係を理論的に暴露していく必要に迫られるからである.

　こうして, 社会学的観点と政治の問題とを絡めながら論じるとき, マンハイムはイデオロギーという言葉にはじめて着目する.

> 「『イデオロギー』という概念は, 政治上の葛藤から得られた例の発見を反映している. すなわち, 支配集団というものは, その思考にさいして, あまりにも利害に縛られた態度で状況に対する傾きがあるため, その支配感覚がそこなうおそれのある迷いにたいしては, とかく目をつぶりがちだ, という発見である. この『イデオロギー』という言葉は, 一定の集団の集合的無意識は, 一定の状況下では, 社会実状を自己および他人の目から隠し, そうすることによって社会の安定をはかるものだ, という意味を暗に含んでいる.」[*Ibid.*：邦訳 73].[22)]

　イデオロギーとは, 基本的に, 社会的な支配層による自己肯定, 秩序維持のための装置として発生したという, ある種イデオロギー論においてはよく知られた事実がここでは指摘されている. ただし, ここで重要なのは, イデオロギーが単なる支配集団の原理といった次元に止まるものではないという点である. イデオロギー論はつまるところ, 人間や集団の党派性, とりわけ政治的な党派にとって, 多かれ少なかれ意識的な虚偽意識[23)]にかかわる問題であり, いうなれば, こうした相手の利害関係, 社会的位置の仮面を引き剥がしていくことにこそ, その本質的意義があったといえよう.

　ここでようやく, イデオロギーという概念そのものをより深く検討する必要性が生まれてくる. 以下では, 本節の本題であるマンハイムのイデオロギー論の二分類, すなわち, 部分的イデオロギーと全体的イデオロギーのそれぞれの特徴に着目しながら, 議論を進めていこう.

（7）イデオロギーの二分類——部分的イデオロギーと全体的イデオロギー

　以上の基本的立場をふまえ, 知識社会学の足固めのための非常に重要な作業として位置づけられているという視角こそが, マンハイムの展開するイデオロギー論の特徴である. そうである以上, 正確な分析が必要となるが, 最初の足がかりとされるのが, 以下の視点である.

　マンハイムによれば, イデオロギーの特徴は, 別の領域に属するいくつもの段階が重なりあって一つにみえる点にあるという [*Ibid.*：邦訳 112]. したがって, イデオロギーの本質をつかむには, 見かけ上の統一から解きほぐしていく分析が必要とされる

が，その解きほぐしの過程で，大きく二つに切り離した結果が，部分的イデオロギー
と全体的イデオロギーという二つの要素であった．それぞれの特徴，相違についてマ
ンハイムの叙述を追っていこう．

（8）部分的イデオロギー

　部分的イデオロギーの特徴は，自身と敵対する個人，もしくは集団の考えの一部を
批判する概念であるという点にある．すなわち，部分的イデオロギー概念が問題とな
るのは，イデオロギーという言葉によって，たんに敵対者の特定の理念や特定の考え
が信じられない，という程度のことを意味する場合に限られる［Ibid.：邦訳112］．そ
して，その敵対者の理念に不信を抱く理由は，主に自分自身の利害関係という側面か
ら，敵対者が意識的な嘘や自己欺瞞によって事実の隠蔽を行っているとみるからであ
る．

　ただしここで注意すべきは，その敵側の隠蔽が，単に「生来の嘘つき」といったよ
うな個人的な性格のみから生み出されたものではないという点である．つまり敵の
「不誠実」の原因が何らかの意味で，社会学的要因のうちに認められるようになるこ
と，より正確にいえば，敵の主張を単純なごまかしではなく，それを「社会的な現実
状況の函数」として解釈するとき，はじめて敵の主張がイデオロギーとして理解され
るにいたるのである［Ibid.：邦訳119］．

　たとえば，ある政治的主体（原発肯定派）が，一部の政治勢力が進める反原発とい
う政策や理念に欺瞞性，隠蔽性を嗅ぎ取り，その主張に反対，もしくは否定的である
といった場合，その政治的主体にとって，反原発という理念は部分的なイデオロギー
だということになる．つまり，原発反対派が，「すべての原子力エネルギーは悪であ
る」などといった理由により原発に反対し，仮に原発を失くせば電力が足りなくなる
という「現実」から目をそむけているとみる場合，それは原発肯定派にとって，部分
的イデオロギーの展開だとみることができると考えられるのである．

（9）全体的イデオロギーの形成

　一方，全体的イデオロギーは，部分的イデオロギーとは根本的に異なる概念である．
なぜなら，マンハイムの見解によれば，全体的イデオロギーは，部分的イデオロギー
を生み出した不信の念の基礎の上に単純に成立したわけではないからである［Ibid.：
邦訳110］．全体的イデオロギーの概念は，敵対する相手の主張の一部ではなく，その
全世界観に疑いの目を向ける点に特徴があり，そのためには対象そのものの全世界観
的把握を必要とする．したがって，全体的イデオロギーは，単なる利害関係に起因す
る敵側の嘘や隠蔽に着目するというより，より大きな枠組み，客観的構造によって相

手の主張を形式的にとらえなければならない．たとえば，あの時代はあの理念の支配下に生きており，われわれは別の理念のもとに生きている．あの歴史上の階層は，われわれとは別のカテゴリーで考える，といった例がまさに，全体的イデオロギーによる概念把握である[24]．いわば，全体的イデオロギーは，相手の世界観全体を問題にするという点で，新しい思考の形式によっているのであり，この世界観こそ，あらゆる哲学的思索をイデオロギー化してしまう危険性さえ秘めていたと考えられる．ゆえに，ここでは，全体的イデオロギーが生成する思想的経緯を簡単にみていこう．

　そもそも，この世界観的な見方はどのようにして可能となったのであろうか．マンハイムの分析を追っていくかぎり，部分的イデオロギーと比較すると，全体的イデオロギーが形成される過程は非常に複雑である．というのも，そこには現実の問題というよりはむしろ，哲学的思考の変遷が関係しているからである．マンハイムはその過程を，カント，ヘーゲル，マルクスの哲学史的な流れをふり返るなかで描いている．

　まず，第一に，マンハイムのいう意識哲学が大きな要因となる[25]．つまり，すでにふれたとおり，われわれの主観が世界をつくるという近代的な哲学観が必要とされるのである．それはまさにデカルトから始まり，カントによって集大成化される哲学であった．要するに，世界はわれわれの外に確固不動のものとして存在する，という存在論的独断主義にたいして，最初の鉄槌を加えた点がこの意識哲学の最大の特徴である．

　第二に，以上にみた主観的なイデオロギー的見方が，歴史化される．つまり，具体化されていない人間の主観という，まったく抽象的な時代と社会を超えた統一体，すなわち超時代的であった存在が，ある特定の民族や時代に限定されることで，「歴史的に分化しはじめた意識統一体」が形成されるのである ［Ibid.：邦訳 136］．これは主に，歴史学派とヘーゲル哲学の影響であった．

　第三に，マルクスの階級理論がもっとも重要な役割をはたす．つまり，国民，民族といった集団の担い手の意識が，さらにその時代の社会的な対立関係へと還元されていくのである．以上の過程を，まとめれば次のようなものとなるだろう．

　　「かつて意識一般にかわって，いっそう歴史的に分化した民族精神が現れてきた．ところが今度は，まだあまりにも包括的なこの民族精神という概念にとってかわって，階級意識，より正確には階級イデオロギーの概念が出現する．」［Ibid.：邦訳 151］．

　　「以上の三段階から全体的イデオロギー概念は形成される．そして，今日，一般にイデオロギーと呼ばれているものは，この全体的イデオロギーという見方に，先の部分的イデオロギー概念の性質が融合したものとして考えられるのである」［Ibid.：邦訳 133］．

　以上のマンハイムのイデオロギー理解をわれわれはどう評価すべきであろうか．た
しかに理論としては非常に整理されたもの，とりわけ全体的イデオロギーが形成され
ていく過程そのものは，思想史的にみれば，鮮やかな展開のようにみえる．だが，は
たして，このイデオロギーの二分類は現実の政治状況からみて妥当な理論といえるの
だろうか．以下ではこの二分されたイデオロギーの具体的検証に入りたい．

(10)　マンハイムの意図とイデオロギー論

　今日，何かをイデオロギー的と名づけるとき，われわれはすでに論争的な世界に生
きていることを前提としていることはいうまでもない．つまり，決して折り合うこと
のできない異なった世界にいることが前提とされているのである．だからこそ，20世
紀のイデオロギー化された政治(ナチズム，共産主義)は，単なる権力闘争を超えて，[26]
敵勢力の徹底した殲滅へと向かったのであろう．

　こうした現実を省みるとき，先の部分的イデオロギーと全体的イデオロギーの形成
過程は，イデオロギー問題の本質を本当の意味でとらえているとはいい難い．という
のも，マンハイムの二分法のみでは，今日のイデオロギー的な政治状況を正確に説明
することはできないからである．現実の政治的状況をみるかぎり，この両者を区別す
る指標やその思想的連関がどうも判然としないのである．

　たしかに，マンハイムのいうとおり，部分的イデオロギーの概念が全体的イデオロ
ギーへ流れ込んだとき，それは確かに，20世紀を覆ったイデオロギー政治を彷彿とさ
せる．だが，この部分的イデオロギーが，全体的イデオロギーと具体的にどう関係し
ているか，という点が未だ曖昧なままに放置されていることもたしかだ．根本的な問
題は，部分的イデオロギーと全体的イデオロギーという語の境界線の曖昧さ，そして
その関係性である．そのため，ここでは部分的，全体的という意味をもう少し掘り下
げて検討してみる必要があるだろう．

(11)　部分と全体

　そもそも「部分」と「全体」という言葉そのものが非常に曖昧なまま使用されてい
る事実は否めない．にもかかわらず，先述したとおり，この問題を深く掘り下げたマ
ンハイム研究やイデオロギー研究は決して多くない．筆者の知る限り，この問題に少
しばかりふれているのはフランスの哲学者，ポール・リクールである．彼は，この部
分的，全体的イデオロギーという語そのものが，これまで多くの誤解を生んできたと
指摘した上で，次のように述べている．

　「彼(マンハイム)が意図したのは，一つのアプローチが部分的だということでは

なく，個人のうちに位置づけられるということなのである．それは，個人にとって部分的だという意味で部分的なのである．他方，全体的な概念は世界全体の観点を含んでおり，集団的構造によって支えられている．」［Ricoeur and Taylor 1986：邦訳 255-256］．

　このリクールの考えにしたがえば，部分的イデオロギーと全体的イデオロギーの決定的な違いは，イデオロギー性を抱く勢力が個人なのか，それとも集団かの違いということになる．つまり，部分的イデオロギーを担う主体はあくまで個人であり，一方，全体的イデオロギーを担う主体は，個人を超えた何らかの集団に関係するという図式が明確化されるのである．もし仮に，この解釈にしたがうなら，部分的，全体的イデオロギーの分類の意図が非常に明確なものとなるだろう．

　しかしながら，上にみたリクールの解釈はマンハイムの議論を正しくとらえているとはいい難い．たしかに，マンハイム自身，部分的イデオロギーの主体は，あくまで心理学的次元であること，個人にあることを指摘している[27]．とはいえ，マンハイムのテクストを丹念に解釈するかぎり，部分的イデオロギーは，決して対立する両者が個人であることに限定されているわけではない．今一度，マンハイムの議論を整理しておこう．

　すでに指摘したとおり，部分的イデオロギーが問題とするのは，ある主体にとって，敵対者の特定の理念，特定の考えが信じられないという場合であり，その主体は，敵対者がその特定の理念によって，多かれ少なかれ，故意に事実を覆い隠そうとしていると解する［Mannheim 1952：邦訳 112］．ただし，この場合，マンハイムは主体・敵対者双方を個人とは決して限定していない．あくまで，部分的イデオロギーと全体的イデオロギーの間にある最大の争点は，敵対者の特定の理念をイデオロギーとみなすか，全世界観をイデオロギーとみなすかである．とすれば，今日，部分的イデオロギーと全体的イデオロギーの関係は，結局のところ，並存，混在する状況にあるのではないかと思われる．もう一度，具体的な政治状況を例にとりながら，この点を考えてみよう．

　原発政策をめぐり敵対する片方の勢力が，相手の勢力（仮に個人だとする）のもつ存在被拘束性，すなわち，第二次大戦で被爆した祖父の孫だという個人的な社会的境遇を理由に反原発の思想へと傾いているとみるとき，これはまさに部分的イデオロギーだと考えられる．では，もし仮に，この対立図式が集団同士の対立である場合はどうであろうか．電力会社と原水禁という組織同士が原発の問題をめぐり敵対するとき，これを部分的イデオロギーによる対立とみるべきか，全体的イデオロギーによる対立とみるべきか，問題は判然としない．というのも，あくまで争点となっているテーマ

は「特定の考え」であるが，一方で，集団同士の利害に関わる対立とみることもできるからである．

　筆者の考えでは，この電力会社と原水禁の対立はやはり部分的イデオロギーの問題に還元されうる．なぜなら，先にも述べたとおり，争点となる問題が原発を推進するか否かという特定の理念に限定されるということに加え，敵対する両集団の意識は，個人のうちに還元されうるからである．つまり，電力会社の個々の社員は，電力会社に勤務しているというその存在被拘束性故に，原水禁が拘泥する原発反対という理念に反対しているという見方が可能となるし，当然，その逆の見方も成立する．この意味で，たしかに部分的イデオロギーの主体が，たとえ集団であっても，突きつめれば，個人の個別的な心理の動きに還元されるというマンハイムの見方は正しい．

　では，全体的イデオロギー概念による政治的対立の例を考えてみよう．もし仮に，原発推進派が，原発反対派による現実隠蔽性をさらに拡大解釈させ，彼らが原発に反対する理由の背後には，将来の日本の核開発を阻止するためであるという見方を深めたとき，部分的イデオロギー概念による対立から，全体的イデオロギー概念による対立へと発展していく契機が生まれてくるように思われる．ここで，さらに原発推進派が，「原発反対派は，日本の核武装を妨害することで，日本を中国やロシアの政治的影響下におき，日本の体制を変革（共産化）しようとする意図がある」「原発反対派は，原子力エネルギーそのものの暴力性を信じきっている」という政治的意図まで嗅ぎ取るなら，それはすでに原発政策という個別具体的な問題を超えた世界観的な対立とみることができるだろう．したがって，相対立する両者が個人か集団かという問題はあまり関係がないように思われる．なぜなら，相手の思想を世界観的にとらえる主体は，個人であっても可能であるし，集団が敵対する相手の世界観全体を攻撃する場合もあるからである．

　ここで，むしろ問題となるのは，同じ政治的問題をめぐっても，部分的イデオロギーと全体的イデオロギーの両方の側面を抱えているという点であろう．つまり，部分的イデオロギーと全体的イデオロギーという二つの概念は，異なる別々の争点や，利害対立により区別されるわけではないのである．

　では，結局のところ，両者の関係はどのようなものとしてまとめられるだろうか．重要な視点は，原発政策をめぐる対立の例でも確認したとおり，全体的イデオロギーが，実際のところ，部分的イデオロギーによる最初の利害対立を契機として成長，発展していくという側面である．全体的イデオロギーは，部分的イデオロギーを生み出した不信の念の基礎の上に単純に成立したわけではない，というマンハイムの見方は，やはり現実の政治状況との整合性を考えたとき，大きな矛盾を含んでいるといわざるをえないのではないか．[28)]

　さらにいえば，部分的イデオロギーが全体的イデオロギーと融合するという理論も
また，正確なものではない．すでにみたとおり，むしろ，部分的イデオロギーを基礎
にして発展していった概念が，全体的イデオロギーの正体だと解釈できるからである．

(12) マンハイムのイデオロギー論の意味

　以上のとおり考察してきたマンハイムのイデオロギー分析からは，結局のところ，
どういった論点を見出せるだろうか．一言でいえば，マンハイムの最大の功績は，全
体的イデオロギーが，主観的な自我意識にもとづく分析的かつ統合的な思考による世
界理解によって形成されていく背景を明らかにした点にある．つまり，バラバラに
なっていた個々人の主観が，カント，ヘーゲル，マルクスへと流れ込む哲学史の大き
な潮流のなかで歴史化・階級化され，社会的な存在被拘束性を帯びていったという見
方こそが重要なのである．ここには，マルクスの節でもふれたとおり，イデオロギー
形成の背後に，自己意識の確立と歴史意識の発展が大きく関係しているという思想史
的見解が隠れている．

╋　3．イデオロギー終焉論の思想史的考察

(1) 終焉論の検討

　イデオロギー論の系譜の最後の形態として，その終焉論を取り巻く議論をみていこ
う．かつて19世紀後半から20世紀前半を象徴する言葉として「イデオロギーの時代」
が語られたが，その一方で，20世紀後半には，「イデオロギーの終焉」という言葉が
注目を集めることとなった．イギリスの歴史家，エリック・ホブズボームが，20世紀
を地球的規模における叛乱と革命が起こった極端な時代と定義したとおり
[Hobsbawm 1994]，まさに人類の歴史にとって，20世紀が，政治的にも思想的にも，
激動の時代であったことは間違いない．

　では，イデオロギーの終焉論者が主張するとおり，もし仮に20世紀の後半がイデオ
ロギーの衰退，そして終焉へと向かう歴史であったとすれば，21世紀の世界はイデオ
ロギーの終焉がさらに進んだ，いわば「ポスト・イデオロギーの時代」として定式化
することができるのだろうか．もはや，イデオロギーが支配する時代は除夜の鐘を鳴
り響かせているのだろうか．否，現実の政治的・思想的状況はそう単純に，直線的に
進んでいるようには思われない．

　たしかに，新世紀に入り，四半世紀ほどしか経過していない今日，21世紀全体の大
きな見取図を描くことはとうてい，不可能である．だが，少なくとも，現代の思想的
状況を省みていえることは，依然として，われわれがイデオロギー的な問題や思考か

ら解放される兆しは一向にみえてこないという現実ではないだろうか．第3章で考察するとおり，とりわけ，政治の世界においては，イデオロギーという不気味で，不確定な観念が未だそれを動かしている．単なる「思想」や「価値観」「世界観」といった絵筆では描ききれない，まさにイデオロギーとしか呼びようのない現象，思考形態が，現実に，われわれの世界や頭のなかに存在し，支配していることもまた事実なのである．

　さて，こうした思想的状況の下に立つとき，われわれは，イデオロギーの終焉という議論そのものを，今一度，検討しなおさなければならない．イデオロギーが衰退，もしくは終焉するということは，イデオロギー存立の条件を葬り去る外在的な思想状況が存在することを意味するからである．したがって，われわれは，イデオロギーの終焉，あるいはその消滅という理論そのものが，その時々の風潮や時代状況に大きく左右され，表れてきたという事実にこそ着目しなければならない．すなわち，イデオロギーの終焉という理論そのものの思想史的な検証が必要となるのである[29]．

　イデオロギーそのものの衰退や消滅について論じられた思想的背景はそれなりに根深く，古い歴史をもっている．そのため，本節は，個々の終焉論者の主張を検討するとともに，そういった議論が出てきた思想史的な文脈，背景にメスを入れていくなかで，イデオロギーの終焉という理論そのものにたいする哲学的な是非を，幅広い視点から考察することを目的とする．

（2）イデオロギー終焉論の起源

　1960年代にはじめて提唱されたイデオロギー終焉論の起源が，現在のネオコンへと連なっていくニューヨーク知識人たちの思想にあるということはあまり知られていない [Jost 2006：667]．正確にいえば，ダニエル・ベルをはじめ，シーモア・リプセット，エドワード・シルズなどのネオコン第一世代[30]と呼ばれる集団に属していたニューヨーク知識人たちであるが，当時の彼らに共通した問題意識は，かつて自らが酔いしれた社会主義への絶望，そして反ソ連の盟主となったアメリカという国そのものとどう距離をおくべきかという現実の政治的課題にあった．したがって，ダニエル・ベルらが提唱し，突如，人口に膾炙することとなった「イデオロギーの終焉論」は，まさに階級闘争を基礎としたイデオロギーが終焉するという意味で，反マルクス主義の表明でもあったという点に注意しておかなければならない [蒲島・竹中 1996：11]．

　反共の砦であったアメリカを中心として，この時期に，イデオロギーの終焉論が生み出されていった思想的，社会的源泉を，アンドルー・ヴィンセントは次の三つの状況にみている [Vincent 1992：邦訳 15-17]．

　第一は，1930年代から1940年代を生きた世代の人びと――戦争，矯正施設，世論操

作，ナチズム，ユダヤ人の虐殺，スターリニズムを目の当たりにした世代の人びと
——が，1950年代に入ると，イデオロギー政治が危険な妄想であることをはっきりと
確信するようになったという事実である．彼らは，ナチズムやスターリニズムにみら
れるような，イデオロギーと政治が結びつくことへの恐怖をもって，政治の世界から
イデオロギーそのものを抹消すべきだという方向へ向かったのである．

　第二に，工業化された民主的な社会においては，イデオロギーはもはやある種の装
飾としての役割しかはたさないと考えられるようになったという当時の社会状況が関
係している．この産業化社会による豊かな社会の実現は，政治におけるイデオロギー
的な役割を激減させたのである．

　第三に，当時の「イデオロギーの終焉」という議論は，社会学の興隆と深い関係が
ある．とりわけ，アメリカの社会学は，イデオロギーから自由な見通しを提示しよう
と努力してきた．社会の迷信にかわって，社会の「科学」を提供しようとしたからで
ある．

　一見すれば，いずれの議論も，ある程度の説得力とリアリティーをもち合わせては
いるものの，実のところ，やや一面的で，表層的な見解であるといわざるを得ない．
なかでも二番目に挙げられている，産業化による生活水準の向上がすべての政治的な
目標についての基本的合意を満たす，という考えは人間という存在をあまりにも単純
化し，貶める見方ではないだろうか．人間の本性は，合理性の機能やコンセンサスの
価値，プラグマティックな市民社会を追い求めるだけの無機質さにのみ収斂されるわ
けではない．ときに，理屈では説明のできない偉大で崇高なものに惹かれ，また，ど
う考えてみても非合理的としか思えない行動をとるのが人間の生の営みであり，政治
とは，そのような人間が織り成すある種のドラマでもある．もはや政治が，国民総生
産，物価，賃金，公共部門の借入など，どちらかといえば周辺的で実務的な調整にす
ぎなくなったという見方そのもの [Vincent 1992：邦訳 16] は，たしかに現代政治の一
側面であるとしても，政治をある種単純化，矮小化したものといわざるをえない．そ
の意味で，アメリカに突如，出現したイデオロギーの終焉という議論は，当時のアメ
リカ社会を覆っていた価値観，しかも一面的な社会認識を基礎にして産まれた議論と
いえるだろう．では，以上の社会的背景が存在したという点を踏まえつつ，終焉論の
嚆矢たるダニエル・ベルの議論を具体的にみていこう．

（3）1950，60年代のイデオロギー終焉論——ダニエル・ベルの議論を中心に
1）　ダニエル・ベルのイデオロギー観

　ベルは，『イデオロギーの終焉』の日本版への序文において，大きな枠組みのもと
に，イデオロギーと政治の関係を語っている．フランス革命以来，西欧の政治社会は，

ボナパルティズム，イデオロギー政治，全体主義，市民政治という四つの政治体制に
支えられてきたが，なかでも，もっとも流動的かつ不安定な社会がイデオロギー化さ
れた政治社会であった．というのも，イデオロギー政治の最大の特徴は，対立する勢
力が，妥協のみられない死にいたる闘いへと邁進する点にあるからだ［Bell 1960：邦
訳 10］．結果として，イデオロギー化された政治はふたつの方向，すなわち，一方の
イデオロギーが勝利することで全体主義へと移行するか，当事者たちがそれぞれのイ
デオロギー的分裂を緩和することで市民政治を受け入れるという方向に向かっていく
しかない．要するに，イデオロギー化された政治は，つねに自己崩壊的な要素を内在
させているのであり，体制としてのイデオロギー政治は，常に不安定要素を抱えてい
るということを意味する．より正確にいえば，イデオロギー化された政治そのものが
確立した体制が全体主義であり，イデオロギー化された政治が何らかの形で崩壊へと
向かうとき，市民政治が始まるのである．[31] 以上の考察から，ベルが，イデオロギーそ
れ自体を，何らかの青写真によって世界を変革する目論見として定義したことは決し
て間違ってはいない［*Ibid.*：邦訳 12］．

　だとすれば，ベルのいうイデオロギーの終焉とは，バーリンやポパーが批判したあ
る特定の形而上的な理想による政治が終わったということなのだろうか．一義的には
そうみることも可能だが，問題は，ベルがより具体的な政治社会——ソ連体制と西欧
社会——を分析していくなかで，その機能的側面を強調する文脈において，イデオロ
ギーという語を使っているという点である．この意味で，ベル自身が，イデオロギー
という語を使うとき，そこにはやや厳密さに欠ける部分があったといわざるをえない [32]．
以上の点に注意を払いつつ，彼のソ連体制と西欧社会の政治にたいするスタンスをみ
ていこう．

2）　ソ連におけるイデオロギーの終焉

　ソビエト社会主義共和国連邦という国家そのものが，マルクス・レーニン主義とい
う20世紀においてもっとも猛威をふるった象徴的なイデオロギーを基礎に確立された，
文字通りのイデオロギー国家であったという事実に異論をとなえる人々は少ないだろ
う．ソ連は，レーニンという希代の才覚をもった人物の政治的指導力とその特殊なイ
デオロギー的信念によって建設され，そのイデオロギーによって運営されることを目
的とした国家であった．

　ここでソ連全体を支配することとなったマルクス・レーニン主義というイデオロ
ギーの内実をみておこう．ベルによれば，マルクス・レーニン主義は，① 階級闘争
の教義，② 五つの歴史的段階を経過してきた人間社会の概念，③ 現代における資本
主義と社会主義との両陣営の存在，④ 計画化と共有財産が社会組織のよりすぐれた

形態を構成するという主張，⑤共産主義の必然的な世界的勝利という五つの教義によって構成されていたものだが［*Ibid.*：邦訳 210］，この教義に沿ったソ連共産党による一連の指令によってすべての行動を規定していた点こそが，ソ連政治の最大の特徴であった．要するに，ソ連的イデオロギーの決定的な特徴は，いかなる形式的教義でもなく，党派性そのものの思想，すなわち党の指令があらゆる分野の活動にまで浸透していたという事実にあったのである［*Ibid.*：邦訳 246］．

　たとえば，マルクス主義の労働価値説にしたがい，利子を搾取の一形態としてのみとらえたソ連の経済学の理論家たちは，利用可能な資本をいかにして最大限の効果を生むように分配すべきかを決定するという合理的方法を発見しなければならなかった．こうした制約は，驚くべきことに，哲学や自然科学の理論にも課されていた．ソ連の哲学者は，弁証法的な唯物論を基礎とした物質・空間・時間のマルクス主義的範疇を，どのようにして物理学・論理学・数学における発見に調和せしめるかという問題に悩まされてきたのである［*Ibid.*：邦訳 217］．

　だが，当然のことながら，こうした理論と現実の矛盾はつねに生じざるをえない．では，そのとき，スターリン統治下のソ連においてはどのような対処がとられたのだろうか．それはどのような手段を使ってでも，その矛盾をイデオロギー領域のなかで調停し，定式化するという方法である．けれども，当然のことながら，現実の政治，国家運営が，このような教条的，硬直的方法によってスムーズに進んでいくことはありえなかった．結果として，統一教義としてのマルクス・レーニン主義は，フルシチョフ時代に入り，大きな変貌を遂げることとなる．そこには，教義そのものの内在的な矛盾が露呈したという背景のみならず，教義構造と共産主義の複雑な分化との相反性や文学・思想レベルにおける西洋的価値観の流入，そしてフルシチョフ自身による政策の方針転換が関係していたのである．

　このように，ベルは，60年代のソ連共産党を支えるイデオロギーそのものが枯渇していく過程を詳細に分析した上で，次のような見解を示している．すなわち，ソ連共産党の意思決定の中枢は，すでに意思執行の中枢としての役割と異なっているという事実である．イデオロギーを動員する存在としての党の役割は，次第に影響力を低下させつつあったのである．

　とはいえ，こうした現実の変化は，ベルも指摘するとおり，定式化された教義，あるいは，明瞭なる信念体系という意味におけるイデオロギーの消滅を意味するわけではない．だとすれば，彼は，どのような意味，文脈において，イデオロギーの終焉という理論を位置づけたのだろうか．それこそが，実際に，イデオロギーが，ソ連という体制においてどこまで「現実的な役割」をはたしているかという観点なのである．

　ベルによれば，イデオロギーの機能とは，諸価値の具体化，つまり社会の成員が道

徳的なるもの，ないし望ましいものについて，良い社会とはどんなものかについて潜
在的あるいは顕在的にくだす規範的判断を具体的に表示すること，特に強制的社会で
は『社会的接合剤』となることを意味する［Ibid.：邦訳211］．このようにとらえたと
き，ソ連という国家において，もはや確実な機能をはたすイデオロギーは，はたして
存在するのかという問いが起こってくる．以上の視点から，ベルは次のような結論を
導いたのだった．

> 「教義におけるダイナミズムの減退と，外敵・内敵に対する『武器』としてのイ
> デオロギーの役割の減少という，これまで仮定してきた概念の意味からすれば，
> それは『イデオロギーの終焉』を意味しよう．」［Ibid.：邦訳250］．

　この見方は，もはやソ連国内において，イデオロギーが実際の機能をはたさなく
なってきたという事実を強調したものである．これはまさに，マルクス・レーニン主
義というイデオロギーのもつ力そのものが，神話としての効力を失ったということを
意味するだろう．
　ただし，ここで重要なことは，マルクス・レーニン主義という特定のイデオロギー
の機能的な死のみならず，イデオロギーという観念そのものが，現実の政治や社会に
おいて実際の機能をはたさなくなったのではないかという，より普遍的な視点をベル
が暗示していたという点である．つまり，この機能としてのイデオロギーの枯渇とい
う論点は，ソ連のみならず，欧米社会においても当てはまるとベルはみたのだ．

3）　欧米におけるイデオロギーの終焉

　そもそも，アメリカやイギリスを中心とする近代の欧米社会は，どういったイデオ
ロギー的理念をもとに構築，発展してきた歴史をもつのだろうか．いうまでもなく，
経済的には資本主義，政治的には自由主義や個人主義を基調とする歴史である．
　こうした自由主義，資本主義を基礎とした欧米社会は，1950年代に，レイモン・ア
ロンがいうところの高度な産業社会を実現させた．すでに指摘したとおり，こうした
いわゆる「豊かな社会」の到来は，完全な雇用と好況の繁栄を持続させる道を切り開
くことに成功したため，窮乏と経済的格差を，漸進的にとはいえ，解消することに成
功したといわれている．ここに，イデオロギー的な階級理論にもとづく政治は終焉を
告げ，利益集団の取引や妥協を中心とする政治が実現したのである．
　逆にいえば，このことは，まさに，自由主義の正当性を主張する機会や基本的原則
が，その必要性を失ったということを意味する．ソ連社会においてさえ共産主義イデ
オロギーが本来の機能をはたさず崩壊していった60年代，ごく一部の急進的左派を除
けば，高度な産業が発達した西欧社会においては，自由主義的で多元的な社会を目指

すというその一点において，大きな相違はないという認識にベルは立ったのだった．こうした状況は，西欧社会全体を，福祉国家の容認，権力の分権化の望ましさ，混合経済体制ならびに多元的政治体制という合意へと導いていく．要するに，自由主義という特定のイデオロギーが死んだわけではないが，そのイデオロギーとしての機能が失われたという意味においてはソ連と同様であり，こうした社会の変化こそが，西欧社会におけるイデオロギーの終焉を意味するという立場がベルの下した最終的な結論だったのである．

4）　イデオロギーとしての自由主義の役割

　さて，以上のようなベルの主張にたいしては，当時から多くの反論が提起されたが，それは大きくみて，三つの立場からまとめることができる．

　第一の批判は，マルクス主義者側からの反論である．すなわち，ソ連におけるマルクス・レーニン主義の枯渇という一例をもって，マルクス主義全体の終焉をとなえるベルの議論は，マルクス主義の本質を理解していないという批判であり，こうした批判は，ソ連崩壊後の今日においても，ごく少数ではあるが，未だ完全な衰退をみせないまま存続している．

　第二の批判は，西側知識人による論理的観点からの反論である．これは，要するに，自由主義を中心とした西欧社会の合意とは，イデオロギーの終焉を暗示するのではなく，多くのイデオロギー的立場が，自由主義へと収斂していく過程だったのではないかという主張を意味している．こうした批判は，後にもみるとおり，フランシス・フクヤマの主張とも重なる側面をもつ．

　第三の批判は，実証的観点からの反論である．つまり，西側においても未だ完全に豊かな社会は実現されていないという現実をどうみるのかというものだ．この批判は，福祉国家と一口にいっても，さまざまなレベルでの形態があり，細かい意味でのイデオロギーは死んでいないという反論も含んでいる．

　いずれにせよ，ベルやリプセットら，60年代に出てきた一連のイデオロギー終焉論に共通する要素は，共産主義イデオロギーが死滅しつつある，もしくは死滅し，自由主義へと統合されつつあるという世界観，そして，その自由主義イデオロギーも完全な勝利者となってしまったがゆえに，イデオロギーの一側面である，「現実政治を動かす機能」を失ってしまったのではないかという視点である．

　しかしながら，われわれは，イデオロギーとしての機能的役割が仮に減退したからといって，「イデオロギーは埋葬された」と結論づけることが，はたして，論理的にみても，また思想的にみても，本当に正しかったのかという問いを，今一度，発してみなければならない．ベルは，信念体系としてのイデオロギーの本質と，イデオロ

ギーが社会において実際にはたす機能を区別した上で，先述のとおり，前者の存在を認め，後者のイデオロギーの衰退を主張したわけだが，少なくとも，信念体系としてのイデオロギーが存在している以上，イデオロギーの終焉という結論に即座に飛び着くことはできないだろう．なぜなら，ベルも認めるとおり，観念体系としてのイデオロギーが生きつづけ，さらにはその自由主義というイデオロギーにより，現実の社会が動かされ，一応のところ，安定しているという事実は，イデオロギーとしての自由主義が生きつづけていることを意味するからである．目指すべき豊かで福祉が充実した社会，それへ向けて漸進していく段階的改革，さらには，欧米社会における大多数の一般国民の思考を一色に染めあげ，その方向性に導くことに成功しているという点で，自由主義は，そのイデオロギーとしての役割や意味を完全に失ったわけではないのである．

（4）1980年代のイデオロギー終焉論──大きな物語の終焉とイデオロギーの解体
1）　ポスト工業化社会と主体の喪失

　50年代に確立しつつあった工業化社会と豊かな社会を背景にして，ベルたちの主張する自由社会への統合というイデオロギー終焉論が出てきたとすれば，70年代以後，さらなる時代の進展とともに，新たな知のあり方を背景としたイデオロギー解体論が出現することとなった．

　この時代は，一般に，ベルがポスト工業化社会と定式化したものだが，その発端が1968年の学生運動の沈静化と高度経済成長の限界がみえはじめていた時期とほぼ重なるという事実は重要である．資本主義，社会主義という体制に関係なく，その時代に前提とされていた価値は，生産に役立つ勤勉で合理的な人間像と，自らの意思で生の目的や政治の方向性を決めていく主体性という理想であり，いうなれば近代的な価値を基礎とした人間観であった．

　しかしながら，こうした前提と命題は，資本主義社会が発展・複雑化するにつれ，少しずつ崩れはじめていく．この背景には，勤勉で生産に寄与する主体という規範意識そのものの衰退，社会の複雑化に伴う生活スタイルの多様化，情報の氾濫による価値の多元化といった社会的要因に加え，ボードリヤールが指摘した消費社会の成立という構造的要因が大きく影響している．要するに，伝統的なマルクス主義が生産関係に着目してきたのにたいし，ボードリヤールをはじめとするポストモダン派は，人間の消費行動に着目することで，社会を分析したのである．

　だが，なぜ消費行動への着目が，主体意識そのものの変容，そして終焉といった議論にまでつながることとなったのだろうか．消費社会の重要性をただ単に強調する議論にたいしては，消費という行動に走る点だけをきりとれば各人がそれぞれ主体的に

行動している事実に変わりはないのではないかという批判が，当然のことながら，投げかけられるものと思われる．

　ここで重要なのは，ボードリヤールが，記号論的な世界観からこの消費社会の動向をみていたという点である．Baudrillard［1976］においてボードリヤールが指摘したのは，物を大量に消費していくわれわれの行動の本質が，単に記号の体系によって意味が付与されている周りの物を操作しているにすぎないという観点であった．要するに，われわれの主体的な意志とは独立して存在する記号の連関が，客体（外の世界）への主体のかかわり方を左右しているという見方が，ボードリヤール独自の世界観を形成しているのであり，この世界観にたてば，デカルト以来の主観／客観という二項対立の構造そのものが崩れることとなる．結果として，実体や主体性の独立を前提とするイデオロギーなるものはもはや消え去り，シミュラークル（複製としてのみ存在し，実体をもたない記号）しかこの世界には存在しないとボードリヤールは結論づけるのである［Baudrillard 1976：邦訳 9］．

　以上のようなシミュラークルのみを強調する見解から，即座にイデオロギー的なものの否定へと筆を進めるボードリヤールの議論の是非については一旦，横においておこう．ここで思想的に重要な点は，「差異」や「消費」を強調する彼の理論が，イデオロギーの存立そのものの基盤を揺るがすこととなるポストモダニズム思想の萌芽となったというその波及力の大きさであろう．この流れには，当然のことながら，サルトルとレヴィ・ストロースの西欧近代の歴史観をめぐる論争や，フーコーが提示した[33]近代的人間観の終焉という議論も関係するが，本章では，リオタールの議論のみを中心に取り上げることとしたい．

2）　歴史の再物語化とイデオロギーの解体

　ボードリヤールが提起した問題を，これまでの近代的な思想史の流れにのせて把握し，克服しようとするならば，労働する主体から消費する主体への変容という視点をもとに，理性中心主義からの離脱といった議論に結びつけつつ，それまでの思想に代わる「包括的な思想」を提示することが真に求められる代替策であったはずである．しかしながら，こうした包括的な思想にたいし，同様の次元で弁証法的に対処するという，いわばイデオロギー的な二項対立的思考や方法そのものが極めて近代的な価値観を前提としているのではないか．異なるパラダイムからこの問題をみることで，包括的な思想を提示しようとする発想や枠組みそのものに懐疑の目を向けることが必要なのではないか．このような視点を提起したのが，まさにリオタールであった．

　はたして，このリオタールの議論は何を意味しているのだろうか．たとえば，今日，現実的な統治の包括的理念としては，ほぼ埋葬されたかのようにみえるマルクス主義

は，あらゆる世界の事象——歴史，哲学，政治，科学——に手を広げ，すべてを説明
しようと試みた．その結果，逆に，自己崩壊していったわけであるが，この包括的な
思想，理論の壮大さこそがマルクス主義のもつ最大の魅力であったことはたしかであ
ろう．だが，リオタールは，こうした近代的な知の内在的な部分ではなく，世界や政
治を「全体」として説明しようとする「知のあり方」そのものを批判する．つまり，
マルクス主義にせよ，自由主義にせよ，一つの体系化された観念形態として，現実社
会のすみずみに全体的な影響を及ぼす思想こそが，もっとも高度で完成された知であ
るという思い込みそれ自体が，近代以後に形成されたものにすぎないという事実を指
摘したのである．

　では，近代以後，なぜ知のあり方が，世界全体に普遍的な役割をもつものとして前
提されてしまったのだろうか．リオタールによれば，近代以後の知にたいする最大の
特徴は，普遍的特性をもった「科学的知」への傾倒であったという．科学的知とは，
検証と反証によってその真理が普遍的に成立する知である［Lyotard 1979：邦訳 65］．
たとえば，コペルニクスの主張した「惑星の軌道は円を描いている」という言語行為
は，その言説の送り手が，この言説を真であるということを前提として語っており，
その受け手もまたその言表にたいし有効な賛意をおくることが想定されている．そし
て，コペルニクスが語る惑星軌道という指示の対象そのものは，この「惑星の軌道は
円を描いている」という言表により，それそのものに適切な形で表現されていると想
定されるのである［*Ibid.*：邦訳 64-65］．

　非常に回りくどい説明をしているが，ここで，リオタールがいおうとしているのは，
普遍的と思われている科学的真理であっても，それを何らかの「言説」として表わす
主体と，それを受け取る受け手が存在し，はじめてわれわれの前に成立するという単
純な事実に他ならない．このような視点にたてば，ローカルな部族社会においてのみ
通用していた物語的知と科学的知の間に存在する本質的な差異は消滅する．いや，よ
り正確にいえば，科学的知は，もう一つの知，すなわち科学的知にとっては非知であ
る物語的知に依拠しない限り，みずから真なる知であるということさえ知らせること
はできないとリオタールは主張するのである［*Ibid.*：邦訳 77］．

　こうして，普遍的と思われていた近代的な知は，その正当性を失うと同時に，結果
として，科学的知によって成立させられていた近代もまた，その正当性を失うことと
なる．というのも，近代とは，科学と哲学による正当化という「物語」によって成長
してきた社会だからである．リオタールはこうした思想的状況を，つぎのとおりまと
めている．

　　「今日の文化・社会——すなわちポスト・インダストリーの社会，ポスト・モ

　ダンの文化——においては，知の正当化についての問いは全く別の言葉によって
表わされなければならない．大きな物語は，そこに与えられた統一の様態がどの
ようなものであれ，つまり思弁的物語であれ，解放の物語であれ，その信憑性を
すっかり喪失してしまっているのである.」[*Ibid.*：邦訳 97].

　これはまさに，進歩的主体，自由，解放といったような近代の基礎を形づくってい
た統一的モデルの解体に他ならない．こうした知の統一的モデルを解体し，あらゆる
正当化の言説を破壊していくポストモダン状況は，旧来のイデオロギー的な図式その
ものを解体していくことに直結する．それはまさに，仲正が指摘するとおり，「資本
主義＝彼ら／左翼陣営＋批判的知識人＝我々」という大きな二項対立そのものが成立
しえなくなる状況を意味するのである［仲正 2006：200]．イデオロギー的な二項対立
の図式にとらわれている限り，このチョークの線引きは所詮，資本という大きなシス
テムのなかで産み出される内と外の構造にすぎない．この二項対立そのものを引きず
ることが，逆に資本のシステムに動かされる再生産に組みこまれることにつながるの
である．
　では，こうした統一的モデルの解体は，イデオロギーにどのような影響を与えるこ
とになるのだろうか．それは，端的にいえば，イデオロギーの終焉というより，イデ
オロギーそのものの解体である．
　マンハイムの節でもみたとおり，イデオロギー的思考を成立させる基礎には，統一
的な観念，知のあり方が前提とされていなければならない．さらにいえば，二項対立
的な図式そのものの解体は，イデオロギーを支える闘争的な次元を完全に収奪するこ
ととなる．というのも，最初にみたとおり，イデオロギーは，敵対するイデオロギー
を見定め，それとの衝突を繰り返すことで，もっとも大きな力を発揮するという特徴
をもっているからである．ポストモダン状況の到来は，まさにイデオロギーの存立そ
のものを脅かす事態へとつながるのである．

3）　ポストモダンを支える知

　以上のようなリオタールのポストモダン的な世界理解が，80年代当時，一世を風靡
したことは事実である．しかしながら，序章でもふれたとおり，近年，ポストモダン
思想そのものの正当性を批判する議論が数多く提起されている[34]．ゆえに，われわれも
また，リオタールのいうポストモダン状況の到来といった現代世界のとらえ方そのも
のが，はたして「真理」であったのかという核心部分を問わなければならない．ここ
では，リオタールの思想に潜む政治性を指摘することで，未だイデオロギーが解体さ
れることはないという結論を，簡潔に示しておこう．

　すでに述べたとおり，大きな物語の終焉は，自由主義や共産主義といった大きな知の枠組みを背景とするイデオロギーを死滅させ，解体へと追い込んだかのようにみえた．だが，このポストモダン思想そのものが，リオタールの固執する，ある種の政治的立場によって形成されたものだったとすれば，これまでの議論はすべて崩壊することとなるだろう．ここでは，リオタール自身が『ポストモダンの条件』の終章部分において，ポストモダン状況への対処法として提起したパラロジーの問題に焦点をあててみたい．パラロジーとは，言語行為における差異性を保持しつつ，新たなゲームをたえず生産していく方法を意味する．そして，この方法論は，常に，新しい言表を生み出すことで正当化されるという［Lyotard 1979：邦訳 159］．これは，いってみれば，システムへの統一を拒否しようとする思想である．

　ここで重要なのは，なぜリオタールは，差異性という観点を無批判的に採用し，「イデオロギー化」させてしまっているのかという問題である．たえず，差異や対立項を再生産させていくことで，新たな言説を築いていくべきだという，リオタールのこの方法論そのものを正当化するメタ的な理論はどういう形で正当化されるのであろうか．結局のところ，リオタールの思考の根底に存在するのは，科学的知を形成してきた資本の力への批判という極めて政治的なイデオロギーだったのではないか．大きな物語の終焉を根拠とするイデオロギー批判は，差異や対立項の再生産の正当化というイデオロギーを前提にしているという点で，たえず，自家撞着的な側面を抱えているといわざるをえないのである．

4）　90年代におけるイデオロギー終焉論
——冷戦後の「歴史」の終焉と自由民主主義に対抗するイデオロギーの消滅

　1970〜80年代に，大きな物語の終焉という言葉で，近代的知を支えたあらゆるイデオロギー的なものの死を語ったのがリオタールだったとすれば，より現実的な政治の動向に引きつけ，異なる観点からイデオロギー的な対立の終焉を語り，新たなイデオロギー終焉論を復活させたのがフランシス・フクヤマであったといえる．フクヤマの広範かつ壮大な主張をめぐる是非については，数多くの批判や研究があるため[35]，本節では，あくまでイデオロギーの終焉という論点に絞りつつ，簡潔な考察をしておこう．

　周知のとおり，『歴史の終わり』において，冷戦以後の国際関係という現実をもとに，当時の時代状況を思想的かつ多角的に分析したフクヤマは，リベラルな民主主義こそが人類のイデオロギー上の進歩の終着地点であると主張した［Fukuyama 2006：邦訳 13］．神権政治や軍事独裁など，現実の体制として，非民主的な国家は未だ数多く存在するものの，ソ連共産主義が崩壊した今日，リベラルな民主主義という理念そのものは，これ以上に改善の余地がないほど申し分のないものであるという立場が，

フクヤマの思想の基礎にある．要するに，フクヤマがいう「歴史の終わり」とは，自由民主主義に対抗しうるだけの力をもったイデオロギーが消滅したということに他ならない．いいかえれば，唯一の有効性をもったイデオロギーとして機能する形態こそが自由民主主義なのであり，世界が自由民主主義に収斂していくという点においては，基本的に，ベルたちの主張を大きく塗り替えるものではないといえるかもしれない．

　フクヤマの議論は，ヘーゲル的な歴史哲学を援用しつつ，人類の終着駅である自由民主主義の普遍性を強調することで，その起源が西洋的価値観を基礎にした一つのイデオロギーだという視点を隠蔽したものであったように思われる．その意味で，歴史の終わりとは，イデオロギーの終焉ではなく，一つの西洋的イデオロギーがアメリカの政治的力を背景にして，世界的な力をもったというだけにすぎないといえるのではないか．逆にいえば，最初に定義したとおり，自身の価値観をいかに普遍的，通時的なものとして粉飾するかという点もまた，イデオロギーの大きな特徴である以上，今日，自由民主主義はもっとも大きな力をもったイデオロギーとしてわれわれの頭上に君臨しているのである．

5）　新しいイデオロギー対立

　以上，それぞれの時代背景を追いつつ，イデオロギー終焉論の系譜を概観してきたが，ここで判明した結論は，いずれの議論も，思想的なレベル，論理的なレベルにおいて，イデオロギーの消滅を確定的に示せてはいないのではないか，という事実であった．だとすれば，今日，21世紀に突入した時代のなかで，イデオロギーはどういった形で存続し，生き続けているのだろうか．最後に，本節の締めくくりとして，筆者なりの分析をまとめておこう．

　はじめに提起したいのが，今日の社会・思想状況のなかで，イデオロギーの終焉とは逆に，新たな21世紀型のイデオロギーの勃興と，新たなイデオロギー的対立軸が形成されつつあるのではないかという視点である．たとえば，アメリカの政治学者・パルマーは，力を失ったのは，19世紀のイデオロギー（マルクス主義，19世紀型の自由主義，保守主義）にすぎないという点から，イデオロギー終焉論そのものを否定しつつ，旧来の保革構造から逸脱した新たなイデオロギーの形態として，政治的範囲において，自由主義と保守主義双方の要素のモザイクである環境主義を提起している［Palmer 1994：712-713］．しかしながら，19世紀のイデオロギーが完全に力を失ったのかという問題については，今一度，詳細な検討が必要である．管見では，むしろ，19世紀，20世紀を支配したイデオロギーを基礎とする新たな発展型としてのイデオロギーが力をもちつつあるのではないかと思われる．

　では，今日，われわれの時代を覆いつつあるイデオロギーの正体とは一体何か．筆

者は，以下の二つのイデオロギーが，新たな対立を産みだすのではないかとみている．

　第一は，ベルからフクヤマ，ウィリアム・クリストルの系譜へとつながるグローバ
ルな自由民主主義という新たなイデオロギーである．このイデオロギーは，基本的に，
世界全体を，市場主義，民主化，自由主義へと統合していく思想を源泉とし，それら
をより積極的に進める力をもっている．

　第二は，以上のようなグローバルな自由民主主義イデオロギーに対抗しうる，いわ
ゆるポストモダン左派である．リオタール，フーコー，デリダ以後のミクロな権力批
判，小さな物語の乱立状況のなかにあって，今日，グローバルな自由民主主義に対抗
するための再統合が行われつつある．大きな物語へと回帰する流れには抵抗しつつも，
ポスト・マルクス主義的な革命主義，フーコー的な反権力を基礎にしたイデオロギー
だといえよう．

　では，はたして，現実に，この両者が今日の新たなイデオロギーとしてわれわれの
時代を支配する力をもちつつあるのか．この両者の対立関係はどのように定式化され，
今後，どのような発展を遂げていくのか．以下では，この問題について簡単にふれて
おこう．

6）　グローバリゼーションと自由民主主義

　先に定式化したグローバルな自由民主主義とは，当然のことながら，一般にいわれ
るグローバリゼーションと新自由主義を背景にして形成されてきたイデオロギーであ
る．そして，当然のことながら，このグローバリゼーションと新自由主義は相互に関
連性をもって結びつけられる．ミッテルマンが指摘するとおり，グローバリゼーショ
ンは個人主義，効率性，競争，経済活動に対する国家の最小限の干渉を称揚するネオ
リベラリズムと結びついた支配的なイデオロギーとして一般的には使われてきた
［Mittelman 2004：邦訳 7］．

　とはいえ，グローバリゼーションそのものは特定のイデオロギーではない．グロー
バリゼーションという言葉，現象については，90年代以後，膨大な研究の蓄積がある
が，その言葉の定義としてもっとも混乱や誤解を招くのが，グローバリゼーションを
「状態」や「思想」としてとらえる見方であろう．そのため，本節では，この言葉を，
現在の社会的状況をグローバリティの一つへと変容させると考えられる動態性をもっ
た一連の社会的過程，もしくは歴史的変容過程としてとらえておきたい［Steger
2003：邦訳 10］．このように理解した場合，その変容は，経済，政治，文化という大
きな三つの視点からとらえることができるが，ここでもっとも重要なのは，政治の変
容である．というのも，経済や資本といった要素は，もともとグローバルな要素を
もっている領域であり，今日の文化も，国境をこえて受容される性質を内在的にもっ

ているからだ．こうみたとき，政治のみが，本来であれば，国民国家を基礎とした
ローカルな単位のなかで，長年，理論構築されてきた．ゆえに，グローバリゼーショ
ンは，政治を変容させたという点でもっとも大きな意味をもつ．

　以上の考察から，この政治の変容としてのグローバリゼーションという世界的な流
れを利用し，自由民主主義を地球規模で実践しようとする思想こそが，新たなイデオ
ロギーとしてのグローバルな自由民主主義を基礎づけるものであったといえる．まさ
に，世界を解釈し，その行動戦略を考える方法としてのイデオロギーとして表現され
るとき，グローバリゼーションは大きな役割をはたすのである．

　では，このグローバルな自由民主主義というイデオロギーが，冷戦時代の自由主義
陣営のイデオロギーと異なる点は何か．その最大の特徴は，すでに述べたとおり，近
代以後の政治的単位の基本であった国民国家を超える形で自由民主主義を普及させて
いくという支配的な思考であり，地球規模レベルの普遍的思想として行き渡らせると
いう明確な目的意識をもっている点にある．その意味で，グローバルな自由民主主義
を各国，地域における人々の伝統的ライフスタイルを解体した上で，労働と消費に加
え，文化，教育，人間関係なども再組織化し，資本の自己再生産に都合のよい仕方で
管理するグローバルな資本に大きな影響を受けたものとしてみる仲正の定義［仲正
2010：183］は，少しばかり，資本や経済の観点に偏りすぎた解釈であるといわざるを
えない．ウィリアム・クリストルやロバート・ケーガンなど，いわゆるネオコン第二
世代に代表されるとおり，資本の力やアメリカの国益という観点を超えて，自由民主
主義という理念を普及し，拡大させていく，この点にこそ，イデオロギーとしてのグ
ローバルな自由民主主義がもつ最大の特質があるように思われる．

7）　ポストモダニズム左派の統合

　以上のようなグローバル自由民主主義というイデオロギーの対抗軸として成長しつ
つあるのが，旧来のマルクス主義を中心とした左派勢力とは装いを変えた新たなイデ
オロギーである．彼らは，近年，グローバル資本の力やその象徴であるアメリカニズ
ム，あるいは近年，台頭の兆しをみせると彼らが主張するナショナリズムに対抗する
形で，ポストモダン系左翼を中心に，旧来の左翼を巻き込みつつ，大きな統合，連帯
を試みようとしているように思われる[36]．では，なぜそもそも現実の政治とは距離を置
くはずのポストモダニスムが急激な政治化，さらには自身が否定したはず旧来のイデ
オロギー的な二項対立を持ち出し，再び，イデオロギー化しはじめたのだろうか．

　リオタールが定式化した大きな物語の終焉としてのポストモダン思想は，すでにみ
たとおり，小さな物語の乱立状況を産むこととなった．そしてフーコーに代表される
ように，具体的戦略としては，差異を強調したミクロな権力批判へと向かっていくこ

ととなる．だが，こうしたジェンダー，エスニシティ，学校教育，マスメディア，文学，美術，都市といったミクロな次元に権力や暴力性を見出していくという手法は，リチャード・ローティも指摘するとおり，逆に，現実にせまりくる資本の荒波や格差，富の再配分といった「本来の左翼」が扱うべき大きな国家的，世界的規模の問題に対抗する術を奪うこととなった［Rorty 1998］．

こうした状況のなかで，今一度，グローバルな自由民主主義という大きなイデオロギーに対抗する姿勢を打ち出した理論家の代表がデリダであろう．Derrida［1993］において，新しいインターナショナルを定式化させたデリダは，これ以後，現実の政治活動へと奔走していくこととなる．

こうした傾向は，90年代後半以降，仲正が綿密に検証しているとおり，日本のポストモダンの主流派においても顕著になっていく．デリダ・レヴィナス研究者の高橋哲哉が，他者論をもとに日本の戦争責任問題を執拗なまでに取り上げ，批判しつづけている姿はその象徴であろう［高橋 1999］．結局のところ，彼らに共通するのは，ナショナルなものの否定とアメリカを中心とするグローバル資本，そして帝国主義的行動への批判である．こうした動向をみている限りでは，旧来の左翼との違いがほぼ判然としない状況になっているが，唯一の違いといえば，国民国家そのものを幻想として解体していく方向性を鮮明にしている点であろう．[37]

以上のとおり，今日顕在化してきたのは，自由主義の発展系であるグローバルなレベルでの自由民主主義陣営を支えるイデオロギーと，旧来の左翼やポストモダニズム系左派が統合したイデオロギーという二項対立である．おそらく，21世紀のイデオロギー対立は，基本的に，この路線で将来的に激化していくことになるだろう．現実の政治という次元においてはもちろん，思想レベルにおいても，イデオロギーが終焉を迎える時代は一向にみえてこないのではないか．

＋ おわりに
──イデオロギーを形づくる歴史意識と政治──

以上，イデオロギー論の思想的な系譜を，マルクス，マンハイム，終焉論という形で，かなり限定された視角から追ってきたが，ここから導かれる結論は，最終的にどうまとめられるだろうか．

それは，第一に，イデオロギー的思考が形成されていく思想的背景には，マルクスの生産主体を基盤とし感性的自然を征服していくという人間観，そして，マンハイムの主観的な自我意識にもとづく分析的かつ統合的な思考による世界理解が存在したという点である．ここから，イデオロギー形成の水源には，自然的な意識，領域を主観

化していくという形での歴史的な意識の発展が関係しているのではないかという問題が垣間みえてくる.

　第二に, イデオロギーの終焉論を取り巻く議論からみえてきた政治的・思想的状況, それは, イデオロギーの実践的・機能的側面に焦点を当てるとき, イデオロギーと政治との接近というさけてはとおれない宿命が存在するということだ. それぞれの論点について, つづく, 第2章, 第3章でくわしく論じていこう.

注
1) 網羅的に, イデオロギーの概念史を論じたものとして, Vincent ［1992：Ch. 1］を参照.
2) フランス啓蒙期の観念学については, 山口［2002］を参照. 観念学の創始者であるコンディヤックについてまとめられた研究書である.
3) イデオロギーの実践的側面は, もちろん, 非常に重要なものである. だが, 本章では, 政治的実践に結びつく以前の, 深奥に位置するイデオロギー的思考形成の背景に焦点を当てていく. 機能・実践としてのイデオロギー形態については第3章でくわしく論じる.
4) イデオロギーと科学の問題については, 降旗［2001］を参照.
5) 本節では, 『ドイツ・イデオロギー』をめぐる文献学的問題には深く立ち入らない. 『ドイツ・イデオロギー』の文献問題について簡単にまとめておくと, 執筆から数十年の紆余曲折を経て, 草稿の一部をなすフォイエルバッハ章がモスクワのマルクス＝エンゲルス研究所によって公刊されたのは, ボリシェビキ党内の覇権抗争が開始された1926年であり, 草稿全体（アドラッキー版）が旧MEGA版として公刊されたのは, ウクライナ大飢饉の始まる1932年であった. そして, 戦後, 『ドイツ・イデオロギー』のテキストとして刊行された版本は, MEW版 (1958), バガトゥーリヤ版 (1965), 西ドイツ研究版 (1971), 新MEGA試作版 (1972), 廣松渉版 (1974), 新MEGA先行版 (2004), など数種類に及んでいる. そして, 近年ようやく, オンライン版 (2019) が公開された［渡辺 2022：15］. ただ, 今日, この文献学的問題は基本的に解決したとみられている. また, 『ドイツ・イデオロギー』をめぐっては, 長らくオーサーシップ問題（持ち分問題）も存在したが, もっぱらエンゲルス筆記になるフォイエルバッハ章も「マルクス口述・エンゲルス筆記説」——マルクス主導説——が確認されるという［渡辺 2022：16］. 以下, 『ドイツ・イデオロギー』からの引用は, Karl Marx, Friedrich Engels Werke, Band 3, Dietz, Verlag, 1958 を底本とした今村他訳［2008］をもとにしており, 適宜, 廣松訳と底本及びオンライン版を参照した.
6) テリー・イーグルトンやデイヴィッド・マクレランは, あらゆる階級に拡大された意識をイデオロギーとして規定する立場である［McClelland 1992；Eagleton 1991］. なお, 渡辺は, 土台の変革にかかわるものとして, イデオロギーのみならず, 経済的変革の意識も重要な意義をなすと主張する［渡辺 2001：85］.
7) マルクスが規定する「階級」というキータームは, いうまでもなく, 生産関係をめぐる概念である. つまり, 生産手段の所有／非所有をめぐり, 支配階級と被支配階級が分化するわけだが, 生産手段をもつか否かがイデオロギーのメルクマールとなるという論理から

は，イデオロギーと現実の政治の関係を説明できない．

8)　こうした事実を踏まえ，渡辺憲正は，マルクスのイデオロギー論を「現実的な支配的諸
　　関係から自立化された理念に基づき，歴史における思想の支配（社会的統合）を本質的規
　　定としてもつ支配的諸思想」と定義づけている［渡辺 2001：89］．だが，社会的統合とい
　　う要素が提出される論拠は乏しい．また，他の著作においても，「イデオロギーとは……歴
　　史から自立化された普遍的理性的原理（人間的本性，自然法，自由，所有など）を根拠・
　　前提として構成された——端的には『啓蒙主義的理論構成』にもとづく——意識形態であ
　　る．マルクスからすれば，意識形態は，既存の社会諸関係にもとづいて形成される支配
　　秩序・社会統合のための観念形態（観念論的上部構造）にほかならない」［渡辺 2022：
　　192］と述べている．筆者は本章で後に述べるとおり，イデオロギーが支配者階級の意識，
　　あるいは，虚偽意識に限定されるものではない，という立場である．

9)　ジョゼフ・ガベルは，虚偽意識とイデオロギーの関係について，以下のように述べてい
　　る．「虚偽意識とイデオロギーとは，弁証法的現実を非弁証法（物象化的）に把握するふた
　　つの形態，いい換えれば，弁証法を否定するふたつの様態（せいぜいふたつの度合い）で
　　ある，と．……虚偽意識は拡散した精神状態であるが，イデオロギーは理論的結晶作用で
　　ある．」［Gabel 1980：邦訳 26-27］．

10)　渡辺は「ここで『意識された存在』とは，人間各個人の存在（在り方）すなわち『各人
　　の現実的生活過程』が意識されたものという意味で解される」と述べている［渡辺 2022：
　　189］．

11)　マルクスは，「自然の歴史と人間の歴史は相互に切り離せない関係にある」という
　　［Marx 1932：邦訳 12］．ただし，この箇所は草稿で消された部分である．重要な一節であ
　　るにもかかわらず，なぜ消されたかは定かではない．

12)　H. M. ドラッカー，テリー・イーグルトン，ダニエル・ベル，マイケル・フリーデンな
　　どイデオロギー論を語る著名な論者は必ずといってよいほど，マンハイムの部分的イデオ
　　ロギーと全体的イデオロギーの理論にはふれている．

13)　一般にはマックス・シェーラーが打ち立てたものといわれるが，それを体系化したのは
　　マンハイムである．

14)　なお，巻末の定義集によれば，「思考という語には，われわれがそれを直接に意識してい
　　るという仕方で，われわれのうちにあるすべてのものが含まれる．かくして，意志，知性，
　　想像力，感覚のすべてのはたらきは思考である．しかし，『直接に』と付言したのは，思考
　　から結果として生じるものを除外するためである．たとえば有意運動は，なるほど思考を
　　原理とするが，しかしそれ自身は思考ではない．」とされている［Descartes 1953：邦訳
　　135］．

15)　ちなみに，このような見方は，最新の脳科学の議論ともつながっているように思われる．
　　最新の脳科学や認知学によれば，人の思考と物質的な外界は全くの無関係ではないという
　　結果が明らかになってきているからである．つまり，われわれの思考の本性は，因果的な
　　物質世界とは切り離された完全なブラックボックス下にあるのではなく，脳や身体もまた
　　一部である物質世界を支配する厳密な因果法則の支配下にあるという事実が次第に解明さ
　　れつつあるのである［茂木 2008：39］．なお，数学的な因果関係に支配された外界により

影響を受ける脳が，なぜ曖昧で情緒的な思考をめぐらすことができるのかという問題は未だ解決されていない問題であるという．

16)　とはいえ，マンハイムは，思考することができるのは個人だけであるという事実を認めてはいる．個人の頭脳や，個人にしか再生できない観念を超えたそれ以上の思考をする集団心のような形而上学的実存の存在は否定するのである．しかしながら，マンハイムがそれでも，個人のみの思考を否定的にみる理由は，この集団心のような存在それ自体は否定しつつも，実際に行われる個人の思考の過程を問題としているからである．

17)　存在被拘束性の原語である．だが，この用語自体が，場合によって，"Seinsverbundenheit" と "Seinsgebundenheit" の2種類に使い分けられており，この分類もはっきりしていないということが指摘されている［秋元 2002：131］．なお，小松はこの「存在」について，以下のように分析している．「『あらゆる思惟は存在に拘束されている』という存在被拘束性のテーゼはここ（全体的イデオロギーの概念把握を基礎とした知識社会学）から生じるのであるが，それはマルクスのいうものとは異なる．なぜならここでいう存在とは経済的構造を指すものではないからである．」［小松 2004：129-130］．

18)　この点はアメリカの社会学者，ロバート・キング・マートンなどによっても強く批判されている［秋元 2002：300］．

19)　なお，この生活秩序には，経済などの構造形式の上にはじめて成り立つ人間の相互関係のさまざまな形式（愛，共同，闘争）も含まれているとされる．

20)　今日の心理学の基礎を切り開いた人物が，まさに経験論の祖であったジョン・ロックであったという事実はつとに指摘される．Locke［2017：邦訳 134］などを参照．

21)　この政治の肥大化と集合的意識，イデオロギーの関係については，第3章でくわしく論じる．

22)　この指摘は，イデオロギー問題が政治と切り離せない宿命にあるという点を明らかにしているという点でも，非常に重要なものである．

23)　虚偽意識の問題はマルクスの節でも論じたとおり，イデオロギー論の重要なテーマではあるが，その本質ではない．ただし，アンソニー・ギデンズなども指摘するとおり，マンハイムがルカーチの『歴史と階級意識』において展開された虚偽意識論に大きな影響を受けたことは間違いないとされている．「マンハイムのイデオロギー論および知識社会学の形成にとってルカーチの『歴史と階級意識』（1923年）の持つ意味は大きい．マンハイムはイデオロギーおよびユートピアをまず虚偽意識の問題として把握した．『イデオロギー思想とユートピア思想とに共通するもっとも重要な点は，そこで虚偽意識の可能性が自覚されるところにある．この虚偽意識こそ，イデオロギー思想とユートピア思想のもっとも深い意義である』そしてその真偽の基準を『現実』に求めた．それに対しルカーチは『物象化された意識』を『虚偽意識』とみなした．ルカーチにおいてもまた『現実』がその真偽の基準となる．」［小松 2004：126］．

24)　ここではたしかに集団的心理が前提とされている．Mannheim［1924：201］との対比に注意．なお，この歴史主義とイデオロギーの関係については，第2章でくわしく検討する．

25)　訳者の解説によれば，この意識哲学とは，物の存在を意識によって基礎づけようとする，デカルト以後の哲学であり，ここでは特にカント以後のドイツ観念論が考えられていると

いう［Mannheim 1952：邦訳 135］.

26)　イデオロギー化された政治の問題については，第 3 章にて考察する.

27)　マンハイムは部分的イデオロギーと個人の関係について次のように述べている.「部分的イデオロギーは決して心理化という平面を脱却することはないから，けっきょくこの場合にいっさいが関係付けられる主体は，個人にほかならない. 集団について語られる場合でも，この事情は変わらない. なぜなら，心理の動きというものは，個人の個別的な心理のうちにしか存在しないからである.」［Mannheim 1952：邦訳 115］.

28)　この問題は「没評価的イデオロギー概念」と「評価的イデオロギー概念」という視点を入れたとしても解決できないように思われる.

29)　この理由から，第Ⅰ部導入でもふれたように，本節は，現実政治における投票行動などの動向をもとにした研究，すなわち，政治心理学的にイデオロギーの形態や存在を証明するという手法はとらない. こうした観点からイデオロギーの終焉論を研究した文献としては，Jost［2006］や蒲島・竹中［1996］が挙げられる. 共に，現代のアメリカや日本の保革対立状況を整理し，国民の政治意識を実証的に追いながら，イデオロギーの構造を研究した画期的論考である. ただし，実証性に偏るあまり，全体的な視点からイデオロギーの思想史に踏み込んだものとはいい難い.

30)　このネオコン第一世代については，早瀬［2011］を参照.

31)　イデオロギー化された政治と全体主義の関係については，第 3 章でくわしく考察する.

32)　当時のベル，リプセットらイデオロギー終焉論者に共通するイデオロギー観は次のようなものとしてまとめられるという. すなわち，「構造的ないし仮説的な観念的諸基礎に基づき，全体的ないし部分的に構築された過激主義的な社会＝政治的プログラムあるいは哲学」というものだ. これは本文の「何らかの青写真によって世界を変革する目論見」とほぼ同義のものである. 彼らがやはり，イデオロギーの本質を，ナチズム，ユダヤ人虐殺，スターリニズムといった極端な社会改造，暗黒社会に結びつくものとしてとらえていたことが分かる.

33)　Lévi-Strauss［1962］の「第 9 章　歴史と弁証法」を参照. ここでの議論は，第 2 章でも検討する. イデオロギーと歴史の関係についてもかかわる.

34)　「オルタナティブ・ファクト（alternative facts）」を批判する文脈において，内田は的確にも次のように述べている.「『オルタナティブ・ファクト』については，アメリカの文芸評論家ミチコ・カクタニが『ポストモダンのなれの果て』だと述べています. これは傾聴すべき意見だと思います. ポストモダニズムはキリスト教信仰やマルクス主義のような『大きな物語』を破棄しました. 神羅万象を統べる摂理も，歴史を貫く鉄の法則性も存在しない. それは，西欧の人々が自分たちのローカルな「物語」を全人類に過剰適用したことに対する反省として出て来たものでした. おのれのものの見方の客観性を過大評価しないという知的節度は好ましいものです. でも，ポストモダニズムはその先まで行ってしまった. あらゆる『大きな物語』は失効した. それゆえ，誰にも『自分だけが客観的に世界を見ており，他の人たちは主観的妄想を見ている』と主張する権利はない. ここまでは正しい. でも，そこから『客観的現実などというものはどこにも存在しない. だから，客観的現実のことなど忘れて，それぞれが自分の好きな物語のうちに安んじていればいい』とい

う『オルタナティブ・ファクト論』まで暴走すると，これは自民族中心主義を批判して始まったポストモダニズムが一周回って，自民族中心主義の全肯定に帰着したことになります.」(https://bunshun.jp/articles/-/65806, 2023年12月18日閲覧).

35)　フクヤマの議論をコジェーヴとの関係から批判的に考察した研究として，坂井［2014］を参照. フクヤマは，コジェーヴの思想の一面を切り取る形で考案された事実上のアメリカ擁護のイデオローグだと論じている.「二度目の歴史の終わりは，彼の期待に反してソビエト連邦の崩壊をもって誰の目にも失敗に終わってしまったように見える. しかし，管見では現在でも過去のような階級闘争というには大袈裟かもしれないが，いわば新たな階級対立は続いている. 格差社会を是正して平等な社会を実現しようという動きがそれだ. それは，平等の実現を志向する社会民主主義と，自由の達成を目指す新自由主義との間の対立として現前している. 仮に平等を志向する側が成功を収めたならば，真の歴史の終わりではないにせよ，三度目の歴史の終わりが訪れるかもしれない. このように考えれば，フクヤマが冷戦終了をもって『歴史の終わり』を出版したことはコジェーヴの歴史の終焉論の一面しか見ていないことは明らかだろう. 先に挙げた三つの条件のうち，大規模な戦争の終焉の面だけを取り上げたうえで，イデオロギー闘争としての歴史が終わったとしているからだ. ただし，一面的だから間違いというわけではない. 歴史の終わりにおける階級対立の解消といった側面を全く無視している点もコジェーヴとは大きく異なり，そのヘーゲル解釈からさらにマルクスを差し引いて西洋的な近代の終着点であるアメリカ礼賛を内に秘めた人物が，イデオローグとしてのフクヤマである.」［坂井 2014：229］.

36)　日本でいえば，柄谷行人や高橋哲哉などの運動，海外でいえば，デリダとハーバーマスの和解などがその象徴であろう.

37)　上野大樹はこうしたポストモダンの国民国家否定論について以下のように批判している.「一時流行した国民国家解体論は，当初の深みと豊かさを喪失したポストモダニズムが行き着いた上滑りの言説にすぎず，グローバル化に伴う社会の構造変化のなかで捨て置かれた（アーレントのいう「孤独 Verlassenheit」）と感じた人々には何ら訴えかけるところのないものであったというべきであろう. 仮に彼らが惹きつけられたナショナリズムが偏狭なものだったとしても，それは決して啓蒙や合理性の不足によるものではなく，むしろ理の当然であったということは，『「丸山真男」をひっぱたきたい──31歳，フリーター. 希望は，戦争.』（『論座』2007年1月号）で有名になった赤木智弘の一連の発言に象徴的に表れている.」［上野 2012：4］.

第2章　イデオロギーと歴史主義
──カール・マンハイムの歴史主義論からの検討──

✛ は じ め に
──歴史主義研究への視角──

　イデオロギーの思想的系譜を追っていく旅路のなかにおいて，浮かび上がってきた一つの事実，それは，単なる個人の意識，思考が，自己意識を中核とする意識へと変容し，そこに歴史化された統合的・集団的な思考による世界理解がくわわることでイデオロギーを形成してきたという流れではなかっただろうか．いうなれば，これまでのイデオロギー研究で見過ごされていたのは，その思考に内在する歴史意識，およびその水源である歴史主義との繋がりであったといえる[1]．

　けれども，今日，歴史主義とイデオロギーの問題が，真正面から取り上げられることはほぼ皆無に近い．その理由は，われわれ現代人の思考が，多かれ少なかれ，無意識のうちに，歴史主義的な思考を前提としてしまっているからではないだろうか．たしかに，歴史主義から離れ，理念型を重視したマックス・ヴェーバーによる事実と価値の分離以来，「社会科学は価値の問題に禁欲的であるべき」という主張は数々の批判に晒され修正されつつも，今日の学問全体の基礎をなしている．また，哲学の文脈でいえば，20世紀以後の実存主義は歴史の批判へと再び向かい[2]，歴史学もまた実証と専門的分化の歩を進めている．にもかかわらず，今日，これだけの学問的世界における価値の相克（ゆえに，それを受けての規範理論の復興）がなぜ生じているのかといえば，個々人の世界観も関係しているであろうが，多文化主義や社会構成主義などがその典型であるように，社会的・文化的価値はそれぞれの歴史的習慣に根ざしたものであるという命題が現代の学問的潮流の基底に存在するからである．つまり，ここには人為的，あるいは，社会的に時間をかけて醸成された諸価値は相互に共役することは不可能だという，一種の歴史主義的思想が隠れているといえるだろう．

　こうした状況のなかで，19世紀の歴史主義が，それ以後の学問全体に与えた影響を大きな枠組みから考察する研究はあまりなされてこなかった[3]．その理由としては，そ

もそも，歴史主義という用語・概念をめぐり，さまざまな議論が錯綜していることが大きいだろう．歴史主義という言葉そのものの起源は17世紀の末にまでさかのぼってたどることができるものの，実際にこの言葉が存在していなかった時代の思想にまで適用されるという混乱した状況となっている［Antoni 1972：3］．とりあえず，主な思想家による定義だけでもみておくと，次のようなものがあげられる．

> 「過去によって規定され，また，同時に，未知の未来に向けられている生成の流れの中で，事物を限りなく常に新しい個性化のうちにながめる思考方法」［Troeltsch 1922］

> 「歴史主義は，ライプニッツからゲーテの死にいたる，大規模なドイツの運動の中で得られた生の原理を，歴史的生の上に適用することである．この運動は，結局ドイツ精神のものになった．……歴史主義の核心は，歴史的＝人間的な緒力を一般化にではなく個性化的に考察することにある．」［Meinecke 1965］

多様な定義が羅列されているが，少なくとも，ここに共通しているのは，歴史主義が何らかの個性的なもの，あるいは生成にかかわるという視点である[4]．こうした見方そのものは，ヴィンデルバントが歴史科学の手法を自然科学のそれと比較した図式と共通する．ヴィンデルバントが強調していたのは，自然科学の手法が法則定立的であるのに対し，歴史科学の手法は個性記述的で，ゆえに歴史科学は個別的な存在・事物を対象とする学問であり，両者の間に優劣は存在しないという点であった．そして，自然科学的な法則と歴史的な出来事は，通約不可能な量として並行的に存続するという結論に達したのである．

以上のような，普遍性を否定し，個性を基調とする歴史主義という思想にたいしては，さまざまな批判が寄せられてきたが，その論点は大きく分ければ，以下の四つの問題点に収斂される［関 1983：7-8］．

> ① カール・レーヴィットが提起した人間と歴史を等値においてよいのかという問題
> ② ニーチェが指摘した歴史の過剰の問題
> ③ 歴史の連続性がみえにくくなるという問題
> ④ 相対主義への帰結というもっともポピュラーな批判

それぞれが重要な論点ではあるが，②の論点については，シュトラウスが定式化したニーチェ，ハイデガーの系譜から流れつく徹底した歴史主義という観点から第6章で論じるとして，本章では，哲学的にもっとも重要だと思われる④の問題に，③の問

題点も織り交ぜつつ，焦点を絞りたい．というのも，歴史主義の進行は，シュトラウスの主張する政治哲学のみならず，哲学，その他の学問の荒廃現象を招く要因となりうると考えられるからである．

　事実，この「歴史主義と相対主義の関係」については，多くの論者から批判の矢が放たれており，その克服が試みられてきた[5]．アルフレッド・スターンが指摘するとおり，あらゆる歴史主義的な思考は，結局のところ，「真理・法・倫理など，一般にすべての思想としての価値を，特定の歴史的時期，特定の文化の所産とする」という，真理と非真理，善と悪の区別さえ相対化してしまう，ある種のニヒリズムへと繋がる契機を秘めているからである．[Stern 1962：邦訳 24][6]．

　本章では，以上の歴史主義が抱える複雑な問題系を基礎に，歴史主義という思想の水源や背景にまで立ち返り，人間と歴史の関係そのものを問い直すことで，その構造的問題を明らかにする．その上で，歴史主義という哲学をもっとも包括的な視点でとらえ，また積極的に評価し，それを発展させる形で知識社会学を確立したカール・マンハイムの議論を整理し，歴史主義とイデオロギーの関係について考察する．

＋ 1. 歴史の発見

　周知のとおり，思想史における「歴史の発見」といわれる現象が起こったのは18世紀の終盤から19世紀にかけてのことである．では，なぜこの時期に，17世紀の科学革命以降の自然主義，18世紀の理性主義的な普遍主義の伝統を覆し，突如として，歴史が優勢になったのか．19世紀のいわゆる「歴史の世紀」が起こった背景には何があったのか．その思想的背景を考えるにあたっては，そもそも「歴史とは何か」という問いを今一度，再考する必要があるだろう．「歴史とは何か」という問いがあまりに壮大であるとすれば，人はなぜ歴史を必要とするのか，もしくは歴史という観念をつくりだしたのか，と問いなおしてもよいかもしれない．

　われわれ人類は，古来より，過去の出来事を「記録」として遺すことに腐心してきた．個人的なレベルでいえば，入学式・冠婚葬祭など，人生における節目を日記や写真に残しておくという行為によっても，過去の出来事の記録はつくり出されるし，ベルリンの壁崩壊や9.11テロ事件など，政治的な大事件にわれわれがたちあったとき，それらはわれわれの記憶に刻み込まれ，人類共通の普遍的記録として後世に引き継がれていく．あるいは，自分の生い立ちをめぐる物語や自分が生を受けた共同体の起源にたいし惹きつけられる心もまた，われわれが自然と抱く感情であり，いうなれば，過去や起源を求めようとする心理は，人間の自然的性向であるといえるだろう．

　こうした，われわれが後世に引き継いでいく記録，あるいは，過去や起源を求めて

いくなかで出会う諸々の証拠を仮に「歴史（記述）」と呼ぶとすれば，有史以来，歴史がさまざまなレベル，形式において語られてきたことは間違いない[7]．とはいえ，その歴史の「語り」が，ほんの2～3世紀前までは，個々の状況を語った，いわば「個別的な出来事，物語（Stories）」にすぎなかったという事実には注意を向けておく必要があるだろう．なぜなら，われわれが，現在，日常語の「歴史」という言葉を聞いて思い浮かべるような意味の「歴史」，要するに，複数の物語がまとまり，過去の語りを総称する単数集合名詞としての「歴史（History）」という語は，近代以前には確立していなかったからである［飯田 2007：82］．事実，現在のドイツ語で「歴史」を意味する “Geschichte” は元来，複数の物語を意味しており，単数形は “die Geschicht” であった．ゆえに，複数形は “die Geschicht” に “e” をつけた “Geschichte” となるのだが，1770年ごろを境に，この複数形としての “Geschichte” が単数の総称的な意味としての「歴史」として使用されるようになったという［三島 2011：85］．俗にいう，複数形の単数形化という現象である．こうした言葉の単数集合名詞化は，「歴史」という語に限らず，18世紀から19世紀にかけて広く生じており，ラインハルト・コゼレックはこの時代を「転換期」と呼んだといわれる．いわば，観念の抽象化，用語使用におけるコンテクストの広がりが起こった時代と考えられるだろう．

　以上のような語法の問題も重要だが，歴史が学問の対象とされた，より厳密にいえば，哲学の対象とされたのが，ここ3世紀の間にすぎないということもまた注目すべき事実である．逆にいうと，18世紀以前において，個々の具体的な物語として語られてきた歴史は，抽象的な学の対象として確立されなかったということだ．その理由はいったい何か．一つの答えとしては，デカルトの指摘するとおり，歴史から普遍を学ぶことはできないという哲学独自の価値観があったからと考えられるが，この問題をめぐってはメレンドルフなど古典文献学者からの異論も出ている［Moellendorff 1998］．とすれば，古典哲学は，どのように「歴史」をとらえていたのだろうか．コリングウッドによれば，古代ギリシアでは，歴史には教訓的価値はあっても，歴史の主題は理性で知り得ぬ性質を持つ以上，それが価値の限界となる，という観念が主流であったといわれる［Collingwood 1994：邦訳 25］．ゆえに，歴史は，やはり普遍を志向する哲学的思考の対象とはならなかったのである．

　こうした流れに抵抗し，歴史の哲学への先鞭をつけたのがジャンバッティスタ・ヴィーコの哲学である．ヴィーコが「諸民族の世界が間違いなく人間によってつくられた」というとき，彼のなかの真理の基準は，神がつくりし自然ではなく，人間自身がつくってきた国家制度，諸民族の世界そのものであった．そして，啓蒙主義の筆頭と目されるカントにおいても，哲学における歴史の地位の低さは，若干軽減される．自由意志のもとに動く人間の行動に法則性や客観性を見出すことはできないが，人間

の集積行為である歴史にはある程度の法則性が存在しうるというわけである．

　このように，歴史の世紀が胎動してくる背景には，18世紀の啓蒙主義に端を発する普遍主義と民族主義的な思想を基礎にする個別主義という相矛盾する問題が複雑に絡み合って存在していた．以下，三島の整理にしたがいつつ，その流れを追っていこう．

　18世紀の啓蒙主義において生じた歴史への見方は，次の三つの変化を順にもたらした．つまり，①歴史が模範ではなく発展を意味するようになった．②歴史は実際に起きた過去の出来事を意味するとともに，その「記述」をも意味するようになった．③歴史とは古典古代から始まるヨーロッパの歴史だけを意味するばかりか，自国民の歴史となった．という三つの流れである［三島 2011：87］．

　①における段階からみていこう．トゥキュディデス，キケロに代表されるとおり，古来より，歴史は眼前の政治的判断を導く模範としての役割を課されてきた．時には，論敵を倒すための説得の材料として使われ，その意味で歴史は，詩学や雄弁術の姉妹に近かったのである．こうした歴史への視座の奥底に眠っていたのは，いうまでもなく，「歴史は繰り返す」というテーゼであり，過去に学ぶという姿勢であった．

　だが，18世紀の後半に入り，こうした歴史にたいする見方が徐々に変貌していく．つまり，歴史における繰り返しは重要視されなくなり，歴史は，過去から現在にいたる一つの統一的なプロセスと考えられるようになったのである．歴史のなかに発展という観念が融合した瞬間だったといってもよいだろう．結果として，現在に役立つ過去のみに焦点はあてられ，役立たない過去，たとえば，中世といった反啓蒙的な時代は「暗黒の時代」として切り捨てられる．より正確にいえば，進歩のレベルが低かった時代として否定的に裁断されるのである．

　次に，「②歴史は実際に起きた過去の出来事を意味するとともに，その「記述」をも意味するようになった」その背景を確認しておこう．すでにふれたとおり，歴史は出来事そのものと，過去の記述という二重の意味をもつが，ドイツ語圏のアカデミズムの世界においては，19世紀以前まで過去についての「叙述された歴史」を指す“Historie”が使われていたといわれる．だが，突如，先述した転換期を境にして“Geshichte”が使用されるようになった．“Geshichte”は“geschen”の派生としてできた用語であるが，この「過去に生じた出来事・事実そのもの」に，起きたことについての記述の意味合いを見出し，両者の内的統一を提唱したのがヘーゲルの『歴史哲学』だったといえよう．[8] 根源的歴史記述や反省的歴史記述でもない第三の道としての歴史哲学こそ，歴史をはじめて哲学の主題とした哲学史上の分岐点であり，シュトラウスが批判する「哲学が哲学の歴史となってしまった」という命題とも深く関連する問題だと思われる．

　では，ヘーゲルの有名な言葉，「哲学が歴史におもむく際にたずさえてくる唯一の

思想は，単純な理性の思想，つまり，理性が世界を支配し，したがって，世界の歴史
も理性的に進行する，という思想です．」[Hegel 1965：邦訳 24] は，歴史の意味論的
変化を考えるとき，どのように解釈すべきだろうか．それは，歴史を発展的にみると
いう観点と同時に，過去の個々の出来事をわれわれの意識を通して歴史化するという
歴史観が成立したということである[9]．つまり，歴史を語る主体の立ち位置が重要にな
るということであり，ここから，一つのテクストを多様に解釈する解釈学まで，そう
道のりは遠くない．結果として，単数集合名詞として総称化された歴史は形式化され，
再び歴史は複数化し，解釈学的な物語の集積と化すのである [三島 2011：91]．

　では，最後に，「③ 歴史とは古典古代から始まるヨーロッパの歴史だけを意味する
ばかりか，自国民の歴史となった」という問題を見ていこう．実のところ，この指摘
は，歴史の世紀を説明するためのもっともポピュラーな解答であり，端的にいえば，
歴史哲学（歴史学）の発展と当時の政治的な事情が強く関係しあっていたというもの
だ．要するに，19世紀に突如「歴史の発見」が起こった背景には，国民国家の形成と
いう当時の政治的要請が深く関係しているという見解である．ネイション形成の基礎
となる血と記憶の共有意識を高めるため，過去の「歴史」にその模範を求めるという
論理はある種の必然であった．ミシェル・フーコーも指摘するとおり，歴史意識の
「出現」とナショナリズムは強く結びついており，この時代が，あらゆるものに歴史
性が埋め込まれる知の転換でもあったことはたしかであろう．

　だが，こうした歴史と近代国民国家の統合原理を過剰に結びつける議論は，第一に，
近代以前の共同体意識を支えていた思想が何であったのか，第二に，18世紀，すなわ
ち，国民国家の創設以前において，すでに芽生え始めていた歴史意識の興隆という思
想的背景を見逃す，という二つの重大な問題を抱えている．いずれにせよ，歴史が発
展の形式となり，起きたことの言語による解釈，そして一度は単数集合名詞として抽
象化された歴史の概念が各国の歴史としてナショナリズムと結びついていく過程は，
歴史が，哲学的次元でも，また実際の政治的文脈においても，ますます相対化してい
く契機を秘めていたといえよう．

＋ 2．歴史と実在性
——歴史と「物語る」ことにおける歴史的実在の否定——

　先に，近代以前において，歴史が知識（哲学）の対象とされなかったという事実は
重要な意味をもつと述べたが，普遍的知の探究という観点から歴史を知の対象としな
かった哲学者としてデカルトが挙げられる．数学的思考をモデルとして「第一の原因
すなわち真なる原理を求め，そこから人の知りうるあらゆることの理由を演繹するこ

とが哲学者の仕事である」[Descartes 1844：邦訳 138] という確信から，自然的世界の解明に向かうとき，そこに明証性や判明さとは対極にある非数学的な歴史的学問領域が立ち入る場所はない．[10) デカルトが真なる知識とみなすものは，演繹的な推論，すなわち数学的な推論形式によって構築されていく知であり，一回限りの経験，いわば，伝聞や伝承をもとにした知識や物語にすぎない歴史的な知識を推論の道具として活用することは，自らの学問体系を破壊することに他ならなかった．

　こうした立場に批判を加えたのが先述したヴィーコである．ヴィーコの命題を一言で表すとすれば，「真なるものとつくられたものとは同じである．」というものだ [Vico 1988：邦訳 66]．要するに，世界——自然といいかえてもよいが——そのものはわれわれ人間の構築物ではないにもかかわらず，われわれはそれらをすべて正確に認識できると考えたのが近代以後の哲学であった．ゆえに，ヴィーコは，「われわれのつくったものではない世界」にたいし，幾何学的方法という，われわれがつくったものを適用させることで，すべての真理を明らかにしたかのように思い込むことへの警鐘を鳴らしたのである．

　ここには，石崎嘉彦が指摘する通り，デカルトとヴィーコの間に存在する真理の基準にたいする相違があったものと考えられる [石崎 2010：51]．つまり，ヴィーコの「真理の基準ないし尺度は当の真理自体を作ったということである」という命題に立つとすれば，幾何学的な知識をもとに解明された自然の法則は真の明証性を得ているわけではない．本来，次元を異にする幾何学的知と自然的世界の知を同一視し，自然的世界を幾何学的知に還元してしまうことで獲得された知は，自然的世界そのものの知ではないという立場こそ，ヴィーコのたどり着いた結論だったといえよう．

　以上のヴィーコの学問観は近代科学の存立そのものを脅かしかねないアポリアを含んでいるように思われるが，本節では，ヴィーコの「真理の基準ないし尺度は当の真理自体をつくったということである」という命題から導き出された「われわれ人間の構築物であるがゆえに人間たちが知識をえることができる国家社会，歴史の知識こそ新たな学となる」という命題に焦点を当ててみたい．要するに，歴史とは，人間の行為の集合的結果であり，ヴィーコのいうように，われわれが製作したありのままの構築物といえるのかという問題である．ヴィーコは，過去の歴史を，人間のつくったものとみなすが，はたして，そう断言することはできるのだろうか．

（1）歴史と「物語る」こと

　19世紀以来のアカデミックな歴史学，いいかえれば，実証的歴史学の伝統が，いわゆるポストモダニズムからの集中砲火により学問的存立の危機に立たされて30余年，歴史学のアイデンティティにかかわる論争も下火になってきたかのようにみえるが，

歴史学の存立基盤をめぐる本質的な問題は未だ解決されないままである. この論争の[11]焦点は, これまでの歴史学が自明としてきた「歴史の記述とは無関係に過去は存在する」という観点から「歴史とは何か」——ヘーゲルであれば「意識における自由の進歩」, マルクスであれば「階級闘争」——という問いを規定してきた歴史観, より正確にいえば, 歴史の意味や目的を求めようとする普遍史そのものへの批判であった. つまり, 歴史的出来事の因果, 目的, 終局を自明視するような歴史の哲学から, 「そもそも歴史はどのようにして可能となるのか」という, より根源的な問いへと論争が発展していった流れといえるだろう.

さて, ここで, 以上の問題をより深く大きな視点でとらえるための手がかりの一つとして, 現代の歴史哲学研究の発展に寄与したアーサー・ダントーの「歴史の物語り論」に光をあててみたい. 歴史全体の因果法則, 歴史の意味を求めてきたこれまでの歴史哲学を「歴史の実体論的哲学」と定式化し, 「歴史の神学的解釈」と批判した上で, いわゆる言語論的転回の観点から, 歴史はすべて「物語る」という言語行為から構成されるとみるダントーの歴史の物語り論は, われわれがこれまで問うてきた「歴史の発見」という現象に, より精密な, しかも違った角度からの論証を加えることができるだろう. 以下では, 簡潔にではあるが, 歴史の物語り論がいかなる思考のプロセスをもとにして展開されていったのか, その要点をみていこう.

ダントーを嚆矢とする歴史の物語り論[12]は, 一言でいえば, 「歴史記述のテクストは必然的に物語的な散文形式をとった言語構造である」という命題を基礎とする議論である. 歴史という壮大な海原を前にして, 奇抜な思考にとらわれた歴史論といえるかもしれないが, その内実を具体的に追っていこう. ダントーは歴史的な物語文の特徴を以下のとおり規定する.

> 「これらの(物語的な)文の最も一般的な特徴は, それらが時間的に離れた少なくともふたつの出来事を指示するということである. このさい指示された出来事のうちで, より初期のものだけを(そしてそれについてのみ)記述するのである. 通常それらは過去時制をとる.」[Danto 1965:邦訳 174].

この一節だけではダントーの考えを正確につかむことは困難と思われるので, 彼の思想を説明するうえでよく出される事例をみておこう.

> 「三十年戦争は1618年, プラハにおける騒乱により勃発した.」
> 「1815年, ワーテルローに臨むナポレオンは破滅への一歩を踏み出した.」

歴史の教科書などで見かける何気ない一節であるが, より深く分析すれば, 非歴史的な文書の記述との相違点が明らかとなる. たとえば, 「このアニメ作品は面白くな

いからブルーレイが出ても売れないだろう」という記述に，「面白くない」という書き手の主観と「ブルーレイは売れない」という予測が入っているように，著者の信念や考えを記述するとき，そこには人間の意図的行為が必然的に含まれる．事実を明記する観察文も同様で，「このリンゴは赤い」という文は，その場所・時間において，実在するリンゴの赤さを知覚したときにのみ記述される文章である．

　一方，歴史的な物語文は，三十年戦争の当事者やナポレオンの意志とはまったく関係なく記述された文章だといえる．つまり，1618年時点では，この些細なプラハの事件が後に三十年戦争と呼ばれる大事件に発展するとは誰も予測していなかったはずであり，後世の歴史家にしか書けない文であることは明白であろう．こうした歴史家の特権を，貫成人に倣い，当事者に対する「認知的優位」とよぶならば，あらゆる歴史的な文は，当事者に対する書き手たちの認知的優位のもとで書かれているのであり，だからこそ，後世のわれわれが過去の出来事を知る手がかりとなりうるのである［貫2010：3-4］．

　では，ダントーの述べた「時間的に離れた少なくともふたつの出来事を指示する」という記述は何を意味するのか．これも重要な論点であるため，ダントーの「理想的年代記」という例をもとに簡単にふれておこう．理想的年代記とは，この地球上で起きた出来事を一切の漏れなく瞬時に書き記していくことのできる「神」のような年表である．この理想的年代記は，現在，歴史学的な論争を呼んでいる事件についても記録に残すことができるのだが，こと，「歴史的な物語文」を書けるかという問題になれば，それは不可能となる．なぜなら，理想的年代記には，はじまりと終わりが存在しないからである．「歴史的な物語文」は，先の三十年戦争の記述のように，ある時点での出来事E1と出来事E2を後世の視点から取り結ぶ作業である．その意味で，世界や宇宙が誕生してから，そして，地球上の人類が滅亡してもなお，永遠に年代記を記し続けていく理想的年代記にとっては，おそらく，世界がつづくかぎり，作業の終着駅は存在しない．ゆえに，この理想的年代記にとって，われわれが，「歴史的な物語文」とよぶ文章を記すことは不可能なのである．

　以上，ダントーの定式化した「歴史的な物語文」が，他の文と異なる様式をもつということは判明したとして，ここで二つの疑問が浮かぶはずである．第一に，それを歴史的な文章とよぶことは構わないとして，なぜ，「物語文」とよぶ必要があるのか．第二に，歴史の物語文という考え方が，なぜ，「歴史はどのようにして可能となるのか」あるいは，歴史的出来事の非実在性という哲学的議論にまで発展していくのかという問題である．

（2）物語性の条件

　まずは第一の問題から簡単にみていきたい．貫は，物語性を満たす記述の特徴として，① 筋が一貫していること，② 受容可能性，③ 出来事の意味，④ 異質なものの統合という四つの要素を挙げる［貫 2010］．順に検証していこう．

　① 筋が一貫しているとは，「それから何が起こったのか」と読者に思わせるプロットの完成度であり，単なる年代記を物語とよぶことはできないということである．たとえば，「794年，平安遷都があった．1618年，三十年戦争が勃発した．2009年，マース・カニングハムが亡くなった．」という記述は，ただ単に個別の出来事を時代順に並べただけであり，物語文とよぶことはできないだろう．なぜなら，この記述は，それぞれの文のつながりも，中心的な主題も，またそもそも誰が語っているのかという点すら不明だからである．物語文には，「ゴットフリート公が亡くなって以来，冬は寒く，夏は水害で不作の年が続いた．頼みの宰相ピピンまで亡くなり，蛮族の侵攻も盛んだった．ところが，ピピンの跡を継いだ息子のシャルルは，北から侵攻してきたサクソン族を撃退し，直後に襲ってきたサラセンをもついには打ち破る．」というように，気候，外敵の侵攻とシャルルの即位の関係といった相互の連関がわかるような文が求められているのである．

　続いて② 受容可能性とは何か．これは一言でいえば伏線の重要性である．先の文でいえば，サクソン族やサラセンといった言葉が突如，出てくるのは後に重要な伏線となるからである．それまでのストーリーの進行からみれば唐突と思われる出来事でも，結末を知って読み返せばその必要性，重要性がわかるといった物語は数多いが，歴史の物語もそれと同じ構造をもつというわけである．

　ここから③ 出来事の意味，④ 異質なものの統合も理解することができる．歴史記述に登場する出来事の意味は，その後に続く出来事の準備にこそその要点があるのであって，因果論的な説明を逸脱する可能性すらある．「帰結に向かって目的論的に進み，その過程で異質なカテゴリーに属するものを統合し，受容可能性が保たれる限りにおいて時間系列の逆流や交叉を許容する」，そうした記述こそが物語に欠かせない要素なのである［貫 2010：26］．逆にいえば，このことは，歴史的記述が，以上のような物語的記述の方法をもってしか成立しえないことを意味する．なぜなら，現実の歴史において，ある出来事と出来事の間には自然科学的な法則性はなく，自明の理を根拠にした緩やかな結びつきしか存在しないからである．

　以上をまとめるならば，歴史的物語を支える本質はどこにあるのか．それは，一言でいうと，変化の記述である．

　「変化を顕在化させ過去を時間的全体に組織化すること，なにが起こったかが変

化によって語れると同時に，それらの変化を説明すること．それが歴史の仕事である．」[Danto 1965].

　歴史が変化の連続である限り，物語性をもった記述でしかそれは正確に表現できない，とダントーは結論づけたのであった．

（3）歴史の実在と想起

　次に第二の問題，歴史の物語り論がなぜ歴史の実在[13)]を否定するに至ったのかという，哲学的な理由を明らかにしていこう．

　これまでにみてきた歴史の物語り論が，歴史全体に意味を見出すヘーゲル・マルクス的な歴史哲学，あるいは，実証的歴史学にたいし，根源的な批判を投げかける激烈な一本の矢となったことは間違いないだろう．とはいえ，なぜ，この歴史の物語り論が，ヴィーコがとらえた「歴史を過去のわれわれの行為がつくったものとみる歴史観」を崩し，さらには，歴史の実在／非実在という存在論的な問題にまで踏み込んでいくことになるのか．この問いに答えるには，第一に，歴史の物語の記述がもつ指示機能とは何かという言語哲学的な問題，第二に，歴史的出来事と歴史的記述との循環関係という根源的問題を今一度，再考せねばならない．

　まずは，言語哲学の視点から簡単に分析を進めてみよう．命題論理の公理を体系化したフレーゲの基本的な立場は，各文の主語（固有名の意味）は実在物を指示する表示対象というものであり，文全体の意味についての真理値名は真か偽の真理値を意味するとされている[野本 2003]．つまり，文の真偽はその内容を誰が知っているのか，誰が述べるかにかかわらず，決定されるのである．たとえば，貫が例を挙げているように「ハイセイコーは馬である」という文は，誰がその文を書いたか，あるいは，発話したかに関係なく，「ハイセイコー」が指示する個体は実在しているのであり，その実体としてのハイセイコーは「馬」という集合に包含される[貫 2010：60]．これは，要するに，ごく単純化していえば，文の外側に真実があるという立場だと考えられるだろう．

　では，歴史の物語文において，指示される人，あるいは，事柄を実在と規定することは可能なのだろうか．物語的歴史の記述においては，前提とするものが，ダントーの指摘した変化の基体であるため，フレーゲの意味論をそのまま適用することは困難であると考えられる．さらにいえば，昨今，歴史教科書のなかの聖徳太子についての記述が書き換えられているように，新史料の発掘，学会の論争の動向によって，過去の歴史は絶えず修正される余地を残している．こうした意味で，物語的歴史の記述は，通常の文の意味論だけでは論理的に説明不可能な要素を内在させているのである．

　次に，歴史的出来事と歴史的記述との循環関係について考察しておこう．当然のことではあるが，歴史的出来事は歴史的記述に時間的には先行している．だが，歴史的記述は過去をそのまま直接，知覚したうえでなされるわけではない．あくまで，史料，証言などさまざま過去の事実についての痕跡をもとに，当時の状況を復元していく作業，それが歴史的記述である．野家はこうした歴史記述を「モデルのいない肖像画」にたとえているが，まさに，ここに一つのパラドックスが生まれるのである［野家2016：45］．すなわち，歴史的出来事は歴史的記述に存在論的には先行するものの，歴史的出来事は歴史的な記述を離れて確認することはできないという意味で，認識論的には歴史的記述が歴史的出来事に先行する，という循環構造が生まれてしまっているというわけだ．これは，まさに，存在と認識の関係をどうとらえるかという，哲学史における古くからの問題とも関連するが，歴史認識の次元においては，最終的に，素朴実在論の立場を取りえないという野家の主張は正しいように思われる．知覚は不可能だが，その存在を疑われることのない理論的存在である電子やDNAが，その実在性の保証として，一つの理論的体系をもつように，過去の実在についても，その理論的体系に代わるものは「過去の物語り」しかないのである．こうした理由から，野家は，過去の実在について，次のように述べている．

　　「過去の実在は，歴史的過去を体験的過去に結び合わせ，それを知覚的現在に時
　　間的に接続する『物語り』のネットワークの中でのみ志向的に構成されるものな
　　のです．」［野家 2016：111］．

　こうした歴史の物語り論については多くの批判が投げかけられてきたものの，未だ，説得力のある再批判はほぼ提出されていないのが現状である．¹⁴⁾ヘーゲルにより「歴史的出来事」と「起こったことの記述」の統一がなされた後，科学的法則との関係，事実と価値の分離という社会科学的手法による実証史学が確立されていったように，さまざまな観点で語られてきた歴史は，ついに，歴史の物語り論によって，「歴史的出来事」の影すら解体し，すべてを，語られたものに収束させていく．歴史の物語り論が提起したこと，それは，客観的出来事そのものは存在せず，想起によって物語られたものだけが歴史になるという，究極的な歴史的相対論であったといえよう．

（4）世界全体を主観的な「物語る対象」とした歴史意識

　以上のとおり概観してきた歴史の物語り論から導かれる歴史への視座は，結局のところ，いかなる帰結を導くのだろうか．客観的な実在ではない過去の歴史が，物語ることにより，はじめて生起するとすれば，過去を語ることでつくられたわれわれの過去にたいする意識の集合こそが歴史意識だったといえるのではないか．

　こうした視点をもとに，個々の出来事の語りを集積させる集合名詞としての「歴史」の成立の背景を探るなかで，近代以後の自然観・人間観の変遷から「歴史の物語り論」を見直してみるとどうなるのだろうか．要するに，そこから導ける視点は，自然的世界という根源的「材料」がなければ，そもそも歴史は語れないのではないかという原点をすべて忘却し，世界全体を「物語る対象」としてみた結果が，今日の歴史主義的世界観につながったのではないかという問題である．こうした観念は，必然的に，人間が根底的には自然の領域のなかに存在するのではなく，歴史の地平，あるいは，歴史の内部にのみ存在するという徹底した歴史主義の思考を生み出していくことにつながったといえるだろう．[15] 歴史的意識とは，過去は自身の語りにより存在するという究極的な主観性をもとに形成されたものといえるのである．

　では，ここで，さらなる問いを提起してみよう．歴史意識が過去の総体を語ることでつくられたわれわれの過去にたいする意識の集合であったとすれば，過去を語る主体そのものは歴史的地平の外に存在しているのだろうか．否，過去を語る（解釈する）主体の存在さえもが動的な流れのなかに位置すると規定したさらなる歴史主義的社会学者がいる．カール・マンハイムである．次節では，マンハイムの歴史主義論を考察するなかで，歴史主義とイデオロギーの内的な連関をみていこう．

＋ 3．カール・マンハイムの歴史主義理解
——相対主義克服の道としての歴史主義——

　19世紀以降の歴史意識の高まりを肯定的にとらえ，哲学史的な観点から歴史主義の価値を肯定的に説きなおしたのが第 1 章 2 節でもふれた社会学者のカール・マンハイムである．本章冒頭にも述べたとおり，多義的に解釈されながらも，20世紀初頭においてはその批判的克服が試みられていた最中にあって，マンハイムは，歴史主義という一つの「世界観」を積極的に受け入れ，発展させていくという道を選んだ．そして，「歴史についての命題はどんなものでも，その内容を観察する主体の歴史哲学的規定性が入り込まぬものはないのである」[Mannheim 1924：邦訳 26] と言明するとおり，歴史の物語り論にもつながる視点から自身の歴史主義的手法を確立させたマンハイムは，それを後の知識社会学やイデオロギー論へと発展させていくこととなる．

　以下では，『イデオロギーとユートピア』以前に書かれた『歴史主義』（1924年）と題されたテクストを中心に，彼の歴史主義にたいする評価・考えを追っていくなかで，どのような内的論理において，歴史主義の意義が確立されていったかを確認する．

（1）命題に応じた認識主体

はじめに，マンハイムの歴史主義についての概念規定からみていこう．

> 「歴史主義は，なんら思いつきでもない．流行でもない．ひとつの潮流ですらない．それは，われわれが社会的―文化的現実を考察する場合の基礎である．……歴史主義は有機的に生成した根底であり，宗教的に束縛された中世の世界像の崩壊後，さらにそこから還俗した啓蒙時代の世界像が，超時間的理性の根本思想とともに自己自身を破棄したのちに，発現した世界観そのものである．」［*Ibid.*：邦訳 4］

このように，マンハイムは，これまでのどの思想家よりも歴史主義を壮大な観点でとらえている．マンハイムの歴史主義にたいする解釈は，啓蒙時代の普遍主義以後の近代思想を覆いつくした世界観ととらえる点において，シュトラウスの歴史主義理解と基本的には共通する[16]．しかしながら，その評価は，根本的に相対立するものであった．第6章においてくわしく検証するように，シュトラウスの歴史主義にたいする危機意識は，ことごとくマンハイムの価値観からは否定され，むしろ，まったく逆の観点から，つまり，シュトラウス含め，その他の批判的論者が問題としている「歴史主義＝相対主義」という図式を否定する世界観として歴史主義を提示したのである．

では，マンハイムは，どういった内的論理において，歴史主義のなかに哲学としての積極的な意義を見出すのか．その論理の流れの背景には，彼が，歴史記述的な命題をどうとらえたのか，そして，これまでの哲学的な認識論，とりわけ，理性をどうとらえたかという問題が深く関係している．

はじめに，歴史記述的命題の問題からみていこう．歴史記述のような命題は，数学的な命題とは厳に区別されるべきという立場がマンハイムの一貫した主張である．一般に，命題とは真偽の性質を基礎とした文章形式であり，とりわけ，明確な真偽判定が普遍的に決定される文章，あるいは数式のような数学的命題を意味する[17]．たとえば，「整数 n について，n^3 が 3 の倍数ならば，n も 3 の倍数である」という命題[18]は数学的に真とされるが，この命題それ自体からは，いつどこで誰が考えたものかということをわれわれは読み取ることはできないし，そもそも，そういった歴史性をこの命題に読み込むことは不可能である．一方，歴史的な命題，たとえばすでにみた「三十年戦争は1618年，プラハにおける騒乱により勃発した．」や「外圧は内政を変化させる．」という命題については，いかなる立場から，いかなる意図をもって書かれたものかということを，少なくとも，確定ないし推論することは可能である．しかも，その真偽については，先の「物語り論」の検討を通じて考察したとおり，明確な判定を推論の形式だけを用いて行うことは不可能とされる．逆にいえば，数学や精密な自然諸科学

においては，それを認識（真偽の判定）する主体の歴史的・場所的な制約性とその特殊な意欲とが内容に一切入り込まない命題を立てられるからこそ，それに応じた抽象的認識主観の構成も許されるというわけである.

　では今日，われわれは，なぜ，そのような歴史記述的命題などの具体的かつ場所的制約を含んだ命題を，過度に抽象化された認識主体によって把握するようになったのか．マンハイムはその背景に，カントの影響をみている．すなわち，カント的な認識主体とは，数学や自然諸科学にのみ対応するように構成された主観的な相関概念であり，いわば，現実に生きる具体的な人間の実像とはかけ離れたフィクションにすぎないにもかかわらず，このカント的認識主体によって歴史や社会をもとらえようとする傾向が，啓蒙主義の時代以後，深まっていったというわけだ [*Ibid.*：邦訳 272]．こうした問題意識をもとに，マンハイムは以下のような問いを提起する.

> 「永遠に同一な理性という理想は，事後的に構成された認識論体系の指導原理であり，その認識論体系は精密自然諸科学の思考構造の分析からそのような経験基礎を生みだしたものに他ならない，ということが明らかにされるとしたらどうであろうか」[*Ibid.*：邦訳 14]

　ここで批判されているのは，カント主義に代表される認識論上のアプリオリな純粋形式というとらえ方である．カントは，理性概念をアプリオリな認識の能力と規定し，経験的綜合の一つの項をなすことのないものとみる [Kant 1781：邦訳 37]．一般に，認識の普遍的妥当性の根拠は，先験的かつ不変の原理にあるというのがカント哲学の立場である．けれども，マンハイムによれば精密な自然諸科学の手法はいかにして可能となるかというカント的認識論の構造的な歴史形態において，この理性概念をアプリオリな純粋形式とみる見方そのものが，その分析の基礎に使われる認識領域に依存する．要するに，精密な自然諸科学という領域においては，認識論上のアプリオリな純粋形式が成立しうるとしても，歴史など人間にかかわる非自然科学的な領域においては，カントの提示したアプリオリな認識の能力を適用することはできないということだ．以上のマンハイムの主張がカント哲学にたいする内在的批判として成立しているかは別にして，マンハイムの歴史主義とは，理性概念そのものを静的で永遠不変のものとみてきたこれまでの哲学観そのものを問い直そうとする試みそのものであったといえよう[19)].

（2）動的全体性という理論
　カントにたいする批判的考察を基礎に，マンハイムは，哲学の伝統において，普遍かつ不変，つまり，時間的枠組みの外に位置するものとして自明視されてきたもの

——それは理性だけでなく，ありとあらゆる精神，歴史の諸活動——を動的なものとしてとらえていくことの重要性を強調する．要するに，「歴史主義的な思考様式と体験様式の最初の出発点は，いかなる場合でも精神的—心的な世界のすべての部分を，流動，生成のうちにあるものとして体験する能力にある」[Mannheim 1924：邦訳66]という歴史主義の位置づけこそが，マンハイムの思想の核心である．たしかに，このマンハイムの歴史主義論は，それまでの哲学的な認識論の諸前提を崩したという意味で，認識論的始原の背後にまで原理的にさかのぼりそれを基礎づける哲学，もっといえば，かつての形而上学にとって代わるものだったといえるだろう．

とはいえ，もし仮に，マンハイムの主張するように，精神的・心的世界のすべての部分が流動・生成のもとにあるとすれば，この主張は，かつてヘラクレイトスが述べた「万物は流転する」という哲学の原理を再び繰り返しているだけのようにも思える．しかしながら，マンハイムによれば，この流動しつつ生成のうちにある精神的・心的世界は，単にそれぞれが混沌とした世界のなかで旅をしていくわけではない．相互に結びつきつつ，一つの全体性のうちの部分としてそれが機能するという観点こそが，マンハイムの思想的核心であり，彼はこの全体性の大きな流れを動的全体性として定式化する．そして，この動的全体性を歴史の理論に転用することで，歴史主義の基礎が完成されるのである．その結果，歴史的な諸事実はそれぞれの部分として，動的な全体性に組み込まれる形でその意義がとらえられることになる．いわば，歴史の諸事実はすべて，動的な全体性の流れに乗った有機的構成物の一つというわけである．

（3）遠近法性質と真理の拡大

動的な全体性に組み込まれた歴史の諸事実をわれわれは，具体的に，どう認識していくのだろうか．ここに，歴史はすべて「物語る」という言語行為から構成されるとみる歴史の物語り論との接近がみられるように思われる．マンハイムは，「歴史は，その諸原理，視点，および基準を，そのときどきの現代的綜合から創造する」というトレルチの理論を認めつつも，歴史認識における立場上の制約という観点を受けついでいく．だが，この歴史認識における立場上の制約が単なる歴史の相対性を意味しないという点に，マンハイム哲学の最大の特徴がある．なぜなら，認識主体とその対象の特性から，展望的な真理だけが可能である領域をわれわれに維持させうるような「真理概念の拡大」という論点を導入するからだ．

もう少し検討をくわえてみよう．ここで考察すべきは，「立場上の制約」あるいは，「遠近法的：Perspektive」という語の意味についてである．いうまでもなく，遠近法主義とは，円錐が，真上から見れば円の形状に，真横からみれば三角形の形状をしているように，空間的事物がわれわれの見る角度によって異なった形態にみえるという

視覚的な把握を歴史的認識や哲学的認識に転用したものに他ならい．けれども，マンハイムは，歴史認識における遠近法的性質と空間的事物を認識するときの遠近法的性質の相違について，次のように指摘する．

> 「歴史認識の『展望的性質』と空間的事物知覚の立場拘束性との間の本質的差異の一つは，前者の場合ではその『立場』が明らかに空間的に解されるべきでなく，またその対象が認識主体に対し固定的かつ不動的に存在するものではない，という点である．」[*Ibid.*：邦訳 53]

　空間的事物を認識する際の遠近法は，たしかに，われわれの方が視点を移動させているという点においては動的ではあるものの，事物を視覚に収める瞬間においては静止している．しかも，その認識主体は，認識という点で同一である．一方，過去の歴史をみる主体はどうか．過去の諸事実が流動のうちにあると同時に，それをみるわれわれの視点もまた絶えざる生成と流動のうちにあるという点において，空間的事物を認識する際の遠近法とはまったく性質を異にすることは明らかである．歴史認識における遠近法的性質とは，われわれが歴史をみる立場も，そして，対象となる歴史もまた，双方とも生成し不断に動くものだ，と解釈できるだろう．
　だからこそ，そもそも，歴史主義以前の哲学（静的な理論哲学）は，未完成の哲学であり，それらが前提としていた超時間的な価値の設定こそが逆に相対主義を生み出したとマンハイムは主張する．要するに，生成しつつある現在と生成の一部であった過去の歴史が結びつくとき，その背景には，その時々の歴史像が現実的な諸意欲や具体的価値と密接に結びついているという前提が存在しなければならない．だとすれば，結果として，そこに認識の相対性は生まれないという理論がマンハイムの一貫した主張である．マンハイムが「相対主義は現実には，歴史的なものが判断されるべきときに，絶対的な超時間的基準の要求の相関物として成立したものである．」[*Ibid.*：邦訳61]というとき，歴史主義＝相対主義というこれまでに幾度となく投げかけられてきた批判は，マンハイムにとって取るに足らぬものとなる．歴史主義は，全体性のカテゴリーの助けをかりて，変化のより深い統一性を把握しようとする試みなのであり，歴史的な個々の成果をのりこえることによって，その本質的な哲学的歩みを完成させるのである．

（4）動的見地からの絶対と相対
　では，最終的に，マンハイムは歴史主義と真理の関係にどう決着をつけるのだろうか．一言でいえば，真理それ自体は時代によって異なった姿で出現するという見方であり，具体的には先にみた真理概念の拡大がその鍵となる．

　「あらゆる時代をつうじて常に妥当する要求などというものはけっして存在せず，絶対的なものがそれぞれの時代に異なったかたちで自己を具体化するということ，しかし全体の運動そのものが自己の真理をもっているかぎり，そのときの諸要求やつぎの歩みを実現することによって，同時にたんなる時代的なものを越えるといった原理的な論議は，生のもつ問題性にとって大きな意味をもっている．」
　［*Ibid.*：邦訳 64］．

　解釈が難しい一節だが，筆者の考えは以下のようなものである．絶対的なものがそれぞれの時代に異なった形で自己を具体化し，全体の運動が真理をもつという意味で，そのときどきの要求をはたす．具体的な諸価値は，その実質的内容において，それを適用する歴史過程から有機的に生まれるが，このとき，全体性の観念は前理論的な具体的経験のうちに与えられる．個々の文化領域は内在的に理解されるのではなく，ひとつの動的全体性の一部としてとらえられるのである．真理は絶対─相対の相関関係の新しい動的見地によって保障されるというわけだ．

　マンハイムによれば，具体的内容に満ちた言明，意思決定が相対的なものとみなされる要因は，具体的なものを絶対性に近づけつつも，その絶対性が歴史的に流動する実質的内容と接触せずに設定されることにある．ゆえに，彼が考える真理とは以下のように結論づけられる．

　「相対主義を克服している真理性の保証は，ただ実質的な明証からだけ生じうるのであり，われわれのいまここで現実におこないつつある認識が現実の在るものを把握しているという意識，われわれの行為が善であるという意識は，われわれが評定に際して用いうる基準がある具体的なものについて言明できる性質のものであるという確信を，ともかくもわれわれがもっているときにだけ生じうる．」
　［*Ibid.*：邦訳 65］．

　このように，もはや，マンハイムにとって，真理という概念そのものは，時間や場所を超越した抽象的概念と結びつくものではない．すでにみたとおり，歴史的に規定された命題はどこまでいっても具体的なものである．かつてのヨーロッパ世界における自然法思想が生きていた時代──少なくともそれが信じられていた時代──においては，静的理性という構想もまた意味をもっていた．しかし，生のありかたが歴史意識によっておおわれた時代にあっては，超時間的な絶対性は形式として生き永らえているにすぎないという主張がマンハイムの最終的な結論である．自然法という，ある種の実質的内容をともなった絶対的知が存在していた時代にあっては，真理もまた具体的に通用できたし，意味をもちえただろう．だが，自然法思想が死に絶え，歴史的

意識が芽生えた時代にあってもなお，何らかの絶対的基準を懸命に提示しようとしたのが，カントやリッケルトであった．彼らは，超時間的な形式的価値によって相対主義を克服しようとしたが，それは逆に，具体的な性質をもつ歴史的な命題を次元の異なる形式のみの絶対的基準に接合することで相対主義を生むという結果に終わったのである．

　こうしたマンハイムの議論の背景には，やはり，18世紀以後の世界が歴史意識に達したというパラダイム理解の仕方が関係しているように思われる．だが，マンハイムのいうとおり，真理性は，実質的な明証性や，具体的な言明への確信をもったときにのみ保たれるものなのか．次節では，こうしたマンハイムの真理観や歴史主義理解にひそむ問題点を探りつつ，それがどのようにしてイデオロギー的思考へとつながっていくかを検証する．

＋　4.　歴史主義と知識社会学
──イデオロギー論との内的繋がり──

知識の存在論的決定の背後にあるもの

　これまでみてきた歴史主義の理論を発展させていくなかで，マンハイムは形而上学的な歴史主義ではなく，経験理論としての知識社会学を確立する．そのとき，われわれの思考を拘束するのは，もはや形而上的な歴史ではなく，すでに第1章で検証したとおり，経験理論的な社会であり，存在であった．知識社会学それ自体は，最終的に「全体的・普遍的・価値自由なイデオロギー」と規定されるが，ここで重要なのは，この普遍的イデオロギーという立場が，思想や知識の存在被拘束性を前提とした上で，個々人の思考を徐々に生み出すところの歴史的・社会的状況の具体的な仕組みをとらえる過程において，思考を理解していく作業だという点である．このように考えるとき，知識社会学の視座構造の背景には，何らかの存在論的決定が関係しているということが分かるだろう．では，ここであらためて，マンハイムの「存在」をめぐる概念規定を確認しておこう．

　マンハイムが存在要因として列挙している要素は，階級，党派，職業集団，学派，世代，時代といったものだが，これらはもちろん，抽象的な存在一般ではなく，現実に適用される生活秩序と何らかの形で結びつく．だが，その生活秩序と思考がどのように具体的に結びつき拘束するのかは，ロバート・マートンのいうように，マンハイムのテクストでは明確にされていない．したがって，視座構造の背景にある存在要因との関係についてもう少し踏み込んでおこう．

　トマス・クーンのパラダイム論との関連を指摘する議論もあるように，認識の視座

構造とは，「人がいかに事実を見るか，その事実について何を把握し，どのように事態を思考のうちに構成するかという様式」[*Ibid.*：邦訳 209] である．この様式が違えば同じ言葉，同一概念であっても，特定の社会に位置づけられた人間が使うとまったく違う意味となる．マンハイムが挙げている例を具体的にみてみよう．

　19世紀の初頭に保守主義者が使った「自由」とは，特権を享受するという意味での身分の権利であり，この保守主義者が仮にプロテスタントの信徒であったならば，内面化された自由概念の元で個人の使命にもとづき生きていくことになる．要するに，この保守主義者たちは自由を質的自由概念として理解する．一方，同時代の自由主義者たちは，保守主義者が自由の基礎とみなしたあらゆる特権からの自由，すなわち，「平等主義的自由」を想定する．このように，マンハイムが指摘したのは，政治的立ち位置・党派という存在的要因から生じる自由概念をめぐる相克についてである[20]．

　では，この自由概念をめぐる例が，どのようにイデオロギー論との内的なつながりをみせるのであろうか．まず確認しておかねばならないのは，先の例において提出された自由概念は，利害という点において，『イデオロギーとユートピア』で提示された部分的イデオロギーに属する見方だという点である．第1章2節で確認したとおり，マンハイムの知識社会学は，知識や思考の背後に存在する，より大きな枠組み，すなわち，全世界観的な把握——マンハイムが全体的イデオロギーと規定するもの——が基礎となり，はじめて統一化された理論となる．視座構造をこのように分析していけば，知識や認識のみならず，さらにそれを包含する解釈について，より広い枠組みを規定しているものこそ，マンハイムが「世界観解釈の理論への寄与」において定式化した世界観総体性とよぶものだったという結論がえられるだろう．この世界観総体性とは，まさに特定の時代のさまざまな文化的断片を媒介にして，文化的事象全体の解釈の枠組みを定式化する，すなわち，メタレベルの構造である．

　以上をまとめるならば，世界観総体性—視座構造—社会的存在といった流れにおいて思考は展開されるというプロセスこそ，マンハイムの達した結論であり，この世界総体性の枠組みを規定するものこそが，その特定の時代の文化的断片，すなわち，歴史そのものだということができる．このようにとらえれば，イデオロギーの背景には何らかの歴史性が存在するという結論がえられるだろう．われわれの生が歴史的地平の上にあるかぎり，その存在，社会の根底にあるのは，動的な意識，生成であり，人間の思考もまた，そうした歴史性に制約されることは明らかである．あらゆる観念，言葉のなかに歴史性を読み込み，それを歴史的な展望から語るとき，そこにイデオロギーが継起する．ゆえに，その存在もまた流動のなかにある．個々人の意識が，カント，ヘーゲル，マルクスへと流れ込む哲学史の大きな潮流のなかで主観化・歴史化・階級化され，社会的な存在被拘束性を帯びていったという見方もまた，こうした文脈

において，より深く理解できるだろう．

✝ 5．歴史主義による相対主義克服の可能性

　これまでの議論をまとめておこう．歴史的な語り，言語行為から歴史をみるという物語論が達した極致，それは過去の出来事そのものは実在せず，一切を歴史叙述のうちに還元するという究極的な主観性の歴史哲学であった．そして，マンハイムは，その歴史の語り手，すなわち，歴史を認識する主体さえもが生成と流動のうちにあることを主張する．こうして，歴史的過去の総体，そして，われわれの思考や認識もふくめ，一切は，歴史の流れに漂うという歴史主義的な世界観が確立する．

　このように，すべての過去を動的全体の一部ととらえ，しかも，生成のうちにある，一つの展望からそれをみるという考えは，はたして，マンハイムのいうように，相対主義の問題を最終的に解決しえたのだろうか．たしかに，マンハイムは，次のように述べる．

　　「相対主義は絶対的な超時間的基準が，歴史的なものに適用されるべきものとして要求されるとき，この要求の相関物として，まさに，はじめて生じたのである．なぜなら，一切の具体的内容に満ちた言明や意思決定が相対的なものとして見做されてしまうのは，それらの具体的なものを或る絶対性に関係づけながら，しかもこの絶対性が歴史的に流動する実質内容的な素材の生成と本質的には何らの接触もなく設定されるときにほかならないからである．」[*Ibid.*：邦訳 64].

　すでに指摘したとおり，マンハイムにとっては，歴史的なものはどこまでいっても具体的なものである．したがって，そこに超時間的な基準といった非具体的なものを適用させるとき，相対化が逆に生まれてしまう，という論理こそ，マンハイムが歴史主義を肯定するその核心部分である．いうなれば，この論理は，その各々の具体的な歴史こそが個々の絶対性をもつという論理であり，複数の具体的なものが並立しながらも，動的な全体性という統一のなかにおいて断絶せずに並立的に存在するという帰結に他ならない．

　だが，実質的内容と呼ばれるものがすべて歴史的に流動する，という見方はたしかなことなのだろうか．そもそも，動的全体性という見方自体，すべてのものごとの認識に適用できる考え方なのだろうか．さらにいえば，生成のうちにある存在とは，あくまで個人が基調とされているのか，集団が基調とされているのかも定かではない．これらの問題が解決されない限り，やはり，歴史主義的思考そのものは相対主義的な帰結を免れえないのではないか．最後に，歴史主義と相対主義の問題についてあらた

めて考察しておこう.

真理概念と動的全体性の再規定

　周知のとおり, 知識社会学の文脈において, マンハイムは相関主義という考えを打ち立てることで相対主義との相違を強調する. われわれの思考がその本質上, 絶対的なものにではなく, 視座構造のもとで, 歴史に制約されることによってのみ定式化されうることを積極的に認めつつも, 存在拘束からの相対的解放の道を探るのが相関主義である. その方法論の背景にあるのは, 先にみたとおり, 新たな真理性の保証という視点, すなわち, ただ実質的な明証性からのみ, 真理は正当化されるのであって, 絶対的に超越した視点からの対象そのものとの直接的な全面的合致という客観的把握はそもそも成り立たないという理論である. こうした相関主義の立場は, 新しい客観性ともいうべき「関係論的決定可能性」を提示する. 真理はその時代, 時代に, それぞれ独立して, 絶対的に現れてくるというわけだ.

　では, はたして, このマンハイムの論理は本質的かつ論理的な意味において, 相対主義[21]を克服しえたのだろうか. この問題にたいし, 最終的な結論を下すには, やはり, 真理という概念そのものをどうとらえるか, という困難な問いを避けてとおることはできないだろう. たしかに, マンハイムのいうとおり, 時代ごとに現出する, いわば部分的真理があるとすれば, 歴史主義と相対主義の問題は解決されうる. しかしながら, 歴史というパースペクティブのなかにおいて現出する真理の断片という考え方によって, 古来より想定されてきた超越的視点や普遍的真理が一切存在しないということを証明しえたのかは, また別の問題である.

　ここで, プラトン的なイデアといった超越的真理との関係を考察することは困難であるため, マンハイムが歴史記述的命題とは異なると論じた数学的な命題と部分的真理の関係を考えてみよう. たとえば, 数学的な命題に代表されるような真理は, 動的全体性のなかでは, どのように位置づけられるのだろうか[22]. 田辺元は, 田辺[2010]において, 数学の歴史性相対性と客観性必然性という相矛盾する二つの性質の統合を企図している. そもそも, 数学的直観は歴史的な制約のもとにあるのか, という問いが, 田辺の根本的な問題意識である. たしかに, ユークリッド幾何学は, 空間曲率の正負零に相当する三種のいずれの公理も, 幾何学的な空間を性格づける平行線に関する規定として可能であって, 空間直観からはそのいずれかを選ぶべきか決定できないという完全なる超越的な直観に支えられてきた. しかしながら, 非ユークリッド幾何学の出現は, その前提を崩壊させる. というのも, 三種類の幾何学的直観は, 空間的な直観そのものに内在するのではなく, ユークリッド幾何学という世界を前提とするか, あるいは, 非ユークリッド幾何学の世界を前提とするか, という幾何学的解釈の

うちにあるということが明らかとなってしまったからだ．すなわち，ユークリッド的
な平行線の採用という選択もまた，幾何学そのものの歴史に制約された結果にすぎな
いということが帰結されうるのである［田辺 2010：254］．以上の田辺の議論にしたが
えば，数学的公理の根拠となる直観さえもが，理論の歴史的発展段階に制約されると
いう事実が明らかとなったかにみえる．古来より，絶対的かつ普遍的思考の形式とさ
れてきた数学的直観さえもが，歴史性という偶然の中で，相対化されてしまうのだろ
うか．否，田辺は以下のような論理によって，数学的直観の客観性必然性を担保しよ
うとする．

> 「（数学の場合に）主観の解釈を規定する理論の歴史的発展というのは，単なる現
> 実一般の歴史性を意味するのではなく，あくまで数学理論そのものの歴史性に限
> るのであるから，いわばそれは解釈主観の行為自身に内在する歴史性に止まり，
> 一般的現実から外来的に行為主観を規定する歴史性とは区別せられ得べきもので
> なければならぬ．……数学の公理的直観にとっては，その含む解釈行為の主観性
> が外来的偶然的制約としての歴史性ならぬ，行為そのものに内在する必然的契機
> としての歴史性であることは，その直観と解釈という客観的並びに主観的両契機
> をば，理論の歴史的発展を媒介としてあくまで交互循環的に発展するところの内
> 在的動的統一において自覚せしめるという，重要なる意味を有すると思う．」［田
> 辺 2010：272］

　これは，数学という超歴史的・普遍的世界が存在しないとしても，数学には数学固
有の理論的歴史の枠組みがあるという主張である．要するに，動的全体性の流れに完
全に飲み込まれることはない，隔絶した領域としての数学的歴史の存在を暗示してい
ると解釈できるだろう．この論理は，数学のみならず，自然科学，ひいては，哲学的
真理という領域においても想定されうる考え方である．要するに，このことは，マン
ハイムの動的全体性という議論が，通常の人間の具体的行為にしか適用できないとい
うことを意味するのではないか．[23)]

　さらにいえば，動的全体性という概念を用いようと，生成の源泉にはやはり始原が
あるという考えも成り立ちうる．たとえ，歴史が流動のうちにあるといっても，そこ
には，なんらかの始まりが存在するはずだ．だからこそ，「歴史の物語り論」は，生
成しつつある歴史の一部分を切り取り，語りという形式に落とし込むことで，歴史を
とらえようとしたのである．

　いずれにせよ，マンハイムの歴史主義的世界観によって，相対主義の克服が完全に
なしえたかどうかは極めて疑わしい．歴史主義と相対主義という問題に一定の解答を
見出すには，今一度，歴史主義が必然的にいたる思考の帰結を論理的に再構成するこ

とが必要となるだろう．ただし，その作業については第6章において着手することとし，次章では，歴史意識をその根源とするイデオロギー的な思考がいかにして政治の領域と結びついていくのかという問題へと足を踏み入れていこう．

注
1）　序章において引用した「政治哲学が堕落してイデオロギーにまで成り下がってしまったことは，政治哲学が，研究においても授業においても，政治哲学の歴史と置き換えられてしまったという事実のなかに，もっとも明瞭に示されている」というシュトラウスの一節もまた，歴史主義的な理解による政治哲学がイデオロギーの形成に関係していることを暗示する．
2）　この流れについては，第6章で分析する．
3）　日本の研究としては，関［1983］，神川［1970；1971］，斎藤［2018］などがある．
4）　こうした視点は，ヘルダーの「固体の原理」を基礎とする．ヘルダーの歴史論については，Berlin［1981］を参照．また，19世紀ドイツの歴史主義論を思想史的にまとめた論文として佐藤［2004］も参照．
5）　今回取り上げるマンハイムはもちろん，トレルチ，ディルタイ，スターンらも皆，この問題に取り組んでいる．トレルチの「歴史を歴史によって克服する」という問題に着目した研究として，塩濱［2018］を参照．
6）　歴史主義とニヒリズムの関係については，氣多［1999］を参照．
7）　古来より，歴史の語られ方，歴史観は複数存在した．ヘロドトスにとっては，歴史とは情報であり，トゥキュディデスは，歴史的事実を解釈の一つとしてとらえ，ポリュビオスは，政体の循環論を歴史の規定においた．そして，周知のとおり，ランケによる史料批判によって近代実証史学の基礎が築かれる．くわしくは，大戸［2012］を参照．
8）　ちなみに，三木清は，客観的な出来事そのものの意味を「存在としての歴史」，存在としての歴史についての知識や叙述を「ロゴスの歴史」と規定したうえで，原始的な意味における歴史的なものと自然的なものの弁証法的統一であり，歴史をつくる行為そのものを「事実としての歴史」として新たに定式化している［三木 1967：26］．
9）　こうした意識こそ，マンハイムが『イデオロギーとユートピア』で指摘した全体的イデオロギーの基礎をなすものである．
10）　ただし，デカルトは，数学的証明さえも一度は懐疑の対象としている［Descartes 1953：邦訳 56］．
11）　この歴史学とポストモダンの論争については，「思想1999年4月号」やEvans［1999］を参照．
12）　物語論の起源は一つではない．ダントーの他，Ricoeur［1983］，White［1982］などがある．なお，日本において，もっとも体系化された物語論の研究としては，野家［2005］が挙げられる．
13）　実在の意味については複雑な背景がある．形而上学的実在論とは，世界が人の心から独立して成り立っており，世界のあり方については「一つの記述」が存在するという見方で

ある.

14)　たとえば, 遅塚 [2010] の第 2 章を参照. ちなみに, この遅塚への再批判として, 野家 [2016] の補講「歴史の物語論のための弁明」も参照.

15)　この問題については第 6 章でくわしく論じる.

16)　くわしくは, 第 6 章で検討する.

17)　明確な真偽判定が不可能とされる数学的命題の存在については, 竹内 [2013] を参照.

18)　この命題は, 一般に対偶法を用い証明される. このように, ある命題が成立する場合, その対偶も成立するという関係性は, 数学的命題のように, 非時間軸的な命題においてである.

19)　もちろん, このカント批判は『純粋理性批判』を中心に着目したものであって, 倫理的領域や美学的領域を主題とする『実践理性批判』『判断力批判』についての考察が欠けているように思われる.

20)　こうしたマンハイムの手法は, マイケル・フリーデンのイデオロギー分析と重なるところがある. Freeden [1996] を参照. フリーデンは, 各イデオロギーによって用いられる政治的概念を, 中核的, 隣接的, 周縁的概念として区別する. なお, こうした概念を文脈的に理解する手法は, 政治思想史の領域においては, クエンティン・スキナーのコンテクスト主義以来, 常識的なものとなっているが, とりわけ, 社会集団同士の利害という観点から実際の思考の動きをみている点が, マンハイムの特徴といえるだろう. 単に思想史研究者のように, 文献やテクスト内の相互の連関や時代状況から, 言葉の使用法を綿密に解読していくことに焦点が当てられているというよりは, 現実の人間の思考形態にアプローチするという方法論こそが知識社会学の中心的課題なのである.

21)　入不二によれば, そもそも, 相対主義という概念そのものは六つのエレメントから構成されるという [入不二 2009]. ① 超越的視点を拒否する内在化, ② 内在化したあり方そのものの複数化, ③ 複数のものの断絶性である. 歴史主義的な相対主義の基本的構図は, これらの見方を時間軸に適用したものである. だが, 文化相対主義, 言語相対主義, 概念枠相対主義などさまざまな相対主義も, 各々の相対化する基準に生成や歴史性という思考が根底にあるからこそ, 相対化される. その意味で, 歴史性はやはり, 相対化の根源にあるといってよいだろう. この①〜③の見方, すなわち, 内在化され複数のものが断絶化されているという見方そのものが内在化されることで, それ自身も相対化されるという相対主義によく投げかけられる矛盾が浮かび上がるとき, ④ 再帰性があらわれる. 相対化の作業が, ブーメランのように戻ってくることでその作業が相対化されてしまうからだ. そして, 相対主義の背後に絶対性をみるとき, ⑤ 相対主義と絶対主義の反転が生まれ, ⑥ 非知に行きつく. この反転は先のマンハイムの主張の通り, 絶対主義を呼び込むことで相対主義に陥るというジレンマを意味していると思われる. なお同様の主張をシュトラウスもヘーゲルの哲学をもとに展開している. くわしくは, 第 6 章で論じる.

22)　数学的な命題の真理性については, Shapiro [2012] を参照.

23)　マンハイムの動的全体性という議論が破綻したようにみえるのは, 当初, 歴史的命題の問題, つまり, 過去の人間による具体的行為 (歴史的事実) と歴史主義の関係を問題にしていたにもかかわらず, 真理性概念の拡大, 遠近法といったように, 動的全体性を基礎とした歴史主義の議論のなかに, 真理や観念という要素を組みこんだからのように思われる.

第3章 イデオロギーの機能と政治的判断・思考の関係性

——イデオロギー化された政治の分析——

十 は じ め に
——政治学研究におけるイデオロギー——

　第1章，第2章において，われわれは，イデオロギーという思考形態の背後にひそむ意識と存在の関係，そして，さらにその基底をなす歴史主義との内的論理を考察してきた．だが，イデオロギー論の検証を進めるにあたっては，また，違った角度からの分析も必要となってくる．すなわち，近代的な自我意識と歴史意識をもとに形成されてきたイデオロギー的思考が，いかなる形で実践の世界，とりわけ，政治の領域と結びついているのかという，その内的関係性についての問題である[1]．

　イデオロギーという概念は，未だ，政治全般を論じるうえで，中心的な位置を占める用語の一つである．にもかかわらず，ダニエル・ベルによれば，この言葉にはいくつかの謎が残されているようだ．その謎の一つは，この言葉が1940年代以前には，社会科学の論文にほとんど現れなかったという事実である［Bell 1995］．たとえば，近代社会学の父といわれるマックス・ヴェーバーの著作においては，イデオロギーという言葉に一向にお目にかかることはできない．また，政治学者がイデオロギーという言葉を多用・濫用するようになったのも，ダニエル・ベルの著作『イデオロギーの終焉』が出版されて以後のことである．つまり，イデオロギーという用語が社会科学の世界で広く使われはじめたのは，実はここ80年くらいの時期ということになる[2]．

　本章では，イデオロギー概念そのものの系譜やその思考の基礎といった問題からいったん離れ，政治，より正確にいえば，政治的思考との結びつきからイデオロギーのもつ機能を分析する．これはいうなれば，イデオロギーの機能する領域が，経済や文化，美学といった世界ではなく，なぜ政治的な文脈においてなのか，なぜイデオロギーと政治は，常に捩り合ったバラの茎のごとく語られるのか，という問題の探究でもある．以上の問題意識をもとに，イデオロギーが機能として政治に作用する条件をいったん整理しておこう．本章において，機能としてのイデオロギーという用語を使

う場合，欠かせない条件は以下の四つである[3]．

第一に，現在の解釈と望ましい未来を示す規範的な理論を含む必要がある．単に，現在の状況論的解釈に終わるだけでは，それをイデオロギーと呼ぶことはできない．目指すべき未来，社会のあり方という観点を含むことで，はじめてイデオロギーは成立するのである．

第二に，目的を成し遂げる特定の段階のリストを提示しなければならない．目的や望ましい未来像を提示するだけでなく，着実にそれに向かって歩むための現実的な段階的議論を示さなければならないのである．なお，その目的に向かう際には，敵対するイデオロギーを容赦なく排撃していく力をもつ．

第三に，大衆を方向づける理論的力をもたなければならない．単に知識人のみを満足させる抽象的で体系的な理論に終始し，大衆に訴えかける力をもたなければ，イデオロギーがその力を発揮することは不可能である．その意味で，ある程度，単純化，もしくは粉飾された理論体系であることが必要とされるのである．

第四に，動機づけをもった言葉として語られなければならない．現実の人間や社会を実際の行動へと駆り立てるモチベーション，力をもったとき，はじめて，それは単なる思想や観念ではなく，イデオロギーとして確立されるのである．

以上，四つの条件を少なくとも満たすとき，その思考形態や観念はイデオロギーとして機能する，すなわちイデオロギー的思考を形成し，政治を左右することになるだろう．

十 1. イデオロギー的思考と近代的世界観の形成

（1）イデオロギー的思考と近代

はじめに確認したいのが，実践的イデオロギーの思考そのものの起源についてである．ときに，イデオロギーは自己の生命をも省みない，きわめて過激で狂信的なまでの政治的信念，そして行動の温床になりうるといわれてきた．これほどまでに，われわれ人間を駆り立てるイデオロギーという，ある種，不可思議で特殊な観念の束の正体とは一体何なのか．

その思想的起源をみる上でどうしてもおさえておきたい点は，第1章ですでに述べたとおり，イデオロギーという語が近代以後に形成された言葉だという端的な事実である[4]．イデオロギーが，19世紀以降に誕生した比較的新しい思想形式である以上［Minogue 2007］，近代性の問題とイデオロギーの関係について，今一度，検討してみる必要があるだろう．とはいえ，それは，イデオロギーが基本的に，脱宗教的な意識を基調としている点，いいかえれば，自らの最終的な目標を此岸の世界におく，きわめて

世俗的，非宗教的な熱狂であるという単純な事実にのみ起因するわけではない．より根源的な意味で，近代性とイデオロギーの問題は切り離せない関係にあると考えられるのである．

すでに第 1 章で考察したとおり，マンハイムが定式化した全体的イデオロギーは，敵対する相手の主張の一部ではなく，その世界観全体に疑いの目を向ける点に最大の特徴があった．そのためには，必然的に，対象そのものにたいする全世界観的な把握が前提となる．したがって，全体的イデオロギーは，単なる利害関係に起因する敵側の嘘や隠蔽に着目するのではなく，より大きな枠組み，客観的構造によって相手の主張を形式的にとらえていかねばならない．この世界観的な見方は，カント，ヘーゲル，マルクスといった哲学史的な流れを追っていくなかで，その大きな見取り図を描いたのだった．

しかしながら，われわれはここで，一つの疑問につきあたらざるをえない．近代意識が，能動的な世界の変革，革命という熱狂的なイデオロギーへとつながりうるというマンハイム的図式がたしかであるとしても，そうした意識が，自己の生命を投げ打つ，あるいは，残虐行為をもいとわないといった極限の行動にまでいたる，その根源的な動機は一体何に起因するのかという疑問である．それは単に，イデオロギーが歴史主義的な世界観を前提にしているという事実，すなわち，そこから生じる相対主義的な論理を基礎としたニヒリズムによる帰結なのだろうか．否，そこには，もう一つ重要な近代的思考の要素が隠されているのではないか．ゆえに，われわれは，こうした近代性の原理を支える人間の意識の最下層にまで目を向けてみる必要がある．この視点はまさに，人間存在そのものをどうとらえ，そして人間の歴史をどうみるかという大きな問題にまでかかわってくるだろう．以下では，アレクサンドル・コジェーヴのヘーゲル解釈を参考にしつつ，この人間論的な問題を簡潔に論じていこう．

（2）イデオロギーと生命を賭けた闘争――コジェーヴの近代解釈

近代的な思考形式を前提としつつ，端的に「人間とは自己意識である」という思想が，一貫したコジェーヴの基本的な人間観である．いうなれば，この自己意識こそが，人間を他の動物たちと分け隔てる重要な要素だとコジェーヴはとらえていた．では，その自己意識を誕生させ，支えるものとは一体何か．コジェーヴによれば，それは決して「思惟」や「理性」といった類のものではない．自己意識の最下層に眠っているのは，あくまで「欲望」と呼ばれるものである．ある存在者をして『我は』と言わしめ，それによってこの存在者を自我として構成し，自我として開示するものは，この存在者の意識された欲望である［Kojève 1947：邦訳 11-12］．

ただし，通常の欲望，いいかえれば動物的欲望だけであれば，それは人間の「自己

感情」を構成するだけに止まるであろう．それが「自己意識」へと高められるには，以下の条件，すなわち，その人間的欲望が実際に，人間の動物的欲望に打ち克つ必要があるのだ［*Ibid.*：邦訳 15］．

　けれども，当然のことながら，人間のなかには，この動物的欲望に「打ち克つ者」と「敗北する者」が出てくる．ここにおいてはじめて，コジェーヴは前者を「主」，後者を「奴」と呼び，明確に区別する．いわば，主とは尊厳を求める闘争において最後まで闘い抜き，自己の生命を危険に晒し，自己の絶対的な優位において自己を他者に承認させた人間であり，逆に，奴とは尊厳を求める闘争において敗北し，主の支配下に置かれた存在である．このような状況下で，主と奴は，まさに命がけの闘争を繰り広げていく，という流れがコジェーヴの定式化した人間の精神史であった．

　人間の本質をこのようにとらえたとき，最終的に，その歴史は「承認させるもの」と「承認するもの」の闘争へと発展せざるをえない．すなわち，コジェーヴのいう「主」と「奴」が繰り広げる弁証法の歴史である．

> 「一般に自己意識と人間とが，結局のところ，充足に対する自己の排他的な権利を他者の欲望に承認させることで自己を満たそうとする欲望以外の何物でもないならば，人間は普遍的な承認を実現しなければ，あますところなく自己を実現し自己を開示することができない．……だが，もし，——他方において——普遍的承認を求める欲望の数多性が存在するならば，これらの欲望から生まれる行動が——少なくとも当初は——生死を賭けた闘争以外の何物でもありえない，ということも明白である．」［*Ibid.*：邦訳 55］

　つまるところ，こうした闘争のなかで，奴は主に隷属し，労働という苦役を強いられる．奴は苦悩に苦悩を重ね，そうしたなかで自らを正当化する手段として，キリスト教，懐疑主義といったさまざまなイデオロギーを生み出していったという筋書きが，コジェーヴの基本的な歴史観とイデオロギー論の体系である[6]．

　以上の見解は，たしかに人間の一側面にのみ焦点を当てすぎたきらいはあろう．だが，現代の一部，過激化した政治的イデオロギーの様相をみる限り，コジェーヴが描きだすイデオロギー観は，現実政治と人間の間に眠る重要な側面を正確にとらえている．「承認」と呼ばれる根源的な欲求を満たすことで，自己意識を確立させ，自らの世界像を形成していく情念こそが，現代の人間にもなお生き残るイデオロギー的なものの基礎である．そしてこの意識は，ときに，自己の生命を危険にさらし，他者の権利を蹂躙してでも，政治的な目的を遂げようとする熱狂や狂信へと変貌する可能性を秘めている．

　本章では，こうした過剰なイデオロギー意識と直結する政治を「イデオロギー化さ

れた政治」という言葉でもって定式化したい．このイデオロギー化された政治の特徴としては，基本的に以下三つの要素が挙げられる．

　第一に，世界は自らの主観によって構成されるべきものであり，そうである以上，人間の力によって変革も可能だという世界観を基礎に，すべての政治的行為や政治的現実を把握する．したがって，第二に，複雑な社会的現実を，自らの世界理解のもとに単純化し，抽象化することによって政治を概念化しながら，実行に移していく．第三に，こうした政治の実践が国家的規模のレベルで現実化された場合，20世紀後半に起こった，世論操作，人間改造のための矯正施設の設置にみられる極めて管理的かつ非人間的な社会，さらには，ナチズム，スターリニズムに象徴される国民の無差別大量虐殺といった政治状況を生み出す可能性をたえず秘めているという点である．以下では，イデオロギー化された政治の究極形態として，全体主義の政治という現象を対象に，その歴史的・思想的背景や本質を明らかにしてくことで，イデオロギーと現実政治の内的なつながりについて考察していこう．

＋ 2．政治化の現象とイデオロギー的思考の広がり
──自然の征服──

（1）前近代の政治とイデオロギー

　第1章及び前節で確認したとおり，イデオロギー的思考は，近代の認識論や世界観の構築と密接に関係している．だとすれば，論理的に考えて，近代的な世界観が成立する以前の時代においては，今日のイデオロギー化された政治のような様態は存在しなかったのであろうか．

　イデオロギー化された政治が，必ずしも専制的な支配に結びつくとは限らないが，[7] たとえば，シラクサの僭主政治にみられるとおり，近代以前においても非常に圧政的な形態は存在した．古代ローマによるカルタゴ市民への徹底した殺戮，殷の紂王による専制など，圧政や侵略，自国民への弾圧といった残虐行為は，近代以後の政治に限ったものではない．いつの時代にあっても，政治が究極的には権力の抗争という一面をもつ以上，圧政や虐殺という悲劇はたえず生み出されてきた．こうした政治の現実にたいし，丸山真男は次のような指摘を行っている．

　　「われわれは，歴史に於いて，桀とか紂とか雄略天皇とかネロとか沢山の暴君の話を聞いております．ところがそういう昔の暴君の振い得た権力と，ヒットラーやムッソリーニや東條が振った権力と一体どちらが大きいでしょうか．[8] 古代の専制君主は，如何にも巨大な権力を振ったように見えますが，実はそうした権力が

及ぶ範囲というものは今日から考えるとお話にならないほど貧弱なのです.」[丸山 1995：130]

　この指摘は，権力の及ぶ物理的範囲をもっとも重要な問題として描いていると同時に，政治という領域が一部の支配者に限定されていたからこそ，圧政はしばしば起こりえたという認識を前提としている．要するに，丸山にとっては，政治権力の範囲が人々の間にどこまで広がっていたかが問題であり，圧政の性質，内容についてはあまり重要視されていないように思える．だが，時代や場所に関係なく，専制政治をどうみるかという問題は，それほど単純に片づけてしまってよい問いであろうか．古代の専制君主と現代のイデオロギー化された政治には，決定的な質の相違が存在したのではないか．

　ここで，あらためて考えなければならないのは，たとえば，全体主義に象徴される[9]ような「政治」が，近代以前の社会に，現実として存在しえたかという論点である．以下では，イデオロギー化された政治の象徴たる全体主義政治と前近代的な専制政治との質的差異はどういった点にあるのかという問題に光をあて，この問題を論じていきたい．そのためには，古代の専制政治と全体主義の政治の実態を，歴史的・思想的な観点で比較，検討していく必要があるだろう．

（2）アーレントの全体主義論とイデオロギー

　はじめに，全体主義論の古典ともいうべきハンナ・アーレントの議論を整理しておこう．周知のとおり，アーレントは『全体主義の起源』第3部において，全体主義を前近代的な専制とは明確に区別し，体制論や心理学といったさまざまな視点から検討をくわえたが，なかでも，全体主義を過去の専制からわかつ重要な要素の一つがイデオロギーであった．全体主義とイデオロギーの関係を中心に論じられた「イデオロギーとテロル」[10]論文から，まずは以下の一節をみておこう.

　　「イデオロギー——それはつまり，単一の前提から演繹してありとあらゆる事柄を説明し尽くしてその信奉者を満足させることのできるさまざまのイズムのことであるが——は最近になってあらわれたものであり，数十年にわたって政治生活のなかでは取るに足らぬ役割しか演じてこなかった．今から振り返ってみてはじめてわれわれは，全体主義的支配にとってイデオロギーが不気味なまでに役に立つ存在だったのは何によるかを知ることができる.」[Arendt 1968：邦訳 238]

　本書において定式化してきたイデオロギーの立場からみれば部分的な議論といえるが，政治とイデオロギーの関係性に照射し，イデオロギー問題を論じた点では参考に

なる一節といえる．アーレントの認識を端的にまとめれば，全体主義の政治はイ・デ・オ・ロ・ギ・ー・を利用することで完成したということであろう¹¹⁾．専制も全体主義もはじめは法を破壊することから始まるが，専制は無法という状態にとどまり，恐怖による統治を目指す．だが，イデオロギーとテロルによる全体主義の支配は，孤立した群衆を内側から支配し，人間と人間の間の空間を完全に無にしてしまうことで，人間の複数性を消し去ったのである［*Ibid.*：邦訳 281］．

　では，イデオロギーはいかにして，支配対象たる国民を恐怖によってではなく，内面から支配したのだろうか．アーレントの見解では，意外なことに，階級闘争と労働者に対する搾取，人種闘争とゲルマン民族に対する保護といったようなイデオロギーの内容を構成する具体的理念に共感させることによってではない．

> 「イデオロギーは大衆に愬える力をもっている何らかの実質ある内容にもとづいていたが，最初のこの内容も実現の過程のあいだに徐々に失われ，謂わばその過程そのものによって蝕まれてしまう．……観念（歴史の法則としての階級闘争もしくは自然法則としての人種闘争）をそもそものはじめに生み出したイデオロギーの現実的内容（労働者階級もしくはドイツ国民）が，観念がそれをもって実現される論理によって蝕まれてしまうというのは——単に利己心や権力慾からする裏切なのではなく——イデオロギー的な政治の本来の性質によることなのである」［*Ibid.*：邦訳 316］．

　大衆がイデオロギー化された政治のなかに組みこまれていくのは，イデオロギーの実質的内容や理念に共感するからではない．労働者の解放やゲルマン民族の再興といったイデオロギーの実質的な理念・世界観そのものが重要なのではなく，イデオロギーによって生み出された観念そのものの強制力が鍵となるのである．かつての政治は，望ましい未来を示す理想や理念によって（表向きは）動かされてきた．少なくとも19世紀的なイデオロギーは人々に世界の意味と自分の位置を知らせる世界観という形をとっていたのである［牧野 2015：217］．アーレントの分析が正しいとすれば，全体主義は，イデオロギー的思考のもっともおそろしい部分と政治が結びついた形態であったといえるだろう．では，この観念そのものの強制力をおしすすめていくプロセスとしてのイデオロギー的な思考はどのように生まれたのだろうか．アーレントのテクストから，もう少し掘り下げていこう．

（3）存在と生成

　アーレントによれば，全体主義の政治によって利用されたイデオロギー的な思考は，次の三つの要素に還元することができるという．すなわち，第一に，存在より生成を

重視するという思考，（運動の要素の内在），第二に，経験を一切否定する思考，そして第三に，現実からの思考の解放のための論証方法を利用するという点である［*Ibid.*：邦訳 238］．このなかの第二，第三の要素は，必然的に関連性をもっているように思われる．経験的事実の否定や論証の過剰こそ，まさに理論の罠に陥りがちであった歴代の哲学者や思想家に共通する思考方法である．いうなれば，近代のイデオロギー的な思考にのみ垣間みられる，特殊な要素とはいえないだろう．ゆえに，このなかで特に着目すべきは，一番目に挙げられた「存在より生成を重視するという思考」である．この存在より生成を重視するという思考こそ，先にみたイデオロギーの内実そのものではなく観念が実現化させていく論理の核となるものではないだろうか．

　では，存在より生成を重視するという思考それ自体は，どのような世界観のもとに生まれてきたのだろうか．アーレントは，自然の法則よりも，歴史の法則が重視されたという事実，より正確にいえば，自然の観念が，ナチズムやスターリニズムによって変容させられたという点に，その萌芽をみている．そもそも，旧来の自然にたいする認識は，不動，不変という一なる全体としての意識を本質的に内在させていたが，近代以後は，そこに変化・運動の要素が加わった．[13] いうなれば，自然観の大きな変容が起こったわけだが，ここには，ダーウィニズムの影響がみられるとアーレントは指摘する［*Ibid.*：邦訳 275］．ダーウィニズムによる自然観の変容が，イデオロギー化された政治に何らかの影響を与えたとするこの議論の是非について，詳細に論じる余裕はないが，少なくとも，自然選択という考えには，その片鱗がみられるかもしれない．

> 「自然は自然淘汰の作用に膨大な時間を与えてはいるが，無限というわけではない．すべての生物は自然界の経済的秩序の中での居場所を求めて闘争しているという言い方が出来るわけだが，競争相手との関係でそれ相応の変化や向上ができない種は，たちまち滅んでしまうだろう．その意味で時間は限られているのだ．」
> ［Darwin 1951：邦訳 186］

　ダーウィンの本来の意図がどのようなものであったかはさておき，彼の進化論が，近代以後の自然にたいする考え方に大きな影響を与えたことは間違いない．自然法則の理解を独特の形で質的に塗り替えた新たな法則—歴史の法則—という名の生成の政[14]治によって，全体主義のイデオロギーが特定の階級や一民族の虐殺につながった可能性があるという論点は，今一度，イデオロギー化された政治を特徴づけるものとして明記しておくべきであろう．

（４）レオ・シュトラウスの僭主政治論と自然の征服

　つづいて，レオ・シュトラウスの一風変わった全体主義論を検証していこう．レ

オ・シュトラウスは，アーレントのように，全体主義という言葉を使ったわけではないものの，コジェーヴとの対話をもとにした Strauss［2000］において，古代の僭主政治の特徴を綿密に分析するという形で，近代の僭主政治（スターリニズム，ナチズム）の特徴を明らかにしている．シュトラウスによれば，前近代の専制主義は，単に権力の果実を享受したいと望む専制的君主の支配欲に基本的に依拠していた．一方，近代の専制は，本質的に，ある特定のイデオロギーに奉仕するための支配であったという点において，前近代の専制主義とは決定的な違いがみられると指摘する．

　たしかに，単純な権力志向や支配欲に駆られた政治（指導者）は過去無数に存在し，今日も恐らくそういった政治の性質は生きている．しかしながら，近代政治は，そういった，人間のなかに，ある意味で自然にそなわっている権力志向に加え，特定のイデオロギーを実現するために，テクノロジーの利用，自然の征服といった考え方に傾いていく［Strauss 2000：邦訳 186］．要するに，近代の専制政治は，自らの単純な支配欲を満たそうという自然的な欲求，さらにいえば，物理的な強者が弱者を徹底的に支配するという，ある種，自然な形態をも飲みこみながら，機械的かつ管理的な弾圧と徹底した搾取に励んだのである．いいかえれば，前近代的な専制は，人間の自然な傾向を反映していたのにたいし，近代の専制は，人間的な自然をも征服する．それは，いまだかつて存在したことのない永遠の専制に陥る可能性を秘めているのである．

　いずれにせよ，おそらく，アーレント，シュトラウスの議論に共通するのは，自然の変容，あるいは，その征服こそが，イデオロギーと政治が結びつく大きな要因の一つとなったのではないか，という視角である．ただ，この分析が仮に正しいとしても，イデオロギー化された政治は，為政者がイデオロギーを支配のために利用することによってのみ具現化されるわけではない．イデオロギー化された政治は決して，体制側にのみみられる問題ではないのである．

　今日，イデオロギー的思考は，政治のあらゆる場面，状況において現出している．たしかに，マンハイムが指摘するとおり，政治が民主化される以前，イデオロギーは，主に支配者階級によって，支配や権力の正当化のためにのみ使われてきた［Mannheim 1952：邦訳 73］．大多数の人々にとって，政治は二次的どころか，実質的には関わりあうことすら不可能な世界だったからである．しかしながら，政治の世界が大衆にまで広がった時代にあっては，あらゆる党派，政治的勢力がふんだんにそれを利用する．そのような広がりのなかで，最初は利用する対象であったはずのイデオロギー的思考が，逆に政治の方を飲み込む，そういった逆説的な状況が近代のイデオロギー化された政治の正体ではなかっただろうか．その意味で，イデオロギー的な思考の広がりこそが，逆に政治の広がりを生んだともいえるのではないか．この問題を，もう少し掘り下げておこう．

（5）中立化と脱政治化の時代とイデオロギー

　カール・シュミットは，有名な論文「中立化と脱政治化の時代」において，西洋世界における人間の中心領域が，神学，形而上学，人間主義・道徳主義，経済主義という四つの段階を経ながら推移してきた過程を論じている［Schmitt 1932b：邦訳 203］．16世紀以前においては，神の問題が人間社会や精神の中心であったのにたいし，17世紀は近代哲学の勃興・科学の発明により，形而上学や自然的な体系が最大の問題へと移っていった．そして，続く18世紀には，啓蒙の時代によって形而上学的問題が葬りさられ，19世紀のロマン主義と経済至上主義という過渡期を経ながら，20世紀の経済全盛の時代へといたるという大きな見取り図を描いてみせたのである．

　このように，中心領域が段階的に推移していくという流れは，同時に，以前に中心概念であった問題が中立化していくこととイコールでもある．たとえば，かつてもっとも重要とされた「神」の問題は，宗教戦争以後，個人の内面，信仰の問題へと変わり，私化されたことで，公の論争や紛争の中心ではなくなった．このことは，つまり宗教という問題が，われわれにとって「中立化」されたことを意味するのである．しかも，今日の技術信仰という新たな流行は，この中立化の過程を徹底して促進したのだった．というのも，技術ほど，明快な解があり，その利点が万人に自明視されるものはない以上，それは，これまでの対立に決定的な終止符を打つものであったからである．

　ここで重要なのは，この中立化の過程を，シュミットが，脱政治化の流れと並行してみている点である［*Ibid.*：邦訳 209］．つまり，今日の経済的利益という，「政治的な実存」に直接的なかかわりをもたない領域が，われわれの中心を占めるようになってきたという事実は，彼の政治観の基礎をなす「友」と「敵」に明確に分離した対立関係が縮小していくことを意味する．[15]さらには，「技術」という経済以上に，一見すれば，より中立的な要素があらゆる領域に出現したことで，政治的な対立さえもが終焉を迎える時代が到来しているとされたのである．

　しかしながら，こうした見方は，シュミット自身も指摘しているとおり，ある意味，政治の隠蔽に他ならない．技術は中立的にみえるからこそ，あらゆる政治勢力に利用され，時として，逆に政治的な対立を激化させることもある．その意味で，われわれの時代は，けっして脱政治化の時代なのではなく，一見して政治が隠蔽される，より巧妙化された政治化の時代に他ならないのである．

　だとすれば，今日，われわれの中心領域に存在するものとは一体何であろうか．シュミットの見解を援用すれば，非常に複雑化しながらも，価値中立を装った，技術という名のいわば近代合理性に他ならない．価値中立を装いながらも，人々がその近代合理性に事実上の価値を見出すとき，まさにそれはイデオロギー的なものとして機

能する可能性を秘めている［石崎 2009：209］．いうなれば，この近代合理性を，無条件に中心領域へ配置することこそが，今日のわれわれにとっての際限なき政治的抗争を生み出す背景のように思われる．ここでもまた，政治化とイデオロギーの拡大は，非常に深い関係性をもっていることが分かるだろう．

　以上の考察をまとめるならば，あらゆる層に広がった政治が，イデオロギー的な思考に引きずられ，またそれらを利用しあった結果として，今日の混乱した政治状況が到来したといえるのかもしれない．マーチン・セリガーが指摘したとおり，あらゆる政治が，究極的にいえば，社会秩序の保全，改革，破壊，再建という現実を規定する方向にかかわる以上，イデオロギー的な信念と政治が切り離せない時代になっている現状は否定しえないのである［Seliger 1976：91-92］．だとすれば，今日，政治が政治であるかぎり，現実世界のあらゆる政治的な現象が，結果として，イデオロギー化された政治に陥る可能性を秘めていることになるだろう．以上のような時代的状況に生きる限り，こうした政治の現実を踏まえた上で，イデオロギー化された政治に対処していくという方法も一つの道である．

　とはいえ，政治をイデオロギー的な思考から独立した領域としてとらえ直すことは本当に不可能なのか，という問題を今一度，追求してみることを早々に諦めてはならない．そのためには，われわれの一般的な政治にたいする視座構造そのものを，根底からみつめなおす必要がある．過度の政治化という時代状況を受け入れるならば，そしてそれが，イデオロギーと切り離せない現象であるならば，今一度，政治そのものに対する観念や思考方法の変革を検証する必要がある．いうなれば，政治そのものにたいする視点の刷新が重要となるだろう．

　ここで注目したいのが，現象としての政治そのものの観察や考察ではなく，われわれが政治について考えるときに前提となる視座，もしくは政治的な行動を起こす際の根底にある思考という観点である．以下では，政治的思考をキーワードとして，政治そのものを，今一度とらえなおす作業に入っていきたい．

＋ 3．実践的世界における政治的判断と社会の整序
──政治的領域の縮小化──

（1）政治的に考えるとはいかなるものか

マイケル・フリーデンによれば，一般に，われわれが政治的に考えるといったとき，その構成要素は大きく分けて五つ存在する［Freeden 2001：197-198］．

　① もっとも中心的な形式ともいえる重要性の分配．あらゆる政治的行為には，

選好のランク付け，比較の考量，表出が伴うからであり，そこには緊急性という特徴も加わる．

② 他者との関係のなかで，善い生き方，未来の構想をたてるという点．社会集団が政策的な決定を行う際，それが，ユートピア的であれ，改良的，伝統的な構想であれ，何らかの望ましい社会のデザインを描くからだ．

③ 集団全体を統治するユニットの受諾と正当化の追及が行われなければならないという点．いかなる権力者も，何らかの支持をとりつけるために，正当性にインパクトを当たえる政治的言語をつくりだそうとするからである．

④ 集合体に関して，協力的，あるいは異議をとなえる，あるいは衝突する主張と概念的な取り決めを言葉にすること．いかなる政治的安定，闘争も，この思考－実践を通じて生み出されていく．

⑤ 公的に重要な思考形式のうちの，自分以外の競合する主張を打倒し，規制しようとするという特徴．競い合う忠誠間の衝突において，政治的領野は主権と権威の理論へと訴えることにより，選択を行い，それを実行するという任務を任されている．

　以上，五つの構成要素を簡潔に列挙したが，政治的思考をより正確に浮かび上がらせ，丹念に紐解いていくには，これら特徴の一つひとつを入念に検討せねばならないだろう．その作業は別稿に譲るとして，ここでは少なくとも，それぞれの要素の背景にある思考の型を描き出したい．これら五つの構成要素を厳密に検討していけば，すべての地下水脈ともいうべき思考の型，いうなれば，パターンがみえてくるはずだ．では，そのパターンとは何か．極めて単純化していえば，①と⑤は緊急性という特殊状況下のなかでの選好や価値観を背景にした集団レベルにおける判断や選択[16]，②〜④は衝突し合う勢力内における正当化理論やレトリックによる望ましい政治社会のデザインである[17]．

　もちろん，どちらも壮大なテーマではあるが，本節においては，イデオロギー化された政治という本章のテーマに関連させつつ，すなわち，最大限イデオロギー的な思考にとらわれないような枠組みの構築という観点において，「特殊状況下のなかでの選好や価値観を背景にした集団レベルにおける判断」という一つめの思考の祖型を考察してみたい．その際，手がかりとなるのが，政治的な判断を一般的な「判断力」という観点から再構成したピーター・ステインバーガーの議論と，政治を「現存社会の整序化」という思考方法においてとらえたマイケル・オークショットの政治観である．

（2）直感的洞察や非推論的な知による判断の歴史

　ステインバーガーによれば，西洋の知的伝統には，「判断：Judgment」の本性を考えるとき，大きく分けて二つの見方が存在した．合理主義的・推論的な知によって正確な判断に達することができるとする見方と，そうした形式的方法・手続きにたいする疑念に根ざした，直感的洞察や非推論的な知による判断の像である［Steinberger 1993］[18]．そして，この「判断の二分法」は，大きな潮流と対立を生んできた．

　そこで，はじめに，ステインバーガーが注目するのは，後者の判断像，すなわち，直感的洞察や非推論的な知が，政治の世界においてどう理論化されてきたか，という歴史である．彼は，西洋の知的伝統において出現する直感的洞察や非推論的な知によって政治を把握する方法論を三つの反復として，以下のとおり整理している[19]．

　第一の反復はもっとも素朴なもので，直感的洞察をもとにした賢明な実務家の知と理論的な知は根本的に異なる領域に属すという観点である．いうなれば，現場や実践の経験のなかで培われた知は，そもそも理論や哲学に還元されるものではなく，政治はまさに実践の知が要求される場である以上，学問や理論の通用しない特殊な領域として把握するしかないという見解である．こうした見解は，たしかに，政治に適用される実践の知とは何かといった点が具体的に説明されておらず，非常に曖昧な「政治的賢明」という言葉で終わっている．とはいえ，ステインバーガーは，こうした見方が，思想史上，ある程度の説得力をもって受け止められてきた点を評価する［Steinberger 1993：1-8］．決して，言語化したり，理論化したりすることはできないものの，すぐれた政治指導者特有の「判断の知恵」のようなものが存在することもまた，否定しえない事実なのである．

　第二の反復は，第一の反復形式をもう少し洗練させたものである．それは具体的にいえばマキアヴェッリ，トクヴィル，ニーチェの系譜であり，ステインバーガーはそれぞれに，ある程度の特長を見出している．たとえば，マキアヴェッリは一切の哲学的思弁や真理観を政治に持ちこまない，徹底して新しい政治の姿を提示し，それをヴィルトゥという名の力で進めていくことを論じた．とはいえ，マキアヴェッリは一体，何を基準として，政治の賢明さを測るのだろうか．ステインバーガーによれば，マキアヴェッリはこの問いにたいし，明快な解を提出していない．結局のところ，マキャベリのいうヴィルトゥ論は，たとえ歴史的な学習を基礎としつつも，過去から何をよき手本として取り出すべきかという核心部分を，神秘的な言葉や感覚に頼らざるをえなかったからである［Steinberger 1993：11-18］．その意味で，こうした神秘的，あるいは芸術的な感性によって，政治を正しく判断していくという理論に終始したという点では，ニーチェもまた，結局のところ，同様の次元に鎮座していたといわざるをえないのである．

　最後に，第二の反復をより洗練する形で提示したのが，第三の反復と規定された
アーレントとオークショットの理論である．周知のとおり，アーレントは『人間の条
件』において，政治が求めるべき主題を，目的や知識，ましてや真理といったもので
はなく，意味をめがけて営まれる「活動：action」それ自体に見出した．この活動と
しての政治をとおし，人々は他者の存在を認識し，説得する技術を磨き，人間らしさ
を身に着けるのであり，その意味で，政治は利害の調整や利益の配分といった次元に
あるのではない．アーレントにとっての政治とは，共同体全体の善についての討論そ
のものに価値を置くことと解釈される．では，そうした活動や討論の前提を形づくる
ためには，どういった条件が必要とされるのか．特定の社会が提供する文化，想定，
概念などにより，その基盤が形づくられた共通感覚と呼ばれるものである．

　こうしたアーレントが共通感覚とよぶものを，より整理された厳密な形で強調した
のが，マイケル・オークショットである．オークショットは，ある特定の文化に内在
している共通感覚を正確に見定めることで，賢明な政治的判断を構築していくことを
提示する．そのための能力を養うものとして重要視されたのが，個人間で交わされる
会話であり，またそれをとおして磨かれる説得の知恵，技術なのであった［Steinberg-
er 1993 : 67-72］．[20]

　さて，以上の直感的洞察や非推論的な知による政治的判断の歴史をごく簡単にまと
めてきたが，ここからみえてくる判断の像とはいったい何か．端的にまとめるならば，
たとえ，直感的洞察や非推論的にみえる判断であっても，その根底には，共同的・黙
契的な共通理解という足場が存在すると同時に，言語による反省的・明示的な再構成
と理由づけがはたらいている，という見解である．つまり，どんな政治的判断も，な
じみのある内的世界の共通感覚に根ざした直観的洞察を素材としており，それを受け
取る者もまた，ふだんはあえて説明されることのないこの感覚を足場に理解している
ということを意味する［那須 2005 : 325］．こうしたステインバーガーによる判断一般
の定式化，すなわち，直感的洞察や非推論的な知をもとに判断し，それを文化的意味
構造などを用い，事後的に妥当なものか検証するという形式を政治的判断に上手く応
用した場合，イデオロギー的な政治判断を薄めていく契機となるのではないだろうか．

　とはいえ，ステインバーガーによる一連の議論には，やはり判然としない何かがの
こっていることもたしかだ．すなわち，ステインバーガーが提示した共同的・黙契的
な共通理解という足場とは何かという問題である．この共同的・黙契的な共通理解を
具体化するにあたり，特定の文化に内在している共通感覚を重視するオークショット
の政治観を今一度ふり返ることで，彼の議論から，どういった政治的賢明さが導き出
せるのか，あるいは，賢明な政治的思考の基礎には，どういった社会設計の思想が求
められるのかという問題を見定めていこう．

（3）自己運動的な活動としての政治の否定

　オークショットによれば，政治とはそもそも，一群の人々を整序する活動一般に関わる行動に他ならない［Oakeshott 1962：邦訳 129］．ここで，秩序ではなく，あえて「整序 arranging」という言葉が使われている点に注目しよう．整序という言葉が選択された背景にはおそらく大きな理由がある．秩序の形成は，世襲的な共同体においては，意識的につくられたものではなく，すでに所与のものであるからだ．政治とは，無限の白紙状態から秩序を形成していく活動ではなく，あくまでその秩序に少しずつ手を加えていく程度の活動，すなわち整序の活動なのである．その意味で，前述のセリガーが指摘した，政治を何らかの社会秩序の保全，改革，破壊，再建とみる見方とは大きく異なっている．いうなれば，オークショットは，あえて政治の役割を極小化することで，通常のイデオロギー的思考に左右されない政治の領域を新たに開拓したといえるのかもしれない．

　以上の観点から，オークショットにとって，政治とは，純粋な経験的活動とはいえないまでも，自己運動的な活動として現れることは決してあってはならない領域であることがわかる．オークショットは，抽象的な原理または諸原理の関連する組み合わせを意味するもの，あらかじめ個々の経験から独立に考案されたものをすべて政治的イデオロギーとよび，批判する［*Ibid.*：邦訳 134］[21]．彼にとって，現実の政治的行動を支える指針，いうなれば政治という航行において，羅針盤や海図にあたるものは，すべてイデオロギーであった．

　では，そもそも，このような経験主義に先立ち考案された抽象的観念であるイデオロギーは，具体的に，どういった経緯で生まれてきたものなのか．抽象的観念である以上，まったくの白紙状態から生み出された，人間の想像物なのであろうか．オークショットによれば，あらゆるイデオロギーの正体は，実のところ，過去の政治的活動によって生み出された世俗的な継子にすぎない［*Ibid.*：邦訳 137］．要するに，現実の政治に作用する機能的なイデオロギーは，現在進行形の政治活動から独立して生み出された抽象物ではなく，社会の整序化へかかわる具体的な様態から発生した知識にすぎないのである．たとえば，フランス革命によって確立された人権宣言に散りばめられた一連のイデオロギーは，革命を先導した人々によって，まったくの無色透明な水から考案されたものではない．あくまでそれらは，イギリス人のコモンロー的諸権利に由来するものであり，それは，まさに料理の本が，いかに料理すべきかを知ることより先に存在しないということと同様の問題なのである［*Ibid.*：邦訳 139］．

　だとすれば，社会の整序化へとかかわる実践的な政治は，純粋な経験主義によって導かれるしかないのだろうか．オークショットは，純粋な経験主義のみを指針にして政治にかかわることもまた，イデオロギーに導かれる政治と同様に愚かな行為とみる．

純粋な経験主義のみに頼る政治もまた，社会や文化に根ざす伝統を無視した，その場限りの判断に寄り添う政治に陥るという意味で，賢明な判断とはいえない．まさに，賢者は歴史に学び，愚者は経験に学ぶという格言を思い起こさせる政治観といえよう．

　以上のとおり，積極的な政治活動それ自体がイデオロギーを産む元凶であるとのオークショットの立場は，徹底して政治を，伝統という枠組みや文化に内在された共通感覚の範囲内における実践的な営為としてとらえていくものであったといえる[22]．

（4）政治的領域の縮小化戦略は有効か

　自己運動的な活動としての政治を否定し，整序の活動にかかわる領域に限定したオークショットの政治像は，実践知の枠組みにしたがいつつ，政治的な思考を共通感覚という思考方法に帰着させることで，部分的ながらも，イデオロギー的な思考から解放される政治の可能性の一端を提示したといえるかもしれない．「政治的賢明」という言葉において定式化されたオークショットの整序の活動にかかわる政治観は，大文字の政治的目標や設計主義的合理主義から政治を解放することで，政治のイデオロギー化を最小限に抑える知恵，いいかえれば，政治的なものの領域を縮小化する戦略であったと解釈できるだろう[23]．

　しかしながら，こうした共通感覚の範囲内における実践的な営為という次元に還元される政治観，矮小化された政治は，現実の政治状況の部分的側面にのみ焦点を当てたものでしかないようにも思われる．西欧諸国のように，ある程度の歴史と文明が確立された文化圏はともかく，共通の文化や同質的な民族意識に根ざす歴史や共同体意識すら存在しない地域や国，あるいは，根深い文化的・宗教的対立を内に抱えた国においては，整序の基盤となる共通感覚そのものが存在しないという現実がある．国家の崩壊や分裂をたえず抱えた政治状況においては，時に，オークショットの批判する無限の白紙状態から強権的な力によって秩序を形成していく活動こそが危急的に求められているのであり，そうした政治の様態もまた今そこにある現実なのである．

　政治的なものを形づくる政治的思考は，以上の例をみても明らかなとおり，少なくとも，あらゆる現実の可能性を想定した政治の総体をふまえた上での思考でなければならない．次節では，衝突し合う勢力内における正当化理論やレトリックによる望ましい政治社会のデザインという問題を考えていくなかで，共通感覚や政治的賢明さといった思考法からだけではみえてこない解決という思考に光をあてることにより，政治的思考全体への視座を補強していこう．

┼ 4.「解決」という名の政治的思考の型

（1）法／政治モデルと紛争解決型思考

　第4章においてもくわしく論じることとなるが，古代・中世以降の政治社会において，われわれは，政治的生活の目指すところは徳であるという合意を放棄し，自然的所与としての共同体が崩壊してしまったという明確な自覚のもと，その作為的理論という側面のみを前面に表出させることとなった．こうした，ひとたび間違えば，権力の所在についての根拠とその正当性をめぐる飽くなき闘争，という側面のみが強調される社会のなかにおいて，多様な価値観や利害を有する人々が同じ社会の一員として共存していくためのルールづくりが模索されてきた．その具体策こそが，最低限の秩序を可能とする普遍的な「法」と，暴力的紛争を回避し，できるだけ多くの人が納得できるルール制定としての「政治」である．佐野亘は，こうした社会のあり方を理想とする制度的・理念的枠組みを「法／政治モデル」と規定しつつ，その限界を以下のように述べている［佐野 2005：88］．たしかに「法／政治モデル」は現在もなお生きつづけ，ある程度有効に機能してはいるモデルだが，行政国家の進展にともない，少しずつそのほころびがみえつつある，と．政府の役割が増大した結果，立法（政治）と司法（法）の間に，埋めきれない「すきま」として行政の領域が自立化してきたからである．まさに今日，行政は，政治と法の空白地帯において，自らの行動を自ら正当化しながら行動する，という厄介な任務を負わされているのである［佐野 2005：93］．

　こうした状況を踏まえ，「法／政治モデル」を前提とした法的思考・政治的思考を紛争解決型思考と規定した上で，それに代わる新たなモデルとして政策型思考を発案し，その核となる問題解決型思考という思考を考察していく，という戦略を佐野は提示する．要するに，紛争解決型思考をより進化させたものとして，問題解決型思考は位置づけられているのだが，筆者はあえて，両者に共通する「解決」という思考に着目したい．より深いレベルでの政治的信条（イデオロギー）を背景にしつつも，言葉や論理（時にはレトリック）によって自身の「正当性」を敵対する相手に示し，納得させ，たとえ暫定的ではあれ，その場における何らかの解を導き出すという思考は，政治特有のものだといえるからだ[24]．政治の実践知を具体的に支える「政治的に考える」という思考には，目の前におこるさまざまな紛争，対立を実際に解決していくための技術・知恵が求められるのであり，そこには，整序の活動という消極的な定式を超えた意義を見出すことができる．では，紛争解決型思考とは具体的に，どういった内容の思考方法なのか．その特徴として挙げられるのは，以下の三点である［佐野 2005：97-101］．

　第一の特徴は，紛争解決のための制度的な手続きを重視するという点である．政治的な紛争，対立を整序化していくには，多数決や権力の分立という仕組み，手続きにのっとった形で解決を試みることで，実際の解決の道が開かれるからである．

　第二の特徴は，合意の重要視である．手続きによる一定の合意にもとづき，決定的な対立を回避するための，ある種，取引的な妥協が積みかさねられることで，より広範な合意を形成していくことが，この思考方法の基礎である．それは結果として，その場限りの利害調整にとどまることも多々あるが，それでもなお，最終的な合意を目指す点に重点がおかれるのである．

　第三の特徴は，レトリックを用いた説得である．実際に目の前にある紛争を解決し，整序化を形成していくには，あらゆる諸問題をある意味で，手に負える程度のものとしなければならない．そのためには，普遍的な正しさといった基準や知恵による解決ではなく，当事者間で通用する論理や言葉としてのレトリックが有用となるのである．

　以上の紛争解決型の思考モデルは，まさに政治的な実践知を発展させるのである．オークショットの主張する整序としての政治を実践していく上で，いずれも欠かすことのできない思考の枠組みであり，また具体的な実践の知恵だといえる．とりわけ，当事者間で通用する論理や言葉による合意形成という知恵は，オークショットのいう会話としての政治や，共通感覚に根ざす政治と合致するだろう．

　しかしながら，この紛争解決型の思考だけでは，現実の政治に対処できない以下の欠点がみられることもまた事実である．

　第一に，紛争として顕在化してこない重大な問題が存在する場合，それにどう対処するのかという問題である．たとえば，少子化の問題，自殺増加といった問題はそれに当たる．

　第二に，手続きを重視しすぎるあまり，表面的な解決に終始し，当事者間の紛争が真に正しい形で解決されるとは限らない状況の発生が考えられる．手続きそれ自体は，物事の正当性を判断する役割はもっていないからである．

　第三に，合意形成を重視するということは，対立する当事者間の了解のみに傾きがちな結果をもたらしやすい．これはすでに指摘したとおり，政治社会全体への視点を大きく欠いていることになるだろう［佐野 2005：101-105］．

　これらの指摘，疑問は，すべて正当かつ妥当なものである．「紛争」という，政治にとってもっとも中心に位置する要素であり，また解決すべき重要な事象に焦点を当てているとはいえ，政治という，ある意味で人間社会におけるもっとも複雑な世界に対処していく以上，そこには，「紛争」にのみ注目していては解決しえない，より複合的で厄介な問題が散りばめられている．したがって，上に指摘された，紛争解決型思考に潜む問題点に応える形で提唱されるのが，まさに問題解決型思考と呼ばれる，

新たな思考方法なのである.

（2）問題解決型思考

　先述のとおり，佐野は，紛争解決型思考の問題点を克服する形で，より広範な政治的問題に対処するための思考として，問題解決型思考が出てきたとみており［佐野2005：106］，さらにこの問題解決型思考について，法的・政治学的思考とは区別し，政策学に固有の思考としてこれを提示する.[25]

　では，はたして，この問題解決型思考は，現実の政治をすすめていく上で，より洗練された解決法を提示するのだろうか. 佐野によれば，問題解決型思考にとって，もっとも重要な意義の一つは，医学の比喩を用いるという点である. これは，社会全体に表面化してくる紛争を表面的に収拾させるだけでなく，より客観的かつ科学的な視点で，紛争の原因となる「異常」をあらかじめ取り除いておくという手法にまで発展させる思考方法を意味する［佐野 2005：112］. それはまさに，政治の形成からアウトプットにまで至る政治の過程全体を見とおす広い視野をもつという思考でもある. その時々に生じる問題，あるいは隠された問題を能動的に発見，もしくは認識し，その原因にたいしても専門的な観点から対処していくという実践的手法は，より柔軟かつ総合的な視点で，現実の政治が抱えるさまざまな問題を的確に解決していく知恵である. こうした視点は，まさに，社会の整序化に基礎を置くオークショット的な政治観を引き継いだ上で，単なる歴史に根ざした共通感覚や形だけの合意によらない政治の刷新を示しているといえるだろう.

（3）問題解決型思考とイデオロギー

　以上のとおり，問題解決型思考という新たな視点は，政治をあらゆる可能性，全体からとらえ直し，個々の問題と原因に対処していくという点で，非常に画期的な意味をもつ. しかしながら，この思考方法が抱える特有の弱点はないのだろうか.

　佐野も指摘するとおり，第一に，この問題解決という場合の「問題」が，何を意味しているのか非常に不明瞭である. 少なくとも，政治や政策という領域に関わる以上，それが広い意味での公共に関わる問題であるとしても，公共の問題とそれ以外のものを明確に区別することは難しい.

　第二に，そもそも「問題」と一口にいっても，公共の空間，社会において，以前は問題とされていなかった事象が，どのように「問題化」していくのかという点も判断が非常に難しい. なぜなら，人間の倫理観や価値観とは別次元にある自然科学における問題（問い）とは異なり，われわれの構築物としての社会において，ある事象を「問題」として顕在化，もしくは具体化させるのは，あくまで個々のアクターや社会

全体であるからである.

　問題の解決といっても, そもそも最初の問題を認識・発見するのは, 結局のところ, われわれ人間の主観に基づく問題意識に他ならない. そして, この主観的な問題意識や価値観が, 現実の政治や政策に誤った形で過剰なまでに適用されるとき, それが再びイデオロギー化する可能性は否定できないだろう[26]. 結局のところ, 実践的知恵による政治を基礎づける思考として求めてきた解決型の思考にも, イデオロギー的な要素が入りこむ可能性は多分に残されているといえるのではないだろうか.

十　おわりに　政治の再考
──政治化の流れを止めるか, イデオロギーを受け入れるか──

　政治的領域の極小化, 紛争解決・問題解決にもとづく実践的な政治的思考は, イデオロギー化された政治を最小限におさえるための戦略であり知恵であった. おそらく, こうした政治の実践・思考方法は, 現実のなかである程度有効に機能してきたように思われる. その証拠として, 先進資本主義国においては, 第二次大戦後, 極端な形式によるイデオロギー化された政治社会は現実化していない. とはいえ, 近年, 民主主義の機能不全, 右派・左派双方のポピュリズムの台頭が指摘されるとおり, 従来の法／政治モデルはますますほころびをみせている. そうした意味で, この先も政治が生み出す世界とイデオロギーが全くの無縁になる, という事態は起こり得ないだろう. そうである以上, 筆者が考える限り, 残された道は三つしかないと思われる.

　第一の道は, これ以上の政治の肥大化を何らかの方法で止めるという選択である. この選択は, 一度は失敗したとみられた, 政治と行政の分離と考えてもよいし, あるいは, 一般国民の政治参加や意志表明の制限ととらえてもよい. しかしながら, この道は, エリート主義の復活であり, 民主主義の否定にもつながりうる考え方であろう.

　第二の道は, イデオロギー的な思考方法そのものを徹底して脱構築していくという選択である. すでに示したとおり, イデオロギー的思考の基礎が, 近代的な認識論や世界観に支えられている以上, 能動的な世界観構築といった人間的主体性の否定, 弁証法的世界観の破壊といったポスト・モダニズム的な思考方法により, 近代的な価値観, 意識そのものを脱構築していく道が考えられるだろう.

　第三の道は, 徹底してイデオロギー的な思考を受け入れていくという選択である. すでにみてきたとおり, われわれは政治的な思考をするとき, イデオロギーとしか呼びようのない, きわめて特殊な観念や現象を絶えず呼びよせざるをえない. 端的に, 政治という領域, そして政治という巨大な力がふるう世界の現実が, そのように成り立っているからである. たとえ政治的な領域に実践知や共通感覚といった知恵を取り

入れたとしても，政治とは，所詮，対立や抗争を基礎とした，ときに凄惨な暴力をも伴う，われわれ人間の宿命のようなものである．

　こうした宿命を受けいれた上で，何らかの対処の仕方をわれわれ全員で考えていくという道がもっとも妥当で，賢明な方法かもしれない．いずれにせよ，第1章でも述べたように，イデオロギーの終焉という時代は当分のあいだ到来しないように思われる．

　これほどまでに根深いイデオロギーと政治の関係を再考する地平は，はたして存在するのか．たしかに，先述のとおり，近代における政治が，形而上的な真知による統治からできるかぎり距離を置き，実践的知恵や穏当な臆見にもとづく合意を取り入れることで，ある程度，機能してきたことは事実である．その集大成が，公私の分離，思想信条の自由，経済活動にかかわる諸自由を基調とする自由民主主義体制であり，多くの人びとが妥協できる統治の形態として今や自明のものとなっている．しかしながら，本章でもみてきたとおり，過激なイデオロギーと距離を置こうと努力してきた政治や政治の実践知においてもなお，イデオロギーが根深く潜み，しかも，それに無自覚なままでいるという現実が存在することもまた事実である．ゆえに，われわれは今一度，近代政治学，あるいは，近代政治哲学が前提としてきた政治のとらえ方，パラダイムそのものを根底から問い直す必要があるだろう．

　以上の問題意識をもとに，第II部においては，オークショットやアーレントの政治観とはまったく別の次元において政治の位置づけを試みたレオ・シュトラウスの政治哲学の考察へと踏み込んでいく．その過程において，イデオロギーと政治哲学の関係性に新たな光が当てられることになるだろう．

注
1）　丸山は現実政治のなかにイデオロギーが具体的な形でいかに表出してくるかを，鋭い言葉で語っている．「一般に政治的イデオロギーは，国家・階級・政党そのほかの社会集団が国際ないし国内政府に対していだく表象・願望・確信・幻想などの諸観念の複合体として現われる．それは通常目的意識性と自然成長性の両契機を具え，その濃淡はピラミッド型に分布し，頂点においては組織的＝体系的な理論ないし学説が位置し，底辺においては非合理的で断片的な情動ないし行動様式に支えられている．イデオロギーの政治的エネルギーは底辺から立ちのぼり，政策への方向付けは頂点から下降する．」［丸山 1995：82］
2）　とはいえ，視点を変えれば，この短期間における膨大な量のイデオロギー研究の蓄積には逆に驚愕せざるをえない．イデオロギー研究をはじめるための基本的な参考文献としては，フレデリック・ワトキンスやヤーコブ・バリオンなどが主なものをまとめているが，政治哲学，あるいは政治理論との関係だけでいっても，Seliger［1976］，Drucker［1974］，Vincent［1998］，Eatwell and Wright［1999］，Freeden［1998：2015］など，かなりの数に及んでいるのが実情である．

3） 列挙した四つの要素は，Baradat［1999］を参考にしつつ，筆者独自の解釈をまとめたものである．

4） すでにふれたが，イデオロギーという言葉自体は，フランス革命以後に哲学者，デステュット・ド・トラシーによってつくられた．語源的には「イデア」と「ロゴス」の融合であり，当時は単に，「観念の科学」という意味にすぎなかった．それが今日，政治的な意味で語られると同時に，極めて否定的な文脈で使われるようになったきっかけは，直接的にはナポレオンであるが，思想的には，やはりマルクスの影響が大きい．

5） まさにこの視点が，レオ・シュトラウスによって提示されたホッブズ解釈の要旨でもある．Strauss［1996］を参照．

6） 当然のことながら，この筋書きはかなりの程度，ヘーゲルとコジェーヴの思想双方を単純化したものである．特に，主と奴の関係にはその逆転の契機が常に潜在しているという洞察がみられない．ちなみに，こうした見方は，ある種のニーチェ主義とも重なる見解であろう．なお，この人類史の描き方そのものが戯画的ととらえるか否かは難しいが，あくまで現実に即したものとしてコジェーヴはとらえたと坂井は主張する．「コジェーヴは，ヘーゲル哲学を分析した際に，18世紀に起きたフランス革命とその完成者としてのナポレオンの台頭という歴史的事件具体的な例としたことで画期的な解釈をした．『一方においてナポレオンの時代に生き，他方では彼を把握できた唯一の人間であるがゆえに，ヘーゲルはあのヘーゲル，すなわち絶対知を賦与された思想家となったのではないだろうか』と，コジェーヴは言明している．つまり，ヘーゲルの言う主と奴の弁証法の構図は，非現実的という意味での抽象的な観念の総合だけではなく，むしろ現実に存在していた歴史的事象を指示しているとコジェーヴは読んだ」［坂井 2017：42］．筆者も同様の見解である．

7） 専制政治と僭主政治は厳密にいえば異なる政治形態であるが，前者の意味が後者を包含したものとして使っている．これらの語のくわしい違いなどについては，石崎［2009］を参照．

8） ヒトラー，ムッソリーニ，東條英機を同列に論じる是非ついては，ここでは問題としない．この論点については西尾［1997］を参照．

9） 全体主義の一般的概念については，Traverso［2002］が広範な議論を展開している．

10） 「イデオロギーとテロル」は，もともと1953年にヤスパースのための記念論集に発表され，さらに拡充された英訳が *The Review of Politics,*（Vol. 15, No. 3, Jury 1953, pp. 303-327）に掲載された［牧野 2015：241］．『全体主義の起源』本編との関係でいうと，その1955年のドイツ語版，1958年の英語版第二版の改訂版にそれまでの「結語」に代わって，この「イデオロギーとテロル」が掲載された．『全体主義の起源』は大著であるが，全体主義の政治理論を分析するには，この「イデオロギーとテロル」がもっとも重要だと思われる．なお，アーレントのイデオロギーとテロルの関係について論じた研究として，森分［2017］がある．

11） アーレントによれば，全体主義の政治の具体的な特徴とその本質は以下の五つに還元される．①功利性を超えた「悪」とテロル．②「自然」（人類の進化）や「歴史」（階級闘争）といった運動法則へすべてを従わせる．③権力，政治的生き残り，富の独占ではない全体的支配．④すべてが可能であるという世界観 → 人類，世界の改造．⑤行動の空間の消滅．

複数性の消滅［Arendt 1968］.

12)　この場合，あくまで基盤となるのは，為政者の主体性と意志である．つまり，さまざまなイズムに還元されるイデオロギー的な思考そのものは，近代以後に生まれたものだが，それを政治が主体的に利用した結果，全体主義という悲惨な結末が到来したという解釈である．だとすれば，全体主義以外の政治，たとえば自由主義社会の政治はイデオロギー的な政治形態ではないということになるのだろうか．おそらくは，政治の側がイデオロギーを利用する際の濃淡によって，その結果は違ってくるのではないかと思われる．要するに，政治が何らかのイデオロギーに固執し，それに引きずられていったとき，その政治は硬直した全体主義のようなイデオロギー化された政治に陥るということである．アーレントにとって，政治とは，実践的な慎慮を重要な徳とすべき場であり，真理を追いもとめる場ではない．いわば，政治とは，その都度の合議にもとづき，少しずつ進めていくべき実践的活動と解釈されていた［Arendt 1968：邦訳 238］．その意味で，何らかのイデオロギー的な信念を実現させるために遂行されていく政治ほど，彼女にとって危険な代物はなかったといえるだろう．

13)　西洋思想における自然概念の変遷については，第7章でくわしく論じる．なお，哲学の思考すべき自然について，哲学史の観点から研究した著作として，米虫［2021］を参照．

14)　アーレントが，生成と対置される「存在」という概念をどうとらえていたのか定かではないが，これを仮に恒常的存在と解すれば，この存在から生成へというアーレントの視角は，自然的正の崩壊から歴史主義へと変転していく近代以降の思想的流れを古典的政治哲学の忘却と解釈するシュトラウスの議論と重なるところがある．くわしくは，本書第6章，7章を参照．なお，百木は全体主義の特質について，アーレントの『人間の条件』に依拠しつつ，絶えざる流動性から「世界」を保護する役割を担っていた「壁」としての法（ノモス）が，逆に「世界」を破壊する「運動」の法則，すなわち「自然と歴史の必然法則」へと反転してしまった現象だと論じている［百木 2018：58］．法（ノモス）を「世界」を保護する役割を担っていた「壁」と積極的に解釈するアーレントの議論は，シュトラウスによる自然的正の議論と比較すると興味深い問題がみえてくるかもしれない．ただ，別稿を要する．

15)　シュトラウスは，有名な論文「カール・シュミット『政治的なものの概念』への註解」にて，「友」「敵」に明確に分離した対立関係が縮小していく政治を批判したシュミットを再批判した．

16)　たしかに，選好をもとにした選択は経済学的な思考にも存在するし，また，手続きにしたがい，物事を処理していくという判断は法的思考の基盤ともなっている．だが，集団レベルにおける総合的判断やより混沌した状況下における緊急性を要する決断といった思考は政治特有のものである．

17)　社会のデザインという概念は，政治学のみならず，とりわけ政策研究において重要な概念とされる．「政策とは問題として認知された状況に対処するための行動指針であり，政策デザインとは，そのような意味での政策をデザインすることである．政策をデザインするという活動は，二つの異なるプロセスからなる．一つは，問題の分析を通して政策の大雑把なアイデア・カタチ（政策の型）を構想するというプロセスである．いま一つは，その

アイデア・カタチに肉付けし，具体的な処方箋を作成するというプロセスである」[足立 2005：78].

18)　この判断の二分類を最終的に接合させていくことが，ステインバーガーの目的の一つである．ステインバーガーは，直感的洞察や非推論的な知による判断といえども，事後的に合理的な説明を加えたり，言語化することは可能だととらえている．

19)　本節における以下のステインバーガーの議論のまとめは，那須 [2003] に多くを負っており，かなり限定された議論である．なお，那須とステインバーガーの思想を那須の「内在／関係論」という構想から比較した研究として，佐野 [2023] を参照.

20)　ステインバーガーも指摘するとおり，アーレントやオークショットといえども，政治的判断の明確な基礎を最終的に提示しえたわけではない．共通感覚や会話が政治の世界における，独自の知識，賢明さといっても，その知識・賢明さを識別し，評価する確固とした基準が示されなければならないからである．なお，ステインバーガーは，政治的判断を最終的に非合理的なものとして帰着させるアーレントやオークショットには批判的である．

21)　オークショットはもっとも簡単な政治的イデオロギーの例として，自由，平等，生産性拡大，人種的純潔，幸福といった，単一の抽象的な観念を挙げている．

22)　だとすれば，ステインバーガーが着目した，会話としての政治という見方も，以上の政治観を基礎として考案されたものに他ならない．

23)　これは秩序感覚を加味した政治の行政化といいかえられるかもしれない．

24)　その場における暫定的解を導くという点では，法的思考も同様のもののように思われるかもしれない．だが，法的思考が導く解の背景には，明文化された実定法という一応の客観的な指標があるのにたいし，政治的思考が求める解には，その正否を判定する客観的指標そのものが存在しない．いうなれば，その政治的な解が正しかったといえるかは，事後的な評価（場合によっては数十年，数百年後になって）がそれを決めるしかない．注17でも述べたとおり，集団レベルにおける総合的判断よりも混沌した状況下における緊急性を要する決断こそが政治的思考の一つの重要な側面であり，その流れにおいて，一定の解をみつけ，示すということがここでいう政治的思考のもう一つの型としての解決型思考である．

25)　政治と政策の違いについては，あまりに壮大かつ重要なテーマとなるため，本書ではこれ以上立ち入らない．日本のアカデミズムにおいては，足立幸男らが中心となって，政治学とは区別されるディシプリンとしての公共政策学を長年，精力的に探究している．本章で取り上げた佐野の一連の議論もその一環である．なお，政治と政策を分かつメルクマールの一つとして，筆者はイデオロギー論を重要な論点にできると考えているが，別稿を要する．

26)　もちろん，佐野をはじめ公共政策論に従事する研究者たちが，こうした価値やイデオロギーの問題を考えていなわけではない．むしろ政策における価値の問題を真正面から受け止め，公共政策学が扱うべき問題を厄介な問題として定式化し，研究がつづけられている．足立 [1991；2009] などを参照.

第 II 部　レオ・シュトラウスの政治哲学論

なぜ今，シュトラウスの政治哲学を問うのか

今日，政治と呼ばれるものの価値がそれぞれの個人のなかで極端に矮小化され，混乱し，錯綜している．差し迫った国家規模での危機感がないようにみえる日本をふくむいわゆる先進諸国において，もはや政治とは単に個人的な生活，利益の手段であるか，もしくはそれぞれのイデオロギーを正当化する戦術的な問題に成りはてている．政治が，福祉の充実，物価の安定などといった日常生活に直結する目先の問題に還元されすぎているのである．ニーチェの声が聞こえてくる．

> 「かつては，国家は打算的な有用性をもつという理論がおこなわれていた．現今ではそれが実践されている！　王の時代は過ぎ去った．というのは，民衆がもはや王をいただくに値しないからである．民衆が王においてみとめようと欲するのは，おのれの理想の原型ではなく，おのれの利益の手段である．これが全真理である！」[Nietzsche 1971：211]．

このように極小化された政治の世界のなかで，人々はやたらと表層的な善悪を問題にする．金に汚くない政治，弱者に優しい政治というのがそれである．

一方で，こうした人々は，より大きな，自身の直接的な利害を超えた政治の問題となれば，不思議なことに，ニヒリスト的な態度を決め込むことに余念がない．たとえば，日本がこの先，国家としてどうあるべきか，どのような政治体制を目指していくべきなのかといった問題には何ら興味を示さない．否，むしろそうした政治を語る人々をせせら笑うのが，彼らの常である．

もはや政治は日常に関わる些細な利益の問題以上のことを扱わなくなった．そのなかで，根源的な善悪の問題をも，政治は問わなくなったのである．

こうした平板な世界で，レオ・シュトラウスは人間存在を問いただし，生の価値と意味とを明らかにすべく，政治そのものを哲学的に問い直した政治哲学者であった．彼は政治を社会科学者のように客体化するのではなく，また決して単純な政治至上主義に陥るのでもなく，個人の生き方の問題として主体的にとらえ直した．人が善き生を求めるのならば，善き政治社会への問いかけを忘れてはならない．シュトラウスの政治を求める思想の根底には，たえずこの信念が存在したのである．閉鎖された現代政治を見つめなおすとき，シュトラウスの政治観を問う意味はここにこそ存在している．

シュトラウス哲学の読解法について

幕間劇的な話にも少しふれておこう．レオ・シュトラウスの作品読解をすすめるうえで常に争点となるのが，シュトラウス自身が秘教的な著述を行ったのではないか，という問題である．すなわち，シュトラウスは自身の講義・著作において「高貴な嘘」を織り交ぜつつ，自身の秘儀を優秀な弟子たちにのみ伝えていたのではないか，という解釈である．こうしたシュトラウス秘教著述説のなかでも，もっとも極端な説を展開するシュトラウス研究者のひとりがシャディア・ドゥルーリーである．彼女の解釈によれば，シュトラウスの古典回帰はすべて偽装であり，その本心は，ニーチェ的ニヒリストであり，最終的な目的は哲学的エリートによる全体主義であったというものだ [Drury 1988]．橋本努もまた，ドゥルーリーほどではないが，似たような解釈を

提示している［橋本 2007］．ただ，ドゥルーリーの解釈をめぐっては，キャサリン・ズッカート
による徹底した反論がなされており，そのほとんどがドゥルーリーの誤読によるものだという
［Zuckert 2006］．

　いずれにせよ，このシュトラウス秘教的著述説の是非について最終的な結論は出ないであろう．
ただ，確実にいえるのは，こうした説があることを念頭におきつつも，シュトラウスが古典をす
さまじいまでの注意深さをもって読み解いたように，シュトラウスのテクストを丹念に読み解い
ていくことの重要性は変わらないということだ．そして，もう一ついえることは，たとえ，シュ
トラウスが部分的に秘教的な著述を行っていたとしても，彼の哲学的な生への執着はたしかとい
うことだ．

第Ⅱ部の構成

　第4章では，シュトラウスの政治観を検討する．政治をあらゆる人間学的な側面からみなおし，
「人間的な事柄や政治的な事柄はすべての事柄・自然全体への糸口である」という逆説的な視点
から政治を位置づけたシュトラウスの政治観が，政治をイデオロギーへと還元してしまう近代の
技術的な政治観への反駁となっていることを解明する．

　第5章では，第4章で明らかにしたシュトラウスの政治観をふまえつつ，政治哲学のもっとも
重要なテーマである，政治と社会の関係，すなわちレジームの問題を考察する．レジームとは，
一言でいえば，社会全体に性格を与える秩序であると同時に，その社会のもつさまざまな形態を
も意味するものである．このレジームの問題を考えなければならない理由は，人の生がレジーム
によって規定されるからであり，また，善き生を目指すにあたっては，善きレジームが模索され
ねばならないからである．

　第6章では，シュトラウスの歴史主義批判を検討する．19世紀の歴史学派から始まり，ヘーゲ
ルにおいてその頂点をなすにいたった歴史主義は，あらゆる事柄を歴史のなかに還元していくが，
こうした歴史的相対主義を克服しようと，ニーチェたち徹底した歴史主義者は，語の完全な意味
で歴史主義に徹したようとした結果，一切の歴史，超越したものの観念を捨て去ることとなった．
マンハイムも含め，歴史主義を相対主義から克服しようとする思想は，結局のところ，ハイデ
ガーの実存主義へとつながっていき，政治哲学の基盤そのものを掘り崩してしまうことにつなが
ることを解明する．

　第7章では，これまでの議論をすべて踏まえつつ，歴史主義を超えていく契機として，自然に
ついて論じていく．その過程で鍵となるのは，古典的な自然観であり，それを独自の観点から解
釈したシュトラウスのピュシス概念をどう解釈するかという問題である．

　終章では，第5章で解明したシュトラウスのレジーム概念をもとに，政治学・行政学，公共政
策論において，90年代以降，ある種の流行語となった，ガバナンスという概念を今一度整理しな
おし，政治思想史の文脈に位置づけることで，現代ガバナンス論の本質とその限界をとらえなお
してみたい．

第4章 ┃ レオ・シュトラウスにおける政治的なものの位置

✛ はじめに

　本章は，レオ・シュトラウスの思想的世界において，政治がどのような位置にあっ
たのかを考察するものである．実のところ，これまでのシュトラウス研究は，肯定
的・否定的見解を問わず，シュトラウスの政治哲学論それ自体には着目してきたが，
シュトラウス自身の「政治的な事柄」にたいする価値意識や評価にはあまり目を向け
てこなかった．[1] シュトラウスのテクストから彼の政治観を内在的に探るには，単なる
政治思想史の研究者という文脈にのせるのではなく，彼がなぜ近代以前の古典的作品
や古典的政治哲学を重視し，単に古典的な「哲学」の復権ではなく「政治哲学」の復
権というテーマを提示したのか，その根本的な理由に注意を向けることが重要となる
だろう．ただし，レオ・シュトラウスにおける政治の位置づけという本題を考察して
いく前に，少なくともわれわれは次のことを確認しておく必要がある．すなわち，彼
が近代性の総体というべきものを批判的にとらえ，いかにそれを克服すべきか，とい
う問題を終生の問いとして掲げていたという事実である．中期以降のシュトラウス[2]が，
手探りのなか，近代性を克服する一つの導きの糸として目を向けたのが，古代という
壮大な絵画の全貌であり，そのパースペクティブである．ここに，シュトラウスのな
かのいわゆる「古代人・近代人論争」[3]が始まる．

　したがって，シュトラウスの政治観という問題を追っていくには，古代から近代に
かけ，政治それ自体がいかに認識され，その基準がいかに変容してきたかという，
シュトラウス自身が診断した政治思想史の世界へと足をふみ入れていく必要がある．
以下の節では，極めて簡潔にではあるが，シュトラウスの解釈によりながら，その変
容を確認していこう．

＋ 1. シュトラウス解釈をとおした政治観の変容

　まずは，政治という語について，その起源にまでさかのぼり考えておきたい．序章でもふれたように，「政治」という言葉が，古代ギリシャのポリスからきていることはつとに指摘される．政治とはその誕生のときからポリスにかかわる事柄，すなわち共同体（国家）にかかわる事柄そのものであった．人はなぜ共同体をつくり，政治的な生活を営むのか，その共同体はどうあるべきなのか．古代，近代を問わず政治学の問いは，やはりこの問題へと最終的には帰着する．

　では，普遍的な観点において，政治的生はどのようにとらえられるべきなのか．第3章でも概観したとおり，政治が国家や共同体に関わる事柄である限り，そこには支配と抑圧，そしてそこからの自由という問題が本性的にかかわってくることはたしかである．あらゆる体制に等しく現存しているもの（政治的に中立であるもの）は，さまざまな体制（厳密な意味で政治的なものであり本質的に論争の余地のあるもの）にとっての鍵でなければならない……あらゆる体制に等しく現存しているものとは，いってみれば，抑圧と自由である [Strauss 1968 : 215]．後にくわしく確認するが，政治・政治的な生の本質そのものは今も昔も変わっていない，というシュトラウスの基本的な認識を踏まえておくことはとりわけ重要である．ただ，政治の本質そのものは変わらない一方で，政治についての学知の変化をめぐる歴史は進んでいく．具体的には，古代から近代にかけ，どのように政治的なものをめぐる解釈が変わってきたのだろうか．まずは，古代の政治観からみていこう．

　シュトラウスは，古代の人々が政治のもつ過酷な側面を理解しながらも，そこに自らの卓越性を発揮するべく，肯定的な価値を見出したという点に着目する．

> 「自由と絶対的支配という人類の大きな目的に対して十分の理解を示すようになった彼ら（古代の政治哲学者）は，政治を人間的卓越性が十分な成熟度を発揮しうる場として感じとっており，そしてあらゆる形態の卓越性がある意味ではその政治の場を適切に発展させることにかかっていることに気づいている．」[Strauss 1953 : 133-134]．

　このように，政治を自らの卓越性が発揮されるチャンスの場だとみなすところにこそ，古典的な政治観の特徴があった，とシュトラウスは解釈する．一見すると，アーレントの政治理解とも重なるこうした見解は，古典的政治学がもつ，近代的な思考や価値観では到底，理解しえない政治の世界を示している．では，そのような政治観のなかで，古代の人々はどのような政治的生をおくろうと試みていたのだろうか．シュ

トラウスは，それが，ある明確な目的に向かって構築されていく生の営みであったことを強調する．その明確な目的とは，すなわち，政治的生活の目指すところは徳であるという合意であり，もっとも徳のためになる秩序は，優秀者支配制の共和国であるか，そうでなければ，混合的政体であるというものである［Strauss 1959：40］．

　ここで，徳とその実現をなす理想の体制という視点から政治が考えられていた，という点に注目したい．シュトラウスの理解するところの古代の政治は，共同体の目的を徳の実現という明確な目的に定めることができたがゆえに，人々の政治的生もそれによって規定されていた．いずれにせよ，古典の時代において政治と徳はもっとも深い次元で結びついていたのである．しかしながら，マキアヴェッリが国家を「スタート」（statt）と呼んだとき，政治はついに近代的な様相を帯び始めていく[5]．これまで考えられてきた政治の世界そのものを変容させた哲学者として，シュトラウスがもっとも注目するのは，まぎれもなくこのイタリアの大思想家である．では，マキアヴェッリがなした政治の認識に対するもっとも重要な革新性はどこにあったのか．一言でいえば，シュトラウスはそれを徳の基準の引き下げにみて，次のように述べている．

　　「マキャベリはこれまでの哲学的ならびに神学的な伝統を全面的にしりぞける．
　　……伝統的な見解にしたがうと政治現象を真面目にとりあげないか，さもなければ政治現象が想像上の共和国であれ王国であれ想像上の完成に即して理解されるか，いずれかの結果になる．人間がいかに生きているかが出発点にならなければならないが，そのためにはものを見る視点を引き下げる必要がある．」［Strauss 1989：邦訳 8］．

　現実の政治状況から目を背け，徳を体現する場といった理想のみをもとに，政治をとらえる態度は，マキアヴェッリにとって歓迎できる代物ではない．むしろ，政治という現象を真剣に，いや真面目すぎるほど現実的にとらえたからこそ，マキアヴェッリは人間の善き生という問題を政治の世界から完全に切り離しえたといえる．たしかに，シュトラウスが指摘するとおり，このマキアヴェッリに始まる政治観の変革は，政治そのものの基準を引き下げることへと帰着していく．そして，この基準の引き下げは，政治を技術の問題へと還元する基礎を築くにいたった．政治の目標を下げるということは，大部分の人々が現実的に欲することと調和するようになることと同義であり，結果として，偶然は征服可能なものになるからである．こうして政治の問題は，ある種，技術の問題に還元されていく．マキアヴェッリの出現以降，政治の問題はすべて，政治によって解決が可能であるという信仰さえもが生みだされていったのである．

　このような新しい政治の世界を，恐ろしいまでの一貫した知性と論理により「新た
な政治哲学」として体系立てた最初の哲学者が，ホッブズである．シュトラウスによ
れば，ホッブズがなしとげたもっとも大きな思想的な革新性の一つは，伝統的に用い
られてきた自然法（natural law）の観念それ自体を根本的に変革した点にある．それ
はいわば，政治世界における自然法（義務）から自然権（権利）への移行を意味して
いた．自然「法」とは客観的な秩序から出発する義務であるのに対し，自然「権」は，
それ自身がすべての法，秩序，あるいは義務の起源である，絶対的に正当化される主
観的要求から出発するものであった［Strauss 1965：iii][6]．

　権利とは語義にしたがえば，物事を自由に行い，他人に対して当然主張し要求する
ことのできる資格，自由のことである．つまり，政治において，自由こそが義務より
も先行されることとなったのである．政治の基礎をこうした主観的要求たる権利にお
くとき，人間の生におけるその完成や卓越性といった要素よりも，人間のもつ情念が
強調されるのは当然の成り行きだといえよう．

　　　「彼（ホッブズ）の要求したことは，自然権は，原初的なものから，つまり，全て
　　　の人々を実際に四六時中規定している基本的な欲求とか衝動といったものから導
　　　き出されるべきであって，人間の完全性とか目的というような，ただ幾人かの
　　　人々を実際には規定していたとしても，決して四六時中規定するようなものでは
　　　ないものから導き出されるべきではないということであった．」［Strauss 1959：
　　　48]．

　古代の政治がもっとも深い次元において，徳と切り離せない位置にあったことはす
でに確認したとおりであるが，徳を体現できる者とは，いいかえれば自らに義務を課
すことのできる人間であるということを意味する．すなわち，古代の政治にたいする
認識が義務と法から始まっていたのに対し，ホッブズは無条件に導かれる権利から，
自らの政治論を構築した．要するに，近代政治論と古代政治論は，近代政治論が「権
利」から出発し，古代政治論が「法」から出発しているという解釈によって，原理的
に区別されるのである．こうしてホッブズは，政治論の基礎を法から権利へと変容さ
せることで，政治の世界が自然から作為へとうつりゆくすべての基礎を築いたといえ
るだろう[7]．シュトラウスが，ホッブズを近代政治哲学の定礎者とみる理由はここにあ
る．

　このように，マキアヴェッリ，ホッブズに端を発する近代性の開始以降，政治は自
然的所与としての共同体が崩壊してしまったという明確な自覚のもと，その作為的理
論という側面のみが前面に表出されることで，新たな次元をみせはじめる．権力の所
在についての根拠とその正当性をめぐる飽くなき闘争，という側面が強調されること

になったのである．結果的に，近代以後の政治は，人間とはいかなる存在か，という根本的な問題はもちろん，善き秩序への問い・善き人間の生とは何か，という包括的な問題をいったん横に置いたまま，今ここにある権力の正当性をいかに根拠づけるか，という問題に主眼が移っていく．そして，自然科学の発展は，このような作為と技術の問題へと還元されていく政治観に，さらなる拍車をかけることとなった．自然科学による究極原因の否定，偶然概念の否定は，古典的政治哲学の理論的基礎を破壊しただけでなく，自然についての新しい理解を行い，さまざまな形態の古い科学をも脱構築していったのである．その結果，認識は人間の側からのみ理解されるようになり，認識は一種の制作へと変容する．政治を「権力の獲得と分配をめぐる努力」と規定するマックス・ヴェーバーや，政治学を「広義において影響と影響力をもつ人間の，狭義には権力を用いて権力の獲得をめざす権力の科学」とみたハロルド・ラスウェルなどは，こうした作為と技術の観念にもとづく政治観を基礎にして政治学を構築していった人物の象徴だといえよう．[8)]

　以上のとおり，古代から近代への変遷を通じて，作為と権力の正当化という問題のみが強調されるにいたった政治の像にたいし，シュトラウスはどのような問題意識をみいだすのだろうか．一言でいえば，それは，政治的なものの矮小化，あるいは，政治の非政治的なものへの還元の過程である．後にくわしくふれるが，古代において，政治はあらゆる人間的な事柄にかかわる「包括的な」問題であった．要するに，もともと政治哲学は政治学と同一であったのであり，それは人間的事象のすべてを包括するような研究であったのである．政治と徳の分離という方法でもって政治をとらえなおすことで，自然科学と政治学の結びつきを実現した近代政治学が結果としてたどり着いた権力関係への還元といった見方は，その是非は別として，政治が，この包括的にみた人間的な事柄から乖離していくという過程に起因している．そして，なにより[9)]も学問論的な次元において，この過程は，政治哲学からの政治学の分離として表れてくるのである．

　　「アリストテレスにとって，政治学は政治哲学と同義である．というのも，学は哲学と同義だからである．学あるいは哲学は二つの種類の学から成る，すなわち理論的な学と実践的な学あるいは政治的な学の二つからなるのである．理論的な学は，数学，自然学，形而上学へと分類される．実践的な学は，倫理学，家政学，狭義の政治学へと分類される．」[Strauss 1968：205]．

　この一節はとりわけ重要である．たしかにシュトラウスの指摘するとおり，古代において政治学はすべて政治哲学であった．だがこのことは何か大きな意味をもつのだろうか．単なる学問論的分類の問題ではないのか．否，シュトラウスにとっては，そ

うではない．序章でもみたように，彼は常にこの政治哲学という語にこそ，特別な意
味を込めて語っていたからである．

　彼がこの政治哲学という言葉そのもの，またその知的営みに固執する以上，厳密な
意味で，彼の政治観を考察していくには，われわれも一度このシュトラウスが規定し
た政治哲学という語そのものを検討せねばならない．畢竟，ここにおいてわれわれは
今一度，シュトラウスにとって，政治哲学がどのような意味を持っていたのかという
問題へと移らざるをえないのである．

╋ 2．シュトラウス政治哲学をめぐる二つの意味

（1）一つめの意味

　本節では，シュトラウスによって幾度となく繰り返される政治哲学という言葉が，
彼にとって一体どのような意味を持っていたのかという問題を，題名もそのままの彼
の主著『政治哲学とは何か』を追っていく形式で，確認しておきたい．その際，鍵と
なるのは彼の哲学観であり，また政治哲学が二重の試みを目指しているという内的論
理である．

　まず，前提として確認すべきことは，序章でもふれたとおり，シュトラウスはどこ
までも哲学という営為に固執しているという点である．シュトラウスにとって，そも
そも，哲学とは知恵を探求すること，より正確にいえば，普遍的な知識のための探求，
全体（the whole）についての知識の探求であり，全体についての意見を全体について
の知識に置き換えようとする試み[10]である．以上のような哲学観をふまえ，政治哲学と
は，政治的な事柄の本性についての意見を政治的な事柄の本性についての知識に置き
換えんとする試みと規定されるわけだが，実のところ，彼が政治哲学を強調するとき，
政治科学や政治学との対比という，序章で確認した学問論的な方法という文脈を超え
たもう一つの重要な意味が隠されている．むしろ，このもう一つの意味こそが，シュ
トラウスの政治観をより鮮明に表しているといえるのである．以下では，それを確認
しておこう．

（2）政治哲学のもう一つの意味

　彼は政治哲学の定義について，別のところで，一見すれば，不可解ともいえる言葉
で突如，語っている．

　　「政治哲学という表現において，哲学という語は論及の仕方を，つまり根源に向
　　かうとともに包括的でもあるような一つの論及の仕方を表している．『政治的』

という語は主題と機能の両方をしめしている．つまり，政治哲学は，政治的な事柄を政治的生活にとって適切であると思われる仕方で取り扱うのである．」[Strauss 1959：12].

　なぜ政治理論や政治思想ではなく，政治哲学の可能性を問うことが今日，重要なのか．その答えについての重要な一端がここにも隠されている．政治哲学における「哲学」とは，政治的なものの根源とその包括的な説明へといたる唯一の思索的方途であるということは，たしかに重要な論点ではある．だが，もう一つ，この一文で注目すべきは，政治哲学における政治的という言葉が，「機能」という側面を持つという点である．実は，ここにこそ彼の政治哲学という語に込められたもう一つの意味が存在する．シュトラウスにとって，政治哲学とは単に政治を哲学的に研究するという意味での学問的考察を超越した意味をもっているのだ．

　はたして，この機能という語に込められた意味とは何か．それは結論からいえば，「哲学」を「政治的に」扱うという意味においてである．そこには，シュトラウスのなかにおいて，政治的なるものと哲学的真理の間に潜む越えがたい溝が前提とされている．次節ではそれを確認していこう．

┼ 3．シュトラウスにおける真理の認識

　シュトラウスにとって，哲学とは，知恵を探求することであり，それは普遍的な知識のための探求，全体についての知識の探求，全体についての意見を全体についての知識に置き換えようとする試みだということはすでに確認したとおりである．そして，彼がこの哲学的思考そのものにこそ，最大の価値を見出していることはたしかなことだといえる．次に引用するのは，シュトラウスの哲学に込められた強い思いが語られた一節である．多少，長いが引いておこう．

　　「哲学は，本質的に，真理を所有することではなく，真理の探究である．哲学者を他の者と区別して特徴づけるものは，『彼が自らは何も知らないということを知っている』ということ，および，もっとも重要な事柄に関して我々が無知であることを洞察して，全力を傾注して知識を求めるべく努力しているという点である．これらの事柄に関する問いは答えられるものではないという理由で，それらの問いを回避したりそれらを無視したりすれば，その人は哲学者であることを止めるであろう．これらの問いに対するありうべき答えに関して言えば，おそらく，多かれ少なかれ賛否両論に相半ばしてさえいるであろうし，それゆえ哲学は議論や論争の段階を超えることはなく，決着を見る段階に達することはないであろう．

　このことが哲学を無益なものとなすこともないであろう．なぜなら，根本的な問
　題の完全な理解は，それに対して目を閉ざしていたり無関心でいたりすることに
　比べてよりよいことである．」[*Ibid.* : 11].

　この一節を見る限り，シュトラウスの学究態度は，単に古典の哲学研究に身を捧げ
るだけでもよかったはずである．だが実際には，彼のなかの中心的課題はこうして明
確化され，最高の価値を見出された哲学それ自体ではなかった．彼が生涯をかけてこ
だわり続けたのは，先の節においても確認した「政治哲学」だったのである．この重
要なアポリアがあきらかにされない限り，彼の哲学にたいする真の理解も，またシュ
トラウスにとって政治とは何であったのか，という問題もともにみえてはこないだろ
う．
　本節では，シュトラウスの思想において，哲学と政治はどう関係づけられていたか，
という本質的な問題にせまっていく．この過程のなかで，前節において確認した，
「政治哲学における『政治的』という語の『機能』」という側面が，より鮮明にみえて
くるだろう．そこからシュトラウスにおける政治的なものの位置も徐々に垣間みえて
くるはずである．そのためには，彼の哲学的真理に対する認識，態度をさらにその最
下層まで掘りさげていくことが必要となる．

（1）臆見の世界
　シュトラウスは，Strauss [1953] の冒頭部分で，かの有名なプラトンの洞窟の比喩
をひきながら，哲学の意味を比喩的に表現している．「哲学をすることは，洞窟から
太陽の光のほうへと，つまり真理の方へと上昇することを意味している．洞窟は知識
と対立する意見の世界である．」[Strauss 1953 : 11-12]．こうしたシュトラウスの哲学
観にとりたてて特徴はなく，しかもその内実はわれわれが先にみた表現（全体につい
ての意見を全体についての知識に置き換えようとする試み）のいいかえにすぎないことは明
らかである．むしろここで重要なのは，その後に続く著述であろう．「意見は本質的
に変易する．意見が社会の命令によって安定させられなければ，人間は生きていくこ
と，すなわち共に生きていくことができない．意見はかくして権威的意見となる．す
なわち公的ドグマあるいは世界観となる．」[*Ibid.* : 12]．
　はたして，この一節は一体何を意味しているのだろうか．恐らくは次のことを暗示
している．いかに偉大な哲学者といえども，はじめは洞窟，すなわち意見の世界のな
かで暮らしている．しかし，いつの日か，その哲学者は真理を求め，洞窟を立ち去っ
ていかねばならないのだが，その洞窟内部においては，意見がある種の「真理」とし
て，人々の間で一定の「権威」をもっている，と．つまり，ここで問題とされている

のは，人間社会と哲学的真理の間の親和性についてである．彼のいう政治共同体と哲学的真理の関係について，さらにくわしく見ていこう．

（2）迫害と真理

　シュトラウスの政治的共同体にたいするすさまじいまでの懐疑と政治と哲学の間の非調和性という議論は，Strauss［1988］にくわしく，そしてまた「忘れられた著述について」という論文のなかで端的に述べられているが，ここではまず，簡潔にまとめられた「忘れられた著述について」のなかから次の一節を引いておこう．

> 「私は，いく人かの初期の思想家たちを研究しているうち，真理の探究（哲学ないしは科学）と社会の関係を考えるのに，次のような考えがあることに気づくようになった．その考え方とは，人間の最高度の活動である哲学や科学は『あらゆる事柄』についての意見を『あらゆる事柄』についての知識によって置き換えようとする試みである．しかし意見の方こそ，社会が本来よって立つ固有の基盤である．したがって哲学や科学は，社会が息づいているその基盤を解消せんとする試みであり，それゆえに社会を危険に陥れる．それゆえ，哲学や科学はごく少数の者の領分であり続けなければならない．」［Strauss 1959：221］．

　つまりシュトラウスの考えによれば，言論・思想の自由が保障されている現代の自由主義社会に生きるわれわれとは違い，過去の専制的支配の時代に生きた思想家たちは，仮に当時の支配的風潮に逆らう意見を公表すれば，迫害もしくは最悪の場合，命を落とす危険の只中にあった．したがって，過去の偉大な哲学者といわれた人々は，いつか出現するであろう，ごく少数の優秀な読者たちにのみ分かるよう，秘教的な著述によって真理を伝えようとしたのである．ここには哲学的真理の探求が必ずしも，共同体を政治的な秩序へと導くわけではない，というシュトラウスの強い確信が表れている．たしかに，真理（真実）が必ずしも人を幸福にするとは限らない．普段，われわれが暮らす何気ない日常生活においてもごく普通に感じる感覚であろう．生きることには，ある種の虚偽や欺瞞が必要なのは当然である．しかしながら，シュトラウスがここでいう真理とは，日常の何気ない真実のようなものではなく，追い求めつづけるべき哲学的な意味での究極の真理であったことは明らかだ．では，かつての社会は哲学とどのような関係にあったのか．Strauss［1988］では次のように語っている．

> 「哲学と哲学者は『大いなる危険』のなかにいる．社会は哲学を認めない，あるいは哲学する権利を認めない．哲学と社会の間に調和は存在しないのである．……哲学を守るためには公共的教説が必要とされた．それは哲学が纏わなければ

ならない防具であった．公共的教説は政治的理由から必要とされた．それは政治的共同体に対して目に見えるものとなるための形式であった．それは哲学の政治的な外見であった．」[Strauss 1988：17-18]．

　シュトラウスの政治観の一端が垣間みえる重要な一節であるが，その考究に入る前に，今一度次の問題を掘り下げておきたい．なぜシュトラウスはこれほどまでに哲学の求める真理が一般の社会と対立し，哲学と社会の調和は不可能とまでいいきるのだろうか．はたして「真理」とはシュトラウスにとってどのような意味をもっていたのか．

（3）ルクレティウス解釈──宗教的迷妄からの解放としての真理

　真理とは，時に，われわれの政治社会に混沌と悲惨をまねくほどに，厳しく哀しいものなのか．むろん，これ自体が一筋縄ではいかない問いなのだが，シュトラウスはその問いにたいする答えの一端をローマのエピクロス派哲学者ルクレティウスの著書を読解することで暗に示しているように思われる．より正確にいえば，ルクレティウスの口を借り，自らの考えを述べているわけだ．それが Strauss［1968］に収められたある種，謎の一章「ルクレティウスについての覚え書き」という小論文である[12]．

　ルクレティウスは，ローマ共和政末期のエピクロス派哲学者であり，唯物論的自然哲学を説いた人物である．シュトラウスはこのエピクロスの著作『事物の本性について　宇宙論』を丹念に読み解いていくことで，自らの真理に対する認識を語っている．では，ルクレティウスは，『宇宙論』においてどのような真理を語ろうとしたのか．シュトラウスの解釈によれば，ルクレティウスの究極的な意図はローマ人たちを段階的に神的なものから解放し，エピクロス哲学という高みへと導いていくことにある．それはある種，ローマ人たちの上昇といえる[13]．

　『宇宙論』の冒頭において，ルクレティウスは，ローマ人たちが先祖代々受け継ぎ，崇拝してやまないヴィーナスという女神の崇高さを褒めたたえながらも，徐々にそこからの離反を説いていく．その導きは万物の始原とよぶべきものを思考する過程で始まっているのだが，シュトラウスはこのルクレティウスの万物の根源にたいする考えをまとめ，次のように述べている．

　　「天空と神々を含む万物の，魅力に欠ける始原についての知識が，なぜもっとも魅力的であるのかを理解するためには，始原の探求が開始される以前の人間がどのように暮らしていたかを考えなくてはならない．その大変な出来事以前の生活は悲惨なもので，恐ろしい宗教によってまさしく圧迫されていた．宗教の恐ろしさを直視して，それに反抗を企てた最初の者は，ひとりのギリシャ人であった．

　……彼は，自らの精神の力によって天空の壁を打ち破って，精神の中で無際限の
宇宙を巡り歩き，可能な事柄と不可能な事柄についての知識を『われわれ』のも
とに持ち帰ることに成功した．宗教で経験される神々は不可能ごとである．」
[Strauss 1968：79].

　ここでいう，ひとりのギリシア人とはおそらく，エピクロスのことを意味してい
るのだが，このエピクロスこそ，神々からの罰，たとえば稲光や暴風といったものに¹⁴⁾
恐れを抱くことなく，勇敢なる態度でもって真の哲学的真理の探究へと向かった最初
の人物であった．宗教的迷妄から解放された人々は世界，しいては宇宙そのものへの
認識を変革しえたのである¹⁵⁾.
　ルクレティウスも同様に，このギリシアにおける知的革命を，ローマ人たちに強調
することで，宗教的なるものからの人々の自立を説く．彼は「宗教は無宗教よりも頻
繁に罪悪を起こしてきた」ことを強調するべく，アガメムノンの生贄の例さえ持ち出¹⁶⁾
す．こうしてルクレティウスの詩の冒頭は次のようにまとめられるのである．
「ヴィーナスから，つまり神々と人間の喜びから出発して，自然本性の理解から生じ
る真の喜びの約束へといたる．」[*Ibid.*：80].
　だがはたして，この約束は忠実に遂行されるのであろうか．自然本性の理解はわれ
われに真の喜びを与えてくれるのだろうか．残念ながら，ルクレティウスはそうした
結末を用意してくれることは決してなかった．『事物の本性について』の結末部分は，
見るも無残なバッド・エンドを迎えてしまう．詩の結末部分は，アテナイを襲い，し
かもトゥキュディデスによって永遠不滅のものとなった疫病の記述でもって終わるの
である．たしかに，これは，期待されていたであろう結末，すなわちハッピーエンド
ではない．時代を問わず，疫病はまぎれもなく自然現象であり，自然の働きであるこ
とは間違いない．過去ギリシアにおいて宗教が引き起こした惨事をはるかに超越した，
究極的な大惨事である．美しく穏やかな自然現象の描写ではなく，その真逆ともいえ
る疫病という最悪な自然現象の描写でもって詩を完結させたこのルクレティウスの意
図は，はたして何だったのか．シュトラウスの解釈によれば，ルクレティウスは，こ
の疫病の記述を通し，宗教から解放され，自然本性を理解したところで，最終的には
幸福が訪れるわけではないという事実を暗示したということだ．これは，宗教的迷妄
からの脱出，つまりは真理へと近づいていくことはかくも厳しく，儚いものであるこ
との暗示と解釈できるのではないか．ルクレティウスの詩はたしかにそのことを物
語っている．「疫病のような出来事に見舞われた者を苦しめる絶望や卑俗化に抗して，
哲学が何らかの救済策を持っているかどうかは疑わしい．哲学は事物の本性を完全に
開示することで，たんなる『甘美な慰め』ではないことを証明する．」[*Ibid.*：83].

　たしかに，シュトラウスやルクレティウスが示唆したとおり，哲学は単なる精神の甘美な慰めをもたらすとは限らない．だが，たとえそうだとしても，宗教的な迷妄をはなれ，創造的にして破壊的でもある自然へと向かう運動それ自体は，一つの人間的上昇なのである．こうしたルクレティウス解釈から導かれるシュトラウスの真理への態度が妥当なものであるかはさておき，確実にいえるのは次のことである．つまり，シュトラウスにとって，真理とは万人にとって耐え難いほどに厳しく，残忍で，哀しいものだという認識である．真理がすべての人間の生にとって支えとなり，中心となりうるという保証などどこにも存在しない．そうした状況下においても，真の哲学者は哲学的な生へと自らを導いていくのである．

　だが，残念なことに，こうした哲学者の生は，時に哲学と政治社会の間に亀裂を生みだす．そして，先にもふれたように，哲学とは意見から学へと上昇する試みであるのだから，必然的に，その出発点としての意見の領域に，そしてそれゆえに政治的な領域に関わってくる．

　ここにようやく，政治哲学という語において，政治的とは「機能」を示すという言葉の本来の意味が明確に浮かび上がってきた．この考えをさらに突き詰めていったとき，政治哲学はついに，「『政治哲学』という表現における形容詞『政治（political）』は，主題となる事柄を指しているよりは，むしろ取り扱いに関わる事柄を指している」という表現によって表される［Strauss 1959：62］．彼にとって，「政治哲学」とは「政治的な事柄の本性についての意見を政治的な事柄の本性についての知識に置き換えんとする試み」だけを意味するのではなく，哲学の政治的＝大衆的な取り扱いを意味しているのである．[17]

　このように，シュトラウスの思想を一つひとつ着実に追っていったとき，彼の政治的なものそれ自体にたいする基本的な評価が決して高くなかったことは明らかであろう．シュトラウスは人間における最高の知的営為たる哲学と臆見の世界に属する政治が接近しようとしていくことを避けようとさえする．彼にとって，生の目的に仕える最高の価値は哲学的観想であり，この哲学を守るためにこそ，政治は存在している．ここには，一見すると，政治そのものに価値を置くことのない，政治への冷めきった認識が感じられる．いわば彼の政治にたいする究極的なニヒリズムさえも垣間みえてこよう．

　シュトラウスにとって，政治とは真理を探しあて，守り抜いていくための単なる鎧であり，それ自体には価値のない存在だったのだろうか．この問いに答えるには，「全体についての知の探究」という先の哲学理解のみからはみえてこない，シュトラウス自身が理解した哲学的知へのさらなる洞察にせまっていく必要がある．シュトラウスの哲学観のすべてが明らかとなった先に，行間においてしか示されない彼の政治

観の相貌もみえてくるだろう．次節では，西洋の思想全体を貫いてきた宗教的啓示と科学というふたつの知との比較から哲学的知の意義を再定式化しようとしたシュトラウスの知的格闘の一端をみることで，最終的に，政治的なものが哲学的な知とどうかかわるのかという問題解明への足がかりとしたい．

＋ 4．科学，啓示，そして哲学

　これまでの考察で明らかになったとおり，シュトラウスが，真理を目指しつづけるという意味における哲学にこそ，最高の価値を見出していたことはたしかである．ただ，その真理とは，ルクレティウス解釈においてみてきたように，単なる宗教的迷妄からの解放という意味においての真理だったのだろうか．実のところ，シュトラウスは，宗教的な知にたいしても，また科学的な知にたいしても最大限の敬意をしめしていた[18]．では，哲学は最終的に，人間の生，全体的な知において，どう位置づけられるのか．それは，おそらく，科学的な知と宗教的な知という，人間における別の種類の知との対比，闘争において明らかになるだろう．以下では，近代性の根源的知である科学にたいするシュトラウスの評価と古代から受け継がれてきた哲学とは異なる知の形態，すなわち啓示宗教の問題を考察していこう．

　はじめに注目したいのは，シュトラウスのやや不可思議とも思えるが，とても重要な以下の一節である．

> 「人々は常に，二つの相反する魅力に引き付けられては欺かれている．すなわち，数学と数学に類縁のあらゆるものによって生み出される能力の魅力と，人間の魂とその魂の経験への省察によって生み出されるつつましやかに畏怖することの魅力によってである．哲学は，これらのいずれの魅力に屈することをも，静かに，それでいて断固として，拒否するものであるということによって特徴づけられる．それは勇気と節度を結びつけたもっとも高度な形態である．」[Strauss 1959 : 40]

　数学と数学に類縁のあらゆるものによって生み出される魅力が，近代の自然科学全般を示していることは明らかであろう[19]．では後者の，人間の魂とその魂の経験への省察によって生み出されるつつましやかに畏怖すること，とは何か．おそらくは宗教的なものをさしていると考えられる．シュトラウスによるルクレティウス解釈から明らかにしたとおり，哲学はまず何よりも宗教的な迷妄から自由でなくてはならなかった．要するに，科学と啓示宗教というふたつの相反する知にすら打ち勝つものとして，シュトラウスは哲学を位置づける．つまり，上の一節は，科学，啓示，そして哲学という三者の関係から哲学的知の魅力を語ろうとしているのだ．したがって，哲学を挟

撃する啓示と近代科学との対比から，あらためて，シュトラウスにとっての哲学の意義を確認していこう．

（1）啓示による哲学へのゆさぶり

すでにみたとおり，シュトラウスにとって，啓示と哲学の関係は，神学—政治問題といわれるくらいに，もっとも深い次元において重要な問題であった．[20] 啓示と人間の生との関係についてシュトラウスはどのように考えていたのか．シュトラウスが想定する啓示の証拠とは，第一に，神との遭遇の経験，それも個人的な経験であり，第二に，啓示を信じないどの立場も不十分である，という消極的証拠のふたつ以外には存在しないというものである．その上で次のように語る．

> 「神が人間に自らを啓示すること，神が人間に語りかけることは，遠い過去にまで遡る伝統を通じて単に知られるだけではなく，それゆえいまでは『たんに信じられているだけ』ではなく，あらゆる人間がそれに身を委ねることを拒否しなければ，持ちうるところの現在の経験を通じて真正に知られる」[Strauss 1997：7]

シュトラウスは，このように，神に身を委ねることとして，啓示の可能性を語った．いわば，啓示とは文字通り，神から与えられた使命を意味するのである．では，ここからどのような問題が生まれてくるのだろうか．それは，詰まるところ，何をもって正しい生き方の羅針盤とすべきかという問題である．宗教的な啓示が人の生を導いていくものであるとすれば，哲学もまた，人の生にかかわる重要な知的営みに他ならない．もしそうであるならば，われわれはどちらの生を重要視すべきかという難問に突き当たることとなるのである．ここにはじめて，シュトラウスのいう「イエルサレム—アテナイ」問題が成立する．[21] 要するに，ユダヤ教の母たるイエルサレムと，哲学の母たるアテナイのどちらに向かって，人は歩むべきかという問題である．

（2）哲学の脆弱性

以上のとおり，啓示は，神の導きを必要としない善き生を求める哲学の可能性や存立そのものに影響を与えざるをえなくなった．はたして，哲学は，この啓示からの挑戦に応えられるのか．逆に，哲学は，啓示を返す刀で斬り返す技をもっているのだろうか．

シュトラウスの議論に寄りそうかぎり，啓示がいわば神の力による生の導きであるとすれば，哲学とは，あくまで，人間的な理性による生の導きということができる．[22] 要するに，哲学の強みは，たとえ，それが真の知にたどりつくことのない永遠の旅だとしても，あくまで，誰もが普遍的に利用し，行使することのできる人間理性の力を

基盤とするその点にこそあるといえるのではないか.

　ただ, そうだとすれば, ここに一つの大きな問題が立ちはだかる. 理性の力のみが唯一の真理への道標であるというその根拠を, 理性そのものが合理的に導きうるかという問題である. このことは, 後にみるとおり, 科学にも当てはまる重要な論点であるが, 哲学が本来的に抱える根本的な問題といってもよいだろう. シュトラウスは, この点を, 啓示との比較において次のように指摘する.

　　「啓示が可能であると認めることは, 哲学的な説明や哲学的な生き方が必然的に, 明証的に, 真の説明や正しい生き方であるわけではない, と認めることを意味する. すなわち, 明証的で必然的な知の探求である哲学は, まさに信仰がそうであるように, 明証的でない決断に, 意志の行為に自らを依拠させているのである.」 [*Ibid.* : 30].

　要するに, われわれが仮に哲学を選ぶとき, それは完全に合理的な決断によって選ばれたわけではない. あくまでそれは, 信仰と同じ次元に立つ, 非合理的な選択と偶然の決断, いうなれば, われわれ人間による「意志の行為」を基底として選び取られたものにすぎないのである.

　こうして, 哲学か宗教的啓示か, という最初の選択は, 完全に等しいスタート地点に立たされる. 理性という枠組みに守られた哲学は, 今はじめて合理的批判の対象となりうるに至ったのであり, ここに, 両者の関係を問う「神学, 政治問題」[23)]という, より大きな視座が生じてくるのである. だが, この問題にふみこむ前に, 今一度立ち止まり, 啓示ひいては, 宗教的な神秘のとばりを反駁するもう一つの可能性をもった「科学」の力に目を向けてみよう. もし仮に, 科学が宗教的啓示を否定する力をもつ最強の知であるならば, 善き生き方の指針を哲学にのみ委ねることが可能となりうるからである.

（3）啓示と科学──科学的方法論と啓示

　哲学が啓示を合理的に反駁しえないというシュトラウスの立場にたつのであれば, 近代の知を哲学以上に支える, もう一つの学である「科学」に一縷の望みを託すことは可能であろうか. 本項では, 簡潔ながらも, この問題について考えてみたい.

　そもそも, 今日, 一般に言及される科学とは何か. その歴史を簡単にふりかえるなら, 現代的な意味での科学が成立するのは, 19世紀中葉以降のことであり, この時期にようやく科学は哲学の一分野という軛から解放され, 新しい知としての自己を確立したとされる [野家 2008 : 60]. こうして成立した科学のアイデンティティは, 思想としての進歩主義の普及, 方法論としての仮説演繹法, そして大衆化された科学決定論

であるとされるが, なかでも重要なのが, 仮説演繹法という方法論である [野家 2008: 78].

　イギリスの科学者, ウィリアム・ハーシェルによれば, 自然界の諸現象の「真の原因」を突きとめることこそが科学の究極的な目的であり, しかもその原因は, 単なる仮説や心理がつくり出したものではなく, 自然のなかに実在すると認められた原因でなくてはならない. こうしたハーシェルの考えをもとに提示されたのが, 自然現象の真の原因が自然それ自体のなかに実在する「科学的実在論」という思想であり, これを方法論的に支えたのが, まさに仮説演繹法という考えであった.

　以上のような科学的思考は, ヒューエルら科学哲学者の手で, より洗練された形で発展していき, 「科学でなければ学問に非ず」という時代が訪れた結果, 科学こそが近代文明の発展の基礎となったのである[25].

　では, このような力をもった科学は, 哲学が追いつめることのできなかった宗教的啓示の存在を真の意味で否定しうるのだろうか. たしかに, 神の啓示を聞いたという人間が仮にいたとすれば, 科学はそれを実証的に証明しなければならないし, また啓示の根本原因たる神の存在という自然を超越した問題も扱わねばならない. こうした意味で, おそらく通常の科学的思考は, 啓示を最終的に否定へと追い込んでいくだろう. 仮に, 科学的思考が絶対的に明晰判明なものであれば, 科学的な思考や方法論によって, 啓示を反駁していくことは可能だと考えられる.

　とはいえ, ここでもまた, 「われわれは哲学が哲学自身を正当化できなかった」というシュトラウスの指摘を思い起こす必要がある. すなわち, われわれが科学を選択したことを, 科学自身によって合理的に説明できるかという問題である[26]. この説明が確実に, 合理的な形でなされない限り, その「曖昧な科学」自身に支えられた思考や方法論そのものが明晰さを失う. その結果, 上にみた科学的方法論による啓示の否定もまた, 確実なものとはいえなくなるのである.

（4）絶対的知としての科学の否定

　以上の見方は, 科学的な方法論のみを正当なものとして選ぶ根拠は何かという, いわばメタ科学的な視点からの批判であったが, さらにシュトラウスは, 絶対的知としての科学をも否定する. その際, 引き合いに出しているのが, 非ユークリッド幾何学の例である [Strauss 1989: 240-241]. こうしたシュトラウスの批判は, いわゆるトマス・クーンのパラダイム論とも重なる視点であり, 事実, ユークリッド幾何学と非ユークリッド幾何学をめぐる問題は, トマス・クーンのいうところのパラダイムシフトをもたらし, 科学の根底を揺さぶった歴史をもつ[27].

　いずれにせよ, ここでは, 二重の意味における科学の限界が強調されているわけで

あるが，たしかに，このシュトラウスの主張に立つ限り，以下の結論が導き出される
ことになるだろう．

　第一に，科学的方法論による自然理解・世界理解が，宗教的な世界理解に勝ってい
るという保証はないということである．われわれが科学を選ぶ理由を，科学自身に
よって説明できない限り，科学は唯一無二の方法ではないのである．

　第二に，科学的知そのものの相対性である．クーンが指摘するとおり，科学の理論
そのものが一つのパラダイムであるとするならば，近代以降，絶対的な知の王者と考
えられていた科学もまた，一つの知の形態にすぎないということになる．

　結局のところ，自然現象の真の原因が自然それ自体のなかに実在するという観点に
立つ科学も，未だ世界全体を説明することに成功していない以上，究極的には，神の
存在を否定しえない．なぜなら，全能の神の非存在を証明するには，世界の隅々まで
知っていることが必要だからである［Ibid.：267］．未だ，科学が世界全体の謎を解こ
うとしている発展途上の学問である限り，神の存在や，その啓示といった現象を，完
全な意味で論駁することは，決して容易な知的作業とはいえないのである．

（5）西洋文明の限界──無限の進歩観という神話

　こうして，シュトラウスの思想世界のなかにおいて，科学さえもが，その絶対的地
位を追われようとしている今，われわれはより大きな難問へとぶつかったといわざる
をえない．というのも，西洋文明を長く支えていた「進歩」という思想そのものが疑
われはじめるからである．

　進歩の観念こそ，ヘーゲルやマルクス以来の近代哲学の骨子であり，また先述した
とおり，科学がもつ世界観を支える屋台骨であったことは間違いない[28]．その意味で，
進歩の観念が疑われるようになったという事実は，西洋文明そのものの危機をも意味
していた．近代以後の西洋文明の根幹には，まさに進歩的な哲学観と，もう一つ重要
な科学的進歩主義が対置していたからである．西洋文明の現代的危機は，語の十全か
つ強調された意味での進歩の観念の危機が，頂点にまで達したということと同義であ
るといってよいのである．

　こうした西洋文明の限界，つまり近代性の危機に突き当たったとき，われわれには
どういった選択肢が残されているのだろうか．筆者なりに整理すれば，以下の三つの
方法に収斂されていくように思われる．

　第一の選択は，ハーバーマスや吉本隆明のように，徹底した近代主義者たろうとす
る態度である．いわば，近代を「未完のプロジェクト」としてさらに押し進める思想
を基底としながら，近代性が生み出したさまざまな弊害を，近代的な知の努力によっ
て克服していくしかないとする立場である．

　第二の選択は，近代の向こう側へ飛び立とうとする，いわゆるポストモダニズムの立場である。「大きな物語の終焉」[29]，「形而上学の解体」といった標語は，単なる学や知の破壊とも思える状況を生み出したともいえるが，これらは，たしかに一つの方向性を提示しえたとはいえよう。

　第三の選択は，過ぎ去りし遠い過去への思想的回帰を試みる方法である。われわれの模範となる過去の歴史，伝統は，われわれの現代的行き詰まりを打開するヒントを与えてくれるかもしれない，という希望的観測に立つ消極的思考であるが，これもまた一つの方向性だといえる。

　さて，シュトラウスが選んだ方法は，正確にいえば，単純な時間的過去への遡行ではなく，古典的な思考法への回帰ではあったものの，基本的には第三の選択に含まれるものと思われる[30]。だが，こうした方法にも大きな問題点がふくまれていた。われわれが単に古典時代への回帰を試みるということは，同時に，西洋文明の矛盾に突き当たらざるをえないという結果を招くからである。

（6）西洋文明の矛盾──哲学と聖書の道徳的対立

　シュトラウスによれば，古代への回帰は，不信仰と信仰との敵対関係の核であった道徳的なもの，しかもその完成の条件をめぐる対立へと突き当たるという［Strauss 1989：246］。この言葉は一体何を意味しているのか。すなわち，ユダヤ・キリスト教的な伝統と古代ギリシア哲学の間には，根本的な矛盾が存在するという事実である。とりわけ，人間の道徳的な部分にかかわる矛盾は，致命的な問題を引き起こす。

　　「両者〔聖書とギリシア哲学〕は，道徳を完成させるものに関しては一致していない。……ギリシア哲学者たちによると，それは知性または観想である。こうしたものは道徳的要求の威厳を必然的に弱める傾向にあるのに対し，聖書が道徳を完成させるものとみなす謙遜，罪の意識，悔い改め，神の慈悲への信仰は，必然的に道徳的要求の威厳を強める。」［*Ibid.*：250］。

　この深刻ともいえる矛盾，対立をどうとらえるべきか。この問題は，先にみた，哲学と啓示のいずれが人の生を導くべきかという問題へと回帰することとなるのだが，これにたいし，シュトラウスが下す結論は非常に曖昧なものにすぎない。なぜなら，シュトラウスによれば，こうした聖書と哲学，いいかえれば，啓示と理性を綜合，調停する必要はなく，各人がどちらかの立場に立って議論することが重要だからである。しかも，逆に，この両者による，未だ解決をみない抗争こそが，西洋文明の活力の秘密に他ならない。こうした観点から，最終的に，啓示を信じる者と，哲学を選ぶ者との関係について，シュトラウスは次のように結論づけている。

「哲学者と神学者の両方であることは誰にもできないし，実際にまた，哲学と神
学の抗争を超える可能性も，両者を敢えて綜合しようとする可能性も存在しえな
い．しかし，我々は誰もがどちらか一方にはなりうるし，またなるべきであり，
哲学者は神学の挑戦を受けとめ，神学者は哲学の挑戦を受けとめるのである．」
[*Ibid.*：邦訳 270].

　この結論は，これまでみてきた啓示と哲学の抗争の調停不可能性を宣言したに等し
いが，ここにはシュトラウスのどのような意図，もしくは根本的動機が隠されている
のか．最後にこの問題を掘り下げていこう．

（7）哲学と啓示の抗争――シュトラウス自身の立ち位置

　以上，みてきたとおり，啓示と哲学の抗争という問題について，シュトラウスが達
した結論とは，いうなれば，その和解の不可能性と不必要性であった．
　だとすれば，シュトラウス自身は哲学者，神学者のどちらに立っていたのか．[31)] ここ
で参考となるのが，ハインリヒ・マイアーの見解である．マイアーの結論を先取りし
ていえば，あくまでシュトラウスは哲学者たろうとしたという立場である．マイアー
によれば，シュトラウスはあくまで理性を重んじる哲学者として生きていたのであり，
哲学と啓示の対決という構図も，自身がよって立つ哲学の強化のためであったという．

　　「もし哲学が，己に対するもっとも強力な異論を退けそれを反駁する術をしるこ
　　とによって，自らが理性的であることを論証できるのだとすれば，哲学はこの異
　　論を探し求め，哲学がそれをもっぱら育て上げ，ただ哲学だけがそれを育てあげ
　　ることができるくらいにまで，それを強くしてやらねばならない．……このよう
　　な意味で，彼は，啓示の挑戦を探り当て，それを哲学のために強化したのであ
　　る．」[Meier 2003：邦訳 iii].

　では，啓示からの挑戦を受けながらも，生き延びた哲学，すなわち「強化された哲
学」を確立するためには，どういった知的作業が必要となるだろうか．それは，哲学
を哲学的思索によっては正当化できないという，先にみた問題を克服すること，いい
かえれば「意志の行為」によってしか哲学を正当化できないというジレンマを何らか
の形で解決することである．すなわち「啓示か哲学か」という決断主義に支えられた
選択ではなく，真に自身の足で立つ哲学を打ち立てることが重要なのである．
　こうしたマイアーの指摘を敷衍しつつ，意志の行為としての哲学を超えていく道を
模索した石崎は，カント，ヘーゲルといった近代の啓蒙主義者たちが，結局のところ，
啓示を反駁しえなかった現状を批判した上で，次のような鋭い指摘を行っている．

「シュトラウスの『神学―政治問題』との対決から導き出される答えは，哲学や
科学を選ぶに際して不可避の『意志の行為』としての『決断』に対して，『理性』
をいかにして反理性的な性格を克服したものとして対置しうるか，ということで
あった．つまり『理性―啓示』問題の新たな思索から導き出される『理性』は，
『啓示』が持つ『意志の行為』としての要素を，理性推理の連関の中へ位置づけ
なおすものでなければならない．シュトラウスは，そのような『理性』を，近代
哲学の『理性』とは決定的に区別され，むしろ近代の『理性』からは疎んじられ
た徳や節度や美に関わる『理性』，したがって古典的合理性と繋がりを持つ『理
性』の中に見た.」[石崎 2011：113-114].

　石崎の解釈によれば，シュトラウスは，哲学の存立をめぐり，啓示による反駁に答
えることのできなかった近代的な意味での理性に対置するものとして，古典的な理性
に活路を見出したというわけである[32].

　いきづまりをみせる近代的理性の再生を，シュトラウスの神学―政治問題から読み
解こうとするマイアーや，さらにそれを発展させた石崎の見解は非常に画期的なもの
であり，また近代を乗り越える一つの方向性を示す原理であろう[33].

＋5．哲学への入り口としての政治
――最高度の実践――

　以上の考察からシュトラウスにとって，哲学（とりわけ古典の哲学）とは，ふたつの
相反する知的魅力――科学と宗教――の誘惑から自由になることを目指す最高の意味
での知の形態であるということが明らかとなった．したがって，彼の政治観も，この
哲学を最高のものと位置づける価値体系から導き出されざるをえなかったということ
になる．

　では最終的に，哲学者が求める全体的な知とは，どのように定式化されるのだろう
か．最後にこの問題を整理しておこう．シュトラウスによれば，全体的な知の世界に
おいて，一方の極には均質的な知識が存在するという．それはとりわけ，代数学のな
かに見られるものである．では，もう一方の反対の極には何が見出せるのか．シュト
ラウスは均質的な知識に対し，それを異質的な知識とよぶ．われわれは，異質的な知
識を，そしてとりわけ，異質的な諸目的についての知識を見いだす．この種の知識の
最高の形態とは政治家の術と教育者の術である[Strauss 1959：39].

　この二種類の知の関係について，異質的な知識こそが，均質的な知識よりも優れて
いると彼は説く．「それ（異質的な知識）は，人間的な生の目的についての知識として，

何が人間的な生を完全なもの，あるいは全体的なものになすかということについての知識であり，それは，ひとつ全体についての知識だからである．人間の目的についての知識は，人間の魂についての知識を包含する．」[*Ibid.*：39]．しかしながら，こうした異質的な知識すらも，完全な意味での哲学的な知識とはなりえない．このような知識——最高の意味における政治術——も，全体そのものについての知識ではないからである．

　われわれは，この二種類の知識を無理やりにも全体の知識へと置き換えようとする，間違った誘惑に駆られている．この誘惑にこそ，われわれは打ち勝たねばならない．そうした知的営みを完遂できる者こそが，真の哲学者なのである．

（1）ソクラテス的哲学と異種混合的な知

　結局のところ，シュトラウスにとって哲学的な知とは何であったのか，真の哲学のあり方とは何であったか，という重要な問題は，ソクラテスにたいする彼の評価のなかで，断片的にではあるが語られている．すでに何度かふれたとおり，シュトラウスにとって哲学とは，洞窟から太陽の光のほうへと，つまり真理へと上昇することを意味している．だが，先述のとおり，その真理自体が，人間の生にとっての支えとなるには，あまりにも儚くつらいものであった．安堵と心の平安をもたらしてくれるような宗教的妄念から離れ，これを完全に捨て去ることは必然的に痛みを伴う．だがそうであっても，シュトラスウは次のように強く主張する．

> 「いかに真理が陰鬱な気持ちにさせるものであろうとも，陰鬱な真理の第一発見者は陰鬱な気分ではない．というのも，偉大なる勝利，新しい種類の勝利を収める最初の人間は賞賛に値するのであり，賞賛は楽しいものだから」[Strauss 1968：92]．

　こうした真理の陰鬱さに耐えうる勇気をもつにいたった最初の人々は，古代ギリシアに現れた．第7章でもくわしく検討するとおり，世界を全体としてみる，もしくは自然からみることのできた最初の人物は記録に残っている限り，タレスであろう．だがシュトラウスが注目するのは，彼ら前ソクラテス期の哲学者，いわゆるフォアゾクラティカーたちではない．実はここにこそ，シュトラウスの政治的なものにたいする思想が隠されているのである．彼が最初の偉大な真の哲学者（それは同時に政治哲学者でもあるのだが）として位置づける人物は一体誰か．その人物こそ，ソクラテスであった．[34]

　昨今，ソクラテスからわれわれが学ぶのは，われわれの現代生活のなかでの何が知であり，何が無知であるかの教えではない．ただ単に，ソクラテスが知と無知につい

て何を考えていたかということの知識にすぎなくなっている．だがシュトラウスがこうした表層的，世俗的な態度でソクラテスの思想に向かうことはない．では，ソクラテスただひとりが，それ以前の哲学者たちには到達しえなかった，いわば真理のなかの真理へと向かったといえる根拠はどこにあったのか．

　ソクラテスはたしかに哲学の目的を全存在者の知についての学だとみなしたが，次の一点において他の哲学者とは違ったとシュトラウスは指摘している．つまりソクラテスは，全存在者の知識を，各々の存在者，あるいは存在者の各々のクラスの本質の理解だとみなしたのである．シュトラウスはソクラテスの哲学者としての意義について次のように語っている．

> 「ソクラテスが彼に先立つすべての哲学者と区別されるのは，彼が全体のあるいは自然の核心を，知性の異種混合性（heterogeneity）に見ているという事実によってである．全体は一なるものでも均質的なものでもなく，異種混合的なものなのである．……感覚的に分かる異種混合ではなく，知性的な異種混合性，つまり本質的な異種混合性である．」［Strauss 1989：142］.

　前ソクラテス期の哲学者たちはこの世界を，何か一つの，もしくは単体の要素でもって説明しようと試みた．たとえば，タレスは世界の根源を水に置いたし，ピュタゴラスはそれを数に置く．それはたとえエンペドクレスの四元素説のような説明であっても，感覚的な混合性であって，タレスらの哲学と本質的に変わることはない．世界の全体を異種混合的にとらえるという，ソクラテス的な哲学観は個々の存在者ではなく，存在一般を問おうとしたハイデガーの哲学的姿勢とも決定的に異なるだろう．ソクラテスにとって，全体とはさまざまな種類のものが，そのクラスにおいて存在する形態なのである．

　では，このソクラテス的な存在論の確立が，なぜシュトラウスのいう政治的な事柄と関係してくるのか．これこそが非常に重要な論点である．シュトラウスは，異種混合の存在論を異種混合的な知性の問題と結びつけながら，以下のように語る．

> 「本質的な異種混合が存在する場合にのみ，政治的な事柄と非政治的な事柄との間に本質的な差異が存しうるのである．異種混合的知性を発見することによって，諸事物をありのままにしておくこともできるし，本質的に差異あるものを何か共通のものに従わせようとする衝動を取り去ることもできる．異種混合的知性の発見は，我々が常識と呼ぶことのできるものを擁護することを意味する．……ソクラテスは逆説的な事実を，すなわち，ある意味ではもっとも重要な真理とはもっとも明白な真理であるという事実を発見した．」［Strauss 1989：142］.

　すなわち，このシュトラウスの解釈によるならば，ソクラテスは，われわれの社会の中に存在する何気ない常識という感覚に回帰したということを意味する．そして「政治的な事柄の発見」とは，究極のところ，われわれが「常識」と呼ぶものの発見に他ならなかった．このソクラテスの知的到達は，政治的な事柄の発見のみならず，政治学すなわち政治哲学の確立への道を歴史上はじめて切り開いたのである．ソクラテスはその先行者たちとは対照的に，知恵を節度から切り離しはしなかった．現代の用語法を使えば，ソクラテス的哲学への転回は常識あるいは常識の世界への回帰ということもできるだろう．ソクラテスは，知恵を節度から切り離すということはしなかったため，哲学を究極的な次元にまで導く真理の断片，痕跡，予兆としての臆見をむしろ必要とさえした．正義に関する通俗的で，相互に矛盾した臆見の存在こそが，真の正義とは何か，という真理にたどり着くための必要条件なのである．

　シュトラウスはこうしたソクラテス的哲学観に立ち，政治的なものは比類なきものだということを指摘している．すなわち，政治は政治以下のものに還元することはできないということを彼は強調するのである．ソクラテスは，政治的なものは非政治的なものに還元できない，政治的なものは独特のものだという事実の認識に立ち，政治的なものそれ自体，あるいは，政治的共同社会つまりポリスによって提出された要求を正しく評価することに努めたのだった．こうしたソクラテス的な価値観からすれば，ソフィストのように，政治的なものを，レトリックに彩られた，ただの詭弁的な技術に還元することは，政治の本質を見誤った行為と映るに違いない．政治には，政治特有の価値と尺度，生命が存在することを，シュトラウスも，またソクラテスも，誰よりも強く信じていたのである．

　たしかに，シュトラウスにとって，真理への飽くなき探求，つまり哲学こそがもっとも重要な知的営みであることは紛れもない事実である．哲学者の生こそが，彼の思いえがく究極的な理想であることは間違いない．だが，同時に哲学を可能にしてくれる存在としての前哲学的な臆見の世界，すなわち政治的な世界もまた，彼にとっては軽視することのできない重要な領域なのである．

（2）最高度の実践としての政治

　シュトラウスにとって，人間的な事柄にかかわる政治は哲学とはおよそ，交わることのない縁遠い存在である．先述のとおり，政治術が全体の知へとたどり着くことは永遠にありえない．シュトラウスは語っている．

　　「政治的なものは本質的に不完全なものであるということである．というのも，政治的なものの本質は，賢明ならざる者たちの側での合意による，あるいは愚行

による知恵の希釈だからである.」〔Strauss 1989：147〕.

　できうるならば, 真の哲学者が不完全な臆見の世界たる政治の世界へと降りていくことは望ましくない. 本性において, 不完全なものでしかない政治を, 人間的生の理想を実現するものとして高めること, 真理と深く結びつけることはあってはならないと考える点において, 彼の政治観は一見すればオークショットらの考えとなんら変わるものではないだろう. だが, こうした価値観をもつシュトラウスの思想世界のなかにおいて, 政治的なものが決して疎んじられていたわけではなかった. 政治的なものの存在なくして, 人は哲学を可能とすることはできないからである.

　　　「政治的なものは, なるほど最高のものではないが, もっとも火急のものであるがゆえに最初に来るものなのである. ……政治的なものは基盤であり, 必要不可欠な条件なのである. ……人間的な事柄や政治的な事柄は確かにすべての事柄への, 自然全体への糸口ではある. というのも, それらは最高のものと最低のものとの結び目であり紐帯であるからである. あるいは人間が小宇宙であるからであり, 人間的な事柄や政治的な事柄とそれらの系は最高の諸原理の最初の出現形態だからである. 哲学は何よりもまず政治哲学である.」〔Ibid.：133〕.

　政治それ自体が, 真理を認識すること, 最善の体制を実現することはたしかに適わないことである. だが, 世界の全体, 宇宙の神秘といったものを理解するには, まずもって人間存在を理解せねばならない. なぜなら, 人間こそが唯一宇宙を仰ぎ見られる存在だからである. 要するに, 人間的事柄を理解するには, また政治的なものを理解せざるをえないという政治観が, シュトラウスの達した結論だったといえる. シュトラウスにとって政治的なものの位置を見つめなおすこと, それは人間的な事柄, その存在を問い直すことであると同時に, また真理への入口でもある. ポリスにかかわる事柄, すなわち, 政治の原点は, それが人的秩序を基礎にするかぎり, 臆見が対立し合う調停不可能な領域という要素をもつ. だが, それは, 同時に, ソクラテス的な観点でみれば, 哲学を成立・可能にさせるための重要な基盤でもある. 要するに, 政治とは, さまざまな意見を, 時に暴力を伴いつつ対抗させる世界であると同時に, 哲学が始まる場所という意味で, 人間の最高度の実践としても規定できるのである.

　以上のようなシュトラウス的政治観を第3章最終部分にて論じたイデオロギー化された政治を克服する方法のなかに位置づけた場合, どう再定式化されえるだろうか. 第二の道「イデオロギー的な思考方法そのものを徹底して脱構築していく方法」すなわち, 能動的な世界観構築といった人間的主体性の否定, 弁証法的世界観の破壊といったポストモダニズム的な思考方法をアレンジしつつ, 第三の道「徹底してイデオ

ロギー的な思考を受け入れていく方法」すなわち，政治を対立や抗争を基礎とした，ときに凄惨な暴力をも潜在的に伴う，われわれ人間の宿命として受け入れつつも，それを逆説的に真なる知への入口ととらえなおす道だといえるかもしれない．

　では，この最高度の実践としての政治，すなわち，政治的生は，個々人がそれぞれなすべきものなのか．否，それが政治である以上，共同体としての政治的生もまた問われなければならない．そのためには，善き政治社会の青写真が必要となるだろう．さらには，迫害と著述という場面でもふれたとおり，哲学を成立・可能にさせるための政治社会そのもののあり方という問題も重要となるだろう．ここにおいて，序章でもふれたとおり，政治哲学の原点である政治体制，すなわち，レジームの問題へと，われわれは，歩を進めていく必要がある．

注
1 ）　歴史的なコンテクストのなかで，シュトラウスと政治的なものの関係に着目した研究としては，主にワイマール期の政治的体験を追った飯島［1995］があるが，これらの研究においても，シュトラウスの政治観の内実にはほとんど言及されていない．シュトラウスの政治的なものに着目した本格的な研究として，松尾［2018］の第2章を参照．ただし，そもそも，政治思想史家・政治哲学者と呼ばれる思想家・哲学者は数多くいるものの，政治そのものと直に対峙し，その内実を明確な形で定式化してみせた政治哲学者は意外と数少ない．むしろ，政治を実践的な「活動」と明確にしたハンナ・アーレントと，経済・文化その他から区別される政治的なもの特有の価値基準を定式化したカール・シュミットは稀有な例であった．とはいえ，政治の内在的本質を「暫定的合意形成」とみるアーレントと「他の何にも還元不可能な対立」とみるムフやシュミットの考えは，場合によっては一致点を見出せる状況があるとしても，根本的な対立を含んでいるようにもみえる．
2 ）　シュトラウスの弟子でもあり『アメリカン・マインドの終焉』でも有名なアラン・ブルームによれば，シュトラウスの思想の歩みは大きく見て三期に分類されるという［Bloom 1990］．つまり『ホッブズの政治学』に代表される，近代性の根源を探っていく前期，近代性を克服するため古代の哲学へと向かっていき，秘教的読解を発見した後の中期，さらに古代の哲学作品を綿密に批評し，その中で自身の思想をあらわしていく後期である．
3 ）　ミハエル・プロットによれば，レオ・シュトラウスの政治哲学の基本的問題は「三つの論争・三つの問題」にまとめられる．すなわち「古代人・近代人論争」「哲学と宗教的啓示の問題」「哲学と詩的なもの」の三つである．なかでも「古代人・近代人論争」は，多くのシュトラウス研究者がもっとも注意を向ける問題である．
4 ）　この「徳とその実現をなす理想の体制」という問題について，第5章にてくわしく考察する．
5 ）　むろん，マキアヴェッリをこうした近代政治哲学の始祖という側面のみを強調しない研究も存在する．Pocock［2003］，田中［1992］を参照．なお，シュトラウスのマキアヴェッリ解釈の詳細については，Strauss［1995］，Zuccart［2006：Ch. 5］を参照．

6）　なお，ホッブズ解釈における，自然法と自然権の関係については諸説存在する．一つ目は，ハワード・ウォレンダーに代表されるように，自然法を神の法ととらえ，自然権に優先させ，その義務的側面を強調する立場で，いわゆるテイラー・ウォレンダーテーゼと呼ばれるものである．二つ目は，自然法を自然権に優先させながらも，自然法は主権者により制定され，はじめて成立するとみるオークショットなどの立場がある．そして最後が，自然法より自然権の重要性を明確に強調するレオ・シュトラスの立場である．くわしくは，梅田百合香［2005］を参照．

7）　こうした近代における作為の政治への変容といった定式は西洋世界を前提としたものと思われるかもしれない．たしかに，シュトラウスは西洋政治思想史という観点でこの議論を展開しているわけだが，シュトラウスと似た観点から，丸山真男［1983］は，儒教的世界観の内面的崩壊過程を問題史的に解明し，自然と作為の対抗から日本の近代化の思想を論じている．

8）　もちろんこうした政治観や政治学の規定に意味がないわけではない．物理的なものに心理的な性質を想定することによって，物理的なものと心理的なものという二つの異質のものを一つの尺度の上で比較し定量化する知恵であったと考えられる［河合 1979：231］．

9）　シュトラウスはこうした近代政治学全般を新しい政治学と規定し，批判した．Strauss［2006］参照．

10）　ここでは，あくまで「試み」と述べている点に着目したい．なお，ここでいう意見とは，ギリシア語でいうところのドクサ（臆見）であり，また知識はエピステーメー（真知）を意識したものであることはすでに第1章にて論究した．それはまさにソクラテス－プラトン的な哲学観を彷彿とさせるものだが，シュトラウスにとって，哲学の基礎は近代的な認識論ではなく，全体の知識へと向かうある種の存在論である．彼が後年，いわゆる「ソクラテス問題」へと向かった理由はここにあるだろう．事実，後期シュトラウスの思索はソクラテス像の探求へと捧げられた．後期の著作『ソクラテスとアリストファネス』『クセノフォンのソクラテス』などはその集大成である．特に『ソクラテスとアリストファネス』は政治哲学を論じた書というよりは，一見アリストファネスの作品を論じたいわゆる文芸評論に近いものがある．

11）　『迫害と著述の技法』は極めて難解な書物である．

12）　橋本努も指摘するとおり，この「ルクレティウスについての覚え書き」という章は，一見すれば『リベラリズム　古代と近代』全編において，その位置づけが全く分からない章である［橋本 2007：279］．だが，シュトラウスはこのルクレティウスの『事物の本性について宇宙論』の哲学的意義について別のところで述べている．「哲学的コンヴェンショナリズムの最大の文書，しかも実際のところ，信頼できると同時に包括的な内容をもつ文書で我々の手にしうる唯一のものは，エピクロス主義者ルクレティウスの詩『事物の本性について』である．……」［Strauss 1959：11］．なお，ルクレティウスのなした意義についてのより深いシュトラウスの考察は，この Strauss［1959：123-125］の著述を参照．哲学的コンヴェンショナリズムについては，第7章でくわしく論じる．

13）　ちなみにこの「上昇」とは，精神的，哲学的な意味における上昇である．そして，注意すべきは，あくまで上昇であって，到達ではないという点である．

14)　Lucreti［1947：邦訳 292］以降を参照．なお，この謎の詩人ルクレティウスについては，本書，同書449頁以降の藤沢令夫の解説を参照のこと．

15)　エピクロス主義については，中金［2010］を参照．

16)　Lucreti［1947：邦訳 127］．ちなみにアガメムノンの生贄とは，アガメムノンの弟メネラオス（スパルタ王）の妻ヘレネが，小アジアに位置するトロイアの王子パリスに連れ去られたことに怒り，全ギリシアから志願者を募ってトロイアに戦争を仕掛けることになる．出征時に逆風が吹いたため船出ができなくなると，娘イピゲネイアを女神アルテミスに生贄として捧げれば解決するとの予言をうけ，苦悩の果てに娘を殺害してトロイアへ向かった，という筋書である．

17)　古典的政治哲学者は，自らの哲学的真理を公表する際，何かしらこうしたことを意識していたという確信が，シュトラウスの基本的な立場であり，古典の読解法の基礎である．たとえばプラトンがなぜ対話篇などという，一風変わった著述の方法を選択したのか．その答えについての一端こそが，この迫害と著述をめぐる問題にあるといえる．Strauss［1978：50-55］にある，プラトンの著述形式をめぐるシュトラウスの議論を参照．

18)　シュトラウスがユダヤ哲学の研究者であったことは知られている．Green［1997］を参照．科学的な知にたいしてもまたその重要性を語っていたことはあまり注目されない．おそらく実証主義や科学的な政治学への批判ばかりが強調されるからであろう．だが，本章で明らかにするとおり，シュトラウスにとって，科学的知もまた，哲学を強化するための重要な要素であった．

19)　数学と科学は厳密には異なる思考法だが，ここでは踏み入らない．

20)　シュトラウスの神学—政治問題への意識は初期のころから始まっている．Strauss［1997］参照．

21)　シュトラウスがこの問題の定式化させたのは，主に1940年代以降といわれる．なお，この問題については，Janssens［2009］を参照．

22)　ここでいう「理性」は，あくまで人間の知的能力によって辿りつける非宗教的，超自然的ではないもの，という一般的な広い意味で使っている．だが第 5 章で確認するが，古典的な理解による理性と近代的理性は異なるという視点が，石崎によって指摘されているとおり，哲学を単に「理性や知による探求」と定義してしまうことはいささか問題を抱える．いずれにせよ，ここでは，哲学を，広い意味での「理性」によって支えられたものとして議論を進めていく．

23)　神学—政治問題にたっした背景について，シュトラウスは以下のように語っている．「わたくしのホッブズ研究は，一七世紀における聖書—批判の端緒に関する研究，特にスピノザの『神学・政治論』研究との関連において開始された．……それ以来，神学—政治問題は，わたくしの研究の主題そのものであり続けている．」［Strauss 1996：viii］．なお，ハインリヒ・マイアーによれば，この神学・政治問題こそが，シュトラウス哲学を貫く一本の糸であったという［Meier 2003］．

24)　もちろん，これら科学の議論は，非常に単純化したものである．よりくわしい議論については，Whitehead［1997：Ch. 1；Ch. 9；Ch. 12］を参照．

25)　シュトラウスもまたこの事実を次のように率直に認めている．「科学は近代の哲学，ない

し科学のうち成功した部分であり，哲学は成功しなかった部分，すなわち残りものである．それゆえ科学は哲学よりも高い威厳を有している．……科学こそ，世界についての人間の自然的理解が完成された在り方そのものなのである．」[Strauss 1989：99]．

26）　この点は，ホワイトヘッドも同様の指摘を行っている．「科学はその信仰を弁証しようとも，その意味を説明しようとも考えたことがなく，ヒュームの攻撃に対しても態よく空とぼけていた．」[Whitehead 1997：16]．

27）　トマス・クーンは，パラダイムシフトが及ぼす作用について，次のようにさえ語る．「パラダイムの変革は，科学者たちに彼らが研究に従事する世界を違ったものと見させる．彼らの世界との交渉は自ら見，かつ為すことに限られるかぎり，革命後は科学者は異なった世界に対処している [Kuhn 1962：邦訳 125]．

28）　無論，進歩思想そのものは科学革命以前からあったものである．しかしながら，科学の発展が進歩思想に火をつけたことは間違いない事実であろう．

29）　この「近代の向こう側へ」という表現は，竹島 [2002：144] の議論によっている．なお，形而上学の克服として，竹島が提示する三つの方法論分析と本書は，若干立場を異にしている．

30）　浅野俊哉はこうしたシュトラウスの立場について，「プレモダンの立場からの近代批判」という皮肉を込めた指摘をしている [浅野 2008：16]．

31）　シュトラウス自身が無神論者であったのかという議論については諸説ある．Locke [2002]，Rosen [2003] を参照．

32）　ここではくわしく議論できないが，こうして提示された古典的な理性がはたして，啓示からの挑戦に耐えうる哲学を確立するかどうかは，さらに検討してみなければ分からない問題である．

33）　ただし，筆者はここに重要な問題点が見落とされているようにも思える．すなわち，シュトラウスが哲学と啓示をあえて対峙させることで，哲学や理性の再生を図ったという，その根本的な発想や視点そのものが，彼のユダヤ人としてのアイデンティティから来ているのではないかという視点である．同様の解釈をする論考として，浅野の前掲論文を参照．浅野は次のように述べる．「シュトラウスが真に擁護したいのは，実のところ，ギリシア哲学に代表されるヘレニズムの原理ではなく，それをさらに遡るヘブライズムのそれ，すなわち律法に基づくユダヤ教の諸原理なのである」[浅野 2008：17] いうなれば，単なる人間の意志の行為に過ぎなくなった哲学を，啓示との比較・抗争をとおし，乗り超えていこうとする試みは，元をただせば，ひとりのユダヤ人であり，ユダヤ思想家であるレオ・シュトラウスという人物の宗教的側面が強く影響し，それによってつくり上げられたレールの遡上に乗せられたものなのではないかと思われるのである．では，そもそもシュトラウスは，はたしてひとりの信仰をもったユダヤ思想家であったのか．無論，その真相を知る術はないが，少なくとも，シュトラウスは「私にとって問題は，我々の伝統によって理解されたトーラーか，不信仰かまさにどちらかである．」という発言を残している．このような事実をみたとき，たとえ意志の行為によらない「新しい理性」に支えられた真の哲学を見出そうとしたシュトラウスといえども，そこには，はじめから彼自身の「意志の行為」としてのユダヤ教という重要な側面が隠されていたのではないだろうか．

34)　シュトラウスのソクラテス論については，Strauss［2004］を参照．なお，周知のとおり，
　　ソクラテスをめぐる議論は多数存在する．たとえばニーチェ『曙光』のソクラテス批判は
　　強烈なものである．だが，本章ではシュトラウスの視点によるソクラテス像を前提として
　　考察を進める．

第5章 レオ・シュトラウスのレジーム論
——哲学と政治社会の関係についての考察——

＋ はじめに
——レジームという概念について——

英語のレジーム（regime）なる語は非常に多義的な概念である．日本語では一般に，「政治制度」「政治形態」もしくは「体制」と訳されるが，それぞれの訳語によって，当然のことながらそのニュアンスは異なってくる．

たとえば，政治制度という意味で使う場合，やはり制度論的な側面が強調される[1]．つまり，単に民主主義という政治制度を問題にするとしても，それを形づくる制度の仕組み，具体的にいえば，大統領制か議院内閣制かといった現実の細かい制度の議論をもふくむ場合が多い．一方，政治形態という意味で使われる場合，国家単位レベルでの民主制，君主制，独裁制といった，より大きな統治の枠組みに関係することが多く，もし仮に，この政治形態という意味が，より包括的な政治の文脈で使われるならば，政治体制，あるいは，国制といった意味に限りなく近づいていくと考えられる[2]．

とはいえ，このように，それぞれの使用方法，概念規定をつぶさにみれば，何らかの政治的枠組みや，共同体の秩序に関係するという点で，その底を流れる地下水脈のようなものがみえてくることもまたたしかである．仮に，その水源を丹念にたどっていくならば，何らかの秩序形成を成り立たせるもの，もしくは，すでに成立した社会や制度一般のあり方を広く意味する言葉だということが分かるだろう．その意味で，レジームとは，われわれが生きる現実の政治社会と直接的なかかわりをもった規範概念であると考えられるのである．

したがって，このレジームの問題は，いかなる時代，国，地域を問わず，国家や政治社会に正当性を付与する根本原理，いうなれば，その政治社会全体が，どういった生き方をもっとも重要な価値基準と考えるか[3]，という根源的な問いへとつながっていく．その証拠に，いかなる国制を選びとる（理想とする）か，もしくは国制の正当性を基礎づけるものは何かを問う試みは，プラトンやアリストテレス以降始まった政治

哲学にとって，もっとも古く重要なテーマでありつづけてきた[4]．後に確認するとおり，古典的政治哲学の中心に位置する問題意識は，まさにこの国制をいかに正しく，善い方法で創設していくか，という点にあったのである．

　だが，こうした「善きレジーム」にかかわる議論を展開していくには，さらなる哲学的な論点や明確な基準が必要とされなければならない．第一に，そもそも国制とは何か，その起源はどこにあるのかという問題に加えて，何をもって善き国制とするかを定める明確な基準はどこに由来するのかという，より根源的な問いが具体的に明らかにされなければならないのである[5]．要するに，国制の問題を考えるにあたっては，すでに構築された国制の具体的な優劣を単に比較，考察するのではなく，それぞれの国制の正当性を根本から規定づける，より一層深い原理や，その国制の起源こそが問われなければならない．まさにこのような問題意識こそ，レオ・シュトラウスが展開したレジームをめぐる議論の鍵なのである．

　本章の意図は，古典的政治哲学の立場によりながら，こうした複雑な意味をもつレジームの問題について深遠な洞察を行ったシュトラウスのレジーム論を考察することにある[6]．そのなかで明らかにしたいのは，第一に，すでに述べた，レジームという概念がもつ根本原理とその起源の問題である．続いて，善きレジームとは何かという問いを突きつめていくなかで，最善のレジームの実現は可能なのかという問題へと踏み込んでいく．そして，最終的に，レジームと哲学の関係はどうあるべきかという問題にたいし，一定の結論を見出していきたい．

＋1．政治社会全体の性格を基礎づけるレジーム概念

（1）法とレジーム

　レジームという概念の多義性，そしてシュトラウスが強調した，単なる政治制度や国制とは区別されるレジーム理解についてはすでに述べたとおりである．しかし，これだけでは，シュトラウスがレジームという語によって，具体的にどのような論点を示したかったのかという，より本質的な問題意識は，未だ霧に包まれた古城のままであるといってよい．シュトラウスは英語の "regime" という言葉から，重要な政治的意味をどのように汲みとろうとしたのだろうか．

　レジームの定式化にあたり，シュトラウスは，レジームと法律との対比から語っている [Strauss 1959：34]．一般に，法とは[7]，その共同体や国の支配者である立法者がつくる規範体系であるが，その立法者の性格そのものを規定するのは，当然のことながら，その立法者によってつくられた法や社会ではない．いかなる共同体や国においても，立法者は事実上，その国の支配者であることに変わりはないが，支配者の権力

の源泉や性格そのものは，社会と政治的秩序の全体，国制，いうなれば，レジームに依存するのである．このように，レジームとは，究極的に，国の事実上の支配者たる立法者の性格をも規定する概念である以上，シュトラウスの定義するレジームは，次のように非常に根源的かつ多元的な意味をもつ．少々長いが，もっとも重要な規定なので，引用しておこう．

> 「レジームとは，社会にその性格を与える秩序であり，形態である．それゆえ，レジームとは，特殊な生活の仕方のことである．レジームは，共生としての生活の形態であり，社会のそして社会のなかで生きる仕方である．というのも，この仕方は，ある種のタイプの人間による支配に，ある種のタイプの人間による明確な社会の統治に，決定的に依存しているからである．レジームが意味するのは全体であり，われわれは今日習慣的に，その全体を，第一に断片化された形態でみている．レジームというのは，社会の生の形態，社会の生活スタイル，社会の道徳的性情，社会形態，国家形態，統治形態，法の精神をも同時に意味している」
> [*Ibid.*：34]

　ここから分かるのは，シュトラウスのいうレジームが，社会全体に性格を与える秩序であると同時に，その社会のもつさまざまな形態をも意味しているということである．要するに，レジームとは，国家の立法行為や統治にたいし，権威と正当性をあたえる究極の原理であり，またそれによって構築された統治の形態，さらにはその統治の仕方によってつくり上げられた人々の社会的生活や精神，道徳観までをも巻き込む幅広い概念ということになるだろう．以上のように理解するならば，レジームとは，単なる政治の形態や国家体制といった言葉に包含，集約される意味をはるかに超えていることが分かる．アリストテレスの概念を使った分かりやすい例をもちいるならば，レジームとは，まさに都市国家の形相（form）にあたる要素なのである．したがって，都市の形相であるレジームは，その都市に住む「人間」を何らかの具体化された「市民」へと根本的につくり変える働きをなす．その意味で，民主制というレジームの下にある市民は，寡頭制の下に生きる市民とはまったく異質な性質をもった存在として考えられるのである [Strauss 1964：45]．[8)]

（2）レジームと善き生──人間の生と政治的な生

　以上のとおり，国民の性格や気質，道徳的精神そのものが，その国のレジームによって形づくられるとすれば，各々のレジームによって，必然的にそのレジームのもとに生きる市民の性格や生の形態は変化せざるをえない．事実，プラトンは，貴族制や王制，僭主制，民主制といったそれぞれの具体的なレジームにおける支配の性質や

形態が，そのレジームのもとで生きる人々の生き方，性質にたいしどういった影響を与えるかという問題を語っている[9]．要するに，レジームは，人々の内面や価値観，ひいては生き方そのものを規定する力をもつというわけだ[10]．したがって，レジームの問題を追求することは，政治社会と人間の生き方，あるいは，人間の政治社会にたいするかかわり方を根源的に問い直すという意味でも，非常に重要な意義をもっているのである．

　以上の考察を踏まえるならば，アリストテレス『政治学』のテーマの一つは，シュトラウスも指摘するとおり，まさにこの問題の洞察にあったといってよいだろう．祖国や共同体のために献身する人間，すなわち愛国者は，一般に有徳な人間とされるが，単に愛国者であるだけでは，真の意味で有徳的な人間とは限らない．本性的に善き人間が善き市民と同一であるのは，ただひとつ，その社会が，善きレジームにもとづく社会，いいかえれば，善き目的をもった国家社会である場合に限られる[11]．というのも，ただ善きレジームにおいてのみ，そのレジームの善さとその下で生きる人間の善さとが一致し，われわれが真に目指すところの善き生が現実に可能となるからである [Strauss 1964：34-35][12]．アリストテレスが指摘したとおり，人間の生それ自体が，同時に社会的生でもある以上，その社会の本質的な性格を問うことなしに，真の善き生について語ることはできないのである．

（3）哲学と社会

　この善き生と社会の関係という問題は，哲学的生と社会的生の関係をどうとらえるかという問題にも大きくかかわってくる．というのも，第4章でも考察したように，哲学本来の意味をふり返れば，そこには，人の生き方の問題と切り離すことのできない重要な問題が内在しているからである．事実，それまでの神話や自然哲学とは区別される，ソクラテスをはじめとする哲学者――シュトラウスが古典的政治哲学者とよぶ人々――たちは，哲学を個々の知識のためのみならず，人生全体の問題として見ようとしていた．シュトラウスが指摘するように，ソクラテスは，いわば哲学を天上から呼びおろし，超人間的な事象や神の事柄ではなく，あくまで，人間的な事象を扱うよう導いたのである [*Ibid.*：1][13]．

　このように，哲学そのものを，人の生き方にかかわる深い思索と解釈すれば，人の生き方を左右するレジームと哲学の関係は，より深い新たな主題を生み出していく．この問題は，後に論じるとおり，哲学と政治社会の関係に大きく繋がっていく問いでもあるのだ．だが，いずれにせよ，シュトラウスが，人の善き生き方という問題[14]について論じるとき，その善き生を基底づける哲学そのものへの問いからいったん離れ，レジームの問題へと舵を切らねばならない．それは，いってみれば，最善の人間的生

そのものの考察ではなく，最善のレジームを問う試みである．要するに，共同体に住む一般の国民が善き生を実際におくるには，なかんずく本性的な善き人間へと飛翔していくには，真の知識や内面の資質，徳の養成といった自己自身の鍛錬だけでは不十分である以上，そこに上陸していく総合的な基盤や条件が必要となるのであり，その条件こそが，善き政治社会を成り立たせる根源たる善きレジームに他ならないのである．人間の生き方と社会の関係について，シュトラウスは次のように語っている．

　　「人間はその最高の高みに達するためには，最善の社会，人間的卓越性にもっとも役立つような社会に生きなければならない．古典的な理論家たちは最善の社会を最善のポリテイアと呼んだ．…社会が善きものであるためには，それは国家社会ないし政治社会でなければならず，事物の管理のみならず，人間の統治（government of men）が行われているような社会でなければならないということであった．」[Strauss 1953：135-136]．

　ここで，彼のいう国家社会が，単なる近代的な国民国家ではなく，古代ギリシアの都市国家（ポリス）のような社会をモデルとしていることは明らかである．シュトラウスによれば，都市国家とは，今日でいう「国家」と「社会」の両方を含んだ概念であり，より小さく従属的なさまざまな諸社会を包摂する一つの社会とされるが，いずれにせよ，都市国家という形態か，今日のような国民国家であるべきかという外形的な問題よりも，ここでは，次の論点が少なくとも重要な要素になってくると思われる．

　第一に，人々が最善の生をおくるには，必然的に最善の国家体制，いいかえれば，最善のレジームによって秩序づけられ，確立された国家のもとに人は生きねばならないという点，第二に，このような国家が成立する条件としては，それが都市国家のような形態である以上，人間の生命や安全，生理的欲求を満たすだけの未開の部族共同体のような形態ではなく，ある程度，文明的な社会であることが前提とされるという点である．

　では，はたして，このような最善の国家はいかにして構築されうるのであろうか．さらにいえば，そもそも，「何が最善の国家か」という問いそれ自体を判定するための究極的な基準はどこにあるのか，そしてそれを導く水先案内人は一体誰なのか．こうした難題に答えることは，古典的な政治哲学に課せられたもっとも重要な試練である．序章でもふれたとおり，古代の政治哲学は，理論の学であると同時に，実践の学でもあったからだ．まずは，レジームそれ自体が，そもそもどのように形成されていくのかという，起源の問題をあらためて問い直すことから，この難題に挑戦していこう．

✚ 2．レジームの起源と国家体制
──最初の立法者の存在──

（1）レジームの起源

　レジームとは，すでに述べたとおり，その社会に性格を与える秩序であり，その形態であった．そしてそれは，社会における市民の生活の仕方・性格までをも規定する形相的な概念でもあった．レジームをこのように理解した場合，そこには重要な鍵となる一つの論点が浮上する．すなわち，何らかの性格が与えられた秩序である以上，そのレジームは自然的に成長したものではなく，そこには人為的な力や意志が入り込まざるをえないという点である[15]．このような人為的存在を仮に「最初の立法者」と呼ぶとすれば，その人物が神的存在ではない以上，その正体は，人間もしくは集団ということになるであろう[16]．では，この最初の立法者とは，一体誰なのか．理論的に考察していく議論としては，たとえば，社会解約論がある．周知のとおり，社会解約論は自然状態といったある種の国家不在のモデルを想定し，論理的に国家の形成をたどっていくある種の思考実験であるが，こうした社会解約論の文脈でいえば，まさに主権者のような存在こそが，「最初の立法者」ということになるだろう[17]．だが，初期近代の社会契約論的な方法が一種の合理論であったことを考えると，社会契約論的な方法で最初の立法者を定式化していくことは，最初の立法者が純粋理論的な存在になる可能性がある[18]．

　したがって，以下では，国家や社会が成立する以前の未開の状態から，いかに国家という形式が整えられていったのかという原理的な議論と現実の歴史的な議論をもとに，最初の立法者がどの時点で現れ，どのようにレジームを基礎づけてきたのかを考察したい．そのための羅針盤の一人が，プラトンである[19]．プラトンは『国家』第二巻のなかで，人間が自足的存在ではなく，多くのものを欠いた存在であるという理由から国家の起源についての議論をはじめる [Plato 1902：132：369B4-6][20]．人は本性的に，自足的存在ではないからこそ，共同生活をはじめ，分業体制を整えていくなかで，最初の国家が形づくられるのである．ただし，この最初の国家は，いわば「必要」を満たす国家であり，ただ単に生きるためだけの国家にすぎない．この段階では，レジームの基礎である社会秩序そのものは形成されているものの，正義や不正といった観念は生まれておらず，いうなれば無垢な状態にあるため，人々の生き方に基礎を与えるようなレジームは成立していないのである．だとすれば，レジームが形づくられるのはどの段階においてなのか．つづく，贅沢な国家から，幸福なポリスという段階に至るとき，共同体全体の方向性を定める「最初の立法者」がはじめて出現すると思われ

る．なぜなら，このときはじめて，共同体全体の性格や生き方を定める方向性が生ま
れてくるからである．では，共同体内の誰が「最初の立法者」となりうるのか．おそ
らくは，知的に優れ，また武力によって勝利を収めた人物や集団であろう．その意味
で，レジームの始原には，謀略や暴力といったある種，不正な要素が，必然的に伴わ
なければならないのである[21]．

　以上の議論を簡潔にまとめるならば，「最初の立法者」とは，国家や社会の原理，
性格を基礎づけた建国の父，もしくは既存の国家体制を根本からつくり変える改革者
のような存在ということになるだろう．そして，レジームの起源が，最初の国家の定
礎者，もしくは変革者によってつくられ，与えられるというこの事実こそ，まさにレ
ジーム問題の根幹をしめすと同時に，一つの困難さをしめしている．というのも，論
理上，国家のレジームを最初に基礎づける建国者，あるいは変革者が有徳な人間であ
れば，善きレジームはつくり出されうるし，一方，僭主のような悪徳の人間であれば，
悪しきレジームが生み出されることとなるからである．具体的な政治体制をめぐる議
論，たとえば，共和制か君主制か，もしくは寡頭制か王制かといった議論も，元をた
どれば基本的に，このレジームの起源である最初の立法者の意志や作為という極めて
偶然的な要素に基本的に寄りかかっているのである．したがって，レジーム論の最大
の焦点は，モンテスキューが展開したような，具体的な政体の選択や優劣をめぐる政
体比較論ではなく，レジームそのものの起源，すなわちレジームをつくり出した最初
の立法者がいかなる人物か，その性格，人間性の資質はどのようなものであったか
（もしくは，どうあるべきか）を問うことにあるといっても過言ではない．その意味で，
国家の起源を，いわゆる国父の姿に求めることは，決して間違ってはいないのである[22]．

（2）レジーム創設過程の分類

　以上の問題をより厳密に，また具体的に追及するに当たっては，レジームの創設者
がどういった経緯によって，はじめにレジームを形づくったのかという問題にもふれ
ておく必要がある．つまり，すでにみたような，国家のすべてをゼロからスタートさ
せるレジーム創設なのか，ある既存のレジームを変革した上でのレジームの創設なの
かを区別しなければならないのである．たとえば，プラトンは『国家』の第8巻にお
いて，優秀者支配制から順に，名誉支配制，寡頭制，民主制，僭主制とそれぞれの国
制の移り変わりを論じているが[23]，この場合，レジームの創設者はそれぞれのレジーム
の内部において堕落した，もしくは力をもった人々である．たとえば，寡頭制のレ
ジーム的起源が具体的に誰かといえば，名誉支配制の下で金銭を多くもった国民とい
うことになるだろう [Plato 1902 : 577-578 : 550C3-551B]．

　次に，歴史的な事例を基にした，より現実的な観点から，レジーム創設のパターン

を考えるのであれば，マキアヴェッリの考察がもっとも参考になる．マキアヴェッリ
は，Machiavelli［1984］の冒頭部分において，レジーム創設の分類や性質の違いを分
析しているが，その起源には大きく分けて二つの場合があるという．つまり，その地
方の土着の人間がレジームをつくる場合と，よそから来た移住者によって建設される
場合である［Machiavelli 1984：邦訳 24］．たとえば，アテナイやヴェネツィアは前者で
あり，フィレンツェの起源は後者にあたる．また，最初の立法者のなかにも，スパル
タのリュクルゴスのように，最初から完成度の高いレジームをつくりあげた人物もい
れば，改革を何度も必要とするレジームも存在するが，いずれにせよ，それぞれの立
法者が自分の目的に一番かなうような形で最初のレジームをつくり上げていくという
点では，そこに大きな違いはないのである［*Ibid.*：邦訳 32］．

　このように，最初の立法者がいかにしてレジームを構築するにいたったかという問
題については，さまざまなパターンが存在する．いずれの経緯をたどるにせよ，レ
ジームを創設する主体の根源は，最初の立法者による意志，すなわち人為的な力であ
るという，この一点において変わりはないのである．

　ただし，ここで，その最初の立法者といえども，その人物が普通の人間である限り
において，何らかの既存のレジームのもとに生きてきた存在であるという事実には注
意を向ける必要がある．このように理解すれば，悪しきレジームから善きレジームへ
変革するチャンスは，先のシュトラウスの議論にしたがうかぎり，限りなく低いこと
になる．なぜなら，悪しきレジームの下で育った人間が，善きレジームの創設に関与
できるほどの徳を備えているということは，原理上ありえないからである．一度創設
された悪しきレジームは，はたして永遠に悪しきレジームのままであり，善きレジー
ムの実現は，その最初の起源が有徳な立法者であった場合のみという，全くの天の配
剤に事実上，望みを託すしかないのだろうか．このような現実的に極めて困難な状況
において，シュトラウスの思い描く最善のレジームはどういった形で生成されうるの
か．そもそも，最善のレジームとは，どのような国制を基礎とするのか．いずれにせ
よ，レジームの起源と国制の関係がある程度明らかにされた今，最善のレジームとい
う言葉が示す，より内在的な問題へと足を踏み入れていく必要があるだろう．

✝ 3. 最善のレジームを問いつづける意味
──プラトンの『国家』をどう解釈するか──

（1）ポリテイアとレジーム

　最善の生き方の基礎には最善のレジームが必要であるという論点を深めていくには，
その最善のレジームの内実が一体どのようなものであり，また，いかにして創設され

るのかという問題を検討していかなければならない．ここで有益な道標となるのが，シュトラウスが最大の古典的政治哲学者として評価するプラトンの政治哲学である．最善のレジームと善き生の関係を追い求めていく旅は，この古典的政治哲学者の思索を忠実に追っていくことから始まる．

　では，われわれが最善のレジームという問題を考察する上で着目すべきプラトンの作品は何か．プラトンの作品には，レジームと重要な関わりをもつポリテイア（politeia）という語を題名に冠した，政治哲学史上，不朽の古典が存在する．いうまでもなく，『国家』である．一般に，日本語では，『国家』の訳語が定着しているこの作品だが，実は，この原題である『ポリテイア』をどう訳すかという問題は，日本でも歴史的に長く議論されてきた経緯をもつと同時に，レジーム論と非常に深い思想的関係をもっている．なぜなら，「ポリテイア」を，ギリシア語のもっとも基本的な意味である「（諸）国制」と単に訳すだけでは，プラトンがこの作品に託した本来の意図が把握できないからである．『ポリテイア』はその作品の主題や内容からして，単にアリストテレスの『政治学』において展開された当時の国制の比較，調査のようなものに止まるのではなく，より本質的なテーマ，すなわち「国制とは何か」という，より哲学的な探求を第一の目的として書かれた作品なのである．

　それは作品内における“ポリテイア”という語のさまざまな文脈における使われ方をみても明らかであろう．『ポリテイア』という作品中には94の“ポリテイア”という言葉が出されるが，その用例は次の四つ，すなわち①国のあり方，②理想の国制，③多様な諸国制，④魂の内なるあり方の比喩，に分類されるものの［納富 2011：8］，もっとも基本的な意味は，①国のあり方に帰着していくからである．

　以上の考察からも，ギリシア語のポリテイアを，プラトンの作品の主題と関連させ，シュトラウスが定義するところの「レジーム」に近い概念として理解することは，決して突飛な解釈ではないといえるだろう．その意味で，レジームを主題としつつ，理想国家の追及を行ったプラトンの『国家』ほど，最善のレジームの内実を明らかにしていく上で，最高の手がかりとなる著作は他にないのである．これらの観点を踏まえ，プラトン自身が提示する最善のレジームの条件とその創設の過程を具体的にみていこう．

（2）哲人統治の議論

　レジーム論の根幹が，レジームの創設者，すなわち最初の立法者にかかっているという論点はすでに指摘したとおりである．だとすれば，その創設者が最善の徳をもった人物であれば，そのレジームは，必然的に最善のレジームの基盤を整えることになるであろう．その証拠に，プラトンも，こうしたレジーム理解を基礎に最善国家の条

件を追求したのである.

　周知のとおり,『国家』におけるソクラテスが調和のとれた正義の国家体制として提示したのは, 国の全体が幸福になるように, 素質の異なる三つの種族 (労働者, 戦士, 守護者) がそれぞれの自己本来の仕事を行っている状態の国家である [Plato 1902 : 301 : 435D]. こうした国家を構築していくにあたり, ソクラテスは, 第5巻前半において, 守護者としての男女両性のための任務と教育, 妻子共有の問題など, 制度構築について具体的に語っていくのだが [*Ibid.* : 332-388 : 449-471C], ついに, 痺れをきらしたグラウコンから, 以下の要求を突きつけられることとなる. すなわち, そうした制度の話は打ち切り, 理想の国制が実現可能なのか, どうやって実現されるのかを語れと [*Ibid.* : 390 : 471E]. このようにうながされる形で, ついにソクラテスが語った結論こそが, 哲学者をレジームの創設者とする, かの有名な哲人統治であった [*Ibid.* : 394 : 473D]. この哲人統治をめぐる議論は,『国家』という作品全体をとおし, 政治論としてはもっとも重要な箇所であり, 数多くのプラトン研究者が解釈と考察を重ねてきた歴史をもつ.[28] この場合の哲人とは, 真実在への情熱, 時空を超えた万物の観想に向けた魂をもち, すべての知恵をもった最高度の徳を有する人間とされているが [*Ibid.* : 420 : 485B. 490A-B], この哲人こそが「最初の立法者」となり, 社会の枠組み, 性格, 形態を基礎づけ, 整えていくか, もしくは現実の王が哲学に目覚め, 統治する場合, 要するに哲学と政治が一致するときにのみ, 最善のレジームは実現するのである. ここから分かるのは, 哲人統治の実現のためには, 少なくとも, 非常に困難な二つの条件が必要となるという事実であろう. 第一に, 最高度の徳を有する人間, すなわち哲学者が完成されねばならないという点, 第二に, その哲学者が国家のトップとして君臨せねばならないという点である.

　では, はたして, この条件を満たす最善のレジームの構築は実現しうるのか. これこそ,『国家』に突きつけられた, 永遠の問いであるが, 最終的には, この哲人統治の実現性についての問題こそが解決されねばならない. この問題は, プラトンの真意を, この対話篇という形式で書かれた奇妙な著作からどのように読み解いていくかという, 解釈論に行き着くだろう. だが, 当然のことながら, 文献の巨大な山が積みあがるであろうこれまでのプラトン研究を一つひとつ検討している余裕はなく, こうした作業は筆者の能力をはるかに超える. ただし, 少なくとも, 歴史記述的で文献学的なプラトン研究のなかにわれわれが探し求める答えが期待できないことはたしかである. あくまで哲人統治による最善国家の問題をアクチュアルな形で再生させるには, マオラーも指摘するとおり, プラトンが提示したこの主題を, 古典古代から現代西欧文化までの一つの歴史的連続性としてとらえる, 壮大な哲学的視点が必要になってくるだろう [Maurer 1970 : 邦訳 314]. このような視点からプラトンの哲学を研究した人

物としてはコーンフォード，セイバインといった研究者が挙げられるが，とりわけ政治的なものとの関係という視点から，厳密さにはやや欠けるものの，最善国家の問題をユニークな形で読み解いた哲学者の一人が，やはりレオ・シュトラウスであった．以下では，シュトラウスのプラトン解釈を一つの指針としつつ[29)，プラトンが示した哲人統治の意味について考えてみたい．

（3）シュトラウスのプラトン解釈──弁論家トラシュマコスの意味

　はじめに，シュトラウスによるプラトン解釈の特徴や前提について，簡単にふれておこう．シュトラウスによれば，プラトンの著作における，時代背景，場面設定，筋書きなどにはすべてプラトン自身によって意図された，深い意味があるという．つまり，プラトンの描く何気ない風景描写，人物の性格は，思いつきによるものではなく，その裏には確固とした深い哲学的意味が隠されているとシュトラウスはみるのである．たとえば，『国家』冒頭の正義についての議論は，父であり家長でもある権威の象徴・老ケパロスが退場してから始まるが，この描写は，自然的正の追求が，権威や慣習への疑いと解放から始まることを意味しているというのが，シュトラウスの解釈である [Strauss 1953：84]．

　以上のプラトン解釈の前提を踏まえたうえで，さらにプラトンの著作を読む際にはもっとも気をつけるべき点がある，とシュトラウスは強調する．すなわち，個々の対話篇を特徴づけるものは，その主題そのものよりもむしろその主題を取り扱う仕方にあるという解釈だ．各々の対話篇は独特の捨象，したがって独特の歪曲によって主題を取り扱っているのである [Strauss 1989：147]．たとえば，シュトラウスがみるところ，プラトンはほとんどの作品において，主題の本質を，ダイレクトに，分かりやすい形で語ろうとは決してしていないが，『国家』『法律』『ソフィスト』『政治家』の四作品は，主題をそのまま表しており，その取り扱い方にこそ，われわれは注意を向けねばならないと主張する．以上の問題意識にしたがい，シュトラスウスが『国家』について論じていく手腕を簡潔に確認していこう．

　『国家』第一巻の「正義」をめぐる対話において，ソクラテスの前に立ちはだかった最大の宿敵は，周知のとおり，トラシュマコスという人物である．トラシュマコスは，かの有名な正義についての持論を果敢に宣言する．「では聞くがよい．私は主張する，〈正しいこと〉とは，強い者の利益にほかならない．」と [Plato 1902：54：338C]．

　われわれが思い描く「正義」とは一見すると遠くかけ離れた主張に思えるが，このトラシュマコスによる正義の論理こそ，一般の国家社会のレジームを基礎づける最初の基本的な原理であることもまたたしかであろう．というのも，すでにみたとおり，レジームの最初の成り立ちには，強者による暴力が入り込まざるをえないからである．

プラトンがあえて，このトラシュマコスを登場させたことからも，政治的共同体に
とって欠かすことのできない本質は，抑圧と支配にあるということをプラトン自身が
理解していたということが分かるだろう．

　シュトラウスは，こうしたトラシュマコスの立場を，さらに踏み込んだ形で，次の
ように説明している．「こうしたトラシュマコスの振舞い方は，アテナイのポリスが
ソクラテスに対してとった態度を我々に思い起こさせる．正しいこととは合法的なこ
とであるという，トラシュマコスの主張は現実のポリスの主張であり，ポリスは法を
超えた訴えを許さない．ある意味で，トラシュマコスはポリスであり，ポリスを演じ
ている」[Strauss 1989：147]．シュトラウスのこの指摘のとおり，アディマントスな
どと比べ，登場するシーンは少ないものの，トラシュマコスは『国家』において非常
に重要な位置を占めている人物である．最終的に，トラシュマコスはソクラテスによ
り反駁され，取り込まれていくわけだが，最後までトラシュマコスは重要な役割をは
たしつづけることとなる．なぜなら，トラシュマコスはこの当時，最高の弁論家だっ
たからであり，この弁論という技術なくしては，ソクラテスはトラシュマコスに反駁
することも，またそこから言論における最善のポリス像を描いていくことも不可能
だったからだ．要するに，最善のポリスは，トラシュマコスの技術（弁論の技術）な
しには不可能なのである[Ibid.：148]．シュトラウスの『国家』をめぐる解釈のなか
でも，この指摘はとりわけ興味深いものといえる[30]．弁論の技術なしに，本当の正義を
人々に説いていくこともまたできないからであり，最終的に，ソクラテスは正義につ
いて，旧来の伝統にも，もちろんポリスの通俗的意見にもよらない定義を説明した後，
この正義をポリスの市民に言論という手段を用い，説いていくことによって，最善の
国家を目指そうとするのである．

　とはいえ，この言論を用いた説得によって，最善のレジームを築きあげることは可
能なのか．賢者の説得を生まれついての非賢者がどのようにして受け入れるのか．結
局のところ，哲人統治が真に実現するかどうかは，まさにこの点にかかっていると
いってもよいだろう．この哲人統治の構想そのものを肯定するか否か，またその実現
性の可否こそが，これまでのプラトン解釈の歴史を複雑にしてきたわけであるが，
シュトラウスの明示する結論はいたって常識的なものであった．つまり，プラトンの
いう哲人統治は最善のレジームの提示ではあるものの，その実現は不可能に近いとい
うものである．

　「説得には絶対的な限界があり，それゆえ『国家』で素描されているような最善の
ポリスは不可能である．……最善のポリスが可能であるのは，すべての人が哲学者に
なりうる場合，つまり人間本性が奇跡的に変わる場合のみである．」[Ibid.：160][31]と
シュトラウスは断言する．最善のレジームは，哲学者同士の対話における「言論」の

上においてしか実現されえないのである.

（4）最善のレジームを提示する意味

　以上のシュトラウスのプラトン解釈から，われわれは何をよみ取ることができるであろうか. 筆者なりの見解をまとめれば，最初に提示された国家の問題についての取り扱い方を，シュトラウス自身がどのように考えていたかという問題である. それを理解するには，プラトンによって『国家』が書かれた真の意図とは何であったのか，という視点があらためて問われねばならない. シュトラウスは『国家』における，プラトンの真の意図について次のように述べている.

> 「『国家』は，プラトンによる，最善のポリスの提示ではない. それはキケロが賢明にも言っているように，そのような提示を装った，市民的事柄の性質，つまり政治的な事柄についての解説なのである.」[*Ibid.*：162]

　プラトンが『国家』を遺した真の意図とは，最善のレジームの実現が政治的実践によっては成し遂げられることは永遠におとずれることはないという結論であった. したがって，プラトンの『国家』が描く最善のレジームとは，言論においてのみ構築される，まさに文字どおりの「実現不可能な国家」（ユートピア）に他ならないというのが，シュトラウスの基本的な解釈である.

　では，なぜプラトンは，実現不可能な最善国家を，たとえ言論の世界とはいえ，あれほどまでに鮮やかに描きだしたのだろうか. まさに，この問いこそ，哲人王の問題と並んで，プラトン研究者を悩ませてきた永遠の問いであると同時に，プラトン解釈のもっとも重要な鍵となるに違いない. この問いにたいするシュトラウスの解釈は以下のとおり，至極単純なものである.

> 「古典的解決（プラトンが『国家』のなかでえがいた哲人王による統治）は，あらゆる現実の秩序を判定するための確固たる基準を提供する.」[Strauss 2000：210].[32]

　すなわち，最善のレジームは現実を超越してしまっているからこそ，逆に，現実の秩序を判断するための確固たる基準をなす. プラトンが『法律』において，クレタやアテナイなどの現実に存在しうる善きレジームを迷いなく探求できたのも，おそらく『国家』において示された基準となる正しいレジームの存在があったからに他ならない.

✝ 4．最善のレジームとユートピア政治の危険性

（1）哲人統治にたいする反駁

　以上，シュトラウスの解釈をもとにみてきたプラトンのいわゆる哲人統治の議論に
たいしては，とりわけ第一次大戦以後の政治状況をめぐる混乱のなかで，カール・ポ
パーを筆頭として，数多くの批判が投げかけられてきた [Popper 1945]．第 3 章でも
考察したとおり，イデオロギーや歴史の法則といった世界観にしたがった「善き政治
的秩序」を目指そうとする試みそれ自体が，逆に，ディストピアへとつながった幾多
の現実をわれわれは経験している．たとえば，ナチズムはアーリア人種によるドイツ
千年王国の完成を理想とし，また共産主義思想は労働者が権力を握り，国境も階級も
ない理想社会をつくることを目指した．その結果，陰惨極まりない事態が訪れたこと
は周知のとおりである．いずれの思想も，その目指すべき「理想」の内実はどうあれ，
理想国家という，「最善のレジーム」による国家体制を実際に目指すことで，逆に悲
惨な状況を生み出してきた．こうした，いわゆるユートピアニズム的な政治思想にた
いする批判は，今日でもつきることはない．その意味で，プラトンによる哲人統治，
シュトラウスが提示した「最善国家の基準」という，プラトン解釈も同様の危機をは
らんでいるのではないかと思われるのである．

　さらにいえば，この問題は，まさに，シュトラウスの規定する「実践的な政治哲
学」という試みへの不安も浮上させる．政治的生活の目指すところは徳であるという
共通の了解が失われて久しい現代にあって，善き政治的秩序を求めようとするあまり，
政治が過度な目標や，ひとりよがりの理想に引きずられ，逆に悲惨な結末をもたらし
たのが近代以降の人類の歴史ではなかったのか．

　アイザイア・バーリンの強調する価値多元論，ロールズの「善にたいする正の優
先」といったリベラリズムの思想，あるいは，ジョン・グレイによる政治的ユートピ
ア思想の排撃は，こうした歴史のなかで生み出されてきた一つの解決策であった．序
章でも考察したとおり，この政治と哲学という関係は，古典時代における哲学の発祥
以来，たえずわれわれを悩ませ続けてきた，それ自体哲学的な古くて新しい問題の一
つである．はたして，政治は哲学的なものにたいし，いかなる関係や距離をもって考
察されるべきなのか．本節では，哲学と政治の関係を今一度考察することで，ユート
ピア政治の危険性と哲人統治の問題を考察していこう．

（2）政治と哲学の距離

　第 4 章でも考察したとおり，古代ギリシアにおける政治は，善き政治的秩序とは何

かという問いを哲学の重要なテーマとして，決して忘れはしなかった．これに対し，近代以後の政治は，いかに政治的空間を他の領域から自立させ，そのなかで何らかの秩序を確立させることに主眼を置いてきた．美徳や善といった抽象的観念と現実政治との間に，厳格な一本の線を引き，政治に向き合おうと努力してきたのが近代政治論の一つの試みであったといえるだろう．

　たとえば，ベンジャミン・バーバー，マイケル・オークショットといった思想家たちが，政治と哲学の厳格な分離を主張し，政治における実践を強調する大きな理由は，20世紀の悲劇への歴史的反省に立っているからに違いない．ベンジャミン・バーバーは，認識論との関連で政治の本質を次のように語っている．

> 「政治が仮定するのは，実践の自主性である．"推定の現実"というのは，それが直感か直観か夢かを問わず，常に政治の域を超えているし，現実に関して nowhere（現実には存在しないどこか）だという意味で，常に空想上の産物である．というのも，政治は somewhere（実際に存在するどこか）によって定義されるものであるからだ．つまり，政治というのは，人類が現実の世界で体験した具体的な歴史的根拠を基に定義されているのである．認識とは nowhere なものなので，そこに真実と確実性の哲学的な保証があったとしても，政治に役立つことはできない．」[Barber 2004 : 12].

　マンハイムの歴史主義的世界観とも重なるこの政治観は，真実と確実性の哲学的な保証がたとえあったとしても，それらを政治に役立たせることはできない，という確信を秘めている．政治の世界においては，哲学的な保証さえその基盤とはならない．バーバーはいわゆる「基礎づけ主義的」な政治観を，徹底して排撃する．政治はどこまでいっても，この現実の世界における経験からとらえられねばならない．彼の政治に対する基本的立場を一言でまとめるならば，政治はどこまでいっても実践であり，行動なのである．

　さらなる厳格さをもって，政治の世界と哲学の領域を徹底して区別せねばならない，と唱える人物が第3章においてもその政治観を検討したイギリスの哲学者，オークショットである．彼の基本的な政治観は，次の言葉に集約されている．「夢を見ることと統治することを連結すると，それは圧政を生むのである」[Oakshott 1962 : 邦訳 233].政治と理想の実現は，厳格に分けられねばならないという確信が，オークショットのなかにはたえず存在している．彼によれば，本来固有の領域をもつべき政治は，現在いろいろな存在から脅かされている．その実践の領域に固有の「実践知」を欠いた政治は，必ずや合理主義的なものに陥らざるをえない．彼ら合理主義者たちは，「理性」の権威を除く他のいかなる権威に対する責務からも自由な思考を唱道し，

「理性」の（正しく適用された場合の）力を疑わない．これが途方もない見当違いとならざるを得ないのは，すべての世界の中で政治の世界は，合理主義的処理にもっとも馴染まない世界かも知れない――政治，そこには常に伝統的なもの，状況的なもの，移りゆくものが血管のように走っているからである［*Ibid.*：邦訳 4］．確実で合理的なものほど人の生を安定させるものはない．だからこそ，合理主義者は政治にもそれをもち込もうとする．だがそれは，決して相容れることのない二つの劇薬を調合することに他ならないのである．

> 「我々のニーズからもっともかけ離れているもの，それは国王は哲学者たるべきだということである．思考の犠牲者，すなわち経験の中で無限に心を満たすものに没頭する人々は，生への裏切りを自認する者であり，実践の意識を高じることなく我が道を行かねばならない．実践の意識は次のことを知って安らぐ．すなわち，哲学的思惟は実践的経験世界の整合性に対して何一つ有効に貢献しえないのだ．」［Oakshott 1986：321］．

　現実の政治が陥っている無数の危機的局面をみるとき，こうしたオークショットの言葉が，実に妥当で，穏当な思考としてわれわれに訴えかける力をもつことはたしかである．なかでも，現実の生々しい政治の世界に直に触れている為政者たちには，政治への，慄然として，冷めた態度こそが必要とされるに違いない．こうした政治への態度そのものは，非常に重要な意味をもっている．

　しかしながら，次のような疑問が浮かぶことも，また事実である．序章，政治的リアリズムの議論でも指摘したとおり，政治がただその時々の具体的な現実，状況にたいする実践的な判断にすぎないのであれば，それは究極的にいえば，現状をただ単に追認していくだけのニヒリズムにつながるのではないか．現実の国家において今現在行われている，善き政治と，悪しき政治という判断は，どこにその究極的な価値基準を見出すのか．このような問いが，永遠の難問として，たえず引き起こされることとなるだろう．たしかにオークショットのいうとおり，政治に過度な理想を求めることは，政治と知のもっとも深い次元の結びつきを促し，悲惨な結末へと陥る可能性を常に秘めている．だがそうだとしても，人々は善き政治社会への問いを永遠に忘れてはならないとシュトラウスは強調して止むことはなかった[37]．ナチズムやスターリニズムのような過去の経験を思い起こすまでもなく，オークショットのような政治への冷めた態度は，現状を追認し，究極的には自暴自棄のニヒリズムを産み出す可能性も秘めている．

　そしてまたシュトラウスが「新しい政治学」とよぶ科学的な実証政治学も同様の問題を抱えていた．彼らは，政治的な事柄を外部から，中立的な観察者の見地からみる．

つまり，人が三角形や魚を見るのと同一の見地からそれをみる [Strauss 1968：206].
政治科学者の態度もまた，政治的ニヒリズムへと凋落していく危険性を常に抱えてい
るのである．現実の政治が絶対的な知によって引きずられていけば，圧政をうみだし，
政治と理想を完全に切り離せば善き体制への渇望を忘れる．こうしたジレンマを克服
するには，いかなる政治への展望が求められるのだろうか.

（3）エドマンド・バークをめぐる解釈

　その答えの一端が，エドマンド・バークによって提示された政治観である．バーク
によって創始された近代保守主義の核となる思想とはどのようなものであったか．極
めて簡潔にまとめるならば，世襲の原理，国体（憲法）の擁護，時効の尊重という三
つの要素であろう [Burke 1959]．バークは世襲の原理について次のように語る．「わ
れわれの自由を主張し要求するに当たって，それを，祖先から発してわれわれに至り，
更には子孫にまで伝えられるべき限嗣相続財産とすること，また，この王国の民衆に
だけ特別に帰属する財産として何にせよそれ以外のより一般的権利や先行の権利など
とは決して結びつけないこと，これこそマグナ・カルタに始まって，権利章典に至る
我が憲法の不易の方針であった……」[Burke 1959：邦訳 43].

　国民の自由とは，抽象的に与えられる権利ではない．イギリス国民の自由とは，そ
の歴史のなかで培われ，相続されてきた財産なのである.

　また，国体（憲法）については以下のように語る．「彼ら（イギリスの祖先）が遺した
物だけは保持しようではありませんか．そして，フランスの空中冒険家共の気狂い染
みた飛行の後に従おうとするよりは，イギリス憲法という確固たる地面にしっかりと
立って，賛美の目を上げることでむしろ満足しようではありませんか.」[Burke 1959：
邦訳 313].

　国体（Constitution）とは，その国家がよって立つもっとも尊ぶべき原理である．た
しかに，国体の歴史的な起源ははるか遠い過去にあるのかもしれないが，その国体が
財産としてイギリスのなかで連綿とつづいてきたという事実そのものを尊ぶよう，
バークは主張したのであった．このように，イデオロギーとしての保守主義は，漸進
的な変化は現実的に認めていこうとする傾向が強く，この点で，過去に理想を求めな
がら，妥協を排し，原理的にその実現を求めるユートピア主義とは区別される．あえ
て，抽象的な政治的原理をもたないという政治観をバークは提示したのであろう.

　シュトラウスは，以上のバークの思想について，一定の評価を下している．たしか
に，バークは政治における実践知の必要性を，その時代のどんな知識人たちよりも鋭
敏に理解していた．だがしかし，バークは政治と理論の接近に警戒するあまり，そこ
から哲学の存在意義の否定にまでいき着いてしまった，というのがシュトラウスの最

終的なバーク解釈である．バークにとって，もはや哲学とは学校においてだけ教えて
おけばよい，そんな代物にすぎないと，シュトラウスは批判する．バークは，実践知
を理論的学問の侵略から守るだけでは満足しなかった．彼は，理論とりわけ形而上学
を軽蔑することによって，アリストテレス的伝統と訣別するのである［Strauss 1953：
311］．

　こうして，あらゆる哲学的思弁を拒否するにいたったバークは，究極的には，時効
の概念へとたどりつかざるをえなくなる．時効の概念の発見とは，哲学的な指針を完
全に失いながらも，なお善き政治を求め続けたバークの苦肉の策であったのだといえ
るかもしれない．

　　「バークは，絶対的瞬間の可能性は否定する．人間は決して自らの運命を見通す
　　巨匠にはなりえない．最も賢明な個人が自ら考え抜いたことでも，『きわめて長
　　い時間をかけて，きわめて多様な偶然によって』生み出されたものに比べれば常
　　に劣るのである．……現在を賛美するのではなく軽蔑すること，古代の秩序ひい
　　ては騎士道の時代を軽蔑するのでなく賛美すること，それが健全な態度である．
　　必要なものは『形而上学的法理論』ではなく『歴史的法理論』である．」［*Ibid.*：
　　315-316］．

　こうしてバークは歴史学派の基礎となるにいたった，[38] とシュトラウスは結論づける．
バークの哲学にはもはやプラトンの『国家』のような最善のモデルさえ必要とされな
いのである．[39]

＋ 5．最善のレジームと政治的なものの限界

（1）ユートピア主義の三段階

　以上，ユートピア政治の危険性とそうした政治を克服しようとする実践的知恵や保
守主義の政治観について簡単に考察してきた．シュトラウスの解釈によれば，バーク
的な保守主義にもまた，歴史主義的な思想による哲学の否定へといたる危険性が隠れ
ているわけだが，いかにして，この相克を乗りこえるべきなのか．本節では，オーク
ショットらに批判された，いわゆる近代以後のユートピア政治と，古代における最善
のレジームをめぐる議論を比較することで，古典的政治哲学の意義を再確認していき
たい．

　ここでの重要な論点は，プラトンによって提示された哲人統治の議論が，はたして，
ポパーらの批判する政治的ユートピア主義であったのかという点である．たしかに，
プラトンが設定した理想国家論も，哲学者がトップに立ち，国家の構成員それぞれが，

自身にふさわしい職業をこなす安定した調和的社会であるという点において，オーク
ショットが批判するユートピア思考の産物に入るであろう．だが，そもそも，西洋社
会に根づくユートピア主義はどのような系譜を辿ってきたのだろうか．ヘンドリッ
ク・ド・マンは，リボーの議論を引きつつ，次の三つの発展段階を描いている．第一
に，想像力が自発的に社会秩序の理想像を描き出す段階，純粋なユートピア主義の段
階，第二に，実践的―実験的なユートピア主義の段階，そして第三が実践的―合理的
ユートピア主義の段階である［Man 1926：邦訳 152］．より具体的にいえば，プラトン
からトマス・モアにいたるユートピア主義は第一段階に属し，ロックやルソーの思想
は第二段階に，そして社会主義思想が第三の段階に属すというのがド・マンの基本的
見解である．

　このようにみた場合，ロックやルソーに代表される第二の段階以後，すなわち近代
以後のユートピア主義とそれ以前のユートピア主義との間には決定的な相違が存在す
るのではないか．すなわち，ユートピア主義的な思想を，現存する秩序への政治的批
判に直接的に結びつけるか否かという点である．というのも，ド・マンが指摘すると
おり，マルクス主義が，願望された公正感的・人倫的基礎により規定された一つの未
来像を現在への批判の出発点としていることにおいて，ユートピア的であるのにたい
し，あくまで，プラトンは，さまざまな形で現実に存在し，衝突しあうレジームの優
劣を判定する基準として哲学者の統治する理想国家を提示したにすぎないからである．
いうなれば，まさに，精神的創造と，同時代の社会的形態とのあいだに，いかなる結
びつきも存在していない，二つの断ち切られた互いに疎遠な世界であるという価値観
こそが，古典的なユートピア主義的思考の根底にあると考えられるのである［*Ibid.*：
邦訳 152］．ゆえに，シュトラウスも指摘するとおり，プラトンの提示した最善のレ
ジームという観念は，今ここで正しい秩序とは何かという問題に解答を与えるもので
はないし，また与えようとするものではない［Strauss 1953：188］．プラトンによって
示された最善のレジームは，あくまで現実の体制を判定する基準としてのみ機能する
のであり，直接的にそのモデルを目指すことを現実の政治に強要するものではない．
古典的見解による最善のレジームと政治的実践は明確に切り離されていたからこそ，
狂信的な硬直性に陥る可能性へと道を譲ることはなかったと考えられるのである．

（2）政治観の相違――自然にしたがった国家論

　では，結局のところ，古代と近代のユートピア的思考の決定的な違いは何であった
のか．それはまさに，政治や人間観そのものにたいする認識の相違にあったと考えら
れる．たしかにプラトンは，最高の徳をもった哲学者による最善のレジームを提示し
たが，そもそも最善のレジームとは現実に目指すべき理想ではない．むしろ哲人によ

る統治は，古代の哲学者たちにとっては，もっとも「自然」にしたがった政体であったからである．先述のとおり，人間はそれぞれ自然本来の素質をもって生まれてくる存在である以上，その個々の能力に見合った役職に就くことが，国家全体のあり方にとって，自然本来の姿であるという考えが基本に存在した［Plato 1902：135：370B］．その意味で，最高の徳をもった哲学者の統治による国家は，その実現性という意味においてはたしかに「理想」であるが，古典的価値観にしたがえば，もっとも自然本来の姿に見合ったレジームであったともいえるのである[40]．

　一方，マキアヴェッリやホッブズに代表される近代的政治哲学は，第４章でもみたとおり，徳の基準を低下させ，また情念に訴えることで，あらゆる状況において実現可能な正しい社会秩序を試みた．これは，いいかえれば，現実の政治的問題を「自然」ではなく，理論のみによって解決しようとする「作為の思考」にほかならない．いわば，政治を実現可能と思われるひとつの理論や基準，一定の世界観に従わせようとするイデオロギーから近代以後のユートピア思想が生まれたとも考えられるだろう．ここで改めて，シュトラウスがプラトンを評価する一節を示しておきたい．

　　　「『国家』の議論にもどれば，政治的なものの本質的な限界を明確にすることによって，確かに，我々が今日，政治的理想主義と呼んでいるものの魅惑から解放される．しかし，その魅惑からの解放は，政治的生活への関心，つまり政治的責任を弱めるのではなく強めるであろう．哲学の存立はポリスに関わっている．」[41]
　　　［Strauss 1989：162］．

　これは，いわばプラトン解釈から導かれた，逆説的な意味での政治にたいするポジティブな帰結である．第４章でもみてきたように，現実の政治とは，哲学のように人間的な完成を目指す領域ではなく，むしろ臆見が支配する世界である．そうである以上，逆に，われわれは政治的な理想主義から一定の距離を置くことが可能となる．結果として，政治は完全なものではありえないという，政治の本質を理解することができるのである．

　シュトラウスは以上のような政治の現実を誰よりも理解していたように思える．政治的な実践には，限界と妥協，そして，現場における政治家の実践的知恵によってなされる補完を必要とする［Strauss 1953：188］[42]．本性的に不完全なものでしかない政治という領域を，生の理想を実現する手段として高めること，真理と深く結びつけることがあってはならない．こうした自覚を欠いたまま，善きレジームの問題について語ることはできないのである．

✛ 6．哲学者とレジーム
——レジームを超えていく人間——

（1）最初の善き立法者はいかにして育つのか

　これまでのプラトンの国家論及びシュトラウスのプラトン解釈から，最善のレジームの内実とそれを追求する意味がある程度みえてきた．それはつまるところ，哲学者による統治という理想（自然）のレジーム構築を最高の規範としつつ，『国家』という作品内の討議を通し，それぞれの相反するレジームが競い合いながら，実現可能なレベルにおいて善きレジームを目指すという，いわば節制の美徳にもとづくレジームの構築であったと考えられる．では，あくまで，現実的なレベルにおいて，善きレジームを構築していくにはどのような条件が求められるのだろうか．最後にこの問題を確認しておきたい．

　善きレジームの創設は，哲学者によって教育された最初の立法者がレジームの構築を担う場合[43]，もしくは，哲学者とまではいわずとも，有徳な人物がレジーム創設にかかわる場合，そしてまたプラトンが指摘したとおり，現在の統治者が哲学的なものに目覚めた場合に始まる．そして彼らが，最善のレジームを一つの範型・基準としつつ，漸進的な改革によってレジームを変容させていけば，より善き政治社会は形づくられていくはずである．しかしながら，ここで，われわれは，一連のレジーム論から必然的に導き出される一つの難問に突きあたることになる．すなわち，善きレジーム創設の鍵となる最初の立法者，すなわち優れた立法者はどのような形で現れる，もしくは育てられるのかという問題である．哲学者とはいえないまでも，有徳な人間がいかにしてつくりあげられるのか[44]，という問題が，少なくとも考察される必要があるのである．

　すでに何度か確認したとおり，善きレジームは，有徳な人物がレジームの創設者となるか，あるいは，既存のレジームを変革していくことで実現する．だとすれば，仮に，そうした善きレジームがすでに整っている社会のもとで人々は高貴な生をおくり，そうした社会秩序のなかで，有徳な人物が新たに生み出されていくという可能性は大いにありうるだろう．だが，ここで根本的な問題として浮上するのは，最初に善きレジームへと導く優れた「最初の立法者」はいかにして生まれるのかという問いである．シュトラウスがアリストテレスの議論から定式化したとおり，一般に，人の生が根本的に，そのレジームに左右されうるのであれば，現存の不完全なレジームによって性格づけられた不完全な市民から，傑出した有徳な人間は生まれえないのではないか．この原因と結果に関わる重要な問いは，『国家』全体をとおしても，結局のところ，

明らかにされていない問いである[45].

　たしかに，そもそも，優れた自然的本性をもった人間のみが哲人になりうる可能性
を秘めているという主張が，プラトンの哲学の前提でもあった［Plato 1902：420：
485A］．とはいえ，その哲学候補者がいかに優れた素質を備えていたとしても，哲学
者へと自然のままに育っていくわけではない．あくまで，正しい教育を施された上で，
真の哲人は誕生しうるのである[46].

　だが，この点についても，大きな疑問が出てこざるをえない．すなわち，哲人の教
育を担うにふさわしい優れた教師はどのようにして生まれたのか，という問題である．
哲人を育てるにふさわしい教師には，哲人ほどではないにせよ，ある程度の徳を備え
ていることが求められる．しかしながら，現存のレジームが善き状態ではない場合，
教師自身もまたレジームによって性格を左右される以上，哲人教育を担う教師さえ生
まれえないのではないだろうか．さらにいえば，僭主政治のような悪しきレジームの
もとで，どのようにして哲人の教育を行うことができるだろうか．結局のところ，
シュトラウスが最初に提示したレジームの論理では，こうした一連の問題が解決され
えないのである．

（2）レジームを超えていく哲学

　しかしながら，これらの問いに答える鍵がまったく存在していないわけではない．
というのも，シュトラウスはこうした問題に直接的に答えるという形においてではな
いが，ある決定的に重要な一つの論点を示しているからである．次のシュトラウスの
言葉に着目してみよう．

　　「人間は市民以上である，あるいは都市以上である．……このことは，最高度に
　　卓越した人たちの実例が存在するという事実に反映されている．──つまり最善
　　のレジームについては，ただそれが言論のうちにのみ生きていることが知られて
　　いるのに，最高度に卓越した人たち（プラトンやアリストテレス）は実際にも生き
　　ていたことが知られているという事実のうちに，反映されているのである．」
　　［Strauss 1964：49］．

　すなわち，哲学それ自体は，最善のレジームが可能であるか否かにかかわらず，可
能であるという主張である．真の哲学者，もしくは，そのような自然的素質を兼ね備
えた人物は，いかなるレジームのもとに生まれ，どのような社会で生活しようと，そ
のレジームの形態や性格に左右されることなく，観想的な生をおくることで，有徳な
生活を目指すことが可能なのである．それはまさに，洞窟で影絵をみせられていたご
く一部の人間が，突如，真理に目覚め，洞窟の外へ出て行くが如くである．その証拠

に，最善のレジームは決して実現していないにもかかわらず，ソクラテスやプラトンは現実に存在した．ソクラテスもプラトンも現存の国制を批判している以上，決して，善きレジームに生を受け，生きてきたわけではない．だが，それでもなお，彼らは類稀なる哲学者として大成したのであった．その意味で，時に，人はレジームを超えていくのである．

　以上の議論から，アリストテレスによって提示された最善の都市と最善の人間の一致という思想を超えていく契機が生まれる．要するに，最善のレジーム，すなわち最善の政治社会が不可能であること，政治的なものの限界が，シュトラウスの解釈するプラトン哲学から導き出せた以上，完成された生を目指す哲学者は，いつの日か都市を越えていかねばならないのである．優れた哲学者は，その優れた本性をもって生まれてきている以上，すべての社会的生活を秩序づけるはずのレジームの制約を突破し，超えていく．ここには，悪しき最初の立法者によって創設された最悪のレジームであっても，それを優れた哲学者の力によって少しずつ変革していくことは可能だという，はっきりとは示されていないが，シュトラウスの隠された意図が込められているのではないだろうか．

（3）哲学かレジームか

　哲学は都市以上の存在である，すなわち哲学者はレジームを超えていくという論点が，シュトラウスのレジーム論から最終的に導きだされた解答である．では，結局のところ，哲学の探求と善きレジームの探求は，どちらが優先されるべきなのか．最後に，筆者なりの結論を述べておきたい．

　哲学とは，本来的に，ここと今を越えていく永遠の総体を目指し，思索する最高の生き方である以上，われわれが哲学を志す場合，どのような社会に生きようと，まずは瞑想による観想的生活が必要となる．人が哲学者であろうとする限り，世の喧騒に惑わされず，哲学者はあくまで観想的生活に従事し，最高の徳を求めるべきである．ゆえに，哲学者にとって，善きレジームの追求は二次的な問題にすぎない．その意味で，第4章でもみたとおり，シュトラウスが生涯をとおし，真に愛したのはまぎれもなく哲学的な生であった．哲学こそ，最高の意味における知の形態であり，また最高の生き方だからである．したがって，すでに述べたとおり，政治社会にかかわるレジームの問題は，本来的にいえば，哲学とはおよそ交わることのない縁遠い存在である．そうである限り，真の哲学者が，混沌として，また不完全な政治の世界へと降りていくこと，すなわちレジームの問題に従事することは，基本的に望ましくないことであろう．

　だが，そうはいっても，哲学者はただひとり，山に篭り，あるいは象牙の塔を棲家

とし，観想にふけるだけの生活をおくるだけでよいのだろうか．悪しきレジームの下
で，悪しき生を強いられている一般の人々を横目に，ただひとり観想的生をおくるこ
とが，そもそも哲学者にふさわしい本性的に善き生き方といえるのか．さらにいえば，
政治社会が腐敗し，極度に乱れていった結果，その地で哲学することさえも不可能な
専制的社会になってしまえばどうするのか．あるいは，自分の生まれ育った政治社会
が滅び去る現実を眺めつつ，哲学者だけが外の地へとひとり逃げのび，そこでまた
淡々と観想的生活に耽ることでよいのか[47]．哲学者が，純粋な観想的生活に耽溺しよう
と思えば，その観想的生活に大きくかかわってくる政治社会の安定という問題は避け
てとおれないだろう．

　このような問題を考えた場合，やはりわれわれはレジームの問題を軽視することは
できない．哲学者の本性的素質をもたない圧倒的多数の人々は，その既存のレジーム
の枠組みのなかで生き，徳を養成していく以上，真の哲学者のもう一つの使命は，観
想的生のみならず，善きレジームの実現に従事することである．その意味で，「哲学
者は都市を超えていく」というシュトラウスの言葉は，ただ単に，哲学者がレジーム
の枠組みにとらわれないという意味のみに解すのではなく，哲学者自身が最高の生を
送りやすい善きレジームへとつくりかえるという意味も含まれているのではないか．
哲学者は再び都市へ帰るのである．

　こうして，政治哲学のテーマは，哲学者はレジームという政治社会を超越して生を
まっとうできるのか，あるいは，社会的・政治的な制約にとらわれない形において哲
学を生みだすことは可能なのかという問題へとたどり着く．ゆえに，哲学者といえど
も，現在の秩序，歴史的な生の制約を超えていくことは本当に可能なのか，哲学と歴
史の関係をどうとらえるべきなのか，という問題へと，再び回帰することが求められ
るだろう．

　注

　1）　この制度という語そのものも幅広い意味をもった概念である．いわゆる新制度論の確立
　　　以降，制度という言葉に注目はあつまっているものの，その定義は多義的である．ガイ・
　　　ピータースは，新制度論の諸潮流について，① 規範的制度論，② 合理的選択制度論，③
　　　歴史的制度論，④ 経験的制度論，⑤ 国際的制度論，⑥ 社会的制度論の六つを挙げる［Pe-
　　　ters 1999］．本章の関心からいえば，制度がどう機能し，個人の行動をいかに規定するか
　　　に着目する点で，マーチとオルセンの ① 規範的制度論が，レジーム論と関係してくるよう
　　　に思われる．マーチとオルセンの定義によれば，「政治制度は，相互に関連づけられたルー
　　　ルとルーティーンの集合体であり，それらは，役割と状況との関係から見た適切な行為を
　　　規定している．」［March and Olsen 1989：邦訳 235］新制度論の分類や概念については，
　　　建林・曽我・待鳥［2008］，Immergut［1998］を参照．さらにいえば，政治学のみならず，

制度という語は，社会学的な文脈でも使われることが多く，「諸個人の間の確立された行動
様式もしくは，拘束のシステムとして機能する社会的なもの」『社会学事典』という意味に
解される．だが，それらには包含されない新しい制度論の必要性も主張されている．盛山
[1999] などを参照．いずれにせよ，シュトラウスのレジーム概念と新制度論の関係につい
ては，別の機会にくわしく論じてみたい．

2）　本章のテーマであるシュトラウスの "regime" という言葉をあえて強引に訳すとすれば，
この「（政治）体制」という語がもっともふさわしい訳語になると考えられる．事実，邦訳
書では，基本的にこの「体制」という訳語で統一されており，概念としてはおおよそ間
違ってはいないものと思われる．というのも，山口定も指摘するとおり，日本語の「政治
体制」という言葉の構成要素には，デイヴィッド・イーストンが定義するところの政治シ
ステムとは区別される，「体制を支える正統性原理」という意味が存在するからであり，こ
うした要素こそ，旧来の機能論とは区別される重要な意味をもつからである［山口 1989：
4-12］．だが，政治学用語としての政治体制は，えてして「国民の政治意思の表出と政策形
成にかかわる制度と機構」といった制度論的な意味に取られる可能性がある．そうすると，
本論でも後に確認するとおり，シュトラウスが "regime" という語に込めた本来の意味合い
がどうしても表現できないため，あえて本章では「レジーム」というカタカナ語で統一し
た．

3）　リベラリズムを規定とする中立国家論においては，このような問いそのものが不当，あ
るいは，無意味なものとして映るかもしれない．しかし，序章でも言及したとおり，ロー
ルズは，正義論から政治的リベラリズムへの展開に伴い，道徳哲学から政治哲学へと主題
を移行させている．そのなかで，重なり合うコンセンサスの観念の導入と並行して，立憲
体制，立憲デモクラシーといった「体制」（regime）の概念を重要視するようになった．
立憲デモクラシーの正当性を主張するにせよ，古典的政治哲学にもとづく哲人統治的な体
制を擁護するにせよ，その立場に関係なく，レジームの正当性を問いつづけることそのも
のが，ディシプリンとしての政治哲学の基礎を成すもっとも重要な要素の一つだと思われ
る．

4）　『国家』の第5巻以降や，『政治学』第4巻などを参照．

5）　本文でも述べたとおり，仮に政治形態としての民主主義の正当性を追っていくにせよ，
それを単に他の政治形態との比較，考察によって規定づけるだけでは不十分であることが
分かるだろう．

6）　ちなみに，シュトラウスとネオコンを結びつける根拠としてたびたび用いられたのが，
このレジーム概念である．すなわち，アメリカにとってのもっとも深刻な脅威は，アメリ
カ的な民主主義の価値を共有しない国家から到来するため，これら反民主主義的な体制を
変革し，民主的価値観の発展をもたらすことが，アメリカの「安全保障と平和を強化する
最善の方法」をつくりだすという論理である［Zuckert 2008：6］．ネオコン第二世代の理
論家の重鎮のひとり，ウィリアム・クリストルは，シュトラウスの哲学が直接的に，政策
実行のための公式やプログラムを提供するものではない，と断ったうえで，次のように述
べている．「ブッシュ大統領が提唱する『レジーム・チェンジ』は，一方では希望的観測に
もとづく世界普遍主義，他方では宿命論的文化決定論の落とし穴を回避するものであるが，

　　　これはシュトラウスのレジームという概念を再構築した，まったく価値のない成果ではな
　　　い.」［Lenzner and Kristol 2003］.
7）　シュトラウスは別の論文でプラトンの『ミノス』を読み解く形で，法の両義性，すなわ
　　　ち，「都市の意見」と「魂の働きが現れるところの何か」を述べている［Strauss 1968：ch.
　　　4］.
8）　ただし，いみじくもシュトラウスが指摘しているとおり，市民は単なる都市の「質料」
　　　それ自体にあたるわけではない．その理由は，本章全体をとおし明らかになっていくだろ
　　　う.
9）　たとえば，プラトンは，民主制の下に生きる人間の生を次のように描きだす.「あるとき
　　　は酒に酔いしれて笛の音に聞きほれるかと思えば，次には水しか飲まずに身体を痩せさせ，
　　　あるときは体育にいそしみ，あるときはすべてを放擲してひたすら怠け，あるときはまた
　　　哲学に没頭して時を忘れるかのような様子をみせるというふうに．しばしばまた彼は国の
　　　政治に参加し，壇にかけ上って，たまたま思いついたことを言ったり行ったりする.」
　　　［Plato 1902：606：561C9-D4］.このプラトンが浮かびあがらせた非常に移り気な人間の
　　　生は，まさに現代の民主主義レジームのもとで日々の生活をおくる，われわれの生き方の
　　　一面を如実に物語ってはいないだろうか.
10）　この視点は，いわゆるコミュニタリアンがリベラリズムを批判する文脈での自我の観念
　　　や原子論的個人主義の議論と微妙に重なる部分がある．ただし，当然のことながら，コ
　　　ミュニタリアンが想定するコミュニティとは，シュトラウスのいうレジームよりは，より
　　　小規模で具体的な制度的構築物である．たとえば，マッキンタイアは，われわれが善き生
　　　という全体に向けての諸徳を行使するにあたり，その学びの場となるのが，それ自身の特
　　　有な制度的形態を伴ったある特定の共同体の内部であるという点で，共同体秩序の重要性
　　　を強調する.［MacIntyre 1984：邦訳 239］しかし，ここでいうマッキンタイアの制度と
　　　は，歴史的，慣習的につくられてきた社会制度，国家制度という意味に近いものと思われ
　　　る．とすれば，こうした制度は最初の「立法者」によって人為的に構築された国制ではな
　　　い．人為による構築と慣習的な構築の関係については，終章ガバナンス論において論じる.
11）　シュトラウスは「ヒトラーのドイツにおける善き市民は，他の場所では悪しき市民であ
　　　ろう」と述べている［Strauss 1959：邦訳 27］.
12）　なお，この議論は，主に『政治学』の3巻でくわしく論じられている.
13）　これはもともとキケロの言葉である.
14）　ここでシュトラウスが，具体的に，善き生として理解しているのは，人間存在の自然的
　　　秩序に合致した生，よく秩序づけられた健全な魂にもとづく生だと思われる．古典的な美
　　　徳の価値を強調する立場に立つシュトラウスにとって，こうした生き方こそがまさに理想
　　　とする善き生そのものだったのである［Strauss 1965：120］.くわしくは第7章で検討す
　　　る.
15）　こうした事実を誰よりも強く認識していたのがマキアヴェッリである．Machiavelli
　　　［2018］を参照.
16）　その証拠に，シュトラウスは，先にみたレジームの定義のなかで，「（レジームの）この
　　　仕方は，ある種のタイプの人間による支配に，ある種のタイプの人間による明確な社会の

統治に，決定的に依存している」と述べている．

17)　主権者がどのような存在であるかは，もちろん個々の思想家によって異なる．シエイエスの議論に引きつけるならば，憲法制定権力といいかえてもよいかもしれない．

18)　社会契約論の方法論をめぐる議論については，藤川［1980］，井上［1984］，高橋［2011］を参照．「社会契約論が経験論ないし実証主義でなく，一種の合理論（rationalism）であることは，発想の出発点が現実社会でなく，前社会的な「自然状態」に求められていることから明らかである．これは自然科学における真空状態，理想気体の仮定と相通ずるところがあり，明らかに社会科学の合理的選択論への展開を方向づける端緒として重要な意味を有する．」［藤川 1980：64］ただし，ロックとルソー自身の社会契約論を一種の歴史的事実と見なしていたことはつとに指摘される．だが，問題は，藤川も指摘するとおり，彼らが自然状態をどのようにとらえていたにせよ，それによって，社会秩序の合理的選択を基礎づけようとしたその方法論に問題がある．本来，自然状態は，あくまで理論的前提であり，真偽をこえた選択の合理性を保証する根拠にすぎないからである．Locke［1960］を参照．

19)　以下のプラトンの議論が一種の思考実験，つまり，社会契約論的な理論的考察と同様のものではないかという反論もあるだろう．たしかに，プラトンはソクラテスに「国家が生まれてくる次第を言論のうえで観察するならば，われわれは国家の正義と不正とが生じてくるところもまた，見ることができるのではないだろうか．」と語らせている［Plato 1902：132：369A5］．この「言論のうえで」という言葉をどう解釈するかは難しいが，訳者の藤沢令夫は原理的考察と述べ，『国家』の第 3 巻676A からの時間的・歴史的記述による国家形成的な議論と区別している［Plato 1902：133］．ただし，井上は，社会契約論とプラトンの議論の違いについて，以下のように述べる．「政治的責務，遵法義務，抵抗の正当化等の問題の考察において契約モデルを採用するというだけのことなら，既に古代および中世において少なからざる先例がある．固有の意味の社会契約説を際立たせているのは，それが契約モデルを他のモデルと結合させて使用するその仕方である．この「他の」モデルとは自然状態のモデルに他ならない．」［井上 1984：75］．

20)　ただしこの議論の発端が，国家の正義を探すためであったことは忘れてはならない．

21)　この点はニーチェも指摘しているように，非常に重要な問題である．もし仮に，はじめに暴力があったとしても，時効の概念により，現存の体制を認めていくという立場が，おそらく，バークの主張である．

22)　このことは，具体的な例をみれば分かりやすい．現在のアメリカのレジーム創設者はいうまでもなく，ワシントンやトマス・ジェファーソンら建国の父たちである．多文化主義やポリティカル・コレクトネスの隆盛により相対化されてきてはいるものの，今なお，アメリカ社会の精神や国柄全体に，彼らの思想が反映されている事実は明らかであろう．同様の意味で，ソ連のレジーム創設者はレーニンであり，戦後日本のレジーム創設者は GHQ であったと考えられる．

23)　ただし，最初の優秀者支配制のレジーム建設者についてはふれられていない．

24)　ポリテイアが後の時代，「レス・プブリカ」という共和国の意味で使われたことから，明治期には「共和国」という訳語が当てられたものの，すぐに本書の内容から訂正され，日露戦争直後には木村鷹太郎により「理想国」の訳語が当てられ，定着した．一方，『国体』

という訳語も考案されたが，独特の意味をもっていたためあまり使用されなかった［納富 2011：6］.

25) なお，ポリテイアという言葉が後に西洋思想史のなかでどのように変容していったかという問題については，多賀［2008：2-14］を参照.

26) というのも，結果として，②③④の用例は，国のあり方を示すための具体的条件や例示にすぎないからである．以上の事実から，あくまで，プラトンの主眼は，正しい国のあり方を問うことにあったと考えられるのである．なお，このプラトンの主眼については相反する説も存在する.

27) こうした問題意識から，シュトラウスは次のとおり主張する.「古典的理論家たちは，ポリテイアについて語るときは，本質的にその『統治の形態』によって規定される共同体の生活様式のことを考えていた．我々はポリテイア politeia を，国制 constitution ではなく，レジーム regime と訳そうと思う.」［Strauss 1953：136］.

28) 一連の解釈の歴史については，佐々木［1984：3-25］や，Maurer［1970］を参照.

29) シュトラウスのプラトン解釈については，Rabies［2015］，Gibbs［2016］を参照．Gibbs［2016］はシュトラウスの提起したポリテイアの問題を「政治的政治」と規定する．また，シュトラウスと同様の問題意識から，ポリテイアを論じたものとして，Lefort［1988］を参照.

30) シュトラウス自身も，この解釈に気づいた研究者は，後にも先にもイスラムの哲学者ファーラビーのみだったと指摘している.［Strauss 1989：149］逆にシュトラウスは僭主政治の方がこの世において実現性が高いとみている［Strauss 2000］．この問題については，上谷［2013：99］を参照.

31) もちろん，この哲人王による統治が最善のポリスであるという根拠の裏には，善とは何かという哲学的前提が存在する.

32) この解釈自体は決して異端なものとはいえないだろう．ソクラテスも次のとおり語っているからである.「われわれがいまその建設を詳しく論じてきた国家，言論のうちに存在する国家においてならば，という意味ですね．というのは，少なくともこの地上には，そのような国家はどこにも存在しないと思いますから.」「だがしかし」とぼくは言った，「それはおそらく理想的な範型として，天上に捧げられて存在するだろう——それを見ようと望む者，そしてそれを見ながら自分自身の内に国家を建設しようと望む者のために．しかしながら，その国が現にどこかにあるかどうか，あるいは将来存在するだろうかということは，どちらでもよいことなのだ.」［Plato 1902：687：592A13-592B5］.

33) 他には，Fite［1934］などが挙げられる.

34) 共産主義がもたらした未曽有の悪夢については，Werth［1999］を参照.

35) この問題は，かつて，シュトラウスが述べた「政治哲学とは，政治的な事柄とともに，正しいあるいは善き政治的秩序を真に知ろうとする試みである」といった問題とも関係してくるであろう．すでに何度か確認したとおり，政治哲学とは，真に政治的なものの本質を求める．それと同時に，政治哲学はいかなる場においても，いつの時代においても妥当する最善の政治的秩序を追求する．つまり，シュトラウスにとって政治哲学とは，最善の秩序を探求する実践的な試みでもあった．シュトラウスは政治的な事柄の本性について，

端的に述べている.「政治的な事柄は,その本性からして,是認されたり否認されたり,選択されたり拒否されたり,賞賛されたり非難されたりすることを必要とする.中立的であることがその本質ではない.」[Strauss 1959：12]政治という概念がもつ,もっとも単純な本質がここでは語られている.いわゆる政治の経験科学的研究が全盛にあった時代において,あくまで忘れてはならない政治の本質を掴み取っていたところに政治哲学者としてのシュトラウスの特徴がある.どこの国,いつの時代を問わず,政治はつねに万人からの厳しい評価を受け,その都度変転していく.誰しもが,自らの幸福,財産などを切望し,それを保障してくれるような政治を望むという点では一致をみているのであり,人はそうした政治を,単純に「善き政治」と呼ぶであろう.いわば,厳密な意味での中立という政治は存在しない.逆にいえば,正しいこと,不正なことといった基準や観念から切り離された政治は,もはや原理的に政治とは呼べない代物である.

36) ジョン・グレイは,プラトンに限らず,あらゆる理想的な政治,すなわち,現実を超越した政治の危険性を告発し続けている.グレイによれば,あらゆるユートピア政治に共通するのは,究極的な調和にたいする夢想である[Gray 2007：15].ただし,あらゆるユートピア主義をキリスト教に見出すグレイの議論は大きな問題を抱えている.グレイの変節について,くわしくは,渡辺[2006：503]からの付章2を参照.

37) その理由は,おそらく,自身の体験から来ているにちがいない.「一九三三年の最大の出来事は,……次のことを証明していたのではないだろうか.すなわち,人間は善き社会への問いかけを放棄することはできないということ,人間は善き社会への問いに答える責任を,免れることはできないということである」[Strauss 1959：27].

38) シュトラウスにとってこの歴史主義の問題も大きな位置を占めている.歴史主義こそが哲学を否定し,自然権を否定したのである.この問題については第6章で論じる.

39) バークのいう,時効の概念から導かれる体制は,結局のところ,現在の体制にたいする現状肯定の域を出ないように思われる.なかんずく,その国々の歴史に根ざした体制を尊重すべきだというバークの理論は,相対主義へとも繋がる可能性を,その内に秘めているといえるのではないか.シュトラウスはこうしたバークの態度,思想からは距離を置き,批判の目を向け続けなければならなかった.シュトラウスの解釈にしたがえば,保守主義者の祖と評され,古代への憧憬を求めてやまなかったバークも所詮,近代人の思考から逃れることはできなかったということであろうか.だが,以上のシュトラウスによるバーク解釈については批判もある.バークを単に実践の思想家,歴史主義的な思想家としてとらえるのではなく,あくまで「自然法」にこだわり続けた自然法学派の哲学者としてみる,Stanlis[2003]などを参照.

40) この自然にしたがったレジームという論点については,第7章で考察する.

41) シュトラウスはまた政治ついて,次のとおり語っている.「政治的なものは本質的に不完全なものであるということである.というのも,政治的なものの本質は,賢明ならざる者たちの側での合意による,あるいは愚行による知恵の希釈だからである.」

42) こうした政治観は,本章でも言及した実践知を強調するオークショットの政治観に最終的には似てくる部分があるといえよう.

43) プラトンがシュラクサイの地で行おうとしたことはまさにこれである.Lilla[2003]参

照.

44)　Strauss［1953］などにおいて，シュトラウスはこのような人物をジェントルマンとして描いている.

45)　事実，アディマントスから「哲学に適した国家」のあり方を問われ，「哲学に適合した国制は現在のところ実現のものとなっていない」とソクラテス自身も語っている［Plato 1902：451：497B1-3］.

46)　その証拠に，プラトンは『国家』の 3 巻から 5 巻にかけて，哲学者を育成するための教育論を細かく説いている.

47)　シュトラウスがエピクロス主義を哲学的コンヴェンショナリズムととらえ，なかば否定的に評価する理由がおそらくここにある．くわしくは第 7 章を参照.

第 6 章 | レオ・シュトラウスの歴史主義批判
──徹底した歴史主義をどう超えるか──

＋ は じ め に

「政治哲学は歴史的な学問分野ではない」という宣言でもって，シュトラウスは Strauss ［1959］所収の論文「政治哲学と歴史」の筆をとりはじめている［Strauss 1959：56］．序章でも述べたとおり，歴史，あるいは，歴史主義への批判はシュトラウスの一貫した立場である．たしかに，政治的な事柄の本性についての哲学的問い，ここと今を超えた最善の政治的秩序の追求を主題とするシュトラウス流政治哲学にとって，個別的な事象を扱う歴史の問題，とりわけ，あらゆる事象を歴史的理解のもとにみる歴史主義の襲来は，最大の思想的危機であった．シュトラウスは，この歴史主義を，現代の思想に影響を与える大きな作用因とさえ述べるのである［Strauss 1959：56］．

ポストモダニズム，社会構成主義，文化相対主義などの波が次々と押し寄せてくる今日の状況をみるかぎり，シュトラウスが歴史主義的な相対主義の危機をひしひしと感じとっていたワイマール期のドイツ以上に，ここと今を超えた善き政治秩序を希求する政治哲学の確立は困難となっているのではないだろうか．人間の生や思考を個々の文化や社会の文脈におく社会構成主義，多文化主義なども[1)]，個々の文化や社会に内在する生成的な歴史を重視する以上，今日の止まることを知らない価値の多元化・相対化の背景には，広い意味での歴史主義的な思想がその根底に存在しているはずである．けれども，1920年ごろの「歴史主義の危機」を境に，第 2 章でも述べたとおり，現代哲学は歴史主義にあまり着目してこなかった．たしかに，歴史主義の危機が叫ばれた当時にあっては，歴史主義に潜む相対主義の危険性を感じとり，いかに普遍性を救い出すかという知的努力が，トレルチやリッケルトらを中心としてなされた．また，第 1 ・ 2 章でもくわしく論究してきたマンハイムのように，歴史主義を積極的に評価し，理性概念そのものを静的で永遠不変のものととらえてきたこれまでの哲学観そのものを刷新する哲学として歴史主義を再構成する立場も現れた[2)]．だが，シュトラウスの解釈によれば，そうした一連の歴史主義への抵抗（あるいは評価）は，歴史の否定

から実存主義の流れという「徹底した歴史主義」を招致するにいたる．こうしたシュトラウスの見解が正しいとすれば，もはや歴史主義的な思考はわれわれ現代人の地下水脈にすらなってしまっているのであろうか．

　本章では，第2章で検討した歴史主義が，その相対性を克服しようとする努力のなかで，逆にいかなる道をたどることによって，徹底した歴史主義（さらなる相対主義）へと変貌したのか．徹底した歴史主義としての実存主義が，なぜ政治哲学の危機をもたらすこととなったのかという思想的問題について，シュトラウスによるハイデガーの批判的解釈，なかでもその実存哲学や歴史主義のとらえ方を根拠とした批判に焦点をしぼり，検討を加えてみたい[3)]．

＋ 1．歴史主義の必然的帰結

（1）歴史主義の壮年期

　そもそも，シュトラウスにとって20世紀前半の社会を覆っていた歴史主義とはどのような思想，世界観であったのか．第2章でも考察したように，歴史主義が極めて多義的な用語である以上，この問題をはじめに明確化させておく必要があるだろう．シュトラウスが現代思想への作用因とみなした歴史主義とは次のようなものを意味している．

> 「古代人にしたがえば，哲学することは洞窟から立ち去ることを意味するのに対し，我々の同時代人によれば，哲学することは全て本質的に，『歴史的世界』，『文化』，『文明』，『世界観』，すなわちプラトンが洞窟と呼んだところのものに属することになる．我々はこの見解を『歴史主義』と呼ぶことにする．」[Strauss 1953：12]．

　あまりに漠然とした定義ではあるが，さしあたり，特定の世界観，歴史観に閉じこもり，永遠なるものの存在を根底から批判する思想的風潮の総体を歴史主義だととらえておいてよいだろう．古代の哲学がさまざまな立場を超えて，洞窟からの脱出を試みていたのにたいし，歴史主義は自ら洞窟に籠ろうとする．こうした態度は，伝統的な哲学そのものの存立をも脅かすことにつながっていくが，シュトラウスの歴史主義にたいする危機感はまさにここにあった．

　では，そもそも，こうした人間の思想そのものを脅かしかねない歴史主義は，その思想的淵源をどこにもっていたのだろうか．シュトラウスはそれを，19世紀の歴史学派が出現した時期にみている．ここでシュトラウスが念頭に置いている歴史学派とは，フランス革命にたいするある種の反動として出現してきた特定の学派である．シュト

ラウスは名指しこそしていないものの，この学派を構成していたメンバーが，第5章
においても言及したエドマンド・バークをはじめとする，政治的保守主義者たちで
あったことは間違いない．だが，なぜ，彼ら卓越した保守主義者たちの思想が，歴史
主義の生成を担うにいたったのであろうか．それはまさに，政治という実践における
過度の理想への危機意識という一念からであったといえる．

　あの人類史上，最初の大規模な近代革命たるフランス革命が，「圧政からの解放」
というこれまでの煌びやかな評価とは裏腹に，未曾有の大殺戮と破壊，残虐性を伴っ
ていたという恐るべき史実はすでに多くの歴史家たちの手によって明らかにされてい
4)
る．このフランスの悲劇を同時代において目の当たりにした政治的保守主義者たちは，
政治の世界から抽象的な思弁，形而上学的な思考を廃しようと試みたのであった．
シュトラウスは的確にも，このことをまとめ，次のように語っている．

　　「歴史学派の創始者たちは，何らかの普遍的あるいは抽象的原理を受け入れるな
　　らば，こと思想に関する限り，必ずや革命的で錯乱的な不安的要因となること，
　　そしてこの効果は，一般的にいって，当の原理が保守的な行動方針を是認するか
　　革命的な行動方針を是認するかに全くかかわらないことに，ともかくも気付いて
　　いたように思われる．それというのも，普遍的原理を認めるということは，既成
　　の秩序，すなわち，今ここに現存するものを，自然的ないし合理的秩序に照らし
　　て判定するよう人をしむけるからであり，今ここに現存するものは，普遍的で不
　　易の規範におそらく及びそうにないからである．」[*Ibid.*:13]．

　だが当然のことながら，こうした立場は，一切の現実や場所を超えた理想，規範を
否定する思想への第一歩でもあった．まさに，歴史学派は，普遍の存在そのものを否
定するのではないにせよ，その意義を否定することによって，現実的なるものを超越
せんとする一切の努力の唯一堅固なる基盤を破壊してしまったのである [*Ibid.*:15]．

（2）歴史主義の完成

　こうして歴史学派は，具体的，個別的な原理を追い求めていくなかで，歴史研究の
重要性を発見する．彼らにとっては，不確実性が蔓延するこの世界のただなかで，過
去の歴史，つまり実際の出来事こそが唯一，信頼に足る存在であったからである．だ
が，シュトラウスによれば，彼ら歴史学派はたとえ歴史を重視していたとはいえ，そ
れ以前の重要な信念体系だけは捨て去ることができなかったという．「歴史研究から
我々は何かを期待しうるかについて歴史学派が抱いていた考えそのものは，歴史研究
から得られたものではなく，18世紀の自然権理論から直接また間接に由来した仮定の
結果であった．歴史学派は民族精神の存在を仮定した．すなわち国民あるいは民族が

自然的単位であると仮定したり，歴史的展開の一般法則の存在を仮定したり，あるいはまたこの二つの仮定を結合したりしたのだった.」[*Ibid.* 1953：16].

　歴史学派は抽象的な思考や前提を否定していたにせよ，伝統的な民族精神といった観念は捨て去っていなかったのである. だが皮肉にも，実際の歴史はそれを保証しなかった. これは当然といえば当然の帰結であっただろう. 過去の実際の歴史はその民族の栄光ばかりを示してはいない. 無残な敗北や決して正当化しえない圧政や虐殺もあり，そこには客観的で理論的な法則性も存在しない. 現実の歴史はどんな客観的基準も理想も，そして法則も提示しえないことが明らかになった今，唯一残された基準はその時代に帰属する自身の主観的な基準のみだったのである. かくして，善き選択と悪しき選択との区別を認める客観的基準はなくなってしまった. 結果として，歴史主義はニヒリズムに達する. 人間を完全にこの世に安住させようとした試みは，人間を完全に故郷喪失の状態に陥れることで終わったのだった [*Ibid.*：16]. ここにきて，歴史主義はついに完成する. それぞれの時代の精神こそが神となり，歴史的な個性のみが次第に絶対視されはじめたのである.

（3）歴史主義の矛盾とその破綻

　前述したように，すべての思想，精神はその時代に制約されるという時代精神をもとに歴史主義は構築されていった. だが歴史主義は，それを推し進めていく旅の途中で，一つの大きな壁に突き当たる. すなわち，歴史主義はあらゆる人間の思想を歴史的なものとして規定づけるが，歴史主義そのものがある特定の人間的思想である限り，歴史主義という思想それ自体が歴史のなかで消え去っていくしかないという難題である. この難題を乗りこえるには，いいかえれば，歴史主義という思想を何としても成立させるには，歴史主義のみを例外的に歴史の外部へ置くという方法しか残されていなかった. 要するに，この型破り的な方法は，まさに自らの思想のみを，特権的な位置に祭り上げるということに他ならない. この見解は，すべての自然摂理と同一の超歴史的性格ないし主張をもつのである [*Ibid.* 1953：16].

　こうして，自らの時代こそが絶対的瞬間であると主張して憚ることのない，「歴史の終局」というヘーゲルの哲学が完成をみる. ヘーゲルは「歴史」を弁証法的な理性の発展過程とみなし，これまでの哲学をその時代の子とみなす命題を提出したが，この哲学観は超時代的な価値の存在の否定につながるのみならず，自らの哲学をも「時代の子」という次元に落としてしまった. つまり，あらゆる思想が時代精神の反映であるとする限り，自身の哲学も自壊せざるを得ないという歴史主義一般の問題を解決すべく，自身の時代のみを絶対精神として超越的にとらえた点に，歴史主義の完成形態があったのである. シュトラウスは，この絶対知へと達した歴史の終焉を，知恵の

探求が知恵そのものへと変わる瞬間であり，根本的難問の解決は不可能だと自覚される瞬間としてとらえる．普遍ではなく，矛盾や論理といった変転するものにこそ哲学の本質をとらえたヘーゲルは，歴史を哲学の対象とすることで，あらゆる哲学を哲学史だとみなし，混沌とした歴史のなかに何らかの普遍をみつけるという方向に向かわざるをえなかった．たしかに，ヘーゲルはいう．「哲学史の研究が哲学そのものの研究であり，そうあるほかないことだけはあきらかです．」[Hegel 1965：邦訳 63]．

　この一節から読みとれるものは何か．人間の完結した実践を事後的に解釈するしかないヘーゲルの歴史主義的哲学観が，将来的な実践的規範や時代を超えた善きレジームを提示する政治哲学を根底から否定するのではないかという懸念である．だが，シュトラウスの解釈によれば，ヘーゲル的な歴史主義それ自体が，皮肉にも，思想として破綻せざるを得ない宿命を抱えていたのである．

┼ 2．徹底した歴史主義へ

（1）ニーチェによる準備

　すでに見てきたように，19世紀の歴史学派から始まり，ヘーゲルにおいてその頂点をなすにいたった歴史主義は，一貫しえない論理を抱えていた．あらゆる人間思想をその時代の寵児とみようとする歴史主義だが，その歴史主義そのものもまた時代の子であり，畢竟，消え行く運命にさらされているという矛盾である．

　こうした歴史主義が抱える自己矛盾を克服しようと現れたのが，まさにシュトラウスのいうところの「徹底した歴史主義（radical historicism）」である．だが，どのような意味で彼らは「徹底した（radical）」歴史主義であったのか．徹底した歴史主義者は，それまでの歴史主義者たちが，自分たちの思想のみを歴史の外に配置しようとした姿勢，すなわち，超歴史的性格を認める態度を拒否する．ただ，同時に彼らは，無条件の歴史主義が一個の理論的命題としては不合理であることを認めてもいた [Strauss 1953：26]．要するに，徹底した歴史主義者は語の完全な意味で歴史主義に徹したのであり，彼らは，一切の歴史を超越したものの観念を認めなかったのだ．

　では，無条件の歴史主義からこの徹底した歴史主義へと最初に道を切り開いた哲学者は誰であったのか．その人物こそが，ニーチェである．徹底した歴史主義は，ニーチェの哲学による19世紀歴史主義への攻撃により準備された，とシュトラウスは解釈する．たしかにニーチェは『反時代的考察』において，生を歴史に従属させるのではなく，歴史を生に従属させることの重要性を主張したが[5]，それはまさに，人間の生がことごとく歴史や伝統的規範といったものから完全に解放され，その限りにおいては真の自由を手にしたことを意味していたのである．

（2）実存主義への道

　こうして，徹底した歴史主義は次第に，ただ一度限りの，その時々の生の瞬間にお
ける何らかの偶然的出来事，決断のみを尊重するようになっていく．要するに，徹底
した歴史主義は，ある種の実存主義的な態度に限りなく接近していくのだ．次の重要
な一節でシュトラウスは，徹底した歴史主義がもつ命題を余すことなく説いている．

　　「あらゆる理解，あらゆる知識は，それがいかに限定的で『科学的』であるにせ
　　よ，準拠体系を前提している．すなわち，その中で理解や認識が成立する一つの
　　地平，一つの包括的見解を前提している．そのような包括的ヴィジョンによって
　　のみ，一切の見ること，観察すること，方向づけることが，可能になる．この全
　　体についての包括的見解は，それがまさにすべての推論の基礎であるゆえ，推論
　　によって妥当性を与えられることはありえない．したがって，そのような包括的
　　見解もさまざまのものが存在することになり，しかも各々の見解が他に劣らず正
　　当ということになり，我々は何らの合理的手引きなしに，その一つの見解を選ば
　　なければならなくなる．」[Ibid. : 26-27].

ここから，徹底した歴史主義はある種の決断主義ともいうべきものへと流れていかざ
るを得ない．

　　「一つを選ぶことが絶対に必要であり，中立や判断保留は不可能である．我々の
　　選択はそれ自身の他には何の支えも持たず，いかなる客観的ないし論理的確実性
　　によっても支えられていない．我々の選択が虚無，すなわち意味の完全な不在か
　　ら区別されるのは，我々がまさにそれを選択するということによるほかない．」
　　[Ibid. : 27].

　非常に回りくどいいい方をシュトラウスはしているが，まとめればこういうことに
なる．すなわち，あらゆる人間の思想は人間の行為の結果にすぎず，それは運命の配
剤にすぎないのであると[6]．結果として，徹底した歴史主義は，理論的な根拠，枠組み
が一切排除された人間の行為，決定そのものを重要視するという思想へと帰着せざる
をえない．そして，これを理論的にも，また哲学的にも真の完成へと導いたのが，
シュトラウスの見解にしたがえば，まさにハイデガーの実存主義哲学だったのである．
　以上，かなり駆け足でシュトラウスがとらえた歴史主義の破綻へといたる道をみて
きたが，ハイデガーの実存主義がいかなる意味において，徹底した歴史主義を完成へ
と導くのだろうか．シュトラウスのハイデガー批判をより正確に見定めるためにも，
まずはハイデガー自身の哲学に潜む実存論的な性質と彼の歴史そのものへの解釈を，
一度，正確に検討しておく必要があるだろう．

＋ 3．ハイデガーと歴史性

（1）ハイデガーによる実存論的分析論の規定

はじめに，『存在と時間』を手がかりとして，ハイデガー自身による「実存」の概念規定についてごく簡単にではあるが確認していこう．ただし，実存の規定を確認する前に，われわれは『存在と時間』のなかでももっとも重要な術語の一つである「現存在」という言葉をおさえておかねばならない．この「現存在」こそ，『存在と時間』のなかで幾度となく繰り返されるもっとも根本的な規定でもあり，実存の規定とも直接的にかかわるキータームであるからだ．

いうまでもなく，ハイデガーが『存在と時間』という作品全体を通して問いたかったのは「在るということはどういう意味なのか」というテーマである．この「在るということ」，「世界の内に在るということ」を問うことができる存在者は，唯一われわれ人間だけであり，そうであるからこそ，周知のとおり，存在への問いが開示される場（Da）として現存在という語が考え出されたのであった．ただし，現存在は自己の存在をつねに自己自身で把握して，はじめて現存在となりうる．ハイデガーは，現存在が自己の存在への問いを発することを存在了解と呼び，その重要性を強調している．

> 「現存性の存在構成には，それがおのれの存在においてこの存在へむかって，ある存在関係をもっている，ということが属しているわけである．そしてこのことはまた，現存在はおのれの存在においてなんらかの様式と明確度において，自己を了解している，ということを意味する．この存在が自己自身に開示されている，ということがそなわっているのである．存在了解は，それ自体，現存在の存在仮定なのである．現存在の存在的強調性は，それが存在論的に存在するということにある．」［Heidegger 2006：12］．

ハイデガーの強調する現存在とは，机や犬とは違い，自身の存在を了解できる特別な存在者である．この事実を，現存在が存在論的に存在するとハイデガーは表現している．この現存在についての規定をふまえ，ハイデガーによる実存の規定をみてみよう．

実存の規定がはじめてなされるのは次の一節である．「現存在がしかじかの仕方でそれに関わり合いうる存在そのもの，そして現存在がいつも何らかの方法で関わり合っている存在そのものを，われわれは，実存（Existenz）と名づけることにする．」［*Ibid.*：12］．つまり，実存という概念は，これまでの伝統的な存在論とは無縁な，現存在が何らかの形でかかわってはじめて存在が成り立ちうるという存在を基礎に置い

ている．実存とは，現存在に与えられた存在可能性の問題だと解釈できるだろう．ハイデガーによれば，この実存を基礎にして，「在る」ということの意味を正確に探っていったとき，その基礎的存在論は，現存在の実存論的な分析のうちになされればならないという方向に帰着していくのである．

（2）シュトラウスの実存主義批判

　以上のハイデガーの議論は，単に実存論的な分析を述べているにすぎず，一見すると，そこから政治的な問題や歴史主義へとつながる議論はみえてこない．シュトラウスは，ハイデガーの哲学を批判する際，明確に「実存主義」（existentialism）という言葉でもって批判を展開している[7]が，そもそもどういった理由でハイデガーの実存主義は批判にさらされなくてはならなかったのか．端的にいえば，ハイデガーの実存主義こそが究極的にはシュトラウスの目指す政治哲学を葬り去る思想であったからだ．では，いかにしてこの実存主義は政治哲学の否定へと結びついていくのか，そして実存主義が，なぜ徹底した歴史主義とも呼ばれ，決断主義へとつながりうるのか．これ自体が本章の主題をなす複雑な問題ではあるが，まずは，シュトラウスによる実存主義の解釈をみておこう．

　　「実存主義はかなり多くの様相をもって現れる．しかし，われわれはそれを，次のように定義付けたとしてもそれほど的外れではないだろう．実存主義とは，認識と行為のあらゆる原則が歴史的なものであるとする立場，つまり根拠の欠如した人間の決断以外には，いかなる根拠もあり得ないという立場なのである．……実存主義によれば，すべての人間的知識はその示された意味で歴史的なものであるため，実存主義は政治哲学を根本的に非歴史的なものであるとして否定せざるを得ないのである．」［Strauss 1983：30］．

　つまり，このシュトラウスの理解によれば，ハイデガーの実存主義[8]はすべての人間的行為，信念，理解が歴史的なものに還元されることを前提にしている．この理論は，人間行為や意志決定が一切の歴史的伝統や規範から外れた独自的で恣意的なものであり，それ自体が価値となりうるという結果を導き，それはやがて，決断のための決断という決断主義にまでつながっていく可能性をその内に秘めているのである．

　とはいえ，以上の実存主義を決断主義と結びつける解釈については，批判的な見解も存在する．リチャード・ヴィラによれば，ハイデガーは決意性を価値の源泉ととらえているのではなく，むしろ魔術から解放された世界での判断や行為の重荷にたいする一つの反応として提示しているにすぎない．また，本来生と決意性を結びつける議論は，独自の価値を無から創造するという解釈にいたるが，この解釈はハイデガーの

本来的開示性を曲解したものだ．『存在と時間』第44節で述べているとおり，ハイデガーのいう本来性とは，与えられているがまだ漠然としたものを取り上げる一種のやり方であり，生活世界の内部に現れるがコード化され物象化され隠語化され，意味することをやめてしまっているものの内容や可能性を創造的に活用することなのである [Villa 1996：邦訳 224-225]．たしかに，認識と行為の原則を歴史的にみる立場が，そのまま根拠なき決断主義につながるというシュトラウスの議論は，ハイデガーの一面的理解のように思われる．仲原孝によれば，Farias [1991] が世界的なセンセーションを巻き起こして以来，ハイデガーの哲学にナチズムとの親和性を見いだしたと主張する論者がふえており，こうした論者の多くは，ハイデガーの哲学に，カール・シュミットに共通する「決断主義」が認められると主張しているという [仲原 2002：1]．シュミット的な決断主義とハイデガー哲学の実存主義をめぐる議論について，これ以上考察する余裕はないが，『存在と時間』における決意性の議論などを読むかぎり，政治的に解釈される余地を残していたことはたしかであろう．

　以上，ハイデガーの実存論的分析論とシュトラウスによる批判をごく簡単に追ってきた．だが，その実存と決断という論点は提示されても，シュトラウスがもっとも問題視する，人間存在が本質的に「歴史的」であるという視点は未だみえてこない．以下では，これまでの実存論的分析論の規定をふまえつつ，一足飛びに，『存在と時間』第５章「時間性と歴史性」，第72節からの論説を簡潔に検討してみたい．

（3）ハイデガーの歴史性理解

　『存在と時間』第５章「時間性と歴史性」で展開される，ハイデガーの歴史性にたいする分析は非常に深遠で，また興味深い論点が多岐にわたった哲学的宝庫である．したがって，簡潔にまとめることは困難を伴うが，本章の主題に沿って少なくとも次のことだけは確認しておきたい．ハイデガーは，歴史という言葉について，われわれが一般に考えるような，たとえば実証主義的な歴史学者のような視点でとらえるのではなく，あくまで実存論的な視点により歴史を把握していくということだ[9]．

　まず現存在の構造全体の姿を表すことこそが，「時間性と歴史性」の目的とされている．『存在と時間』における考究のなかで，これまでは現存在を構成する片方ずつの側面，すなわち誕生と死を個別的に扱ってきたのであるが，当然のことながら，求められる全体の姿は「誕生と死との間にわたる存在者であってはじめて，現れる」[10] [Heidegger 2006：373]．ここにきてはじめて「誕生と死との間の現存在の伸張」が顧みられることになったわけである．ただし，注意すべきは，伸張といっても，流れ行く時間のなかに位置しつつ，そのなかで，ある限られた幅を以って伸びるということが現存在の構造では決してないということである．

「現存在は，なんらかの形で客体的に存在している《生》の軌道や走路を，おのれ
の刹那的現実の諸局面で次第に充たしていくというものではない．現存在はおのれ自
身を伸張し，そのため現存在自身の存在がはじめから伸張として構成されているので
ある．誕生と死とに関してその《間》にあるといわれる《間》は，実はすでに現存在
の存在に含まれている.」[*Ibid.* : 373]．かなり難しい一節だが，われわれ現存在はす
でに敷かれたレールの上で客体的に存在するのではなく，生と死の間にある伸張それ
自体が，現存在の存在を基礎づけるということであろうか．こうして，歴史を歴史と
して基礎づける歴史性と現存在との関係が明らかにされていく流れは，次の論述のな
かで非常に上手くまとめられている．

> 「現存在の歴史性を分析することによって，われわれが示そうと試みることは，
> この存在者は《歴史のなかにおかれている》がゆえに《時間的》であるのではな
> く，むしろ逆に，その存在の根底において時間的であるがゆえにのみ，歴史的に
> 実存し，かつ歴史的に実存することができるのだ──ということである.」
> [*Ibid.* : 376]．

　存在の根底を時間性そのものからとらえ，歴史的に実存することを明らかにしたこ
の一節こそ，まさにシュトラウスが批判するところの「徹底した歴史主義」を表明す
るものであったと解釈できるだろう．存在の概念と歴史をさらに強く結びつけ，その
一体性を強調するハイデガーは，後の記述でこうも宣言する．「現存在がその存在に
おいて歴史的だからこそ，状況や事件や共同運命のようなものが存在論的に可能とな
るのではないか」[*Ibid.* : 379]と．

　ハイデガーが理解した歴史性の議論は次の命題に帰着するだろう．歴史の基礎とは，
単なる過去の事実，何らかの状況という次元にあるのではない．われわれの存在を存
在たらしめ，状況や運命をつくりだすはたらきをなすものであり，われわれの存在の
あり方そのものが歴史的なのである．

╈ 4．徹底した歴史主義と政治哲学

（1）有限性と永遠

　以上のとおり確認してきたハイデガーの実存理解と歴史性への解釈は，つまるとこ
ろ，どのような理論であったのか．人間が存在するというその様態は，そのこと自体
が歴史的であるという理論に集約されるが，シュトラウスは，この存在の観念がすべ
て「歴史」に収斂していく見方そのものを問題にしたのだった．「歴史的に実存する」
ということは，いわば瞬間的なものであり，運命的なものであり，可死的だというこ

とを第一に意味するからである．ハイデガー曰く，まさに「本来的であるとともに有
限的でもある時間性のみが，運命というようなことを，すなわち本来歴史性を可能に
する」のである［*Ibid.*：385］．シュトラウスはまさにこの可死性，有限性への認識こ
そが，古代の存在論とハイデガーの存在論を根本的に隔絶させたものであったと指摘
している．少々長いが引用しておこう．

> 「ハイデガーは当初から『実存』の分析を基礎存在論と考えていた．このことは
> 彼がプラトンとアリストテレスの『存在とは何か』『あらゆる存在がそれによっ
> て在ると言われるところのものとは何か』という問いをふたたび取り上げたとい
> うことを意味している．ハイデガーがプラトンやアリストテレスと一致するのは，
> 存在するとは何か，という問いが根本的な問いであるという点においてだけでは
> ない．彼はまた基本的な問いは何よりもまず，もっとも明確な仕方であるいは
> もっとも信頼すべき仕方で在るような存在に向けられなければならないという点
> でも彼らと一致する．しかしプラトンとアリストテレスによれば最高の意味で存
> 在することとは常に存在するということであったのに，ハイデガーは最高の意味
> で存在することと (to exist)，すなわち人間が存在する仕方で存在することは可
> 死性によって構成されるものだと主張するのである．」［Strauss 1989：37］．

　すでに前節で確認したとおり，「私にとって世界の内に在るとはどういうことか」
という問いが，あくまでハイデガーのいう存在論の基礎であった．けれども，それは
実存の側から存在をみた実存論的存在論であったのである．シュトラウスが的確にも
指摘しているとおり，人間の存在するその仕方を基礎にするということは，必然的に
有限であることは避けられえないことになるだろう．要するに，この実存論的存在論
こそ「徹底した歴史主義」と同義なのであり，まさにすべての事象，存在の基礎を，
刹那的に，瞬間的に，有限的なものとしてみる思想に他ならないのである．

　これとは逆に，プラトン，アリストテレスの哲学は，最高の意味で存在することと
は，人間の存在するその仕方などにかかわらず，常に存在することだと考えたのだっ
た．この点で，有限や可死とは無縁な存在論的世界観を形成しえたというわけである．
いわば，プラトンらは永遠という相から人間を眺めたということができるだろう．

（2）全体とハイデガーの存在
　では，この存在論の基礎をめぐる世界観の違いはいかなる問題を引き起こすのであ
ろうか．シュトラウスよれば，それは真の意味における哲学の存立そのものにかかわ
る重大な問題に関係する．というのも，シュトラウスは「常に存在すること」が本来
の，その語に忠実な意味で哲学を成立させる前提だと強調しているからである．本書

で何度か論じたとおり，シュトラウスにとって，哲学とは「全体についての臆見を全体についての知識に置き換える試み」を意味していた．だが，歴史主義は，この試みそのものを独断論的なものとみなし，その試みそのものの価値を認めないのである．歴史主義がそうした結論にいたる理由として，シュトラウスは以下のように述べている．

> 「哲学，すなわち，全体についての臆見を全体についての知識によって置きかえようとする試みは，全体が知ることのできるもの，つまりは，明瞭である（intelligible）ことを前提とする．この前提は，それ自体における全体が，知ることのできるかぎりでの全体，客体となりうるかぎりでの全体と同一視される，という帰結にいたる．つまり，この前提は，『在ること』と『明瞭であること』ないし『客体』の同一視にいたる．客体，すなわち，認識主体の客体となりえない一切のものの独断論的無視，あるいは主体によって支配されえない一切のものの独断論的無視にいたるのである．」[Strauss 1953：30].

　歴史主義の解釈によれば，哲学が全体についての意見を全体についての知識に置き換えることであるならば，そもそもの前提として，「全体」は知りうるかぎりでの全体にしかすぎず，それは，われわれが認識できないものを独断論的に無視してしまう行為に等しいというわけだ．つまり，歴史主義からすれば，それまでの哲学こそが独断論なのである．さらに，シュトラウスは歴史主義の主張をつづける．

> 「全体は知ることのできるもの，明瞭であるということは，全体は恒常的構造を有するとか全体そのものは不変であり常に同一であるというのと，同じことである．……哲学の理解する『在ること』は最高の意味における『在ること』は『常に在ること』を意味するのでなければならない，という意味に，その根拠をもっているといわれる．哲学の基本的命題の独断論的性格は，歴史の発見によって，あるいは人間的生の歴史性の発見によってあらわにされたといわれる．」[Strauss 1953：30].[11]

　シュトラウスの哲学理解とハイデガーの存在論は，この全体という概念をめぐり，決定的に対立するように思われる．おそらく，ハイデガーの存在論，すなわち「在ること」についての解釈とは歴史性にささえられた実存的な意味での在ることである．[12]ゆえに，その時々で把握される「全体」は歴史性のもとにある全体であり，必然的に，不完全なものにすぎない．一方，シュトラウスの理解する哲学は，あくまで「全体についての臆見を全体についての知識に置き換える試み」である．シュトラウスがいう全体は判然としないままであるものの，全体の知識に置き換えるということは，それ[13]が認識可能かにかかわらず，不変的かつ恒常的な第一存在がその根底になければなら

ない．その意味で，実存，すなわち「人間が存在するその仕方において存在すること」を探求するハイデガーの哲学は，シュトラウスのいう「本来の哲学」を成り立たせる基盤そのものを否定する要素をその内に秘めていたと解釈できる．こうして，徹底した歴史主義による「哲学」の可能性の否定は，政治哲学の否定を招くことにもつながっていったのである．

十　おわりに

（1）政治哲学のための空き場がない哲学とは

これまでシュトラウスによるハイデガー哲学への批判をみてきたが，実のところ，シュトラウスは，ハイデガー哲学にたいし本質的には非難の眼差しを向けつつも，ハイデガーをある意味では高く評価し，また意識し続けてもいたということは明記されるべきであろう．しかしながら，シュトラウスはある究極的な一点において，ハイデガー哲学と袂を分かつことになる．その理由は，次の一言に凝縮されているといっても言い過ぎではないだろう．すなわち「ハイデガーの作品には政治哲学のための空き場（room）がない．」［Strauss 1983：30］というハイデガーへの辛辣ともいえる発言である．政治哲学の存立そのものを認めえないハイデガー哲学は，生涯をとおし政治哲学の可能性を追求しつづけたシュトラウスにとって，決して許容することのできない宿敵であったともいえる．

シュトラウスが現代の精神的，思想的風潮を見渡したとき，「政治哲学の危機」なる一種の標語を盛んに唱えていたということは序章以降，何度か述べてきた．なぜ，彼は政治哲学の探求にこだわり続けたのか．彼が理想とした政治哲学の姿とは何であったのか．すでに，第5章にて検討してきたように，政治哲学は，あらゆる場において，またいつ何時も本性的にもっとも優れた，もしくは公正な社会の最善で公正な秩序，すなわち善きレジームに関係する．ゆえに，シュトラウスが理想とする政治哲学は，何よりも「ユニヴァーサルな観念」を前提にすることなくしては成立しえない学である．このことは裏を返せば，ユニヴァーサルな観念の存在を認めないすべての思想は政治哲学の存在そのものを脅かしかねない脅威になりうる，ということを意味するであろう．では，その脅威の源泉となっていた「主犯」を，シュトラウスは近代思想のどこに見出していたのだろうか．一言でいえば，実証主義と実存主義という二つの近代思想の大潮流である．この両者のうち，実存主義の方が哲学的にはより本質的で，根深い意味をもっている，とシュトラウスは診断した．なぜなら，実証主義は必然的に歴史主義へと姿を変え，そしてこの歴史主義がさらに徹底化されたとき，本章で考察したとおり，最終的に実存主義へと行きつくからである．いわば，徹底した

歴史主義こそが実存主義をなす基礎であり，その思想的な集大成をシュトラウスはまさにハイデガー哲学のなかへみて取ったのであった．

（2）非歴史主義による自然的正（natural right）への問い

シュトラウスは近代哲学の基本的な流れが，歴史の発見に始まり，歴史主義を完成させそれをさらに推し進めていく過程であったとみる．ではいかにして，シュトラウスは，この歴史主義を克服しようとするのか．おそらくは，歴史が発見される以前の時代の思考に回帰すること，すなわち，非歴史的な思考を探りつづけることによってである．

> 「歴史主義と非歴史主義的哲学との間の争点が決着をみないかぎり，自然権の存在はもとより，その可能性さえ未解決の問題にとどまるほかないとすれば，われわれの焦眉の急は，その争点を理解することである．……このことは，あらゆる実際上の目的のためには，歴史主義の問題を非歴史主義的思想の純粋形態である古代哲学の観点からまず考察しなければならないことを意味している.」［Strauss 1953：33］

ここにきてようやく，第Ⅰ部から考察し続けてきたイデオロギーを超克するかもしれない一つの契機がみえてきたといえるだろう．それは，歴史の名において否定された自然権という概念の探究である［*Ibid.*：31］．歴史や有限性を超越した本性的な正しさ，これをシュトラウスは「自然的正」（natural right）と呼び，その重要性を強調する．第7章では，この自然的正を成り立たせる「自然」とは何かという問題を考察することで政治哲学とイデオロギーの関係性をめぐる最終的な結論を導いていこう．

注
1）　歴史的社会構成主義についてのくわしい議論については，上野・北田［2001］を参照．
2）　第2章でもみてきたとおり，マンハイムとシュトラウスによる歴史主義への真逆ともいえる評価は，歴史主義そのものへの解釈の相違というより，両者の真理観の違いに帰するように思われる．すなわち，マンハイムが，「あらゆる時代をつうじて常に妥当する要求などというものはけっして存在せず，絶対的なものがそれぞれの時代に異なったかたちで自己を具体化するということ，しかし全体の運動そのものが自己の真理をもっている」ととらえるのにたいし，シュトラウスは，あくまで全体的な知，ここと今をこえる普遍的な知を前提として哲学を構築していく．ただし，こうした真理観をめぐる問題をいったん横においたとしても，マンハイムの歴史主義こそが相対主義を克服していくという議論が整合性をとれたものであったはかなり疑わしい．くわしくは，第2章3節を参照．
3）　この両者の関係については今まで断片的に語られることはあっても，フランスの哲学者

リュック・フェリやズッカートなどの研究などを除き，思想的に掘り下げた研究が試みら
れるということはあまりなかったように思われる．ちなみにレオ・シュトラウスの弟子で
あり，Bloom［1987］の著者としても有名なアラン・ブルームは来日の際，「20世紀にハイ
デガーが占めていた位置を21世紀においてはシュトラウスが占めるようになる」と述べた
という［Strauss 1989：邦訳 344］．
4）　フランス革命の悲劇と残虐性を描いたものとしては次のような研究書がある．森山
［1996］，Renée［1986］．
5）　Nietzsche［1955］所収の「生に対する歴史の利害について」には次のような記述がある．
「過ぎ去ったものを生のために使用し，また出来事をもとにして歴史を作成する力によって
初めて，人間は人間となる．」［Nietzsche 1955：邦訳 10］ただし，ニーチェは歴史的なも
のの力一切をすべて否定しているわけでないということは付言しておく必要がある．
6）　「すべての人間思想の本質的限界への基本的洞察は人間そのものに到達不可能であり，換
言すれば，そのような洞察は人間思想の進歩や労苦の結果えられるものではなく，測りが
たい運命の予見できぬ賜物である．」と述べている［Strauss 1953：27］．
7）　次のシュトラウスの記述を参照．「実存主義は圧倒的に重要な意義をひとりの人物に負っ
ている．すなわちハイデガーである．」［Strauss 1953：27］．無論，ハイデガーの哲学を実
存の哲学として解釈することは誤りだという見解も存在する．さらにいえば，「実存主義」
と「〈実存〉哲学」は異なった思想として明確に区別されるべきであり，ハイデガー哲学は
紛れもなく「〈実存〉哲学」に属するという指摘もあることはたしかである［小野 1996：
43］．ただし本章では，シュトラウスが，ハイデガーの哲学を普通に"existentialism"とし
て表現しているのに合わせ，「実存主義」という表記で統一しておく．
8）　『厳密な学としての政治哲学』という論文がシュトラウスによって書かれたのは1971年で
ある．したがってシュトラウスは最後期のハイデガーの作品も丹念に読んでいたと思われ
る．特に，ハイデガーの後期の哲学については，東洋と西洋の対話という文明論的なもの
を目指したという指摘をしている．ただしその哲学にいたっても，政治哲学は不在のまま
であったという［Strauss 1983：34］．とはいえ，シュトラウスは，前期，後期を問わず，
いずれにせよ，具体的にハイデガーの特定の作品を挙げての批判を試みてはおらず，ハイ
デガー哲学における，いわゆるケーレの問題についてもふれてはいない．唯一，注釈で言
及されているのが，『存在と時間』第21節である［Strauss 1983：31］．さらにいえば，
シュトラウスはすでに1950年代に「実存主義入門」という講義をシカゴ大学で行っており，
そこでもハイデガー実存主義を批判しているが，そこで念頭に置かれているのは主著『存
在と時間』である．したがって小論では，シュトラウスが「ハイデガーの実存主義」と
いった場合，基本的には『存在と時間』で展開された哲学を指し示していることを前提と
しておきたい．
9）　田村未希も以下のように述べている．「ハイデガーの言う『歴史性』は，通常『歴史』と
いう言葉でイメージされるような世界史や個人の生い立ちや過去を手がかりとしては理解
することができない．彼の言う『歴史性』とは二重の意味を持っており，第一には，日常
性においては，その時代において共有されている被発見性・被解釈性を現存在は常に負っ
ていて『歴史的拘束性』を免れえないということであり，第二には——そしてハイデガー

が力点をおいているのは——それら被発見性・被解釈性が解体され『変わる可能性』があるということである（『本来的歴史性』，SZ 386）（SZ 385-7）．変化するからこそ『歴史』が刻まれるのであって，それらは永遠に変わらないのではない．したがってこれとは対照的に，変化する可能性を隠蔽する循環構造を有している日常性は，『非本来的歴史性』として捉え返されることになる（SZ 376）．」［田村 2012：167］．

10）　たとえば，Heidegger［2006：第2編第1章］などを参照．

11）　西永は，全体が客体となり，存在が客体とされる同一化されることの危険性をふまえ次のように論じている．「歴史主義が哲学の基礎的前提の独断性を見るのは，哲学が存在を認識主体によって認識されうる客体と独断的に同一視し，したがって主体によって決してマスターされえないものをすべて独断的に無視する事実においてである．」［西永 2019：32］．

12）　『自然権と歴史』という表題それ自体のなかに，ハイデガーの『存在と時間』にたいする批判が含意されているということはよく指摘される．すなわち，「存在」にたいして「自然権」を，「時間」にたいして「歴史」を対置させたという解釈である［石崎 2009：88］．ハイデガーの存在理解をいかにシュトラウスが問題視していたかがわかるだろう．ただし，シュトラウスが自然と全体の関係についてどう考えていたかは定かではない．

13）　飯島は，シュトラウスのいう全体，もしくは全体性について以下のように解釈する．第一に，ある事柄を対象とする科学，学問はその反対のもの opposite をも取り扱わねば科学として成立しないという意味での全体性．第二に，政治哲学が包括性 comprehensiveness に直面せねばならないという意味での全体性である［飯島 2014：8-9］．第二の解釈は一般的なものであるが，第一の解釈はシュトラウスの政治哲学を考察するうえで重要な視点である．

14）　シュトラウスはここ40年（執筆当時は1959年）のもっとも偉大な哲学者として，ハイデガー，フッサール，ベルクソン，ホワイトヘッドの4人を挙げている［Strauss 1959：16］．
　　また別のところでは次のようにさえ述べている．「ハイデガーただひとりが，ドイツとヨーロッパ大陸の全思想に革命をもたらし，また英米系の思想にまで影響を及ぼす根本的な変化をもたらしたのである．」［Strauss 1989：27］ちなみに，シュトラウスが基本的に，その思考的ルーツとしては，「ハイデガーの追随者」であったという，ズッカートのような評価もあるほどである［Zuckert 2007：84］．Zuckert［2007］は，シュトラウスの思想的な発展を追いながら，ハイデガーとの比較を試みた意欲作である．

15）　次のようにシュトラウスは述べている．「実証主義は必然的に歴史主義へと姿を変える．社会科学は，それが自然科学をモデルにすることによって自らの方向性を定めたことによって，近代西欧社会の特異性と，人間社会の本質的な性格とを，取り違えるという危険にさらされている．このような危険を回避するには，異質な文化の研究に，つまり，現在の他の文化はもとより過去の他の文化の研究に携らわざるをえなくなる．しかし，このような努力をしているうちに，そのような研究は，これらの他の文化の意味をとらえ損なう．……このような危険を回避するために，社会科学は，それらの文化を，それらが己を理解しているように，あるいは，それらが己を理解してきたように，理解するよう試みなければならない．つまりまず第一に，社会科学者たちに必要とされる理解は，歴史的理解だということになる．」［Strauss 1959：25］．

第7章 レオ・シュトラウスと自然の概念
——レオ・シュトラウスのピュシス理解——

✝ はじめに
——自然という語——

　日本語の自然[1]という言葉は，「自然の美しさに心打たれる」「（こんな時期に転校して
くるなんて）不自然だわ[2]」というような日常会話のレベルにおいても，また「自然法」
「自然科学」「自然主義」のように法律，科学，文学などの分野で厳密な学術用語とし
ても使われるが，いずれにせよ，多義的で深淵な概念であることは間違いない．それ
は，英語 "nature" においても同じ状況で，詩人レイモンド・ウィリアムズやアー
サー・ラヴジョイは，いろいろな言葉の海の中でも，非常になじみ深い言葉であると
同時に，もっとも複雑なものの一つであり，その明確な定義は不可能に近いという
[Williams 1988：邦訳 220]．こうしたとらえがたさにもかかわらず，西洋の思想史，と
りわけ，政治哲学，法・政治思想史の文脈において，自然は古代ギリシアの時代から
現在にいたるまで，重要な規範的概念としての地位を保ちつづけてきた．
　では，なぜ，自然が政治哲学にとって，重要な規範概念たりえたのであろうか．そ
れは，第一に，自然と正義，あるいは自然と秩序立った規則的運動の世界が深い関係
にあったからである [Collingwood 1994：邦訳 13]．第5章でも確認したとおり，『国
家』においては，正義とは自然の秩序に即した調和であり，不正は自然に反する仕方
での支配し，支配される状態であった [Plato 1902：327：444D]．一方，アリストテレ
スにとっては，「在るものの〈自然〉とは，これがその在るもののうちに第一義的
に・それ自体において・そして付帯的にではなしに内属しているところのその或るも
のの運動し，または静止するところの始原・原因」[Aristotle 1955：45：192b20-23] で
ある．つまり，アリストテレスの理解する自然とは，物の内にあり，その物を生じさ
せ消滅させる原因，より広い意味においては，物を運動させ静止させる原因であった．
そして，こうした世界観・自然観を前提にして導かれた法こそ，人為的な法を超えて
普遍的妥当性をもつ自然法に他ならない[3]．

　このように，古代世界においては，自然そのものと人間社会の法や政治が有機的に
とらえられてきた．存在論的に人間に先立って存在する実体としての神（中世），ま
たは自然＝意味ある秩序としてのコスモス（古代）が，世界の最終的根拠であったか
らである．現代においても，われわれは，星座たちが煌めき，刻々と日付を変えてい
く，そんな大きな宇宙の流れのなかに自然の雄大さを感じる．しかしながら，コスモ
スとしての自然は，現代のわれわれを取り巻く単なる外的環境としての自然を超越し
ている．直線運動を本性とする4元素によって形成された月下の世界と円運動を本性
とするアイテールによって形成された天上の世界という二元世界が，アリストテレス
の宇宙観の基礎にあったように．アテナイの悲劇詩人エウリピデスの遺した断片に耳
を傾けてみよう．

　　　幸いなるかな，探究の道にすすみ，
　　　市民たちに害を及ぼそうとも
　　　不正な行為に走ろうともせずに，
　　　不死なる自然万有の不死の秩序世界を眺め，
　　　それがいかにして，また何から，何によって形成されたかを観照する者は．
　　　かかる人びとには，卑しい所業への思いの宿ることはけっしてないのだ．［廣川
　　　1997：189；エウリピデス断片 910］．

　近代以前の存在論において存在者は可視的なもの，それが表象可能なものかという
ことは関係がなくそこに現に存在するものであった．こうした認識の過程から，古代
人は，いわゆる目的論的自然観を構築する．あらゆる自然存在，少なくともあらゆる
生きた存在は，ある目的に向かって方向付けられており，その完成を望む．特に人間
の完成は理性的・社会的動物としての人間の本性によって規定されている．自然が基
準となっており，その基準は人間の意志からは完全に孤立している．このことは自然
が善であることを含意しているのである［Strauss 2002：邦訳 13］．
　しかしながら，周知のとおり，近代以降，こうした世界観は崩壊する[4]．デカルトが
「自然ということで私は今，……このことばを物質自体をさすに用いている」［Descartes
1964：邦訳 103］，またカントが「自然とは，普遍的法則にしたがって規定されている
かぎりにおける，物の現存在である．」［Kant 2009］[5]と宣言したとおり，近代以後の自
然観は，味，色などの第二性質を取り去った自然を唯一の自然と解釈する自然主義的
唯物論を基礎にしている．さらには，第1章で検証したように，マルクスによって，
感性的外界としての自然が消滅するにいたり，自然に秘められていた神秘性は一切消
失する．
　以上の自然主義的唯物論の隆盛，いいかえれば，古典的な秩序世界としての自然観

念の喪失は，本書においてこれまで論じてきた歴史主義の隆盛と並行した現象であったと考えられる．そして，歴史主義が政治哲学にとって最大の宿敵となったという議論は，レオ・シュトラウスが幾度となく強調してきたとおりである[6]．本章は，この「自然」という言葉のもつ哲学的・規範的な問題を解き明かすべく，まずは，古代の自然観，とりわけ，プラトンのピュシス概念を中心に概観する．次に，自然の概念が政治哲学の再興において，いかなる一助となりうるのかについて，シュトラウスの独特ともいえるピュシス理解，及び自然的正の議論を導きの糸とすることで，イデオロギーを超えていく政治哲学の可能性を模索していきたい．

＋ 1．ギリシア精神史とピュシス概念

（1）ギリシア精神史

　古代ギリシアにおけるピュシス概念を分析するにあたり，まずは，ギリシアの精神史を概観しておこう．ギリシア人の精神的な発展と自然観念の変遷は大きくリンクする．前1200年のカタストロフによるミケーネ文明崩壊を機にホメロス期に入ったギリシアにおいて，当時の人々は自他未分離の状況におかれていたといわれる［小野 2015：13][7]．このホメロス期の自他未分離状況とは具体的にいかなるものだったかといえば，自己が他者の血縁的共同体のなかに埋没し，個々人の内面性が未発達なままの状況を意味する．たとえば，ホメロスの『イーリアス』において，一糸乱れぬ重装歩兵の隊列の様子が描かれているように，この一糸乱れぬ隊列を可能にしていたのは，まさに，言葉さえ必要としない目と目で分かり合う自己と他者の共有意識だったといわれる．

　では，この時代の法や正義はどういった性質のものだったのか．端的にいえば，当時のギリシア人たちは，神々も服す森羅万象の秩序（kosmos physis）を信じていたとされる．この森羅万象秩序はキリスト教のように神が定めた神法ではなく，自ずから万物に備わった内在的原理であり，ギリシア的正義とは「自然」，すなわち森羅万象の秩序に従うことであった［小野 2015：15］．こうした世界観の下においては，人間社会に固有の法規範は慣習法（テスモス）にしたがうことと同義である．先祖から伝えられた慣習・掟がすべてであり，いわば，それが彼らにとっての「自然」であった．その意味で，未だ，自然の観念は発見されていなかったといえよう．

（2）神話と自然哲学——イオニアの自然学

　こうした森羅万象の秩序の下で生きたギリシア人が自然現象をみるとき，現代のわれわれとは全く異なる観点をもっていたことは当然であろう．たとえば，ホメロス，

　ヘシオドスは，虹を「神々の使者風の足をもつ速やかなイリス」，地震を「大地を揺るがすポセイドン」として語る．こうした神話的自然観は古代オリエント人やバビロニア人たちと共通するものの，重要な点は，古代ギリシアの人々のオリュンポスの宗教には呪術的側面が皆無であったという点である［伊東 1971：63］.

　たとえば，暑い日が長く続いた後に突如雨が降り出し，作物の被害を免れたとき，古代バビロニア人たちは，巨鳥イムドゥグドゥが彼らを救うために飛来し，その黒い雨雲の翼で空を覆い，暑い息で穀物を焼き焦がしていた天の牝牛を食い殺してくれたとみるが，こうした説明は，彼らにとって，単なる比喩や寓話の類ではなかった．それはたしかに一つの想像的産物ではあるものの，原始社会の汝＝自然に対する共同の体験を表出するものであり，客観的強制力をもった一つの社会的な集団表象というべきものなのである［伊東 1971：57］．そして，日照りが続くときには，この巨鳥イムドゥグドゥが飛来するよう，呪術的祈りを捧げるのである．

　一方，ギリシア人はどうであったか．彼らの神話的自然観のなかには，アニミズム的な呪術的世界は消え去り，垣間見られない．宗教的祭儀は神霊と一体となるための呪術的行事ではなく，神々の恩恵と引き換えにおくられる贈与という商業的供養でさえある．いわば，オリュンポスの神人同形の世界観は現世的であり世俗的であり合理的なのである．そして，この世俗的な神話的自然観のなかから，擬人主義をいっさい排したとき，あのイオニアの自然学者の自然哲学が誕生する．多くの古代人が神話的，呪術的世界に生きていたなかで，はじめて世界を神話ではなく，ロゴスという抽象概念によって説明するにいたったという点は，やはり，驚嘆すべきことである．

　周知のとおり，ミレトス学派の開祖タレスは，すべての存在者がそこから生じ，それへと滅んでいく万物の根源を水とみなし，宇宙の生成論を論じた．こうした考えは，アナクシマンドロス，アナクシメネスへと継承されていく[8].

　　「存在するものどもは，それらがそこから生成してきたところの，そのものへと
　　必然に従って，また消滅するのだ．というのも，それら（存在するものども）は，
　　時の定めに従って，たがいに，不正にたいする罰をうけ，償いを支払いあうこと
　　になるからだ．」［廣川 1997：53；アナクシマンドロス断片 1］.

　ここにはホメロスに残存していた人格的擬人化は完全に影を潜めている．自然が自然界に存在する物質的要素によって説明されるのである．とはいえ，世界を統べる原理を，それでもなお，自然とは何かと問い続けたのは，彼らが人間を自然から切り離された特別な存在ではなく，自然の一部とみる世界観が残っていたからであろう．

　しかしながら，ミレトス学派の生成の自然学は，イタリアのエレア学派，パルメニデスの存在の論理学とぶつかることとなった．生成する論理は永遠不変の存在を思考

するパルメニデスの議論との矛盾を引き起こすからである．結果として，ミレトス学派は，世界の始原を水や火とみる単一的な世界観を発展させ，多元的な生成論を展開することで，その矛盾を克服しようと試みる．その結実として，デモクリトスの原子論が完成されるのである．

> 「デモクリトスの徒はアトムをピュシスと呼んだ……というのも，彼らはこう言ったからだ，これらのアトムがあたりに撒き散らされる．」[廣川 1997：337；デモクリトス断片 168]．

（3）イタリア的伝統

イオニアの伝統がオリュンポスの宗教に起源をもつならば，ピュタゴラスから始まるイタリア的な伝統は，オルペウスの宗教が背景にあったといわれる．彼らは彼岸的な魂に関心を向け，生成しては変化していくものの背後にある，永遠不変なものを求めていた．たとえば，ピュタゴラスは宗教的な神視を理性的な観想へと変化させ，霊魂の輪廻転生からの解脱を実現するために魂の浄化を目指し，音楽の研究に邁進する．結果として，協和音程と数学的構造を発見し，宇宙全体の構造を数的比例による調和とみる世界観を形成するにいたる．

「宇宙のうちにある自然万有は，無限者（限定を受けていないもの）と限定者（限定を加えるもの）から調和的に組み立てられたのだ，全体としての宇宙も，その中にあるいっさいのものも」[廣川 1997：21：ピラオロス断片 1] ピュタゴラス学派は，イオニア的伝統にみられた，この自然をつくり上げている物質的存在の「なに」を問題にするのではなく，その存在様式の規定，構造の「いかに」に目を向けたのである[伊東 1971：72]．これはいわば，前者が質料的観方だったとすれば，後者は形相的観方をしたということができる．そして，この後者の見方が，ソクラテスの哲学へとつながっていくのである．

後のシュトラウスの議論にみるように，ソクラテスはピュタゴラス的な自然の形相を人間社会における善や徳といった議論に発展させていくが，結果として，自然的事物の探究は，影を潜めていく．ソクラテス以後，自然の問題は，価値・規範・目的という人間的な問題と結びついていくのである．

╋ 2．自然（ピュシス）という言葉の語源

（1）本来的意味

これまで，古代ギリシアの自然観に焦点をあてながら，ピュシスの問題を概観して

きたが，ここからは，ピュシスという言葉そのものの問題，語源にたちもどりつつ，その本質的な意味の変遷についてみていこう．というのも，この本質的な意味の変容こそ，現代の規範概念としての自然理解につながる契機を秘めているからである．

　第一に，「ピュシス」とは，「ピュオー」（phyo）という「生み出す」という意味の動詞から発した言葉であり，その語根の phy- と，抽象名詞をつくる語尾である -sis とが結びついて造られた単語である，という事実は重要である［伊東 1999：10］．「ピュシス」とは最初から自然界の森羅万象を意味していたのではなく，あくまで「生まれ出る」という生成の過程そのものに起源をもつ．したがって，ピュシス本来の意味は「生成」「生長」「誕生」であり，「生成してあること」という意味はその派生にすぎない．事実，エンペドクレスは，「およそ死すべきものどもの何ものにも生誕（ピュシス）というものはなく，また呪うべき死の終末もない」と語り，ピュシスを「生誕」という意味で使用している［Heinemann 1965：邦訳 105］[9]．

　では，そこに，物事固有の本質を意味する「本性」「性状」といったニュアンスが付け加えられたのはいつの時代からであろうか．文献学的には，ホメロス『オデュッセイア』第10歌において「本性」「性状」という意味でつかわれたのが最初といわれる．

> 「大地から草を引き抜き，わたくしにその自然を示した．その根は黒色で，その花は乳白色のようであった．そして神々はそれをモーリュと呼ぶ」

　こうしたピュシス＝本質という意味での使用は，イオニアの自然科学が発展するにつれ，勢いを増していく[10]．とりわけ，ソポクレス，アイスキュロスの作品においては，ある事物の「正常な状態」を意味し，「ピュシスにもとづいて」という文も，「正常な状態にもとづいて」という意味で解すのが正しいとされる［Heinimann 1965：邦訳 113］．こうしてはじめて，ピュシスなる語に，規範的要素がつけ加えられるとともに，基準としての意味も加味されるようになったのだが，ついには，クセノパセスにおいて，ピュシス概念は，虚偽，因襲と対置される「事物の真の本質」という意味を獲得するのである．

　その後，イオニア，ソフィストによる使用をへて，ついに，ピュシスは，内なる力としての本質という意味を離れ，ヘラクレイトス，クセノパセスにより，自然のもつ秩序という意味での「コスモス」，すなわち，森羅万象としての自然へと変質する．具体的には，地水火風などの自然の構成要素，自然の全体として使用されるのが，前五世紀半ばであり，このとき，外界の環境全体（現在の日本語の「自然環境」に近い意味）としての意味を完成させるのである．この最後の変質の背景について，伊東は次のように述べる．

「恐らく自ずと生長し，生成した森羅万象のすべてを包括するものとして『万物のピュシス』『全体のピュシス』ということが言われ，次第にこの「全体の」という言葉が落ちてピュシスだけでこの世の森羅万象を意味するようになったのであろう」［伊東 2002：13］.

　このように，ピュシスが自然の秩序であるコスモス，あるいは，自然万有という意味において使われるようになったのは，前五世紀半ばのことであり，本来のピュシスという語そのものには，そうした意味はなかったのである.

（2）プラトン，アリストテレスの時代

　以上の背景から，プラトンの時代にはすでに，ピュシスという語は，「自然物」という意味から「本来的なあり方」「本性」「性状」に近い意味まで広範に使用されていたと考えられる[11]．とりわけ，法律や習慣上の事柄にたいする自然本性という意味におけるピュシスについては，『国家』『テアイテトス』『プロタゴラス』『ゴルギアス』などの諸作品で言及されることが多い．たとえば，後にくわしくみるとおり，『ゴルギアス』や『国家』のなかで使われるピュシスは，本性（本来のあり方）に近い意味で語られ，しかも，それは人の生や国家の正しさを議論する文脈において強調されていた.

「自然本来のあり方からいえば，人に不正を加えることは善，自分が不正を受けることによってこうむる悪のほうが，人に不正を加えることによって得る善よりも大きい.」［Plato 1902：108；358E］

「国家の全体が生長してよく治められている状態のもとでこそ，それぞれの階層をして，自然本来的にそれぞれに与えられるよう幸福に，あずかるようにさせるべきである.」［Plato 1902：264；421C］.

　一方，『法律』においては，アテナイからの客人によって，火，水，土，空気などの自然的事物を万物の最初のもの，つまり自然とみる考え方が否定され，次のように語られる.

「自然という言葉で彼らが言おうとしているのは，最初にあるものについての生成のことです．しかしもし，魂が最初にあるものであって，火も空気もそうではなく，最初にあるもののなかに生まれたのは魂だということが明らかになれば，魂こそだんぜん他のものを引き離して自然によってあるのだと言うのが，おそらく最も正しい言い方になるでしょう.」［Plato 1907：602；892C］.

　この一節は解釈が難しいが，要するに，ピュシスこそが，世界を生み出した根源であり，第一存在であったということであろう．要するに，プラトンにとっての宇宙は理性と霊魂をもつ生き物であり，神的なものであるが，その秩序，魂をもつ生きた自然そのものがピュシスだったということがいえよう[12]．

　一方，アリストテレスの解釈はどうであったか．本章冒頭でもみたとおり，「自然は，それ自らのうちにその運動・転化の原理をもつところのものども［自然物］の各々の基体であるところの第一の質料」［Aristotle 1955：193a32］という自然の定義にみられるとおり，内に生成発展の原理をもつ生命的自然こそが，アリストテレスにとっての自然の観念であった．アリストテレスにおいては，プラトンのように，自然や社会のあり方と自然を結びつける議論はなされない．

（3）ノモスとピュシス

　さて，以上，最古の時代からアリストテレスまで，文献学的な資料によりつつ，ピュシスの語源やその変遷を概観してきたが，ピュシスの語源を考察するうえで避けてとおれないのが，ノモスとの対立という問題である．ノモスが思想史的意味をもった語としてはじめて現れるのは，ヘシオドスの文献においてであり，神が人間をはじめとする種族に与えた行為，生活の決まり事であった．ここからノモスは，さまざまな習慣，伝統を意味するようになり，ピンダロスの「ノモスは万物の王である」という断片を経て，アイスキュロスの悲劇において一つの頂点に達しうる．ここにおいて，ノモスはポリスと一体化するのであった［佐々木 1984：58］．

　結果として，以上のようなノモスの高まりは，テスモスの後退を招く．テスモスが神や立法者という権威に根拠を有しているのにたいし，ノモスは元来慣習法であったように，それに従う人々が妥当性を信じている点に根拠をもち，単なる制定法，実定法を意味するようになったのである[13]．

　こうして確立されたノモスは，一般には，ソフィストによってピュシスとの対立という図式に組み込まれていったといわれているが，それについては諸説ありとされる[14]．その起源については，ヘロドトスにみられるノモスの多様性についての記述が指摘されたりしてきたが，こうした見解にたいし，カール・ラインハルトは異なる意見を提出している．つまり，ノモスとピュシスの対立関係を，ソフィストが提起する以前のパルメニデスの臆見と真理のアンティテーゼの変形とみる見解である．ハイニマンはこうした見解を基礎にしつつ，綿密な文献学的実証をもとに，ヒポクラスに代表される医学が先にみたピュシス＝正常なあるべき姿という解釈を獲得していった点を強調する．そして，この思考法にパルメニデスの存在論が接近し，ピュシス対ノモスの構図の原型がつくられたと論じたのである．

　いずれにせよ，ここで重要なのは，ラインハルトやハイニマンの見解が正しいとすれば，ソフィストが政治的議論に「ピュシス対ノモス」の構図をもちこむ以前から，「真なるあり方」としてのピュシス概念が確立していたという点であろう．ヒピアスからプロタゴラスにいたるまで，ノモスへの不信とピュシスの尊重は一貫しているのである．

✛　3．プラトン政治哲学における自然の正義
──「自然にしたがう」（カタピュシス）とは何か──

ソクラテスとカリクレス

　生成から派生したピュシスが「本性」「事物の本質的あり方」という意味をもつにいたったとき，それが人間社会の次元に適用されれば，自然的な人間社会の正しさという議論に発展していくことは必然である．そして，まさにこの自然的正の問題を人為との対立点からはじめてテーマにした作品がプラトンの『ゴルギアス』であった．人間の自然的な素質と教育の関係を発端として始まるカリクレスとソクラテスによる熱い議論は，人間の自然本来的なあり方とは何か，ひいては，自然全体の構造をどうとらえるかという哲学的な問題に発展していくのである．以下，両者の議論の道筋を追うことで，自然の問題が人間や社会という次元に入り込んだ時に生じるアポリアを確認していこう．

　カリクレスは，ソクラテスとの対話において，ノモスとピュシスの明確な分離を前提とした上で，われわれが立てた社会的なノモスの欺瞞を以下のように述べる．ノモスにしたがえば，「不正を行うこと」は「不正を蒙ること」よりも醜いとされるが，「自然の法」（ピュシスのノモス）にしたがえば，男子は害悪を受けることこそ醜い，と［Plato 1925：483A］．また，同じく，ノモスに従えば，「より多くもつこと」は不正であるが，「自然の法」にしたがえば，「優れた者が劣った者より多くもつことは正しい」とも主張する．以上のノモスと「自然の法」をめぐる議論から，カリクレスは，「自然の法」にしたがった人間のあり方，すなわち，自然の正義について，より優れたものが劣ったものを支配し，余計に取ること，と定式化したのであった［*Ibid.*：483D］．要するに，カリクレスは，社会的に重要視されている正義や節制が人々の定めた「ノモス」でしかない以上，「人間の自然」を「社会慣習の撤廃，それからの解放」と考えるのであり，さらには，強者が弱者にたいし「不正」をなすこと，いいかえれば，人間以外の動物の生態，国家と国家の関係，欲望の充足こそを人の優れたあり方と規定したのであった．その上で，哲学ではなく政治的な生き方が正しい生き方であることを確立し，善い生き方は哲学することではないという結論をソクラテスに

たいし突きつけるのである.

　以上のカリクレスの主張をめぐる論点はいくつかあるが，その核心は，カリクレスのいう「自然の法」とは何か，そして，そこから導かれる「人間の自然のあり方」をどうとらえるかという問題，さらには，そこから導かれる強者＝優れた者とは誰かということになる．まずは，「自然の法」という言葉がもつ問題についてみていこう．

　そもそも，第一に注目すべきは，カリクレスが自身の意見を「ピュシスのノモス」という逆説的な言葉によって正当化した点であろう [*Ibid.*：483DE]．たしかに，ピュシスとノモスが対立項として理解されてきた思想的伝統にしたがえば，このカリクレスの言葉は極めて異様だといえる．未公刊の「ゴルギアス講義」(Plato's Gorgias [1957]) において，シュトラウスも指摘するとおり，そもそも，法 (law) と自然 (nature) は全く矛盾した概念である [Strauss 1957：116]．なぜなら，「法」は人為的な慣習の一つであり，それを「自然」と結びつける議論は，異質なもの同士の統合だからである．要するに，「自然法」(the law of nature) は用語として矛盾しているというわけだ．しかし，シュトラウスはこの矛盾を以下の解釈によって回避している．つまり，カリクレスは自然と慣習の混合体だという解釈である．もし法と自然が哲学のテーマであり，もし法が政治的行動の要素であるならば，この二つの概念を奇妙に組み合わせることによって，彼は自分が哲学者であると同時に政治家でもあるという事実を明らかにすることになる．カリクレスが使う「自然の法則」という言葉は，半分哲学的で半分政治的な彼の魂に対応しているという [Strauss 1957：11]．

　こうしたカリクレスの立場は，シュトラウスの中期の著作 Strauss [1953] において定式化された通俗的コンヴェンショナリズム[16]といわれるものの系譜である．ここで，コンヴェンショナリズムをめぐるシュトラウスの議論を簡単に整理しておこう．シュトラウスによれば，いわゆるコンヴェンショナリズムは，通俗的コンヴェンショナリズムと哲学的コンヴェンショナリズムの二種類に分類される．この二つのコンヴェンショナリズムは，誰もが自然本性的には自分自身の善を求め，他人への配慮といった都市の法（正義）は人間の手によってつくられたもの（ノモス）であるという点では一致しているものの，このノモスへの態度において決定的にわかれていた [Strauss 1953：162]．哲学的コンヴェンショナリズムは，自然本性的な自身の善の追求たる快楽主義をカリクレスのように他者への優越や支配とはとらえず，哲学こそが最高の快楽であり最善の生き方は隠遁であると考えるからである[17]．ゆえに，哲学的生活にとって平和と安全を保障する都市の正義は，たとえそれが人為的なものであっても，通俗的コンヴェンショナリズムのような攻撃の対象とはならない．さらにいえば，普遍的に適用可能な正しさの基準となる自然的正はみとめられなくても，都市の正義（ノモス）は人間相互の利益になりうるという点において，本質的なところは人間社会に同

一なものとして現れる．すなわち，社会の基礎的な部分は，たとえ，人為によるもの
であるとしても，それは社会それぞれで異なるものではなく，普遍的に同一のもので
あると考えるのである．

　では，通俗的コンヴェンショナリズムは人為をどうとらえたのだろうか．すでに述
べたとおり，カリクレスは「通俗的コンヴェンショナリズム」の立場に立っているの
であるが，彼の主張によれば，法の制定者とは，世の大半を占める弱者である．ゆえ
に，都市の法とは，弱者が自分たちの身の安全のために人為的につくり出したものに
すぎない．だとすれば，法は，個々の弱者によって有利になるようつくられたもので
あって，その内容はそれぞれ異なる，という結論が導かれるだろう．[18]

　では，ソクラテスは，こうした通俗的コンヴェンショナリズの象徴たるカリクレス
の主張にどう立ち向かっていくのであろうか．ソクラテスによるカリクレス反駁の論
点は，第一に，強者を物理的力をもった者ではなく，ポリスの統治について思慮と勇
気をもった人と定義しなおし，それをカリクレスに納得させること，第二に，他者へ
の支配を自己支配の議論に変質させ，欲望の充足を善とみなすことからくる数々の矛
盾を突くことであった．その結果，優れた人とは，思慮のある，勇気のある人であり，
このように定義された人が「より多くもつこと」こそ，ピュシスにしたがった正義だ
と反駁するのである [Plato 1903：491B]．[19]

　さて，以上のカリクレス―ソクラテス論争から判明するピュシス問題とは，いった
い何であろうか．一言でいえば，「人間の自然本来のあり方」についての見解がカリ
クレスとソクラテスの間でまったく異なるという事実であろう．カリクレスの意見と
は，端的にいえば，人間社会から慣習や道徳を一切はぎ取った裸の状態を「人間の自
然本来のあり方」とみなすものである．[20]　一方，ソクラテスは，人間の自然のあり方に
ついて，正義や思慮節制といった要素を重視する．『ゴルギアス』のなかで人間的自
然の内実が直接的に示されるわけではないが，少なくとも，カリクレスとの議論の推
移，論理展開をみる限り，ソクラテスが，秩序と規律の状態にある魂のあり方に，人
間的な自然の本質を見出していたということは明白である．「自然にしたがう」（カタ
ピュシス）とは何かという問いは，無秩序な国家支配ともエピクロス主義的な快楽主
義とも異なる，人間的自然とは何かという問いにつながっていく．そしてこの問いは，
ソクラテスがカリクレスに，支配の方向性を弱者から自己へと転回させたように，自
己支配による魂の洗練と関係があるように思われる．[21]

　とはいえ，なぜ，この自己支配による魂の洗練が，「（人間的な）自然にしたがった
もの」であり，それが正という観念と結びつきうるのかという問題は，未だ不明瞭な
ままである．次節では，今一度，自然とは何か，また，そもそも，どのようにして自
然という観念自体が発見されたのかという問題を，シュトラウスの議論を基軸にしつ

つ，語源学的・文献学的なアプローチではなく，思想的なアプローチから問いなおし
てしてみよう．この考察をとおして，ようやく，自然と正の内的連関という問題の解
決に一筋の光がみえてくるはずである．

┼ 4．レオ・シュトラウスの自然理解と自然的正

　一般に，政治哲学が取り扱うテーマは幅広いが，序章において論じたとおり，現存
する政治的権力の正当性を再考するという知的営為は，もっとも重要かつオーソドッ
クスな主題である．この正当性という問題を考察する場合，全くの抽象的な思考実験
によってその根拠を示す方法もあるが，一般には，やはり，何らかの起源に目を向け
ることが多い．第5章のレジームの起源を問うというテーマを扱った際にもふれたが，
歴史的時間軸という次元から，起源に目を向けるという手法は，たとえば憲法の制定
過程を思想史的に研究するという手法にみられるとおり，簡潔にして，確実な証明方
法だといえる．
　こうした過ぎ去りし時を鑑とする思考は，プラトンにおいても同様であった．『法
律』において，クロノスの時代という神話的な過去が幾度となく参照され，神々の秩
序と法の調和が強調されるとき，存在の秩序という歴史的な起源への郷愁があること
は間違いない．だが，一方で，プラトンは『国家』において，歴史的な起源を問わな
い形で，正義の本質に迫っていくという議論も行っている．そして，シュトラウスが，
自然という観念を問題にする場合，まさにこの視点がもっとも重要な論点として浮上
してくるように思われる．しかも，この論点は，哲学の成立そのものとも大きく関わ
る問題なのである．以下では，ピュシス概念をめぐるシュトラウスの古典解釈を読み
解くことで，政治哲学と自然的正の議論の関係について一定の結論を提示していく．

（1）自然の発見と起源の問題
　シュトラウスによれば，自然を発見することと哲学の成立は同義である．なぜなら，
ピュシス概念と自然哲学者たちの思考を検討した際にもふれたとおり，万物の始原を
説明する際に，神話という超人間的な要因をもち出す限りにおいては，それは哲学と
は呼べないからである．万物の起源を，少なくとも，人間の知やロゴスによって到達
可能な基準で説明しようとする試みにこそ，哲学の萌芽があったのである．
　ただし，アリストテレスの『形而上学』における有名な一節「自然について語った
人々」を参照しながら，「神話とは区別された哲学が成立したのは自然が発見された
ときであり，最初の哲学者は自然を最初に発見した人々であった」〔Strauss 1953：82〕
とシュトラウスが語るとき，彼は，イオニア学派のように，世界の根源を自然の内に

存在する事物によって説明するというプロセスそれ自体に着目するわけではない.
シュトラウスが理解する自然とは,　決して,　外界に存在する万物を意味するわけでは
なかった.　むしろ,　現象の総体を自然的現象と非自然的現象へと分けることが自然の
発見の成立根拠であり,　いうなれば,　自然とは区別を表す言葉なのである［Strauss
1953：82］.　そして,　まさに,　この人間社会における自然と非自然の区別を最初に成し
遂げたのがソクラテスであったという視点こそが,　シュトラウスの自然理解の核心の
ように思われる.　なかでも,　次の一節は,　シュトラウスの自然概念を考察するうえで,
もっとも重要であると同時に,　極めて特異な解釈を提示したものである.

> 「ソクラテスは,　彼の先行者たちの誰よりも『自然』の第一義的意味を真剣に受
> け止めたように思われる.　彼は『自然』とは第一義的に『形相』あるいは『イデ
> ア』であるということを理解した.　もしもこれが真であるならば,　かれは自然的
> 事物の研究に目を向けたのではなく,　自然的事物の新しい研究——すなわち,　そ
> の研究においては,　たとえば正義の自然あるいはイデア,　あるいは自然権,　およ
> び人間の魂の自然や人間の自然——がたしかに,　たとえば太陽の自然よりも重要
> であるような種類の研究を創始したのである.」［Strauss 1987：15］.

この一節は,　通常のピュシス理解の伝統からすると,　明らかに逸脱したものである.
ハイニマンやコーンフォードの古典文献学的な研究のなかにも,　ソクラテスがピュシ
スを「形相」あるいは「イデア」として理解したという記述は基本的に存在しない.
にもかかわらず,　自然が,　第一義的に,「形相」あるいは「イデア」であるとは,　一
体どういうことなのか.　いずれにせよ,　ソクラテス研究の伝統においても異端ともい
える,　このシュトラウスの一節には,　シュトラウスがとらえる自然の定義へとつなが
る非常に重要な論点が隠されているように思われる.

とりあえず,　われわれがここで着目すべきは,　なぜ,　シュトラウスが,　ソクラテス
を「自然」の第一義的意味を真剣に受け止めた哲学者と位置づけ,　さらには,　人間の
魂の自然や人間の自然に関する研究を,　太陽の自然よりも重要な研究とみなしている
のか,　という点である.　すでにみたとおり,　イオニア学派は,「自然とは何か？」と
いう問いを,「自然の事物は何からできているか？」という問いにすり替えた.　だが,
ソクラテスは,「自然とは何か？」という問いを,　自然的事物の探究ではなく,　人間
の自然についての問題（人間的自然）へとシフトする.　はたして,　この背景にはどう
いった思考の革新があったのかという問題を,　今一度,　考察することが,　上に引用し
たシュトラウスによるソクラテス的自然理解の一歩となるだろう.

先の引用にみるとおり,　ソクラテスは自然の第一義的意味をとらえたからこそ,　自
然的事物の探究ではなく,　正義の本質や人間の魂という,　人間的事柄の問題へとたど

り着いた，というのがシュトラウスの解釈である．たしかに，ソクラテスは，自然的事物の探究を軽視したわけではない．あらゆる事柄についての包括的研究を目指し，あらゆる存在者の学として哲学をとらえたという点では，ソクラテスもまた，他の哲学者たちと同様であったといえる．ただ，唯一，ソクラテスが他の哲学者と違ったのは，第4章でも述べたとおり，「あらゆる存在者」を「異種混合的な各々の存在者」からなるもの，としてとらえた点であろう．要するに，岩，木，大空といった自然的事物から犬や猫などの動物，そしてわれわれ人間といった個々の存在者には，それぞれ，固有の自然本性が内在しているのであって，その違いをまずは認識することが，より第一義的な意味において，「自然とは何か？」という問いに答えることであったと考えられる．とりわけ，あらゆる存在者のなかでも非自然的（人為的）存在といえる人間についての自然（本性）を探究することは，まさに「自然の発見」に直結する，より根源的な道だったのではないか．

（2）慣習と自然

では，ここでシュトラウスが語った抽象的意味での「自然を発見する」という意味について，もう少し掘り下げてみておきたい．シュトラウスによれば，自然の発見という過程においてもっとも重要なのは，その発見以前においては，何が生き方の模範・指針とされていたかという問題である．一般に，自然を発見する以前の人々は，自分たちの共同体に伝わる慣習を特別なものとしてとらえていた．というのも，自らが生まれ育った特定の共同体に過去から伝わる慣習や仕方は，その共同体を外部から客観的に観察するという経験がなければ，「自然なもの」として認識されるに違いないからである．つまり，「慣習」あるいは「仕方」が，哲学以前においては「自然」に相当するものなのであり，自然とはまさに，今まで「自然」と思っていたことの一部を「非自然的なもの」と気づくことにより，はじめて認識されるということになる[Strauss 1953：82]．

ただし，当然のことながら，一般に，慣習といってもさまざまなものが存在するのであり，なかでも，人々にとってもっとも重要で特別な慣習というものが存在する，とシュトラウスは指摘する．要するに，その共同体の生活の仕方に直接かかわるもの[24]，具体的には，古くてわれわれ自身のものである慣習が，善いものと考えられる．正しい仕方は，先祖のものであり，そこから先祖と神のつながりといった神話的な観念が出現してくるというわけだ．

以上の議論から，この祖先の権威に疑いの目が向けられたときにはじめて，本来の意味における自然は発見されたのであり，哲学は成立したのだということをシュトラウスは強調する．そして，さらに，各共同体に伝わる慣習が相矛盾するものとして浮

かび上がるとき，善いものと祖先のものというつながりは断ち切られ，ノモスを根拠
とした善いものではなく，ピュシスを根拠とした善いものの探求の道が開かれるとい
うわけだ．その意味で，先述したコンヴェンショナリズムは，自然の発見後において
出現した思想だということがわかる．

　ここでもっとも重要な点は，シュトラウスがいうところの慣習ではない「発見され
た自然」とは，結局のところ，一体何を意味しているのかという問題である．特定の
社会に伝わる慣習や法律についての単なる起源をさらに深く歴史的にたどっていった
としても，究極的にみて，それは祖先がつくった人為的な取り決めにすぎない．しか
も，その起源を神話的なロジックによって説明しようとすれば，またもや，哲学から
乖離していくしかない．この問題の解決の糸口は，ある共同体に伝わる「正しい仕
方」についての思念を含んでいる，より正確にいえば，自然的正の基準に合致した共
同体の生き方についてシュトラウスが語っている記述の脚注部分にあるように思われ
る．

　　「正しい仕方は，仕方一般と第一存在，すなわち自然の二つのもっとも重要な意
　　味の根基をつなぐ連結環であるように思われる．自然の二つのもっとも重要な意
　　味の根基とは，事物や事物群の本質的性格としての自然と第一存在としての自然
　　のことである．」[Strauss 1953：82]．

　このほとんど目立つことのない脚注においてシュトラウスが遺した一節には，
Strauss［1953］本文では記されることがなかった彼の自然にたいする考え方が表れて
いるのではないか．たしかに，シュトラウスは Strauss［1953］全編をとおし，プラ
トンやアリストテレス，キケロといった哲学者のテクストを参考にしつつも，独自の
視点から自然という観念を打ち立ててきた．現象の総体を自然的現象と非自然的現象
へと分ける区別を表す言葉といった解釈がそれである．しかしながら，ここでは，第
一番目の「事物や事物群の本質的性格」を自然と規定している点において，明らかに，
これまでみてきた一般的なギリシアの自然観にしたがっているのである．ここで改め
て，シュトラウスが一つ目の意味の根基として提示した「事物や事物群の本質的性格
としての自然」という見方について検討しておこう．

　シュトラウスもその典拠を示しているとおり，アリストテレスの『自然学』におい
て，自然は，

　　「それ自らのうちにその運動・転化の原理をもつところのものども〔自然物〕の
　　各々の基体であるところの第一の質料を意味する．しかし，他の仕方では，自然
　　はそのもの〔自然物〕の型式であり，その説明方式における形相である．」〔Aris-

totle 1955：47：193a30].

　かなり回りくどい書き方がされているが，アリストテレスがここで規定する自然と
は，これまでみてきたような，物の内にあり，その物を生じさせ消滅させる原因，物
を運動させ静止させる原因ではない．ここでの説明方式における形相とは，アリスト
テレス全集の訳者注にもあるとおり，「ある自然物の定義を構成する両要素（類と種
差）のうちの種差」を意味している．そして，もちろん，アリストテレスの理解では，
事物の形相は質料から離れてそれ自体で独立するのではなく，内在しているものに他
ならない．その意味で，シュトラウスが提示する自然の第一の意味は，内的原因とい
う意味における自然とは区別された「自然物の型式であり，その説明方式における形
相」だと考えられる．

　では，シュトラウスが二つ目の意味として提示する「第一存在としての自然」とい
う見方を検討しておこう．ここでシュトラウスが典拠としているのが，先にわれわれ
も引用したプラトンの『法律』第10巻の魂をめぐる議論である．アテナイからの客人
によって，タレスら自然哲学者たちの自然の定義が批判された後，アテナイからの客
人は次のように語っている．少々長いが，重要な箇所なので正確に引用しておこう．

> 「魂（生命力）というものが，ねえあなた，ほんらいどのような性質のものであり，
> またどんな力をもっているかを，ほとんどすべての人が認識していないようです
> ね．…魂の起源については，つまりそれが，最初にあったものの一つであって，
> すべての物体に先立つものであることや，また他の何ものにもまして，物体のあ
> らゆる変化や変様を支配していることを彼らは知っていないようなのです．だが
> もし，そういったことが事実だとすると，魂は物体より古いものである以上，魂
> と同族のものは，物体に属するものよりも，より先にあったものである，という
> ことに必ずなるのではありませんか．」[Plato 1907：601：892B].

> 「自然という言葉で彼らが言おうとしているのは，最初にある第一次的なものに
> ついての生成のことです．しかしもし，魂が最初にあるものだということが明ら
> かになれば，いちばん初めに生まれてきたもののなかに数えられるのは，火や空
> 気ではなくて，魂がそれだということになるから，魂こそだんぜん他のものを引
> きはなして自然によってあるのだと言うのが，おそらく最も正しい言い方になる
> でしょう．」[*Ibid.*：602：892C].

　すでにみたとおり，ピュシスの語源そのものは「ピュオー」（phyo）という「生み
出す」という意味の動詞であり，そこから派生した生成であった．だが，このアテナ
イからの客人による自然解釈は，生成という原義を基底におきつつも，そこに，物質

的な自然ではなく，人間をもふくめた魂の生成の根源を含ませているように思える．つまり，ここでアテナイからの客人が主張している自然としての魂とは，生の根源であり，自然とは，物体の生成や変化の源となる，文字通りの第一存在だったと解釈できるだろう．おそらく，シュトラウスもまた，このプラトンの一節から，自然の第二の根基を第一存在として位置づけたに違いない．

（3）二つのピュシス概念

　以上の考察から，結局のところ，シュトラウスの考えるピュシス概念の核心は何であったのか．シュトラウスが，プラトンとアリストテレスを典拠にして「自然の二つの最も重要な意味」と定式化した第一のものは「自然物の型式であり，その説明方式における形相」，そして，第二は「第一存在」であった．

　まず，第一の意味から考察していこう．「他の仕方では，自然はそのもの〔自然物〕の型式であり，その説明方式における形相である．」とアリストテレスが述べるように，第一の「事物や事物群の本質的性格としての自然」とは，自然物の型式についての種差を定式化するための形相，すなわち，自然物全体において何が本当の自然かどうかを見極めるためのメルクマールとしての形相であったように思われる．要するに，シュトラウスが，ピュシスの第一の意味を，「形相」として理解したのは，自然物全体のなかにおける真に自然的なものを浮かび上がらせるための形相という文脈においてであったと考えられる．

　では，第二の意味である「第一存在」についてはどうであろうか．おそらく，シュトラウスのピュシス概念を考察する上では，この第二の意味である「第一存在」の問題の方が，より重要である．たしかに，シュトラウスも述べているとおり，哲学もまた，「第一存在」いう原理，起源を探求する試みであることは間違いないのであり，したがって，哲学が着目する第一存在の起源を探求する方法そのものが重要となってくるだろう．

　筆者の見解では，第一存在の探求を説明するなかで，シュトラウスは，互いに矛盾するが，それぞれ重要な二つの議論を展開している．ここでは，この二つの議論を細かく検討しておこう．

　一つ目は，「第一存在に対する哲学的探求の前提には，単に第一存在が存在するということのみならず，第一存在は恒常的に存在するということ，そして恒常不変に存在するものは恒常的に存在しないものと比べて一層真実に存在するものであるということがある．……還元すれば，もし何か永遠不変のものが存在しなければ，明瞭な変化というものも不可能であろうし，明らかに偶然的な存在者は何か必然的で永遠的なものの存在を必要とする．」[Strauss 1953：89][25]という記述である．

　この議論は，これまでわれわれが考えてきた起源と自然の問題を根底から変革する
ものである．通常，起源，あるいは，始原（アルケー）という場合，歴史上のはるか
彼方とはいえ，かつて過去に現実に存在した一つの時代，あるいは存在を意味する．
既存の秩序にまで歴史的に変化してきた事実があるからこそ，起源への郷愁という観
念が生まれてくるはずなのである．ところが，シュトラウスの考える第一存在とは，
すでに引用したとおり，「恒常的，永遠的に存在するもの」と定義されている．この
ことは，要するに，第一存在が時間や歴史的次元を超越した存在であることを意味す
る．ということは，自然の発見とは，第一存在という起源を問うというよりは，この
恒常的に存在する第一存在の在り方を発見する試みに他ならない．シュトラウスは，
「恒常的に存在する」という言葉の意味をこれ以上，掘り下げてはいないが，このこ
とが仮に明確化されるのであれば，自然的正の議論にもより説得力が増すことになろ
う．まさに，実定的な権利から独立した，実定的な権利より高次の正・不正の基準と
して自然的正が機能する根拠となりうるはずだからである．
　ところが，少し後の哲学の発見が政治的な事柄に与えた影響を議論する文脈で，
シュトラウスは次のようにも述べているのである．

　　「元来，先祖伝来のものこそ権威そのものであり，あらゆる権威の源であった．
　　自然の発見によって，先祖伝来のものの権利の主張は根拠を失った．哲学は先祖
　　伝来のものを拠り所とすることをやめて，善きもの，本来的に善きもの，自然本
　　性に善きものに訴えるのである．哲学は先祖伝来のものの権利主張を根絶するの
　　に，その先祖的なものの本質的要素を保存するような仕方で行っている．という
　　のは，自然について語るときに最初の哲学者たちが意味したのは，第一存在，す
　　なわち，最古のものだったからである．つまり，哲学は先祖的なものに代えて，
　　先祖的なものよりいっそう古いものに訴えたのである．自然はすべての先祖の先
　　祖，すべての母の母である．」[Strauss 1953：91]．

　自然の発見により明らかとなった第一存在は，恒常的存在だったにも関わらず，こ
こでは，第一存在は再び，最古のものという時間軸上の概念へと押し戻されている．
これは一見すると，明らかな矛盾であるように思える．「先祖よりも古い最古のもの」
といった表現をそのまま受け取る限り，それもまた結局のところ，時間軸上の概念に
他ならず，少なくとも，恒常的存在ということにはならないからである．
　シュトラウスが遺したこの重大なアポリアを，われわれはどのように解釈すればよ
いのだろうか．このシュトラウスの自然についての二つの主張が矛盾なく解決される
には，最古のものが同時に，恒常的な第一存在である場合だけだが，はたして，この
ことを証明する方法はあるのだろうか．

（4）シュトラウスの自然概念——第一存在としてのイデア

　この問題を説き明かす鍵こそ，プラトンのイデア論であるというのが筆者の暫定的見解である．周知のとおり，感覚でとらえる事物は非実在的なものであるという考えがプラトンの認識の基礎をなしている．プラトンにとって，目に見える世界は実在のものではない．ゆえに，中期以降において確立されたのが，かの有名なイデア論という考え方であった．『パイドン』においてその萌芽がみられ，『国家』において確立されるといわれるイデア論が提起される箇所を確認していきたい．まずは『パイドン』の方からみていこう．

　　　「つねに同一性においてあり，同一のあり方をたもつものというのであれば，そのような存在こそは，多から合成されたのではないとし，他方，時によってそのありか方を変え，片時も同一性においてはあらぬものというのであれば，それは多から合成されてあるものとするのは，まったく当を得たことではないだろうか．」[Plato 1900：226：78c]．

　これは後のイデア論へとつながるとされる重要な一節であるが，そこに示されているのは，魂が同一性という形において，永遠不変の性質をもつということである．そして，魂の問題は，人の生とも大きくかかわる問題である．シュトラウスが，第一存在を，恒常的に存在するものであり，それがいっそうの権威をもつと述べたのは，上に示したプラトン理解とピュシス概念の接合を通してであったと考えられる．
　もう一点，重要なのは，『国家』において，イデアを導出する際に重要視された方法が，思惟と対話によるものだったという点である．

　　　「さらにまた，われわれの主張では，一方のものは見られるけれども，思惟によって知られることはなく，他方，実相（イデア）は思惟によって知られるけれども，見られることはない」[Plato 1902：477：507B]．

　　　「理がそれ自身で，問答の力によって把握するところのものであって，この場合，理はさまざまな仮設（ヒュポテシス）を絶対的始原とすることなく，文字通り〈下に（ヒュポ）置かれたもの（デシス）〉となし，いわば踏み台として，また躍動のための拠り所として取り扱いつつ，それによってついに，もはや仮設ではないものにまで至り，万有の始原に到達することになる．そしていったんその始原を把握したうえで，こんどは逆に，始原に連絡し続くものをつぎつぎと触れたどりながら，最後の結末に至るまで下降して行くのであるが，その際，およそ感覚されるものを補助的に用いることはいっさいなく，ただ〈実相〉そのものだけを用いて，〈実相〉を通って〈実相〉へと動き，そして最後に〈実相〉において終る

のだ」［*Ibid.*：488：511B］．

　ここには，哲学のもっとも重要な原理が語られている．第一に，この現実世界を超えたイデアは，あくまで，思惟によってその輪郭がみえてくるということだ．われわれ人間の絶え間ない思索が，哲学の基礎をなしているのである．第二に，イデアへの到達は，無限につづく対話によって可能となるという議論である．プラトンが数学との対比で明らかにしたとおり，哲学とは，数学的公理よりもさらに深くまでさかのぼり，知を追求し続ける終わりなき旅路である．そして，その旅路は，孤独の旅路ではない．哲学を志す者同士の真摯な対話を永遠に繰り返すことにより，イデアはようやくおぼろげにみえてくるのである．

　以上の考察から，自然を「恒常的な第一存在」であるととらえる限りにおいて，たしかに，シュトラウスが理解した自然とは，プラトン的イデアであったと考えられるのではないか．しかも，その認識に達するには，思惟と絶え間ない対話が必要とされる．自然が哲学なしに発見できない，という記述は，こうした背景を踏まえてのことであり，また，自然と正の接合という観点にとっても，哲学的な熟考は不可欠のものであった[26]．

　さらにいえば，プラトンがイデア論の原型として想起の問題をとらえるとき，魂を重要視したという点は，人の生き方との関連という観点からみて非常に重要な意味をもつ．要するに，イデアとしての自然と正しい生き方という二つの接点がここに見出せるのである．

　結果として，ここで，先の矛盾は，ある程度の解決に導くことができる．シュトラウスが述べていた「先祖的なものよりいっそう古いものとしての第一存在」とは，その意味では，歴史的な起源の問題を超越しているからである．いずれにせよ，自然の根拠としての第一存在は，時間的遡及という行為によってたどり着くものではないということになる．

　以上の考察から，「彼（ソクラテス）は「自然」とは第一義的に「形相」あるいは「イデア」であるということを理解した．」というシュトラウスの記述が理解できるだろう．シュトラウスが自然概念の二つの根基として示した「事物や事物群の本質的性格としての自然」と「第一存在としての自然」という二つの要素は，結局のところ，プラトン的なイデアに還元されるのではないか．シュトラウスがはっきりとは明示しなかったが，行間や脚注において示した自然への理解，それは，以上のようなものであったと考えられる[27]．

　では，シュトラウスの自然概念が明らかになったところで，最後の疑問が残っている．それは，いかにして，この「自然」と人間的生き方における「正しさ right」と

いう二つの観念が結びつくのかという問題，さらにいえば，われわれの現実社会にお
いて，政治的規範の基礎となりうるのかという問題である．最後に，これらの問題に
ついて，シュトラウスのテクストから解明していきたい．

（5）正の起源と社会の起源——政治的な事柄，つまり，法は自然的正か

　これまでみてきた，自然物全体のなかにおける真に自然的なものを浮かび上がらせ
るための形相であり第一存在を根拠とする自然に即した正しさ，それが，最終的に
シュトラウスが追い求める自然的正 (natural right) の実像である．この正 right は，
文字どおり，慣習や約束事ではなく，自然にしたがった正である．その意味で，自然
を根拠としない正や善，いうなれば，共同体の約束事とは根本的に異なるものである．
だが，こうした自然とわれわれ人間の生にかかわる正の問題を結びつける根拠は，ど
こにあるのだろうか．仮に，自然の発見，あるいは，自然の根拠が示されたとしても，
実は，この問題の解決がもっとも困難なのである．事実，自然の発見に同意し，しか
も，自然の尊厳を認めているにもかかわらず，正を自然と結びつけることを拒否する
哲学者たちが存在する．すべての正に関する問題を「約束事」とみるコンヴェンショ
ナリストである．

　彼らの主張は至極単純である．事実，人間社会には相異なる正しさが複数存在する
のだから，自然的正なるものの存在はない．すべての正は約束事であって，自然では
ないというわけである．ノモスとピュシスの問題が，自然哲学のみならず，政治的な
事柄，とりわけ，法の問題に影響を与えるというシュトラウスの主張は，こうした問
題を背景としている．先にみたカリクレスの主張のように，社会的な決まり，法をす
べて人為の産物として破壊する議論が出てくるからである．ピュシスの問題は，その
意味で，やはり哲学のみならず，政治哲学の問題である．

　では，シュトラウスは，コンヴェンショナリストの主張に対し，どうこたえるのだ
ろうか．法と正義の関係についての以下の一節にこそ，その答えが隠れているように
思われる．多少長いが，もっとも重要な箇所なので正確に引用しておこう．

　　「たしかに，熟考してみると (on reflection)，人々は正しいことが合法的なことと
　　同一であることを否定する．『正しくない』法について語ることもあるからであ
　　る．しかし，熟考にもとづかない普遍的一致の事実は，自然の計らいを指し示し
　　ているのではないか．そして，この正しいことと合法的なことが同一だとする普
　　遍的信念についての支持しがたい性格が，以下のこと，つまり合法的なことは正
　　しいことと等しくはないが，それでも多かれ少なかれ不鮮明にではあるものの，
　　合法的なことが自然的正を反映しているということを指し示しているのではない

だろうか.」〔Strauss 1953：100-101〕.[31]

この一節をどう解釈すべきだろうか.理性的な熟考によって,われわれは,すべての都市の法が正ではないということに気づくだろう.まさにこの気づきから,自然の観念は発見されたのであった.しかしながら,理性的な熟考という鏡をとおさない状態において,法が正と普遍的に同一視されていたという事実は,そこになんらかの自然的正の力が作用していたのではないかということを暗示する.理性的な熟考は先にみたイデアの追求ともつながるものだ.すなわち,たえざる反省と理性の力によって,すべての法が正と一致するわけではないという前提で,今一度,理性的に法をふりかえってみれば,何らかの自然的正と一致した法が存在するのであり,だからこそ,自然を発見する以前においては,法が正と普遍的に同一視されていたのである.

こうしたシュトラウスの見解が正しいとすれば,すべての法がノモスであるというコンヴェンショナリストらの主張は否定されるであろう.ある種の人為的法は自然的正を体現した「法」そのものであり,それは,歴史的起源や特定の体制の主張にもとづかないという意味で,イデオロギーを超えていく契機を内に秘めているのではないだろうか.

✝ おわりに
──政治哲学と政治哲学史の研究──

> 「政治哲学が堕落してイデオロギーにまで成り下がってしまったことは,政治哲学が,研究においても授業においても,政治哲学の歴史と置き換えられてしまったという事実のなかに,もっとも明瞭に示されている.」

序章にて引用したこのシュトラウスの一節にかかっていた霧が,これまでの長い旅路を終えた今,ようやく晴れてきたのではないだろうか.政治哲学を歴史研究のなかに埋没させるという手法は,最善の政治的秩序とは何かを問うことから,過去の哲学者たちがそれをどう考えてきたかを問うことへと次第にシフトしていく.こうした,過去のそれぞれの時代の哲学者たちが最善の秩序をどのように思考してきたかを追っていく作業,いいかえれば,ある種,相対的な観察手法は,その時代特有のパースペクティヴが存在するという歴史主義的な世界観を前提としてしまっているのである.

しかも,この歴史主義的な世界観は,主観的な自我意識にもとづく統合的な思考による世界理解により,いわゆるイデオロギーを生み出す.こうして歴史化された統一意識としてのイデオロギーの波が,政治・哲学・経済と,ありとあらゆる領域に押しよせてくるなかで,いかにこの制約から逃れ,自由な哲学的思考へと飛翔していくか,

いいかえれば，哲学や思想を特定の文化や文明，歴史からいかに解放するかという試みが，シュトラウスの究極的課題であった．要するに，シュトラウスが理想とする政治哲学の方法論の基礎は，社会や歴史的状況により，すべての人間の思考が拘束されるわけではないという，知識社会学的見方への根本的批判にあったといえるだろう．

（1）哲学の社会学へ

では，そもそも，知識社会学（イデオロギー論）の誤りはどこにあったのか．シュトラウスによれば，知識と社会が常に調和するという世界を前提としており，知識は時に社会と対立することもあるという視点を欠いていたという点にある．知識社会学は，19世紀以後の，ある程度思想の自由が許された西洋近代社会を前提に，社会と知識の関係を考えたにすぎないのである［Strauss 1988：4］．中世イスラムのファーラービーの時代がそうであったように，社会と知識が極度の緊張状態にあるという政治社会も存在する．ゆえに，必要なのは知識社会学ではなく「哲学者の思考はどのような社会的歴史的制約からも超越しており，その思想が表現される形式のみが歴史に条件づけられる」という視点であった．ここに「哲学の社会学」が定式化される．ただし，その背後には，社会状況，歴史的制約下に左右されない「哲学者としての階級」の存在が前提とされているのだが．

では，「哲学者」としての階級とみなされる人々は，何を羅針盤として，自分たちの生きる社会，時代の制約を超えていくのだろうか．本章でもみたとおり，その答えの一つが，自然という歴史を超えた現代のイデアであり，その自然と正とが一致した法こそ，真の意味において，善き生の指針となりうるという結論であった．たとえ，現実的な規範的威力をもたないとしても，自然的正を想起することそれ自体は，近代以後の知的社会を覆う歴史主義やそれを基礎にしたイデオロギー的な力を超えていく，何らかの一助にはなるかもしれない．とはいえ，この自然的正の想起に希望の活路を見出すことで，すべてが解決されるほど，今日の政治状況が甘くないこともたしかだろう．

（2）討議的な弁証法

混沌と相対主義と多様性が支配する現代社会のただなかにあって，自然的正をどう位置づけるかという課題にたいし，石崎は，以下のような問題提起を行っている．シュトラウスは，単に古代の価値観である自然的正を現代に蘇らそうとしたのではなく，非歴史主義的手法による政治哲学史の研究，つまり，古典の著作に自らが入り込むという形で，歴史そのものを超えようとしたのではないか，という見解である［石崎 2013］．要するに，歴史的な時間軸の上で直線的に行われる弁証法がヘーゲル的な

歴史の弁証法であったとすれば，シュトラウスが提起する弁証法は，時間と空間を超えて成り立つ過去の著作との討議的な弁証法であったのではないか，というものだ．

　ここでの重要な論点は「思想の歴史を扱う歴史家の仕事は，過去の思想家たちを，彼らが自分自身を理解していたように正確に理解する，あるいは，彼ら自身の解釈にしたがい再生させること」というシュトラウスの政治哲学の核心を構成するテクスト主義的手法をどうみるかである．ここには，時代と場所を超えた普遍的テーマの設定が可能であるというシュトラウスの非歴史的な哲学観があることはいうまでもないが，こうしたシュトラウスのテクスト読解の手法そのものをめぐっては，ポーコック，スキナーら，ケンブリッジ学派から多くの批判が提起されてきた [Pocock 1975]．この問題は，単なる政治思想史の方法論という次元を超え，理論的な実践の学としての政治哲学の成否に関わる問題である以上，真剣に見直さなければならないテーマであろう．

　筆者は，過去の著作を現在の関心から読み解く「合理的解釈」を否定するという点では，シュトラウスもケンブリッジ学派も何らかの共通点をもつとみている．ただし，もし仮に，シュトラウスの意図が，過去の哲学者がテクストに込めた意図を正確に蘇らすことにあるとすれば，普遍を重視するあまり，社会的コンテクストとの関連を軽視することは正確性を欠くと考える．いずれにせよ，今後の課題として，重要視しておかねばならない問題である．

（3）人間の自然

　では，最後に，人間の生と自然的正が結びつくためには，何が重要なのかという問いを提起し，本章を締めくくることにしよう．人間の生と自然的正の内的な関係を発展させるには，今一度，人間の自然的なあり方がどういうものかを規定しなおさなければならない．

　シュトラウスは，人間が言葉や理性を有していることをもって，人と動物の違いを提示する．ゆえに，人間固有の働きとは，思慮深く，知性を働かせて生きることであり，これこそが，彼の考える人間的自然であった．そしてこの人間的自然が少しでも発展し，完成へと近づいていくには，自然的正が必要不可欠なのである．ただし，人間的自然を目指すとき，その完成度は個々の人間によって異なってくる．人間は人間的完成という点において同等ではないからこそ，人間の自然的ヒエラルヒー秩序にもとづく配分的正義が必要となるのであり，これもまた自然的正の一部なのである．

　こう考えるとき，やはり，人間の自然的完成にとっての最高度の生き方は，政治そのものではなく，隠遁した哲学的生であるように思われる．だが，すでに本書第5章で述べたとおり，人間の自然的ヒエラルヒー秩序が存在する以上，人間は政治的な共

同体のなかで生きなければならない．その際，少しでも善き生を実現するには，善き
レジームが必要とされることは，すでに論じたとおりである．では，そのレジームを
超えていく者とは誰なのか．それこそが，自然的正にしたがい，人間的な本性を完成
に近づけた存在である．それを「哲学者」と呼ぶかは別にして，この人間の自然的完
成を遂げようという試みこそが哲学であり，またその哲学を可能にする政治的社会の
在り方を考察していくなかで，人間的自然の完成が可能となるレジームの構築を追求
しつづけていくことこそが，学としての政治哲学の可能性，そして意義であったとい
えるだろう．

注

1）　日本語の「自然」という言葉そのものは，中国語から移入されたものであり，元来は
「じねん」と発音されていた．老子の書物においてはじめて現れるとされる自然は，「おの
ずからある状態，性質」を意味し，日本でも同様の意味で使われるようになった．伊東俊
太郎の研究によれば，日本において「自然」という言葉そのものがみられる最初の文献は
『風土記』においてである［伊藤 1999：73］その後，仏教思想の影響などを受けながら，
安藤昌益が自然をおのずからという意味だけでなく，対象となる世界という意味において
も使い出したところから，今日のネイチャーの訳語の意味に近づいていく．そして，蘭学
者の稲村三伯が natuur にこれまで使ってきた「自然」を訳語として選定したところから，
われわれが今日使う「自然」は，西洋語のネイチャーとの接点をもつにいたったのである．
その他，日本語の自然の意味変遷については，柳［1995］を参照．

2）　このセリフが発せられた文脈は以下のとおり．

　　　ハルヒ「新年度が始まって2か月もたたないのにそんな時期に転校してくるヤツは十
　　　　　　分謎の資格があると思うでしょ？　あんたも」

　　　キョン「オヤジの急な転勤とかあるだろ」

　　　ハルヒ「いいえ！　不自然だわ．そんなの」

　　　キョン「お前にとって自然とはなんなのか，俺は知りたい」［谷川 2003：63-64］

　　　以上の涼宮ハルヒとキョンの会話は，自然の意味を考えるうえで実に興味深い．ハルヒ
が，新年度が始まって二カ月後に転校してくることを「不自然」と形容しているというこ
とは，普通の転校は新年度開始に合わせて行われるという社会的な通例・成行きを「自然」
とみているわけである．社会的な通例は慣習といいかえられるかもしれないが，その慣習
にしたがった様を自然と解釈する現代の用法は，自然と慣習という伝統的な対立項からみ
ると言葉の使い方としては不自然だが，自然という語の多義性を垣間みることができる．

3）　アリストテレス『ニコマコス倫理学』の第5巻を参照．なお，アリストテレスの自然法
思想については，高橋［2016］を参照．

4）　近代以降の自然観については，近藤［1971］においてくわしく論じられている．

5）　カントにとって，自然の実質的意味は，経験の全ての対象の総括でもある．カントの自
然観について『天界の一般自然史と理論』に着目した解説として，米虫［2021：145-150］

を参照.

6) 本書第6章参照. この歴史主義と政治哲学の関係について, とりわけ重要なのは, Strauss［1959］所収の論文「政治哲学と歴史」である.

7) その他, ギリシア人の精神史については, 今道［1987］も参照.

8) こうした自然について語る者という解釈は, その多くをアリストテレスの解釈に拠っている. くわしくは, 廣川［1997］を参照.

9) この一節はパルメニデスの思想の系譜に連なることを意味する.

10) すでにみたように, イオニア学派は, 「自然とは何か?」という問いを, 「自然の事物は何からできているか?」という問いにすり替えたが, このことと関連する.

11) 『プラトン全集別巻 総索引』「自然」の事項191頁-199頁を参照.

12) この問題はシュトラウスの自然の解釈についての議論で, もう一度考察する.

13) この問題に関連して, 一般的なノモス／ピュシスの二項対立ではなく, 規約・慣習としての「ノモス」と意図的・計画秩序としての「テシス」の分類したうえで, 自由主義を規定づけるハイエクのような解釈も存在する. この問題については, 最終章にて検討したい.

14) この問題でもっともくわしい文献は, Heinimann［1965］である.

15) こうした意味で, カリクレスは今日の相対主義者とは違い, 自然の存在, 自然的正の存在そのものは認めている. なお, シュトラウスは以下のようにも語っている. 「法と自然が相反するものであるならば, 自然の法とは矛盾したものである. ゴルギアスが『ティマイオス』よりも早く書かれたと今日一般に考えられていることに同意するならば, 私の知る限り, これが「自然の法則」という用語の最古の出現である.」［Strauss 1957：116］.

16) シュトラウスは, 通俗的コンヴェンショナリズムの定義について以下のように語っている. 「通俗的コンヴェンショナリズムは, プラトンがトラシュマコスとグラウコンとアディマントスに託した「不正の議論」のなかにもっとも明確に提示される. それによると, 最大の善, あるいはもっとも快適なことは, 他人たちよりも多くを所有すること, あるいは他人たちを支配することである」［Strauss 1953：161］.

17) いずれにせよ, もっとも重要なことは, 通俗的コンヴェンショナリズムと哲学的コンヴェンショナリズムにおいて, 人間的な自然本性の内実が異なっている点だと思われる. なお, 哲学的コンヴェンショナリズムの思想的意義やエピクロス主義については, 中金［2015］がかなりくわしい議論を展開している.

18) 以上のシュトラウスの見解が正しいとすれば, カリクレスとソクラテスの対決は, 通俗的コンヴェンショナリストと哲学者の対決という構図とみることができるだろう. この問題については, 本章の結論部分でもう一度ふれる.

19) ただし, シュトラウスは, ソクラテスは最後までカリクレスを説得できなかったとみている. 「プラトンがこの対話の最後の部分で示したいのは, ソクラテスの説得力の限界である. ソクラテスを告発したアニュトスのような意地悪な少年ではなく, ソクラテスが好きで哲学者でない者の中でもっとも高いタイプを示す人物を取り上げたのである. カリクレスは, プラトンの中でもっとも優れた無哲学者である.」［Strauss 1957：109］.

20) 中金は, こうした通俗的コンヴェンションの立場を以下のように解釈している. 「それ（通俗的コンヴェンション）を特徴づけるのは『自然』への無媒介で直接的な訴えであり,

都市の法の，それゆえ政治的生活の根底に存する正義についての『意見』の徹底した軽視である.」［中金 2019：85-86］．ただし，カリクレスの立場が，自然への無媒介で直接的な訴えであったかは議論の余地がある．無媒介な形で訴えかけられた自然とは何か，という問題が残るからである.

21)　この視点は，川田［1995］を参照.

22)　プラトンの『法律』やマキアヴェッリの著作で行われた議論がまさにそうであった.

23)　シュトラウスがここで「非自然的現象」について何を意味しているかは定かではない．仮に人為（ノモス）だとすれば，人為から切り離された純粋無垢なものとして見出されるのは，人為＝技術によって介入された後でしかないとしたらどうだろうか，と米虫は問うている［米虫 2021：5］．その一方，一なる全体というイメージもまた，近代以降の自然観の一つとして提示されてきた．しかし，現象の総体としての自然を否定するシュトラウスの解釈はこの系譜にはない．この問題については一度深く論じる必要があるが，別稿を要する.

24)　タルコフによれば，自然の発見をもって，シュトラウスははじめて共同体の「生き方」へ言及するという．哲学以前は「生活」として表現されていたものが，はじめて「生き方」として規定されるのである［Tarcov 2006：17］．

25)　この解釈こそ，第6章で考察したハイデガーの実存主義批判につながるだろう.

26)　哲学のこの第一の概念は，自然と慣習や法との区別を意味する．慣習や法とは，本質的な真理である自然に到達するために，思考によって超越されるべきものである.

27)　石崎の見解は筆者の見解とは似つつも，最終的には違った見解である．「『自然権』は，ソクラテス的無知とは区別され，知の対象でありながらなんらかの実体としては捉えられず，ただ弁証法的対話によってのみ開示される，知的対象と解されうるものである．こうして捉えられる『自然権』とは『存在』であるとともに『全体』でもあり，そうでありながら『天空』に掲げられ人間に到達不可能な『イデア』のごときものとは区別される，『全体』の分節化のりかいでありうるのである.」［石崎 2019：299］.

28)　この問題については終章で論じる.

29)　シュトラウスの主著，Strauss［1953］*Natural Right and History* の邦訳をめぐっては，いまだにシュトラウス研究者の間で論争がつづいている．すなわち，"Natural right" を「自然権」「自然法」「自然的正」のどの言葉で訳すべきか，という問題である．くわしくは，石崎［2019］の序章，飯島［2014b］などを参照．本章では，シュトラウスの書物の題名という文脈においてではなく，あくまで「自然」概念と「（人間的生における）正しさ」がどう結びつくのかという議論に焦点を当てているため，「自然的正」という言葉を用いて議論をつづけていく.

30)　先にもみたとおり，シュトラウスは，コンヴェンショナリストを通俗的，哲学的の二種類に分類する.

31)　原文は以下の通り．"It is true that, on reflection, people deny that the just is simply identical with the legal, for they speak of "unjust" laws. But does not the unreflective universal agreements point to the working of nature? And does not the untenable character of universal belief in the identity of the just with the legal indicates that the legal, while not being identical with the just, reflects natural right more or less dimly ?" [Strauss 1953 : 100-101].

終　章 | 古典的政治哲学と現代ガバナンス論の再考
――現代公共政策論を古典の知恵によって問いなおす試論――

＋ は じ め に
――シュトラウスと現実政治――

　本書は，政治哲学というディシプリンを再考するという壮大な目論見の下，レオ・シュトラウスの政治哲学論に依拠しつつ，イデオロギーと政治哲学の関係性を解明するというさらに壮大なテーマに挑戦してきた．ただ，シュトラウスという特異な思想家を道標としたため，シュトラウスによる古典読解の深奥を探るために，シュトラウスが対象とした古典そのものを読解し，さらにシュトラウスの読解法を解釈するという，途方もないまわり道（ともすれば，迷走）をしてきたように思われる読者もおおいことだろう．本終章では，シュトラウスの議論そのものからは離れ，現代の政治や政策を取り巻く問題にたいし，これまで考察してきた政治哲学的な議論がはたしうる可能性について，現時点での筆者なりの構想を一つの試論として示しておきたい．したがって，この論考は，極めてラフなスケッチにとどまることをあらかじめ断っておく．
　とはいえ，そもそも，現実の政策形成や政策規範に政治哲学がはたしうる可能性それ自体への疑問が最初に想定されるであろう．だが，事実，それらが関連づけられて，実際の政治の現場で語られるという事象は起こった．2002～2003年にかけてのイラク戦争前夜，いわゆるネオコンとレオ・シュトラウスの関係が世界中をにぎわせたあの事件である．むろん，アメリカ政界におけるネオコンの退潮と並行してその盛況さは失せ，ようやく，その真偽を冷静に解明する研究が出はじめている[1]．この学術の世界を超えた一大ムーヴメントにおいて，もっとも特筆すべきは，ノーム・チョムスキーやユルゲン・ハーバーマスのように，普段から現実政治に積極的に提言を行ってきた学者・哲学者ではなく，象牙の塔に閉じこもり，古典との対話にいそしみ，その界隈でしか名を知られていなかったレオ・シュトラウスというひとりの学者に[2]，どういうわけか，ネオコンの祖というレッテルが貼られたという事実そのものであろう[3]．大学の研究室の内にあった思想が，その批判者たちの口を通して著しく曲解されて描き出

され，その「悪辣な思想」がワシントンとペンタゴンにまで浸透し，アメリカ政治を支配するに至っているといったことが，真剣に語られることになったのだ［石崎2015：46］．以上のシュトラウス – ネオコンスキャンダル⁴⁾それ自体の正否については別の機会にくわしく論じるとして，ここでは，シュトラウスと外の世界，すなわち現実政治という関係についてあらためてふれておきたい．

先に，古典との対話にいそしむシュトラウスと述べたが，実のところ，Strauss[1953]⁵⁾や Strauss [1964] の序論，Strauss [1995] の「エピローグ」など，わずかながら，現実の政治状況（ナチズムへの批判など）や国家の動向にふれたシュトラウスの言説は存在する．さらにいえば，第3章でもふれたとおり，Strauss [2000] という古代の僭主政治の分析をテーマとした著作のなかで念頭におかれていたのは，シュトラウスが生きた時代，すなわち，20世紀のドイツのナチズム，ソ連のスターリニズムという全体主義体制（現代の僭主政治）であった．第7章において検討した中期シュトラウスの代表的著作 Strauss [1953] における自然的な正しさ（natural right）の飽くなき追求の背景にも，純粋な思想史的・哲学的な関心からだけでなく，彼の亡命先であったアメリカにおけるリベラリズムの危機と衰退という現実的な政治的状況への関心・動機が読み取れる⁶⁾．

その意味で，シュトラウスは，現実の，生の政治にまったく関心がなかったのか，といわれればそうではない．同時代に生きた多くの思想家と同様，全体主義やホロコースト，共産主義革命といった20世紀に起きた政治的悲劇の根源を哲学的に思索しようとするなかで，古典的な意味での哲学の実践という営為をも重要視したシュトラウスは，ハンナ・アーレントのように政治現象の直接的な分析という手法をあえて用いず，古典哲学の厳密な読解という手法に帰着したのだった．ここであらためて，以下のシュトラウスの言葉に回帰しよう．

> 「政治的な事柄は，自然的に，是認と否認，選択と拒否，賞賛と非難の対象である．……健全な判断をするためには，ひとは真の諸標準を知らねばならない．もしも，政治哲学がその主題を正しく扱おうと希むなら，これらの基準（standard）に関する真正の知識を追い求めねばならない．政治哲学とは，政治的な事柄の本性と，正しい（right）あるいは善い（good）政治的秩序（political order）の双方を真に知ろうとする試みである」[Strauss 1959：12]．

だが，当然のことながら，「正しいあるいは善い政治的秩序」を知ろうとする試みは，何も，政治哲学の専売特許ではない．政治的秩序という言葉をどう解するかという問題は残るものの，政治学・公共政策論の世界のみならず，現実の政治・国際政治のフィールドにおいて，同様の問題意識をもって語られてきたある一つの概念，潮流

が存在する．いわゆるグッド・ガバナンス（good governance）をめぐる議論である[7]．

　本章では，政治学・行政学，公共政策論において，90年代以降，ある種の流行語となった，ガバナンスという概念を今一度整理しなおし，政治思想史の文脈に位置づけることで，現代ガバナンス論の本質とその限界をとらえなおしてみたい．その上で，第5章・7章において論究したレジーム論やピュシス・ノモス論とガバナンス論の関係を考察することにより，古典的政治哲学の知見によるガバナンス概念の再生の可能性という地平にまでふみ込んでいくこととする．

╋ 1．善き政治秩序とガバナンス
──ガバナンス論の有用性を問いなおす──

（1）ガバメントとガバナンス

　周知のとおり，ガバナンス（governance）とは，それまで使われてきたガバメント（government）では政府による統治活動の変化という現実に対応できなくなった，もしくは，現実に起きている政治的現象を正確にとらえられなくなった，という問題意識のもと，ある種の分析的・規範的概念[8]としてうまれてきた言葉である．その背景としては，先進民主主義諸国において政府・公共部門（Public Sector）への不信感，機能不全が叫ばれるようになり，非政府組織への期待が高まったという現実の政治的環境の変化が挙げられる[9]．こうした変化を受けて，ガバナンスという言葉が学術の世界でも使用されるにいたったのだが，その嚆矢はガイ・ピータースとコリン・キャンベルであったといわれる[10]．ちなみに，日本での使用例は90年ごろからといわれており，日本の学術雑誌で比較的まとまった形で発表されたのは，今村［1994］とされている．[戸政 2000：307]．

　こうして日本の内外を問わず，一気に広がったガバナンスという言葉であったが，その使用法，概念の拡張をめぐっては，たびたびその混乱が指摘されてきた[11]．厳しい見方をすれば，はっきりとした合意点すらないまま研究者・実務家の間で用いられ，結果として，バズワード（buzzword）になってしまった概念，それがガバナンスの現状であるように思われる．

　さらには，ガバナンス概念を積極的に広げようとした論者の間でも，ガバメントとの距離をめぐり，深刻な対立がうまれている．たとえば，ローデリック・ローズのウェスト・ミンスターモデルを批判する文脈において定式化されたガバナンス論は，「ガバメント無きガバナンス」（governance without government）といわれるように，今や機能不全に陥ったガバメントを脱構築し，NPOや企業といった国家・政府以外のアクターを重視する規範性をガバナンス概念に付加していく［Rhodes 1997］．もち

ろん，このような「国民国家の空洞化」を過度に強調する議論にたいしては，数多く
の批判も投げかけられることとなった [McAnulla 2006].

　昨今の政治学，公共政策論の動向をみるかぎり，かつてのようなガバナンス論の隆
盛はみられなくなってきているが，ここであらためて問いなおしたい論点が，ガバナ
ンスという語を政治学，公共政策論において広く導入，使用することの意義それ自体
である．戸政も指摘するとおり，政治学・行政学，公共政策論において，ガバナンス
概念を用いる意味は「ガバメントからガバナンスへ」という文脈において発揮される
のであって，先述のとおり，その自覚がないままに流行語というだけで使用してきた
例が，今も昔も学術の世界においても少なからず散見されるからである [戸政 2000：
313]．本節では，その意義を探るべく，戸政 [2000] の整理を参考にしつつ，規範概
念としてのガバナンスと分析概念としてのガバナンスを峻別したうえで，両者に内在
する問題点について検討したい．

（2）規範的概念としてのガバナンス

　規範的概念としてガバナンスを使うとき，もっとも注目すべきは，ある望ましい状
況をガバナンスと定義し，その方向へ向かうことを目指すという規範意識であり，か
なりの実用性を有しているという点である．こうした文脈でのガバナンス論は，広い
意味での政策評価を行う際の指標となり，また改革戦略ともなりうる [戸政 2000：
313]．では，具体的に，どのような文脈，場面において，規範的概念としてのガバナ
ンスは利用されているのだろうか．実のところ，そのほとんどは，国際的な舞台，グ
ローバルな政治の文脈においてである．たとえば，注 7 に列挙したとおり，国連や世
界銀行といった国際機関が，途上国の支援などを行う際に，法の支配，パートナー
シップ，透明性，共同運営と参加といった「ルール・規範性」を求めるという意味で，
規範概念としてのガバナンスは使用されている．要するに，規範的概念としてガバナ
ンスとは，既存の体制変革を求めるものであり，その実態は，未だまともなガバメン
トすら確立されていない途上国にたいし，西側先進諸国の価値観にもとづいた善きガ
バナンス（good governance）への変革を求める政治的用語に他ならない．規範的概念
としてのガバナンスをこのように定式化するならば，二つの疑問点が浮上する．

　第一に，以上の文脈でいえば，わざわざガバナンスという用語を使わずとも，「善
きガバメント」という言葉で足りるのではないか，という問題である [戸政 2000].[12)]
従来のガバメントに問題があるとすれば，上で列挙した理念型を基礎に改善を繰り返
していけばよいだけであり，ガバナンスという用語の必要性はとりたててないように
思われる．

　第二に，主に経済機関が指摘するガバナンスは，経済活動を促進する潤滑油にすぎ

ないではないかという点だ［中邨 2004：5］．権限移譲，規制緩和，民主化，国民の政
治参加といった要請は，あくまで，経済的な事情から要請されるものであり，政治全
体を視野に入れたものではないといえるからである．

　以上のとおり，規範概念としてのガバナンスは，ガバメントとの差異があまり明確
ではなく，結局は西側先進諸国の価値観にもとづく統治体系としてのガバメントのい
いかえという側面が強いように思われるのである．

（3）分析的概念としてのガバナンス

　次に，分析的概念としてのガバナンス概念を検討していこう．この分析視角は，い
かに公共的な時間と空間が構築されているのか，その実態を分析・解明するための概
念としてガバナンスを用い，実態としてのガバナンスをとらえようとする手法とされ
る．その特徴は，従来から存在するガバメントとの差異，いいかえれば，ガバメント
の問題点をかなり明確に意識しているという点であろう．このように，ガバメントと
ガバナンスの定義を明確化した上で，戸政は後の議論を展開している．多少長いが，
重要な部分でもあり，またすぐれた概念整理でもあるため，そのまま引用しておこう
［戸政 2000：316］．

> ① ガバメント概念
> 唯一の公共政策主体であると考えられている，司法府・立法府・行政府を含めた
> 中央・地方の政府およびその政府による統治活動に特に注目し，その実態解明や
> 規範論として望ましい姿の提示を行い，さらに，よりよい社会・生活環境をつく
> るためにはどのようにしたらよいのか，という究極的課題を究明するための概念．
> ② ガバナンス概念
> 政府のみならず，民間企業，NGO，NPO，ボランティアグループ，専門家（学識
> 経験者など），第三セクターそして一般市民など異質かつ多様なアクターすべてが
> 公共政策主体たりうるとし，各アクターによる活動やアクター間に存在する相互
> 関係，さらにそれらアクターによって構成されるネットワークに注目することで，
> 公共的な時間および空間の構築につき，その実態解明や規範論としての望ましい
> 姿の提示を行い，さらに，よりよい社会・生活環境をつくるためにはどのように
> したらよいのか，という究極的課題を究明するための概念．

　以上の違いをもとに，分析的概念としてのガバナンスには，さまざまな用法が存在
するわけであるが，分析の対象となるアクターに注目した分類が有効であり，具体的
には，① 包括的アプローチ，② サードセクターから，③ 政府から，の三つが考えら
れるという［戸政 2000：316］．ただ，いずれのアプローチ法を取るにせよ，分析的概

念としてのガバナンス論が着目するのは，先の引用でも示されたとおり，公的空間における多様なアクターの存在である．なかでも，その相互関係を重視する，という点ではいずれも共通しており，その相互関係を，ローズのように，ネットワークととらえるか，という問題はさほど重要ではないように思われる．たしかに，民間企業，NGO，NPO，ボランティアグループ，専門家，第三セクターという個々のアクターに着目し，行政組織との連携の仕方などを実証的，経験的に究明していく研究自体には意義がある．だが，それは，ガバナンス論を主軸とした研究というよりは，従来の政治過程論などに属する研究といえるのではないだろうか．

　というのも，上にみた分析的概念としてのガバナンス論の特質といわれるものは，すでに政治思想史上の論点としても，また，1960年代のアメリカ政治学においてもすでに実証的に論じられてきた問題系でもあるからだ．たとえば，アレクシ・ド・トクヴィルに代表されるとおり，国家の個人に対する強権的で恣意的な支配を抑止し，社会の多元性を擁護する中間団体の重要性は，思想史的にもすでに語られてきている[13]．また，戦後のアメリカ政治学においても，ロバート・ダールなどは支配的エリートの不在と権力の多元主義を強調してきた[14]．

　さらにいえば，先述のローズへの批判という文脈においても議論となった点であるが，グローバルな諸問題における課題の解決，国家の減退といった一時期の流行に乗った一部のガバナンス論は，国家における主権論の問題をあまりにも軽視しているといわざるをえない．少なくとも，対外的な戦争の決定・遂行という例のように，近世のヨーロッパの国家思想において確たる伝統を形成してきた単一不可分にして絶対という主権の概念は，そう簡単に崩されるものではないだろう[15]．現実が変化してきたために新たな分析概念が必要であるという主張を展開するのであれば，その現実変化という認識には，ある程度の妥当性がなければならない．

　以上のとおり，これまで展開されてきた政治学，行政学におけるガバナンス論には多くの問題が存在する．こうした状況下でいかにして，今後，意味のあるガバナンス論を展開することができるだろうか．

╬ ２．政治思想史におけるガバナンス

（１）ガバナンスの由来

　これまでガバナンス論に内在する問題について，現代の政治・政策における規範性，分析というふたつの視角から，簡単な考察を行った．本節では，視点を変え，政治思想史の文脈のなかでガバナンス論の位置づけを再検討することで，あらためて考察を深めてみたい．

　まずは，通例どおり，語源の問題から論じていこう．英語 governance の語源をた
どると，古代ギリシア語の *κυβερνάω*：kubernan に，そのギリシア語が翻訳されたラ
テン語の gubernare に行きつくという事実はよく指摘されるが，古代ギリシア語の
kubernan とは，本来，「船を操舵する」「航行する」という点に言葉の原義があると
される [宇野 2012：7]．その意味では，現代の大方のガバナンス論的用法は，もとも
との言葉とそうずれたものではないことがわかるだろう[16]．

　その後，govern の名詞形としてのガバメント government とガバナンス gover-
nance は同意語として使われていくが，どういうわけか，ガバナンスの方は13世紀以
降，死語となってしまう．もう一方の派生語たるガバメントという言葉は，その後も，
家族・子供といった私的な対象を管理，操作するという意味で使用されていくのだが，
近代主権国家の成立以降，再び，ガバメントは公的な意味をおびはじめる．ミシェ
ル・フーコーの分析によれば，私的な管理であった言葉が国家の統治という公的概念
に転化したというわけだ [Foucault 1977][17]．こうした，16世紀以降のガバナンスの新た
な用法には，君主が自分の領内で生活している住民，領土を維持，管理していく，す
なわち，家長が自身の家族を統制していくというニュアンスがみられるのである[18]．

　以上のとおり，私的な対象の管理から「国家による統治」という公的な意味に収斂
化されていったガバメントであるが，先述した国民国家の空洞化とグローバル社会の
進展，中央政府の機能低下という問題意識をもとに，90年代に入り，ガバメントに代
わる用語が必要とされた．結果として，13世紀以来，墓の下に埋もれていたガバナン
スという言葉を掘り起こすことで再びこの言葉に注目が集まった，という流れが宇野
[2012] の解するところである．

　以上の流れをふりかえれば，語源的にはガバメントとガバナンスに差はなかったと
いう事実が浮かび上がってくる．ただ，言葉は生き物である以上，ガバナンス概念を，
あえて活かす方向で思想史的に深めていこう．

（2）　ガバナンスとレジーム

　ここで gubernance の先祖たる，ギリシア語の kubernan という言葉が，古代ギリ
シアにおいて，どういった文脈のなかでつかわれていたか，をあらためて考察してみ
たい．kubernan とはもともと「航行する」という意味の言葉であったということは
すでに指摘したとおりだが，実のところ，国家や共同体の運営を船の操舵にたとえる
という手法は，西洋政治思想史において伝統的なものである[19]．しかしながら，一方で，
宇野は，プラトンがポリスの政治について語るとき，kubernan という語を使うこと
はあまりなかったという重要な事実を指摘する [宇野 2012：3]．すなわち，国家の統
治を船の航行にたとえたプラトンであったが，おそらく，その後の kubernan: guber-[20]

nare は，平等な市民によるポリスを共に舵取りしていく，すなわち「国家を統治する」という政治的な文脈では使われなくなっていく．では，まったくもってその意味が廃れたのかといえばそうではなく，先述のとおり，家や家族，つまりはオイコスに連なる系譜の言葉へと変化し，自分よりも下位の存在を管理，ケアするという文脈において使われるようになったというのがフーコーの見解である[21]．要するに，古代における統治とは，あくまでポリスを対象とした統治であり，人間（人民）の管理・統治ではなかったという思想的伝統の流れのなかで，近代主権国家の成立後，国家による人民への直接的な管理・統制・保護（すなわち下位の存在への管理，ケア）が行われるようになったため，本来オイコスの系譜にあった gubernare が公的な場面に登場したというわけである［Foucault 1977］．

　以上の思想史的な流れから，何が読み取れるだろうか．哲学史の文脈ではつとに指摘されるとおり，古代においては，都市国家（ポリス）を単なる個人の集合体以上の存在，すなわち，政治的決定を行う市民の集合体としてみていた，という事実である．その場合，舵取りとはあくまで船全体の舵取りであって，たしかにフーコーの解釈するとおり，漕ぎ手の成員を対象とした管理・支配ではなかったのである．要するに，ポリスという共同体という枠組みを守りつつ，船全体を協力して航行させていくという点に統治の本質を見ていたといえるだろう．しかしながら，プラトンは，舵取り kubernan = gubernare，すなわち，国家の統治という哲学的思索の流れのなかで，ポリスに生きる市民，すなわち，人間の支配についての議論を『国家』において深めはしなかったのだろうか．以下では，国家の統治とそこに生きる市民の生き方という視点から，最終的に，ガバナンスの意味をとらえなおしてみたい．

＋ 3．レジームとガバメント，そしてガバナンス
──古典的政治哲学におけるガバナンスの位置づけ──

　ここまで，ガバナンス（及びガバメント）の思想史的な位置づけについて，従来の通説的な見方を簡単におってきた．プラトンによって確立された国家統治の比喩たる gubernare は，一時期，governance と government いう派生語にわかれたものの，government のみが生き残り，16世紀以後，近代主権国家における国民の統治としての意味が前景化されていったという解釈である．こうした解釈にたいし，本節では，レジームという概念を組み込むことで，プラトンが考えていた kubernan = gubernare の意味をより深め，ガバナンス governance の再定義を試みたい．その手がかりとなるのが，シュトラウスによる以下の記述である．

「国制（constitution）というときに，われわれは統治（government）のことを考えるが，共同体の生き方といってもわれわれは必ずしも統治のことを考えるわけではない．古典的理論家たちは，ポリテイアについて語るときは，本質的にその『統治の形態』によって規定される共同体の生き方のことを考えていた．……社会の生き方と統治の形態を結び付ける考え方は差し当たって次のように述べることができる．すなわち，社会の性格や基調は，その社会が何をもってもっとも尊敬すべきものもっとも賞賛に値するものとみなすかにかかっていると．」[Strauss 1953：191]

　シュトラウスの解釈では，プラトンの国家論において，統治の形態以上に重要視されていたのが，その統治の形態によって規定される社会全体の生き方（way of life）である．ガバメントが仮に形式的な統治の形態という側面のみを強調する概念であったとしたら，その統治下に生きる社会の成員の生き方（何をもっとも有徳な生き方として賞賛するか）を規定づける思想，それがポリテイア＝レジームだったといえるだろう．こうしたシュトラウスの解釈にしたがい，レジーム，ガバメント，ガバナンスの関係を整理してみよう．単なる形式的な統治形態をガバメントと解するなら，レジームとはそのガバメントを思想的に形づくる根源的な価値，すなわち社会の生き方と解釈できる．では，こうした文脈において，ガバナンスはどう位置づけられるのであろうか．ガバメント，すなわち，統治の形態は，レジームにより規定され，その統治のもとに生きる人々の生き方もまたレジームにしたがうわけだが，その確立されたレジームをより善きレジームへと発展させ，統治していく知恵と技術，それが，現代のガバナンス論に通じる思想だと解釈できるのではないだろうか．すなわち，ガバナンスという概念は，レジームとガバメントという大きな枠組みのなかで活きてくるということだ．

　ただ，もちろん，ますます価値観や思想が多元化していく今日の世界において，社会全体の生き方が一元的に定まるわけではないし，[22]「レジームをより善きレジームへと，統治していく知恵と技術」というガバナンスの規定が単なる抽象論，ともすれば，これまでの論者が規定してきた地平に行きついただけだという批判もあるだろう．だからこそ，最後に，善きレジームを統治していく技術と知恵たるガバナンス論の構想を古典的な政治哲学との関係からあらためて考察してみたい．

善き秩序を問い続ける意味──ノモス―テシス論に抗して

　第7章において，シュトラウスのピュシス概念と自然的正の問題を解釈してきたが，仮に自然的正という観念の追及そのものが政治哲学のイデオロギー化にたいする一つ

の哲学的応答であったとしても，自然的正の観念そのものが現実政治や公共政策的な
領域への規範たりうるかという問題にはあえてふみ込んでこなかった[23]．だが，そもそ
も，カリクレス的な「自然」概念とこれに抵抗するソクラテス＝シュトラウス的な
「自然」概念の対立の検討，強力な説得力をもつカリクレス的な「勝者の正義」（「勝
てば官軍」）論にどう抵抗するか，という課題は，プラトンの解釈という思想史的な問
題を超えて，それこそ「西洋」や「近代」の枠を超えた普遍的な関心事であったこと
はたしかであろう[24]．相対的・流動的・人為的な規約的秩序の基底に人為を超えた「自
然」のはたらきを想定した場合，それにどんな性質を付与するか，という問題は，
「政治」を合意・秩序志向的な活動ととらえるか暴力・闘争志向的な活動ととらえる
かという問題にも通底している．このように，「自然」概念の重要性を普遍的な関心
事ととらえた上で，シュトラウスのピュシス概念そのものが，そもそも政治の規範た
りえないのではないか，という常識的な反論が想定される．もし仮に，臆見にもイデ
オロギーにも汚されない真智としての自然的正の認識可能性を先取りすることで，臆
見間のすり合わせの必要も特定の臆見の強権的排除の必要もなくしてしまえるのだと
したら，どこに「政治」の必要性があるのか．シュトラウスの構想した自然的正の追
求は，結局のところ「理念の圧政」と紙一重（言葉の上では区別できても，実質的には表
裏一体[25]）ではないのか．

　以上の問いをふまえ，あらためて考察してみたいのが，ピュシス―ノモスという構
図の問題である．第7章では，ノモスの概念について，ピュシスと対置されるところ
の単なる人為と解釈してきた．だが，コンヴェンショナリストが慣習と自然を区別し
たように，ハイエクは，それまでのノモス概念を，規約・慣習としての「ノモス」と
意図的・計画的秩序としての「テシス」として再定式化する[26] [Hayek 1987]．このよ
うな分類に依拠した場合，特定の目的意識に導かれた人工的構成物としてのテシスこ
そが，権力政治の対象ないしその産物であり，「勝者の正義」に左右されやすい秩序
だということになるだろう．やや単純化して述べるなら，初期近代における「人為の
法」は，人為を超えた神の法としての自然法から切断されることで，いったんはすべ
てがテシス（主権者＝国王の意思の反映）としてとらえられたものの，近代法秩序の原
型は，むしろこのテシスだけからなる法秩序構想の限界を自覚し，克服するなかで形
成されていく．こうした状況の下で，このテシスの恣意的な暴走を抑制する上位法，
いわば世俗的な自然法として採用され，機能したのがノモス的秩序としての市場秩序
であった．その後の数百年の近代法体制の歴史は，このテシス的秩序（公法）とノモ
ス的秩序（私法）とのあいだの相克と相補によって形成されてきたとみることが可能
であろう．つまり，人びとの日常の必要と欲望の多元的な相互調整の条件であるとと
もに，その動態の産物でもあるノモス（経済社会の秩序）の人為的・意図的な維持管理，

規律をテシス（政治社会＝国家の秩序）が担う，という構図である．ここにはもはやあらゆる人為と臆見，イデオロギーを超越した真智に根ざすピュシス，しいては，自然的正の出番はないのではないだろうか$^{27)}$．

　以上の議論は，近代の立憲民主制を正当化するもっともオーソドックスな理論であるように思われる．こうした立憲民主制のルールを所与のものとして，あくまで，地に足の着いた現実的なレベルでの望ましい政治社会のあり方を考えていく．これこそが公共政策論の出発点であり，現代ガバナンス論の基礎であろう．けれども，筆者は，それでもなお，自然的な正の問題をガバナンス論の文脈において問いつづけることの意味はあると考える．その理由は，「悪しき統治」の問題と関係する．かつて，シュトラウスはこう述べたことがある．

> 「頂上が雲で覆われている二つの山のどちらが高いかを判定できないとしても，われわれは，山というものはモグラ塚より高いということも判定できないのだろうか．」[Strauss 1959：15]．

> 「社会科学が，たとえば医学が癌について語るのと同様の確信をもって，僭主政治について語ることができないとすれば，そのような社会科学は，社会的諸現象をありのままに理解しているとはいいがたい．」[Strauss 2000：177]．

　ここで，公共政策学がたびたび医学にたとえられるという視点を思い起こそう．問題を抱えた「社会」を「患者」と見立てるならば，政策分析者や政策立案者にはさしずめ，患者を診断する「医師」に類する役割が与えられる[杉谷 2020]．だが，政策の世界では，何が問題（病気）とされているのかについて，はっきりとした合意が存在しない．一切の病魔に侵されていない理想的な健康体がどのような状態であるのか，という点でもおそらくコンセンサスはない．しかしながら，最悪の病巣である癌が何かという問題については，おおよそ社会の一致がみられるのではないか．すなわち，改めて問うべきは，リベラルな多元的社会においてもなお，絶対的に最悪な統治という，あらゆるイデオロギーを超越した指標が存在しうるのはなぜかという問題である．

　ナチズム，スターリニズムに代表される全体主義のみならず，第二次大戦後の世界においても，力による侵略，ジェノサイド，民族浄化といった悪しき統治はたびたびくり返されてきた．だが，西洋的なリベラリズムや立憲民主主義的な政治理念だけでは，こうした統治のあり方を，哲学的かつ根源的に，絶対的な基準でもって「悪しき統治」と規定し断罪することはできない．ましてや，そうした「悪しき統治」にたいし，リベラルな社会が積極的に介入・是正し，時には，暴力的な制裁をくわえ，食い止めるという政策は決して正当化されえないはずだ．だからこそ，リベラルな社会に

あっても，自然的な正しさという観念の追求やその想起が完全に放棄されることが
あってはならないのではないか．

　結論だけをみれば，こうした議論が，暴力的な死の恐怖を最高の悪として解釈する
ホッブズ的な近代リベラリズム［Strauss 1996］や，リチャード・ローティのいう残酷
さの回避［Rorty 1987］とそう変わらないものであることはたしかである．だが，
ローティのいう「残酷さ」を無慈悲なまでに体現させた悪しき統治を，反基礎づけ主
義という曖昧なものによって消極的にさけることと，自然的正のような何かがこの世
界のどこかには存在するという想起によって批判することの思想的重みは，違ってく
るはずだ．善きレジームを維持する知恵と技術というガバナンスの概念を今後もより
洗練させていくには，これまでみてきたような思想史的な整理と古典的政治哲学の知
恵による再構成が欠かせない作業なのである．

十 お わ り に
──統治能力とガバナンスと古典的政治哲学──

　「統治能力を改善し特に未来を形づくる能力を強化するために，政治哲学は次の
　ふたつのことを認識しなければならない．すなわち，混合体制としての民主主義
　の本質と，最終的には民主主義の特別な手続きに従うけれども，本質的に政治と
　世論からの自律性を享受する要素を強化する必要性である．」［Dror 2001：邦訳
　31］．

　ドロアが幾度となく警鐘を鳴らすとおり，多くの政治学者，公共政策論の研究者に
とって，これからの政治社会における統治能力の問題は喫緊の課題である．今ある社
会のレジームを維持・発展させ，より善きレジームへと変革していくには，複雑な現
代社会における「統治の能力」が重要であることは間違いない．なぜなら，統治の形
態と社会の生き方は切り離せない関係にあるからだ．

　われわれ現代人は「進歩」というとき，古代の人々より進んだ地平に立っていると
思いがちである．つまり，われわれは，古代人のような迷信や狂信から解き放たれ，
古代や中世の人たちが知りえなかったことを知っており，不合理な差別や偏見による
ことのない制度のもとに生きていると考えている［石崎 2019：293］．たしかに，最先
端の物理学者がアリストテレスの『自然学』やホッブズの『物体論』を参照すること
はおそらくない．けれども，われわれが，善きレジームとは何か，優れたガバナンス
とは何かを問いなおそうとするとき，現代の人々がのこした資料や情報，著作にあた
ることは当然重要だが，その一方で，われわれと同じく善き統治の本質について考究

しつづけた古代人の知恵を借りることもまた重要な知的作業なのではないだろうか.

　近代の立憲民主制を所与とする価値観からだけでは決してみえてこないガバナンスのあり方を，レジームと自然的正の観念によって基礎づけるという破天荒な本章は，古代人の知恵を借りた統治能力の再考をはじめていくための拙い試論であった.

注

1 ）　Zuckert［2008］, Minowitz［2009］などを参照.

2 ）　ズッカートは以下のように述べている.「彼（シュトラウス）は，われわれの時代の他の哲学的人物たち，たとえば，マルティン・ハイデガー，ハンナ・アーレント，ジャック・デリダ，あるいは，リチャード・ローティが獲得してきたような種類の一般的な注目を与えられはしなかった.シュトラウスの著作は，哲学史——プラトンやクセノフォンのような古代人，アラブの哲学者ファーラビー，ユダヤ人哲学者マイモニデス，キリスト教哲学者パドゥアのマルシリウスのような中世人，マキァヴェッリ，ホッブズ，ハイデガーのような近代人——における幅広い範囲の論題をカバーしていたにもかかわらず，彼はほとんど喝采をえたことはなかった.なぜなら，彼の全作品は，哲学史上の人物研究で成り立っていたからであり，そして，彼自身，政治的な生活の問題について自身の名前でめったに公言しなかったからである.」［Zuckert 2008：1］

3 ）　ブッシュ政権とイラク戦争，ネオコンの思想的関係については，早瀬［2011］を参照.

4 ）　一連のスキャンダルは，イラク戦争当時のアメリカの政策を一方的に批判する前提において語られるが，それについては一考を要する.

5 ）　シュトラウスの序論にこめた意図について，石崎は以下のように述べる.「『序論』が独立宣言の一節に言及することから始まるのは，それと同じ傾向を強めていた当時のアメリカの自由主義とそれを支えている社会科学に警鐘を打ち鳴らす意図からであったことは言うまでもないが，とりわけユダヤに出自を持つシュトラウスにとって，リベラル・デモクラシーの体制下での自然権の忘却は，流浪の民でありそれゆえ普遍的法としての自然権理論以外に寄る辺を持たない民族にとって，決して看過できる事柄ではなかった.というのも，彼がその生地を捨て，パリ・ロンドンを経てニューヨーク・シカゴへと向かうことを決断させたものが，哲学への決断であったからであり，ほぼ一世紀前のドイツに見られた自然権の忘却とその否定は，まさに哲学それ自体の破産の結果に他ならなかったからである.」［石崎 2014］.

6 ）　なぜ自然権（natural right）の追求が，アメリカにおけるリベラリズムの危機と衰退を食い止める知的作業になるのかという点については，かなりの思想的吟味が必要である.くわしくは，石崎［2019］を参照.

7 ）　国連の報告書 "What is Good Governance ?"［UN ESCAP 2009］によると，グッドガバナンスには以下の 8 つの特徴があるとされる.

　　　① Participatory, ② Consensus oriented, ③ Accountable, ④ Transparent, ⑤ Responsive, ⑥ Effective and efficient, ⑦ Equitable and inclusive, ⑧ Follows the rule of law. である.なお，このガバナンス理解については，規範的概念の節にて後述する.

8） 後述するとおり，いずれの用法にも問題点があるが，筆者の立場を先んじて述べるとすれば，規範的概念としての再生を最終的には目指したい．

9） より具体的には，① 行政改革をはじめとした政府の諸改革の進行，② 政府による統治活動の変容，③ 政府の限界の明確化，④ ボランティア，NGO/NPO の台頭，⑤ 民間企業も公共政策の担い手であるという認識の定着，⑥ ネットワーク論やネットワーク概念の定着，の六つの流れが指摘できるという［戸政：311-312］．また現実に起きた大きな事件はアジア通貨危機である．

10） 1998年，この2人が編集者として『ガバナンス』と呼ばれる学術書を発行した．米英先進国で「行政改革」が最盛期を迎えた時期と符合しており，オックスフォード大学のクリストファー・フッドが，1991年に NPM を書いたのもこの雑誌であった［中邨 2001：4］．またオズボーンも1990年代の初めに「ガバナンスの再発見」を主張した［Osborne 1992］．

11） 主な代表的論者による定義だけでも以下の通り．
「さまざまな活動のネットワーク」［Bentley 1967］．「自己組織的な組織間のネットワーク」［Rhodes 1997］「政策を形成・実行し，社会の舵取りを行うガバメントの能力」［Peters and Pierre 2004］「多様なアクター間の，多様な組織間の関係性を強制力にもとづいて強権的にコントロールするフォーマルなシステムが存在していない環境のなかで，集合的な決定形成をおこなっていくルールをめぐるもの」［Chhotray and Stoker 2009］．少なくとも，① 経営学的な文脈でのコーポレート・ガバナンス論，② トランスナショナルなレベルでのガバナンス論，③ 国民国家の枠内におけるガバナンス論の分類は必要である．もちろん本論は③を議論の対象としている．なお，ガバナンス論の最近の流れについてもっともくわしい邦語文献として，山本［2014］を参照．

12） とりわけ，海外援助の評価指標として用いられるグッドガバナンスの議論にはこうした傾向が強いといわれている．

13） トクヴィルを中間団体の擁護者としてのみとらえる手法については，近年，反論がみられる．主な研究として，上野［2012］を参照．

14） もちろん，多元主義もまたさまざまな文脈でつかわれる概念である．Gunnell［1995］を参照．

15） この主権論は日本の西洋政治思想史研究において見過ごされてきたテーマであると同時に，政治学・公共政策論の分野においても軽視されがちな問題である．主権論とガバナンスという問題ついては，別の機会に，改めて掘り下げてみたいテーマである．

16） 実のところ，現代のガバナンス論においても，その本質は，国家（政府）は船の漕ぎ手たる役割を極力おさえ，舵取りのみに従事せよという議論にある．

17） フーコーの議論については，重田［2018］を参照．

18） ここですぐに念頭に浮かぶのが，明治国家の「天皇＝親，臣民＝子」と擬制化した家族国家論であろう．

19） 宇野はプラトンの『国家』488a-489d を引いている［宇野 2012：2］．なお，古代ローマの詩人ホラティウスの『カルミナ』第1巻第14歌にも，船行を国家にたとえた有名な詩が存在する．
おお，船よ，新たな波がお前を海原へと運び返そうとする．おお，何をしている．

しっかりと港に向かうのだ．見えないのか，船べりは櫂を失い，帆柱は疾い南西風にうたれて傷つき，帆桁は呻き声をあげ，支え綱なしには船体はあまりにも横暴な海にとても耐えようもないのを．お前の帆はもう無傷ではなく，再び災厄に苦しめられても喚ぶべき神もない．

お前が名高き森で産したポントゥスの松を材とし，役立たずの生れや名を誇ってみても，怯えた水夫は色で飾った艫をいささかも信用しはしない．お前は，風たちに弄ばれないよう用心しろ．

少し前までは私の心をかき乱し，倦ませたが，今は憧れにして，軽からぬわが思いを寄せるお前よ，

光り輝くキュクラデスの島々の間に流れ込む海の潮を避けなさい．〔『カルミナ』1.14〕．

なお，クインティリアヌスは「ホラティウスは国家に代えて船を，内戦に代えて波と嵐を，平和と調和に代えて港を言葉としては用いている．」と指摘する〔クインティリアヌス『弁論家の教育』〕．

20)　ギリシア語において，「統治者」はアルコーン（希：ἄρχων，英：Archon）「支配」はエレンホス ἔλεγχος である．

21)　これはかなり雑多な議論である．

22)　だからこそ，ロールズは『正義論』において各人の善の構想の並列を説き，「善に対する正の優先」を説いたのである．

23)　そもそも，現実政治や公共政策的な領域への規範たりうるか，というこの問いそのものがシュトラウスの意図からすれば矛盾したものといえるかもしれない．シュトラウス自身は，政治哲学を政策へ活かすプログラムのようなものではないととらえていたからだ．だが，本章冒頭でもみたように，自然権の追求は，ドイツ的な価値相対主義がアメリカのリベラリズムに侵入しているという哲学的危機をもってなされたという側面がある．

24)　それをもっとも明確に自覚し，定式化したのはやはり西欧近代の政治思想だった．

25)　そもそもこの問題は一筋縄に決着がつくものではない．むしろ，理論的にはわれわれが「政治」を概念化しようとするときに，この相容れない二つの視点が同等の説得力をもって浮かび上がってくることの根拠を尋ねること，実践的にはこの二つの視点が相補的な好循環を形成しうる条件（あるいは，互いに損ないあってその過程を破綻させてしまわないための条件）を尋ねることが肝要であると思われる．

26)　つまり，ノモスは，人の行為の産物ではあるが誰の意図的計画の産物でもない秩序をさす．

27)　以上の視点は，博論の査読者，那須耕助の指摘を受けたものである．

あ と が き

　本書は，京都大学大学院人間・環境学研究科に提出した博士学位論文「イデオロギーと政治哲学——レオ・シュトラウスの政治哲学論——」に大幅な加筆修正を施したものである．

　はじめに，本書の題名をめぐる問題について断っておきたい．シュトラウス研究者界隈では周知の事実であるが，レオ・シュトラウスの作品には，二つの重要テーマをand/und でつなぎ合わせた形式の著作が複数存在する（『自然権と歴史』，『都市と人間』など）．僭越ながら，本書『政治哲学とイデオロギー』はそのオマージュである．シュトラウスの作品世界において，and/und で接合された二つのテーマの背景には鋭い緊張関係や対立が存在する，と指摘されることが多い．つまり，"A and B" という形式は，単に入れ替え可能な並立関係を意味しているのではなく，両項の間には，隠された優先順位や包含関係，あるいは，さらに深淵な思想的問題がこめられているというわけである．したがって，本書においても，「政治哲学」と「イデオロギー」という語のどちらを先に配置すべきかという問題は，筆者の頭を最後まで悩ませつづけていた．そのような折，日本のシュトラウス研究の第一人者である石崎嘉彦先生から以下のようなご指摘を賜ることとなった．マルクスその他の進歩的理論家たちが「イデオロギー」＝「政治哲学」＜「哲学＝科学」と定式化し，ハーバーマスやハイデガーが「イデオロギー」≦「哲学＝科学あるいは実存」と理論づけるなかで，やはり，シュトラウスは「哲学＝科学あるいは実存」の上に「政治哲学」を位置づけているのではないか，ゆえに，本書のテーマ設定や構成から考えても「イデオロギー」＜「政治哲学」と解するのがシュトラウス的なのではないか，というアドバイスである．「政治哲学」と「イデオロギー」という二つの政治的概念を and で結ぶということは，つきつめるならば，「友」—「敵」がそうであるのと同じく，政治的な事柄の本質をどうとらえるかという表現法や解釈の問題にいきつく．以上の背景から，前項が後項を止揚したものという意味をこめ，『政治哲学とイデオロギー』を本書のメインタイトルとして採用した次第である．

　さて，ここからは，本書の完成が遅れてしまった経緯と言い訳を簡単に述べさせていただきたい．第一の要因が，筆者の能力不足にあることは論を俟たないが，もう一つの要因として，主題設定のミスも大きかった．イデオロギー論とレオ・シュトラウスというあまりに壮大なテーマ・人物を安易な気持ちで選び，思想的に関連づけながら論じるという大風呂敷を広げてしまったことを，博論執筆当時からしきりに後悔し

たものである．マイケル・フリーデンの警告「学問への正当な権利を有するならイデオロギーには近づくな」を知ったのは，研究をはじめてだいぶたってからのことで，後の祭りであった．博論としての合格はいただいたものの，もう少しブラッシュアップをしてから公刊したいという自身の思いがあった．とはいえ，イデオロギー研究としても，シュトラウス研究としても，まだまだ発展途上であることは重々承知しつつ，一応のところ「中間報告」をこうして一つの形にまとめることができたのは，当然のことながら，この無謀な挑戦を支えてくれた数多くの師と仲間のおかげである．

　浅学非才の筆者だが，星の巡りあわせだけはよかったのか，敬愛すべき師にめぐまれた学究人生であった．学部時代の恩師・山田史郎先生には，歴史研究と思想史研究の架け橋についての手ほどきを受け，またアメリカ研究の奥深さを教えていただいた．修士課程時代の恩師・足立幸男先生は，公共政策学と政治哲学が両輪としてどう歩んでいくべきか，という壮大なテーマをご教示くださった．修士論文の研究構想発表時にいただいた「政治哲学の研究をつづけるなら，君自身が考える『政治とは何か』を追い求めつづけなさい」という足立先生の言葉は，生涯にわたる研究の指針ともなっており，本書序章にもささやかながら活かされている．博士課程時代の恩師・佐伯啓思先生からは，現実政治へのかかわり方とアカデミズムの緊張関係について多くのことを教わった．

　直接の指導教官以外にも「恩師」と呼ぶべき先生方は多い．石崎嘉彦先生には，約二年にわたるシュトラウス読書会において，シュトラウスの独特な著述を厳密に読解していく技法 "careful reading" をご教授いただき，語学の苦手な筆者を見捨てることなく，根気強く指導してくださった．また，冒頭でもふれたとおり，論文のテーマ設定など，いつ何時も細かいご相談に乗っていただき，シュトラウスのマイナー文献なども数多くご紹介いただいた上に，博論審査の副査もご快諾いただいた．博論審査の主査をお引き受けいただいた佐野亘先生からは，政策規範と政治哲学という研究テーマについていつも学ばせていただいている．副査の齋藤嘉臣先生からは社会構成主義の研究で有益なコメントをいただいた．山谷清志先生には，本書終章についての構想をアドバイスいただいただけでなく，本書出版の労をおとりいただいたり，嘱託講師の職をご紹介いただいたりと，公私にわたり，お世話になってばかりである．

　ただ，唯一の心残りといえば，那須耕助先生と飯島昇藏先生に本書をお目通しいただけなかったことである．博論公聴会時，すでに体調を崩されていた那須先生は，公聴会へのご出席は叶わなかったものの，ご丁寧にも，後日，博論へのくわしいコメントペーパーを送ってくださった．提出時の論文よりも本書がわずかなりともレベルアップしているとしたら，那須先生の厳しくも，愛情のこもった数々のアドバイスのおかげである．飯島先生からは，政治哲学研究会での発表の折，シュトラウスの専門

家ならではの細かい指摘をいつも頂戴していた．この場を借りてお二人の先生のご冥福を祈る次第である．

　筆者は，師のみならず，優秀な友人・後輩にもめぐまれた．いつ何時もストイックな姿勢で研究をつづける宋偉男氏は，ホッブズ解釈などをめぐり，膨大な知識と画期的な視点を与えてくれる畏友であり，博覧強記の猛者・上野大樹氏もまた，同じ政治哲学・政治思想史の研究者として永遠にその背中を追いつづけたい筆者の儀型である．金澤洋隆氏は，筆者の拙い原稿をいつも丁寧に読みこみ，理数系ならではの視点から有益なアドバイスをくれる稀有な才能をもった友人である．数年前に，彼とシュトラウス読書会の旅行を企画し，出発したその日の晩，新たな解釈を発見し，二人で歓喜したことが昨日のことのように蘇ってくる．その他にも，紙幅の関係で個々の名前は挙げられないが，多くの師・先輩・後輩・友人が研究の支えとなってくれた．あらためて，感謝申し上げたい．

　本書執筆の水先案内人を務めてくださった晃洋書房編集部の方々にも感謝申し上げる．本来であれば数年前に完成しているはずであった本書を忍耐強く待っていただいた丸井清泰さんには深甚の感謝と謝罪の言葉しかない．また，徳重伸さんにも，土壇場で数多くの修正を入れてしまい，多大な苦労とご迷惑をおかけしてしまった．心よりお詫び申し上げる．

　最後に，私事で恐縮だが，妻・由香と両親への感謝の意を記すことをお許しいただきたい．大学院の博士後期課程まで快く進学させてくれた母と，齢八〇を超えてもなお，もち前の英語力を一切衰えさせることなく，時に筆者の稚拙な洋書解読の指南をつづけてくれる父には心から感謝している．また，家事能力が著しく欠けている筆者の身の周りの世話を，育児と並行しつつ，一身に引き受けてくれている妻の存在がなければ，本書がこうして世に出ることはなかったであろう．ふだん，面と向かってはなかなかいえない「ありがとう」という言葉を贈りたい．

　　2024年2月

　　　　　　　　　　　　　　　　　　　　早瀬善彦

参 考 文 献

【邦文献】

秋元律郎［2002］『知識社会学と現代――K. マンハイム研究――』早稲田大学出版部.

浅野俊哉［2008］「〈徳〉をめぐる係争――シュトラウスの政治思想とスピノザ――」『思想』1014.

足立幸男［1991］『政策と価値――現代の政治哲学――』ミネルヴァ書房.

――――［2009］『公共政策学とは何か』ミネルヴァ書房.

足立幸男編［2005］『政策学的思考とは何か――公共政策学原論の試み――』勁草書房.

新井直明［2018］「ハンナ・アーレントの政治思想における〈社会的なもの〉批判と構想力論の関係」『慶應義塾大学大学院法学研究科論文集』58.

飯島昇藏［1998］「戦間期のレオ・シュトラウス――「政治的なもの」との出会い――」『両大戦間期の政治思想』新評論.

――――［2004］「哲学において師は弟子をどの程度までコントロールできるか――レオ・シュトラウスの場合――」『武蔵野大学政治経済研究所年報』8.

――――［2014a］「シュトラウス――著者の責任と読者の責任と――」『岩波講座 政治哲学 4』岩波書店.

――――［2014b］「レオ・シュトラウスの NaturalRight and History の邦訳のタイトルについての覚え書き」『武蔵野大学政治経済研究所年報』9.

――――［2015］「哲学と宗教――マキァヴェッリ，スピノザ，そしてシュトラウス――」『シュトラウス政治哲学に向かって』小樽商科大学出版会.

飯島昇藏編［1995］『政治思想史の方法』早稲田大学出版部.

飯島昇藏・太田義器・佐藤正志編［2009］『現代政治理論』おうふう.

飯田隆編［2007］『岩波講座 哲学〈11〉歴史／物語の哲学』岩波書店.

池田善昭編［2003］『自然概念の哲学的変遷』世界思想社.

石崎嘉彦［2009］『倫理学としての政治哲学――ひとつのレオ・シュトラウス政治哲学論――』ナカニシヤ出版.

――――［2009］「専制」『政治概念の歴史的展開〔第三巻〕』晃洋書房.

――――［2010］『ポストモダンの人間論――歴史終焉時代の知的パラダイムのために――』ナカニシヤ出版.

――――［2011］「理性―啓示問題と政治哲学」『政治哲学』10.

――――［2013］『政治哲学と対話の弁証法――ヘーゲルとレオ・シュトラウス――』晃洋書房.

――――［2015］「現代アメリカ政治とレオ・シュトラウス政治哲学」『政治哲学』19.

――――［2019］「『自然権と歴史』の表題について――「正」と「権」の意味をめぐって――」，石崎嘉彦編著・厚見恵一郎編『レオ・シュトラウスの政治哲学『自然権と歴史』を読み解く』ミネルヴァ書房.

伊藤恭彦［2012］『政治哲学（ブックガイドシリーズ 基本の30冊）』人文書院.

伊東俊太郎［1971］「古代・中世の自然観」『岩波講座哲学 自然の哲学』岩波書店.

───── ［1999］『自然』三省堂.

井上彰［2014］「分析的政治哲学の方法とその擁護」，井上彰・田村哲樹編『政治理論とは何か』
風行社.

───── ［2017a］「政治哲学における思考実験とその擁護」『ニュクス4』堀之内出版.

───── ［2017b］『正義・平等・責任──平等主義的正義論の新たなる展開──』岩波書店.

───── ［2022］「概念分析」，山岡龍一・大澤津編『現実と向き合う政治理論』放送大学教育振
興会.

井上彰編［2018］『ロールズを読む』ナカニシヤ出版.

井上達夫［1984］「社会契約説の理論的価値に関する一反省」『法哲学年報』1983.

───── ［2004］「リベラリズムの再定義」『思想』985.

井上弘貴［2015］「分かれたるシュトラウスの危機をめぐって──H・V・ジャファの哲学をめ
ぐって──」『シュトラウス政治哲学に向かって』（小樽商科大学出版会学人文論集）.

───── ［2015］『アメリカ保守主義の思想史』青土社.

今道友信［1987］『西洋哲学史』講談社.

入不二基義［2009］『相対主義の極北』筑摩書房.

上谷修一郎［2013］「レオ・シュトラウスにおける哲学と政治の両義性に関する一考察──「『ミ
ノス』について」を手掛かりに──」『政治哲学』14.

上野大樹［2012］「アレクシス・ド・トクヴィルの主権理論─アメリカ合衆国憲法のレアル・ポ
リティーク」『四日市大学総合政策学部論集』11.

上野千鶴子［2009］『家父長制と資本制──マルクス主義フェミニズムの地平──』岩波書店.

宇野重規［2004］『政治哲学へ──現代フランスとの対話──』東京大学出版会.

───── ［2012］「なぜ『ガバナンス』が問題なのか？　政治思想史の観点から」『Discussion
Paper Serie 全所的プロジェクト研究 ガバナンスを問い直す』（東京大学社会科学研究所），
22.

梅田百合香［2005］『ホッブズ政治と宗教──『リヴァイアサン』再考──』名古屋大学出版会.

遠藤健樹［2011］「解体と伝統──シュトラウスによるハイデガーの解体概念受容について──」
『政治哲学』11.

大澤津・蛭田圭［2018］「学会展望　政治哲学」『イギリス哲学研究』41.

大戸千之［2012］『歴史と事実──ポストモダンの歴史学批判をこえて──』京都大学学術出版
会.

岡沢憲夫・堀江堪編［2002］『現代政治学』法学書院.

小川仁志［2010］『はじめての政治哲学──「正しさ」をめぐる23の問い──』講談社.

岡本裕一郎［2009］『ヘーゲルと現代思想の臨界──ポストモダンのフクロウたち──』ナカニ
シヤ出版.

大竹弘二［2008］「リベラリズム，ユダヤ人，古代人──レオ・シュトラウスにおける啓示の二
義性──」『思想』1014.

小野紀明［1996］『二十世紀の政治思想』岩波書店.

───── ［2002］『政治哲学の起源』岩波書店.

―――――［2005］『政治理論の現在――思想史と理論のあいだ――』世界思想社.

―――――［2015］『西洋政治思想史講義――精神史的考察――』岩波書店.

乙部延剛［2015］「政治理論にとって現実とはなにか――政治的リアリズムをめぐって――」『年報政治学』66(2).

―――――［2017a］「対抗する諸政治哲学――分析的政治哲学と大陸的政治哲学を中心に――」『ニュクス4』堀之内出版.

―――――［2017b］「政治哲学の地平――分析的政治哲学と大陸的政治哲学の交錯――」『現代思想』(12月臨時増刊号), 青土社.

重田園江［2018］『統治の抗争史 フーコー講義1978-79』勁草書房.

蒲島郁夫・竹中佳彦［2012］『現代政治学叢書8 イデオロギー』東京大学出版会.

神野慧一郎［1962］「デカルトの自然学」『哲學研究』41(12).

河合秀和［1979］「政治」『年報政治学』30(0).

川崎修［2010］『「政治的なるもの」の行方』岩波書店.

川田親之［1995］「カリクレス対ソクラテス――快楽主義（ヘドニズム）（現実）対最善主義（アリストニズム）（真実）――」『千葉大学教育学部研究紀要Ⅱ 人文・社会科学編』.

川本隆史［2005］『ロールズ――正義の原理――』講談社.

神川正彦［1970］『歴史における言葉と論理・Ⅰ』勁草書房.

―――――［1971］『歴史における言葉と論理・Ⅱ』勁草書房.

木村贊［2006］「科学における検証可能性について」『石川看護雑誌』3(2).

北田暁大［2001］「構築されざるものの権利をめぐって――歴史的構築主義と実在論――」, 上野千鶴子編『構築主義とは何か』勁草書房.

久米郁男［2013］『原因を推論する――政治分析方法論のすゝめ――』有斐閣.

氣多雅子［1999］『ニヒリズムの思索』創文社.

小松君代［2004］「イデオロギー論と虚偽意識」『四国大学経営情報研究所年報』10.

米虫正巳［2021］『自然の哲学史』講談社.

近藤洋逸「近代の自然観」『自然の哲学』岩波書店.

斎藤多喜夫［2018］『歴史主義とマルクス主義――歴史と神・人・自然――』明石書店.

佐藤貴史［2004］「トレルチ, マイネッケ, ローゼンツヴァイク――歴史主義の問題をめぐって――」『北海学園大学人文論集』28.

―――――［2015］「政治的シオニズムと無神論」, 西永亮編『シュトラウス政治哲学に向かって』小樽商科大学出版会.

佐伯啓思［1995］『イデオロギー／脱イデオロギー』岩波書店.

坂井礼文［2014］「歴史の終わりと主体の問題について――フクヤマ, コジェーヴ――」『研究論叢』(国際言語平和研究所), 84.

―――――［2017］『無神論と国家――コジェーヴの政治哲学に向けて――』ナカニシヤ出版.

向山恭一［1990］「政治戦略としての『ポスト・モダン』再考――ヘテロトピア, 非権力の領域をめざして――」『法學研究：法律・政治・社会』63(8).

佐々木毅［1984］『プラトンと政治』東京大学出版会.

佐野亘［2005］「範型としての問題解決型思考――政策的思考と法的・政治的思考の違いは何か」,

　　　足立幸男編『政策学的思考とは何か──公共政策学原論の試み──』勁草書房.

────［2010］『公共政策規範（BASIC 公共政策学）』ミネルヴァ書房.

────［2023］「那須耕介の『内在／関係論』を読み解く」，田中成明・足立幸男編『政治にお
　　ける法と政策──公共政策学と法哲学の対話に向けて──』勁草書房.

塩濱健児［2018］「『歴史を歴史によって克服する』──エルンスト・トレルチの《歴史主義》に
　　ついての考察──」北海学園大学 博士（文学）博（文）甲第 4 号.

志田絵里子［2017］「L. シュトラウスにおける『自然』概念──『近代的自然権』批判に着目し
　　て──」『東京大学大学院教育学研究科紀要』57.

遅塚忠躬［2010］『史学概論』東京大学出版会.

柴田寿子［2009］『リベラル・デモクラシーと神権政治──スピノザからレオ・シュトラウスま
　　で──』東京大学出版会.

清水習［2017］『構造と主体──政策の可能性と不可能性──』晃洋書房.

杉谷和哉［2021］「公共政策学と EBPM ──政策及び政策過程の合理化をめぐる論点の探求
　　──」『医療福祉政策研究』4(1).

砂田利一・長岡亮介・野家啓一［2011］『数学者の哲学＋哲学者の数学──歴史を通じ現代を生
　　きる思索──』東京図書.

施光恒［2003］『リベラリズムの再生』慶應義塾大学出版会.

盛山和夫［1999］『制度論の構図』創文社.

────［2006］『リベラリズムとは何か──ロールズと正義の論理──』勁草書房.

関雅美［1983］『歴史主義の擁護』勁草書房.

宋偉男［2019］「擬装から公民へ」，井上達夫編『法と哲学』5.

田村哲樹［2014］「政治／政治的なるものの政治理論」，井上彰・田村哲樹編『政治理論とは何
　　か』風行社.

田村哲樹・松元雅和・乙部延剛［2017］『ここから始める政治理論』有斐閣.

高橋広次［2016］『アリストテレスの法思想』成文堂.

多賀茂［2008］『イデアと制度』名古屋大学出版会.

竹内薫［2013］『不完全性定理とはなにか』講談社.

竹島博之［2002］『カール・シュミットの政治』風行社.

田中将人［2017］『ロールズの政治哲学』風行社.

田辺元［2010］『哲学の根本問題 数理の歴史主義的展開』岩波書店.

谷川流［2003］『涼宮ハルヒの憂鬱』角川書店.

高橋哲哉［1999］『戦後責任論』講談社.

建林正彦・曽我謙悟・待鳥聡史［2008］『比較政治制度論』有斐閣.

寺島俊穂［2019］『政治哲学概説』法律文化社.

戸田山和久［2005］『科学哲学の冒険──サイエンスの目的と方法をさぐる──』NHK 出版.

戸政佳昭［2000］「ガバナンス概念についての整理と検討」『同志社政策科学研究』2(1).

中金聡［1995］『オークショットの政治哲学』早稲田大学出版部.

────［2010］「快楽主義と政治──レオ・シュトラウスのエピクロス主義解釈について──」
　　『政治哲学』9.

仲宗根勝仁［2015］「フランク・ジャクソン著『形而上学から倫理学へ 概念分析の擁護』」『メタフュシカ』46.

中畑正志［2021］『はじめてのプラトン――批判と変革の哲学――』講談社.

仲原孝［2002］「実在論的理解としての先駆的覚悟性」『人文研究』（大阪市立大学），54(2).

仲正昌樹［2004］『ポストモダンの左旋回』世界書院.

――――［2006］『集中講義！日本の現代思想――ポストモダンとは何だったのか――』NHK出版.

――――［2010］『ポストモダンの正義論――「右翼／左翼」の衰退とこれから――』筑摩書房.

――――［2013］『いまこそロールズに学べ――「正義」とはなにか？ ――』春秋社.

――――［2020］『マルクス入門講義』作品社.

中邨章［2004］「行政，行政学と『ガバナンス』の三形態」『年報行政研究』39.

那須耕介［2003］「政治的判断の非政治的基盤を求めて」『摂南法学』29.

――――［2005］「政治的思考という祖型――政策学的思考はどこから出てくるのか――」，足立幸男編『政策学的思考とは何か――公共政策学原論の試み――』勁草書房.

西尾幹二［1997］『異なる悲劇――日本とドイツ――』文藝春秋.

西永亮編［2015］『シュトラウス政治哲学に向かって』小樽商科大学出版会.

西村邦行［2021］「〈政治哲学の死〉の影で――冷戦期アメリカ国際関係論の精神史――」『南山法学』44(2).

貫成人［2010］『歴史の哲学――物語を超えて――』勁草書房.

納富信留［2011］「ポリテイアとは何か」『理想』686.

――――［2012］『プラトン 理想国の現在』慶應義塾大学出版会.

野家啓一［2005］『物語の哲学』岩波書店.

――――［2008］『パラダイムとは何か――クーンの科学史革命――』講談社.

――――［2016］『歴史を哲学する』岩波書店.

野本和幸［2003］『フレーゲ入門』勁草書房.

野矢茂樹［1998］『無限論の教室』講談社.

橋本努［2007］『帝国の条件』弘文堂.

稗田健志［2015］「政治理論と実証研究をつなぐ環――経験的分析における概念分析の役割――」『年報政治学』66(1).

廣松渉［1990］『今こそマルクスを読み返す』講談社.

――――［1999］『マルクスと歴史の現実』平凡社.

廣川洋一［1997］『ソクラテス以前の哲学者』講談社.

藤川吉美［1980］「社会契約論の方法論的意義――正当性の根拠の視点から――」『科学哲学』13.

藤沢令夫編［1978］『プラトン全集別巻 総索引』岩波書店.

降旗節雄［2001］『科学とイデオロギー（降旗節雄著作集）』社会評論社.

ベル，D.［1995］『知識社会の衝撃』（山崎正和訳），TBS ブリタニカ.

牧野雅彦［2015］『精読 アレント『全体主義の起源』』講談社.

松尾哲也［2018］『神々の闘争と政治哲学の再生――レオ・シュトラウスの政治哲学――』風行社.

松元雅和［2010］「現代政治理論の方法に関する一考察」『年報政治学』61(1).

———［2011］「分析的政治哲学の系譜論」『法学研究』84(8).

———［2014］「政治理論の歴史」，井上彰・田村哲樹編『政治理論とは何か』風行社.

———［2015］『応用政治哲学——方法論の探究——』風行社.

———［2016］「政治的悪の規範理論的分析——政治的リアリズムを中心に——」『法学論集』66(1).

松葉祥一［2010］『哲学的なものと政治的なもの——開かれた現象学のために——』青土社.

丸山眞男［1983］『新装版 日本政治思想史研究』東京大学出版会.

———［1995］「政治の世界」『丸山眞男集〔第五巻〕』岩波書店.

———［2006］「現実主義の陥穽」『現代政治の思想と行動〔新装版〕』未来社.

三島憲一［2011］『ニーチェ以後——思想史の呪縛を越えて——』岩波書店.

三木清［1967］『三木清全集 6 巻』岩波書店.

茂木健一郎［2008］『思考の補助線』筑摩書房.

百木漠［2018］『アーレントのマルクス』人文書院.

森川輝一［2017］「引かれ者の小唄——『大陸系』政治哲学が語ろうとすること，『分析系』政治哲学が語らないこと——」『ニュクス』4.

森分大輔［2007］「『全体主義の起源』とアレント政治思想の課題」『国際基督教大学学報. II-B, 社会科学ジャーナル』62.

森政稔［2014］『〈政治的なもの〉の遍歴と帰結——新自由主義以後の「政治理論」のために——』青土社.

森山軍治郎［1996］『ヴァンデ戦争——フランス革命を問い直す——』筑摩書房.

安武真隆［2014］「政治理論と政治思想史」，井上彰・田村哲樹編『政治理論とは何か』風行社.

山岡龍一［2005］「政治哲学はどのようなものとなりうるのか」，D. ミラー『政治哲学』（山岡龍一・森達也訳），岩波書店.

———［2009］『西洋政治理論の伝統』放送大学教育振興会.

———［2022］「政治的リアリズム」，山岡龍一・大澤津編『現実と向き合う政治理論』放送大学教育振興会.

———［2022］「現実主義の陥穽？」，山岡龍一・大澤津編『現実と向き合う政治理論』放送大学教育振興会.

山口定［1989］『政治体制』東京大学出版会.

山口裕之［2002］『コンディヤックの思想——哲学と科学のはざまで——』勁草書房.

山本啓［2014］『パブリック・ガバナンスの政治学』勁草書房.

柳父章［1995］『翻訳の思想——「自然」と NATURE ——』筑摩書房.

渡辺憲正［2001］『イデオロギー論の再構築——マルクスの読解から——』青木書店.

———［2022］『「ドイツ・イデオロギー」の研究——初期マルクスのオリジナリティ——』桜井書店.

渡辺幹雄［1999］『リチャード・ローティ——ポストモダンの魔術師——』春秋社.

———［2000］『ロールズ正義論の行方——その全体系の批判的考察——〔増補新装版〕』春秋社.

──────［2001］『ロールズ正義論再説──その問題と変遷の各論的考察──』春秋社.

──────［2004］「リベラルな哲学に対するリベラルな生の優位」『思想』965.

──────［2006］『ハイエクと現代リベラリズム──「アンチ合理主義リベラリズム」の諸相──』春秋社.

──────［2007］『ロールズ正義論とその周辺──コミュニタリアニズム，共和主義，ポストモダニズム──』春秋社.

【欧文献】

Antoni, C. ［1963］*L'historisme*, Droz（新井慎一訳『歴史主義』創文者，1972年）.

Arendt, H. ［1958］*The Human Condition*, Chicago: The University of Chicago Press（志水速雄訳『人間の条件』筑摩書房，1994年）.

──────［1968］*The Origins of Totalitarianism*, New York: Houghton Mifflin Harcourt（大久保和郎訳『全体主義の起源3』みすず書房，1974年）.

Aristotle［1955］*Aristotle's Physics: a revised text with introduction and commentary*, Ross, W. D. (ed.), 2nd ed., Oxford: Clarendon Press（出隆・岩崎允胤訳『アリストテレス全集3　自然学』岩波書店，1968年）.

──────［1957］*Aristotelis Politica*（Oxford Classical Texts）, D. Ross (ed.), Oxford: Oxford University Press（山本光雄訳『アリストテレス全集15　政治学 経済学』岩波書店，1988年）.

Baderin, A. ［2021］"The continuity of ethics and political theory," in *The Journal of Politics*, 83(4).

Baradat, L. P. ［1999］*Political Ideologies: Their Origins and Impact*, 7th ed., Prentice Hall College Div.

Barber, B. ［2004］*Strong Democracy: Participatory Politics for a New Age*, University of California Press; 20 Anv.（竹井隆人訳『ストロング・デモクラシー──新時代のための参加政治──』日本経済評論社，2009年）.

Barry, B. ［1990］*Political Argument*: A Reissue with a New Introduction.

──────［1996］"Political Theory, Old and New" in Goodin, R. E. and Klingemann, H.-D. (ed.), *A New Handbook of Political Science*, Oxford: Oxford University Press.

Baudrillard, J. ［1976］*L'échange symbolique et la mort Broché*, Gallimard（今村仁司訳『象徴交換と死』筑摩書房，1982年）.

Bell, D. ［1955］"Ideology"（フランク・B. ギブニー編『ブリタニカ国際大百科事典2〔第3版〕』ティビーエス・ブリタニカ，1996年）.

──────［1960］*The End of Ideology: On the Exhaustion of Political Ideas in the Fifties*, New York: The Free Press（岡田直之訳『イデオロギーの終焉──1950年代における政治思想の枯渇について──』東京創元新社，1969年）.

Berlin, I. ［1969］*Four Essays on Liberty*, London: Oxford University Press（小川晃一・小池銈・福田歓一・生松敬三訳『新装版 自由論』みすず書房，2000年）.

──────［1976］*Vico and Herder*, New York: Viking Press（小池けい訳『ヴィーコとヘル

ダー――理念の歴史・二つの試論――』みすず書房，1981年）．

Bloom, A.［1987］*The Closing of the American Mind,* New York: Simon and Schuster（菅野盾樹訳『アメリカン・マインドの終焉――文化と教育の危機――』みすず書房，1988年）．

―――［1990］*Giant and Dwarfs,* New York: Simon and Schuster.

Burke, E.［1959］*Reflections on the Revolution in France,* Stanford University Press（半沢孝麿訳『フランス革命の省察』みすず書房，1997年）．

Burnyeat, M. F.［1985］"Sphinx without a secret," *The New York Review of Books,* May 30.

Cobban, A.［1953］"The Decline of Political Theory," *Political Science Quarterly,* 68(3).

Collingwood, R. G.［1965］*The Idea of Nature,* London: Oxford University Press（平林康之・大沼忠弘訳『自然の観念』みすず書房，2002年）．

―――［1994］*The Idea of History,* Oxford: Oxford University Press（小松茂夫・三浦修訳『歴史の観念』紀伊国屋書店，2002年）．

Condillac, É. B. de［1947］*Essai sur l'origine des connaissances humaines（Œuvres philosophiques de Condillac, volume 1*), Paris: Presses universitaires de France（古茂田宏訳『人間認識起源論』岩波書店，1994年）．

Cornford, F. M.［1931］*Before and After Socrates,* Cambridge: Cambridge University Press（山田道夫訳『ソクラテス以前以後』岩波書店，1995年）．

Courtois, S. and Werth, N.［1999］*The Black Book of Communism: Crimes, Terror, Repression,* Cambridge, Mass.: Harvard University Press（外川継男訳『共産主義黒書〈ソ連篇〉』恵雅堂出版，2001年）．

Critchley, S.［2001］*Continental Philosophy: A Very Short Introduction,* New York: Oxford University Press（佐藤透訳『ヨーロッパ大陸の哲学』岩波書店，2004年）．

Danto, A. C.［1965］*Analytical Philosophy of History,* Cambridge: Cambridge University Press（河本英夫訳『物語としての歴史』国文社，1989年）．

Darwin, C.［2003］*The Origin of Species*: 150th Anniversary, EditionSignet; Rep Anv 版（渡辺政隆訳『種の起源』光文社，2009年）．

De Man, H.［1974］*Psychology of Socialism,* Ayer Co Pub（川口茂雄訳『社会主義の心理学』柏書房，2010年）．

―――［1926］*Zur Psychologie des Sozialismus,* Jena: E. Diederichs（川口茂雄訳『社会主義の心理学』柏書房，2010年）．

Derrida, J.［1993］*Spectres de marx,* Paris: Galilee（増田一夫訳『マルクスの亡霊たち』藤原書店，2007年）．

Descartes, R.［1953］*Meditations,* seconde, *Œuvers et Lettres,* Gallimard（山田弘明訳『省察』筑摩書房，2006年）．

―――［1964］*Œuvres de Desdartes*（publées par Charls Adam et Paul Tannery), Paris: Librairie Philosophique J. Vrin（神野慧一郎訳「世界論」『世界の名著第22　デカルト』中央公論社，1967年）．

―――［1996］*Œuvres complétes de Descartes*（publiées par Charles Adam et Paul Tannery), tome Ⅷ-1, Paris: Librairie Philosophique J. Vrin（山田弘明・吉田健太郎・久保田

進一他訳『哲学原理』筑摩書房，2009年）.

Deutsch, K. L. [1999] *Leo Strauss, the Straussians, and the American Regime*, Lanham, Md.: Rowman & Littlefield Pub Inc.

Deutsch, K. L. and Nicgorski, W. eds. [1994] *Leo Strauss: Political Philosopher and Jewish- Thinker*, Lanham, Md.: Rowman & Littlefield Publishers.

Dror, Y. [2001] *The Capacity to Govern: A Report to the Club of Rome*, London: Routledge （足立幸男・佐野亘訳『統治能力――ガバナンスの再設計――』ミネルヴァ書房，2012年）.

Drucker, H. M. [1974] *The Political Uses of Ideology*, London: Palgrave Macmillan （森本哲夫訳『政治哲学におけるイデオロギー――学説史的研究と現代イデオロギー――』法律文化社，1979年）.

Drury, S. B. [1988] *The Political Ideas of Leo Strauss*, Palgrave Macmillan.

―――― [1999] *Leo Strauss and the American right*, London: Palgrave Macmillan.

Eagleton, T. [1991] *Ideology: An Introduction*, New Updated ed., New York: Verso （大橋洋一訳『イデオロギーとは何か』平凡社，1999年）.

Engels, F. [1888] *Ludwig Feuerbach und der Ausgang der klassischen deutschen Philoso- phie*, Dietz Verlag （松村一人訳『フォイエルバッハ論』岩波書店，1960年）.

Easton, D. [1953] *The Political System: An Inquiry into the State of Political Science*, New York: Knopf （山川雄巳訳『政治体系――政治学の状態への探求――』ぺりかん社，1976年）.

Evans, R. J. [1997] *In Defence of History*, London: Granta Books （今関恒夫訳『歴史学の擁護――ポストモダニズムとの対話――』晃洋書房，1999年）.

Fite, W. [1934] *The Platonic Legend*, New York: Scribner.

Fleischacker, S. [2008] *Heidegger's Jewish Followers: Essays on Hannah Arendt, Leo Strauss, Hans Jonas, and Emmanuel Levinas*, Pittsburgh: Duquesne University Press.

Foucault, M. [2004] *Sécurité, territoire, population: cours au Collège de France (1977- 1978)*, Paris: Gallimard & Seuil （高桑和巳訳『ミシェル・フーコー講義集成〈7〉安全・領土・人口（コレージュ・ド・フランス講義1977-78）』筑摩書房，2007年）.

Francis, F. [1992] *The End of History and the Last Man*, New York: Free Press （渡部昇一訳『歴史の終わり　上下』三笠書房，1992年）.

Freeden, M. [1996] *Ideologies and Political Theory: A Conceptual Approach*, Oxford: Clar- endon Press.

―――― [2004] "Ideology, Political Theory and Political Philosophy," in Gaus, G. F. and Ku- kathas, C. eds., *Handbook of Political Theory*, London: SAGE.

―――― [2006] "Ideology and political theory," *Journal of Political Ideologies*, 11(1).

―――― [2008] "Thinking politically and thinking about politics: language, interpretation, and ideology," in Leopold, D. and Stears, M. eds., *Political Theory: Methods and Ap- proaches*, Oxford: Oxford University Press （山岡龍一・松元雅和監訳『政治理論入門――方法とアプローチ――』慶応義塾大学出版会，2011年）.

Gabel, J. [1968] *La fausse conscience―Essai sur la reification*, Troisieme edition, Paris: Les

Editions de Minuit（木村洋二訳『虚偽意識――物象化と分裂病の社会学――』人文書院，1980年）.

Geuss, R. [2008] *Philosophy and Real Politics,* Princeton: Princeton University Press.

Gibbs, A. H. [2016] "The horizons of the constitution: Politeia, the political regime and the good," *Law and Critique,* 27(1).

Gottfried, P. E. [2013] *Leo Strauss and the Conservative Movement in America: a critical appraisal,* Tokyo: Cambridge University Press.

Gray, J. [2007] *Black Mass: Apocalyptic Religion and the Death of Utopia,* New York: Farrar, Straus and Giroux（松野弘監訳『ユートピア政治の終焉――グローバル・デモクラシーという神話――』岩波書店，2011年）.

Gledhill, J. [2012] "Rawls and Realism," *Social Theory and Practice,* 38(1).

Gunnell, J. C. [1987] "Political Theory and Politics: The Case of Leo Strauss and Liberal Democracy," in Deutsch, K. L. and Soffer, W. eds., *The Crisis of Liberal Democracy: a Straussian Perspective,* Albany, N. Y.: State University of New York Press.

――――― [1993] *The Descent of Political Theory: the Genealogy of an American Vocation,* Chicago: University of Chicago Press（中谷義和訳『アメリカ政治理論の系譜』ミネルヴァ書房，2001年）.

Habermas, J. [1990] *Die Moderne: Ein unvollendetes Projekt, Philosophisch-politische Aufsätze,* Leipzig: Reclam-Verlag（三島憲一訳『近代 未完のプロジェクト』岩波書店，2000年）.

Hayek, F. A. [1982] *Law, Legislation and Liberty,* London: Routledge（矢島鈞次・水吉俊彦訳『法と立法と自由Ⅰ ハイエク全集』春秋社，2007年）.

Hegel, G. W. F. [1965] Band 17: *Vorlesungen über die Philosophie der Weltgeschichte,* frommann-holzboug（長谷川宏訳『哲学史講義1』河出書房新社，2016年）.

Heidegger, M. [2006] *Sein und Zeit,* Max Niemeyer Verlag, Tübingen（細谷貞雄訳『存在と時間 上』筑摩書房，1994年）.

Heinimann, F. [1965] *Nomos und Physis,* Basel: Friedrich Reinhardt（広川洋一訳『ノモスとピュシス――ギリシア思想におけるその起源と意味――』みすず書房，1983年）.

Hobbes, T. [1909] *Hobbes's Leviathan: reprinted from the edition of 1651,* with an essay by the late W. G. Pogson Smith, Oxford: Clarendon Press（水田洋訳『リヴァイアサン』岩波書店，1954～1985年）.

Hobsbawm, E. J. [1994] *Age of Extremes: The Short Twentieth Century, 1914-91,* London: Michael Joseph Ltd.

Immergut, E. M. [1998] "The Theoretical Core of the New Institutionalism" *Politics and Society,* 26(1).

Jackson, F. [1998] *From Metaphysics to Ethics: A Defence of Conceptual Analysis,* Oxford: Clarendon Press.

Janssens, D. [2009] *Between Athens and Jerusalem: Philosophy, Prophecy, and Politics in Leo Strauss's Early Thought,* Albany: State University of New York Press.

Jost, J. T. [2006] *The End of the End of Ideology in American Psycologist.*

Kant, I. [1956] *Kritik der reinen Vernunft*, Nach der ersten und zweiten Original Ausgabe neu herausgegeben von Raymund Schmidt, Felix Meiner Verlag（原佑訳『純粋理性批判』平凡社，2005年）．

――― [2009] *Prolegomena Zu Einer Jeden Kuenstigen Metaphysik, Die ALS Wissenschaft Wird Auftreten Koennen*, Forgotten Books（篠田英雄訳『プロレゴメナ』岩波書店，1977年）．

Klein, J. [1992] *Greek Mathematical Thought and the Origin of Algebra*, Dover Publications.

Kojève, A. [1968] *Introduction a la lecture de Hegel*, Paris: Gallimard.（上妻精他訳『ヘーゲル読解入門』国文社，1987年）．

Kuhn, T. S. [1962] *The Structure of Scientific Revolutions*, Chicago: University of Chicago Press（中山茂訳『科学革命の構造』みすず書房，1971年）．

Kukathas, C. and Pettit, P. [1990] *Rawls: A Theory of justice and its Critics*, Cambridge: Polity Press（山田八千子・島津格訳『ロールズ「正義論」とその批判者たち』勤草書房，1996年）．

Kymlicka, W. [2002] *Contemporary Political Philosophy: An Introduction*, 2nd ed., Oxford: Oxford University Press（岡崎晴輝・千葉眞・施光恒他訳『新版 現代政治理論』日本経済評論社，2005年）．

Lampert, L. [1996] *Leo Strauss and Nietzsche*, Chicago: University of Chicago Press.

Laslett, P. ed. [1956] "Introduction," *Philosophy, Politics and Society*: Series 1, Oxford: Brasil Blackwell.

Lenin, V. I. [1956] *Materializm i empiriokrititsizm: kriticheskie zametki ob odnoi reaktsionnoi filosofii*, Izdatel'stvo politicheskoi literatury（森宏一訳『唯物論と経験批判論』新日本出版社，1999年）．

Lenzner, S. and Kristol, W. [2003] "What was Leo Strauss up to?" *Public Interest*, Fall.

Lefort, C. [1988] "The Question of Democracy" in *Democracy and Political Theory*, trans. David Macey, Cambridge: Polity Press.

Lila, M. [2001] *The Reckless Mind: Intellectuals in Politics*, New York: The New York Review Books（佐藤貴史訳『シュラクサイの誘惑――現代思想にみる無謀な精神――』日本経済評論社，2005年）．

Locke, J. [1960] *Two Treatises of Government*, edited By Peter Laslett, Cambridge U. P.（加藤節訳『完訳 統治二論』2010年）．

Lübbe, H. [1963] *Politische Philosophie in Deutschland: Studien zu ihrer Geschichte*, Stuttgart: B. Schwabe（今井道夫訳『ドイツ政治哲学史――ヘーゲルの死より第一次世界大戦まで――』法政大学出版局，1998年）．

Lucreti, C. [1947] *Titi Lvcreti Cari De rervm natvra: libri sex* (Edited with Prolegomena, Critical Apparatus, Translation and Commentary by Cyril Bailey), Oxford: Clarendon Press（藤沢令夫訳『世界古典文学全集21ウェルギリウス ルクレティウス』筑摩書房，1965年）．

Lyotard, J.-F. [1979] *La condition postmoderne: rapport sur le savoir*, Paris: Éditions de

Minuit（小林康夫訳『ポスト・モダンの条件――知・社会・言語ゲーム――』水声社，1989年）．

MacIntyre, A. [1984] *After Virtue: A Study in Moral Theory,* Notre Dame: University of Notre Dame Press, 2nd ed. （篠﨑榮訳『美徳なき時代』，みすず書房，1993年）．

Machiavelli, N. [1984] *The Discourses,* Penguin Classics （永井三明訳『ディスコルシ―ローマ史論』筑摩書房，2011年）．

――――― [1984] *Florentine Histories,* Princeton, N. J.: Princeton University Press （齊藤寛海訳『フィレンツェ史』岩波書店，2012年）．

――――― [1985] *The Prince,* with an English translation by Harvey Mansfield, University of Chicago Press （河島英昭訳『君主論』岩波書店，1998年）．

Mannheim, K. [1924] *Historisms,* Heidelberg Archiv fur Sozialwissenshaft und Sozialpolitik （森博訳『歴史主義・保守主義』恒星社厚生閣，1969年）．

――――― [1952] *Ideologie und Utopie,* Verlag G. Schulte-Bulmke （高橋徹・徳永恂訳『イデオロギーとユートピア』中央公論新社，2006年）．

March, J. G. and Olsen, J. P. [1989] *Rediscovering institutions: The organizational basis of politics,* New York: Free Press （遠田雄志訳『やわらかな制度――あいまい理論からの提言――』日刊工業新聞社，1994年）．

Marx, K. [1932] *Ökonomisch-philosophische Manuskripte,* Marx-Engels Verlag G. M. B. H.; Berlin （城塚登・田中吉六訳『経済学・哲学草稿』岩波書店，1964年）．

――――― [1934] *Zur Kritik der politischen Ökonomie* （Erstes Heft, Volksausgabe, besorgt von Marx-Engels-Lenin-Institut), Moskau; Leningrad: Verlagsgenossenschaft Ausländischer Arbeiter in der UdSSR （武田隆夫・遠藤湘吉・大内力他訳『経済学批判』岩波書店，1956年）．

――――― [1954] *Capital: a critique of political economy,* vol. 1, Moscow: Progress Publishers.

Marx, K. and Engels, F. [1958] *Die deutsche Ideologie,* Werke, Band 3, Dietz, Verlag （三島憲一他訳『ドイツ・イデオロギー（抄）／哲学の貧困／コミュニスト宣言』筑摩書房，2008年）．

Maurer, R. [1970] *Platons „Staat" und die Demokratie: Historisch-systematische Überlegungen zur Politischen Ethik,* Berlin （永井健晴訳『プラトンの政治哲学――政治的倫理学に関する歴史的・体系的考察――』風行社，2005年）．

McDermott, D. [2008] "Analytical political philosophy," in Leopold, D. and Stears, M. eds., *Political Theory: Methods and Approaches,* Oxford: Oxford University Press （「分析的政治哲学」，山岡龍一監訳『政治理論入門――方法とアプローチ――』慶応義塾大学出版会，2011年）．

McLellan, D. [1986] *Ideology* （Concepts in Social Thought), Minneapolis: Univesity of Minnesota Press （千葉眞訳『イデオロギー』昭和堂，1992年）．

Meier, H. [1988] *Carl Schmitt, Leo Strauss und "der Begriff des Politischen": Zu einem Dialog unter Abwesenden,* Stuttgart: J. B. Metzler. （栗原隆・滝口清栄訳『シュミットとシュ

トラウス――政治神学と政治哲学との対話――』法政大学出版局，1993年）．

―――― ［2003］*Das theologisch-politische Problem-Zum Thema von Leo Strauss*, Stuttgart: J. B. Metzler（石崎嘉彦・飯島昇藏・太田義器監訳『レオ・シュトラウスと神学―政治問題』晃洋書房，2010年）．

Meinecke, F. ［1965］*Die Entstehung des Historismus: Herausgegeben und eingeleitet von Carl Hinrichs*, De Gruyter Oldenbourg; 4（菊盛英夫・麻生建訳『歴史主義の成立（上・下）』筑摩書房，1968年）．

Menon, M. ［2015］"An Unpolitical Political Philosophy? Some Remarks on Leo Strauss' «Notes on Lucretius»," *The Quarrel between Poetry and Philosophy*, vol. I, no. 2: ODRADEK.

Miller, D. ［2003］*Political Philosophy: A Very Short Introduction*, Oxford: Oxford University Press（山岡龍一監訳『政治哲学』岩波書店，2005年）．

Minogue, K. ［2007］*Alien Powers: The Pure Theory of Ideology*, New Brunswick: Transaction Publishers.

Mittelman, J. H. ［2004］*Whither Globalization?: The Vortex of Knowledge and Ideology*（*Rethinking Globalizations*）, London: Routledge（奥田和彦・滝田賢治訳『オルター・グローバリゼーション――知識とイデオロギーの社会的構成――』新曜社，2008年）．

Moellendorff, Ulrich Von Wilamowitz ［1998］*Geschichte Der Philologie: Mit Einem Nachwort Und Register Von Albert Henrichs*, 3. Aufl. Wiesbaden: Vieweg+ Teubner Verlag.

Mouffe, C. ［1993］*The Return of the Political*（Radical Thinkers）, New York: Verso（千葉眞・土井美徳・田中智彦ほか訳『政治的なるものの再興』日本経済評論社，1998年）．

Nietzsche, F. ［1930］Der Wille zur Macht, Kröners, Taschenausgabe Bd. 78, Stuttgart: Alfred Kröner Verlag（原佑訳『ニーチェ全集第十二巻　権力への意志（下）』理想社，1962年）．

―――― ［1955］*Unzeitgemässe Betrachtungen*, Kröners Taschenausgabe Bd. 71, Stuttgart: Alfred Kröner Verlag（小倉志祥訳『ニーチェ全集第四巻　反時代的考察』理想社，1964年）．

Norton, A. ［2004］*Leo Strauss and the American Empire*, New Haven: Yale University Press.

Oakeshott, M. J. ［1962］*Rationalism in Politics and Other Essays*, Indianapolis: Liberty Press（嶋津格訳『政治における合理主義』勁草書房，1988年）．

―――― ［1975］*Hobbes on Civil Association*, Oxford: Basil Blackwell（中金聡訳『リヴァイアサン序説』法政大学出版局，2007年）．

―――― ［1986］*Experience and its Modes*, Cambridge: Cambridge University Press.

Osborne, D. ［1992］*Reinventing Government: How The Entrepreneurial Spirit Is Transforming*, Reading, Mass.: Addison-Wesley Pub. Co.

Palmer, L. M. ［1994］*The end of the end of ideology: History of European Ideas*, Volume 19.7.

Peter, J. S. ［2003］*Edmund Burke and the Natural Law*, New ed., Transaction Pub.

Peters, B. G. [2000] *Institutional Theory in Political Science: The New Institutionalism*, Frances Pinter Publishers Ltd（土屋光芳訳『新制度論』芦書房，2007年）．

Pettit, P. [2017] "Analytical Philosophy," in Goodin, R. E., Pettit, P. and Pogge, T. eds., *A Companion to Contemporary Political Philosophy*, Oxford: Blackwell Publishing Ltd.

Plato [1900] *Euthyphro, Apology of Socrates, Crito, Phaedo*, in Burnet, J. ed., *Platonis Opera*, vol. 1（Oxford Classical Texts），Oxford: Oxford University Press（松永雄二訳『プラトン全集1　エウテュプロン　ソクラテスの弁明　クリトン　パイドン』岩波書店，1975年）．

――――[1902] *Republic*, in Burnet, J. ed., *Platonis Opera*, vol. 4（Oxford Classical Texts），Oxford: Oxford University Press（藤沢令夫訳『プラトン全集11　クレイトポン　国家』岩波書店，1976年）．

――――[1903] *Gorgias, Meno*, in Burnet, J. ed., *Platonis Opera*, vol. 3（Oxford Classical Texts），Oxford: Oxford University Press（加来彰俊訳『プラトン全集9　ゴルギアス　メノン』岩波書店，1974年）．

――――[1907] *Laws*, in Burnet, J. ed., *Platonis Opera*, vol. 5（Oxford Classical Texts），Oxford: Oxford University Press（森進一・池田美恵・加来彰俊訳『プラトン全集13　法律』岩波書店，1976年）．

Pocock, J. G. A. [1975] *The Machiavellian Moment: Florentine Political Thought and the Atlantic Republican Tradition*, Princeton, N. J.: Princeton University Press（田中秀夫・奥田敬・森岡邦泰訳『マキァヴェリアン・モーメント――フィレンツェの政治思想と大西洋圏の共和主義の伝統――』名古屋大学出版会，2008年）．

Quinton, A. eds. [1978] *Political Philosophy*（Oxford Readings in Philosophy），Tokyo: Oxford University Press.

Rabies, L. R. [2015] "Leo Strauss on the Politics of Plato's Republic," in Burns, T. W. ed., *Brill's Companion to Leo Strauss' Writings on Classical Political Thought*, Leiden: Brill Academic Pub.

Rawls, J. [2000] *Lectures on the History of Moral Philosophy*, Cambridge, MA: Harvard University Press（山岡龍一他訳『ロールズ　政治哲学史講義』岩波書店，2011年）．

――――[2005] *A Theory of Justice*, Original Edition, Cambridge, Mass.: Belknap Press（川本隆史訳『改訂版　正義論』紀伊國屋書店）．

――――[1993] *Political Liberalism*, New York: Columbia University Press（神島裕子・福間聡訳『政治的リベラリズム〔増補版〕』筑摩書房，2022年）．

Ricœur, P. [1983] *Temps et récit. Tome I: L'intrigue et le récit historique*, Le Seuil（久米博訳『物語と時間性の循環――歴史と物語――』新曜社，1987年）．

Ricœur, P. and Taylor, G. H. [1986] *Lectures on Ideology and Utopia*, New York: Columbia Univesity Press（川崎惣一訳『イデオロギーとユートピア――社会的想像力をめぐる講義――』新曜社，2011年）．

Rorty, R. M. [1989] *Contingency, Irony, and Solidarity*, Cambridge: Cambridge University Press（山岡龍一訳『偶然性・アイロニー・連帯―リベラル・ユートピアの可能性』岩波書店，2000年）．

Rhodes, R. A. W. [1997] *Understanding Governance: policy networks, governance, reflexivity and accountability,* Philadelphia: Open University Press.

Schmitt, C. [1932a] *Der Begriff des Politischen.*: Text von 1932 mit einem Vorwort und drei Corollarien Duncker & Humblot; 9., korrigierte edition（田中浩訳『政治的なものの概念』未来社，1970年）.

───── [1932b] "Das Zeitalter der Neutralisierungen und Entpolitisierungen," in Schmitt, C., *Der Begriff des Polltishen TeXt von 1932 mit einem Vorwort und drei Corollarien,* Berlin: Duncker & Humblot（「中立化と脱政治化の時代」，長尾竜一編『カール・シュミット著作集 I』風行社，2007年）.

Sédillot, R. [1986] *Le coût de la Révolution française Broché*─1 décembre（山崎耕一訳『フランス革命の代償』草思社，1991年）.

Seidelman, R. [1985] *Disenchanted Realists: Political Science and the American Crisis, 1884 -1984,* Albany: State University of New York Press（本田弘訳『アメリカ政治学の形成』三嶺書房，1987年）.

Seliger, M. [1976] *Ideology and politics,* London: Allen & Unwin.

Shapiro, S. [2000] *Thinking About Mathematics: The Philosophy of Mathematics,* New York: Oxford University Press（金子洋之訳『数学を哲学する』筑摩書房，2012年）.

Shaw, B. [2019] ""The God of This Lower World": Leo Strauss: His Critique of Historicism," *The Review of Politics,* 81(1).

Skinner, Q. [1969] "Meaning and Understanding in the History of Ideas," *History and Theory,* 8(1)（半沢孝麿訳『思想史とはなにか──意味とコンテクスト──』岩波書店，1999年）.

Smith, S. B. [2007] *Reading Leo Strauss: Politics, Philosophy, Judaism,* Chicago: University of Chicago Press.

───── [2009] *The Cambridge Companion to Leo Strauss*（Cambridge Companions to Philosophy），New York: Cambridge University Press.

"Special issue: Analytic and Continental Political Theory: An Unbridgeable Divide?," in Chin, C. and Thomassen, L. ed., *European Journal of Political Theory,* Volume 15 Issue 2.

Steger, M. B. [2003] *Globalization: a very short introduction,* Oxford: Oxford University Press（櫻井公人・櫻井純理・高嶋正晴訳『新版 グローバリゼーション』岩波書店，2010年）.

Steinberger, P. J. [1993] *The Concept of Political Judgment,* Chicago: University of Chicago Press.

Stern, A. [1962] *Philosophy of history and the problem of value,* Mouton And Co.（細谷貞雄訳『歴史哲学と価値の問題』岩波書店，1966年）.

Strauss, L. [1952] *The Political Philosophy of Hobbes,* translated by Sinclair, E. M., London: The University of Chicago Press.

───── [1953] *Natural Right and History,* Chicago: University of Chicago Press（塚崎智・

石崎嘉彦訳『自然権と歴史』筑摩書房，2013年).

———— [1957] "Plato's Gorgias" (https://wslamp70.s3.amazonaws.com/leostrauss/s3fs-public/Plato%27s%20Gorgias%201957.pdf, 2023年12月18日閲覧).

———— [1958] *Thoughts on Machiavelli*, Chicago: University of Chicago Press (飯島昇藏他訳『哲学者マキァヴェッリについて』勁草書房，2011年).

———— [1959] *What Is Political Philosophy?: and Other Studies*, Chicago: The University of Chicago Press (石崎嘉彦訳『政治哲学とは何であるか？ とその他の諸研究』早稲田大学出版部，2014年).

———— [1965] *Hobbes' politische Wissenschaft*, Neuwied am Rhein: Luchterhand (飯島昇藏他訳『ホッブズの政治学』みすず書房，2003年).

———— [1964] *The City and Man*, Chicago: Rand McNally (石崎嘉彦・飯島昇藏・小高康照訳『都市と人間』法政大学出版局，2015年).

———— [1968] *Liberalism, Ancient and Modern*, The University of Chicago Press (石崎嘉彦他訳『リベラリズム 古代と近代』ナカニシヤ出版，2006年).

———— [1985] *Studies in Platonic Political Philosophy*, Chicago: University of Chicago Press; Reprint.

———— [1988] *Persecution and the Art of Writing*, Chicago: University of Chicago Press.

———— [1989] *The Rebirth of Classical Political Rationalism*, Chicago: University of Chicago Press (石崎嘉彦他訳『古典的政治の合理主義の再生』ナカニシヤ出版，1999年).

———— [1989] "The Three Waves of Modernity", in *Political Philosophy, Six Essays by Leo Strauss*, ed. by Hilail Gildin, 1975, *Introduction to Political Philosophy*, or *Ten Essays by Leo Strauss*, edited with an Introduction by Hilail Gildin, Wayne State University Press (石崎嘉彦訳「近代性の三つの波」『政治哲学創刊号』政治哲学研究会).

———— [1995b] *Philosophy and Law: Contributions to the Understanding of Maimonides and His Predecessors* (*Suny Series in the Jewish Writings of Strauss*), Albany: State University of New York Press.

———— [1997] *Spinoza's Critique of Religion*, Chicago: University of Chicago Press.

———— [1997] *Jewish Philosophy and the Crisis of Modernity: Essays and Lectures in Modern Jewish Thought*, edited by Green, K. H., Albany: State University of New York Press.

———— [2000] *On Tyranny, Including the Strauss-Kojeve Correspondence*, edited by Gourevitch, V. and Roth, M. S., Chicago: University of Chicago Press (石崎嘉彦・飯島昇藏・面一也訳『僭主政治について 上・下巻』現代思潮新社，2006・2007年).

Strauss, L. and Cropsey, J. eds. [1987] *History of Political Philosophy*, 3rd ed., Chicago: University of Chicago Press.

Strauss, C. L. [1985] *La Pensée Sauvage*, Adler's Foreign Books (大橋保夫訳『野生の思考』みすず書房，1976年).

Tarcov, N. [2006]「レオ・シュトラウス『自然権と歴史』における正しい生き方としての哲学」(丸田健訳),『政治哲学』4，2006年).

Thompson, J. B. [1991] *Studies in the Theory of Ideology*, Cambridge: Polity Press.

Troeltsch, E. [1922] Der Historismus und seine Probleme. Erstes Buch: Das logische Problem der Geschichtsphilosophie, in: Ernst Troeltsch Kritische Gesamtausgabe Band16 (1 -2), Walter de Gruyter, 2008（近藤勝彦訳『トレルチ著作集〈4〉歴史主義とその諸問題 上』1980年）.

Vico, G. [1988] *On the Most Ancient Wisdom of the Italians*, translated with an introduction and note by L. M. Palmer, Ithaca: Cornell University Press（上村忠男訳『イタリア 人の太古の知恵』法政大学出版局, 1988年）.

Villa, D. R. [1996] *Arendt and Heidegger: The Fate of the Political*, Princeton, N. J.: Princeton University Press（青木隆嘉訳『アレントとハイデガー──政治的なものの運命』法政 大学出版局, 2004年）.

Vincent, A. [1992] *Modern Political Ideologies*, Oxford, UK: Blackwell（重森臣広訳『現代の 政治イデオロギー』昭和堂, 1998年）.

Waldron, J. [2013] "Political Political Theory," *The Journal of Political Philosophy*, 21(1).

Walzer, M. [2007] *Thinking Politically: Essays in Political Theory*, New Haven: Yale University Press（萩原能久・齋藤純一監訳『政治的に考える──マイケル・ウォルツァー論 集──』風行社, 2012年）.

Weber, M. [1992] *Politik als Beruf, Max Weber Gesamtausgabe*, J. C. B. Mohr (Paul Siebeck) （脇圭平訳『職業としての政治』岩波書店, 1980年）.

Weldon, T. D. [1960] *The Vocabulary of Politics*, Harmondsworth: Penguin Books Ltd（永 井陽之助監訳『政治の論理』紀伊国屋書店, 1968年）.

White, H. [2014] *The Practical Past*, Evanston, Illinois: Northwestern University Press（上 村忠男訳『実用的な過去』岩波書店, 2017年）.

White, S. K. [1991] *Political Theory and Postmodernism*, New York: Cambridge University Press（有賀誠訳・向山恭一訳『政治理論とポスト・モダニズム』1996年）.

Whitehead, A. N. [1997] *Science and the Modern World*, Free Press（上田泰治・村上至孝訳 『科学と近代世界』松籟社, 1981年）.

Wiatr, J. [1966] *Czy zmierzch ery ideologii?: Problemy polityki i ideologii w świecie współczesnym*, Warszawa: Książka i Wiedza（阪東宏訳『イデオロギー時代の黄昏』合同 出版, 1968年）.

Williams, B. [2007] *In the Beginning was the Deed: Realism and Moralism in Political Argument*, Princeton: Princeton University Press.

Williams, R. [1988] *Keywords: A Vocabulary of Culture and Society*, new edition, Oxford University Press（椎名美智他訳『完訳キーワード事典』平凡社, 2002年）.

Wolin, S. [1960] *Politics and Vision: Continuity and Innovation in Western Political Thought*, expanded ed., Princeton, N. J.: Princeton University Press（半沢孝麿他訳『政治 とヴィジョン』福村出版, 2007年）.

Young, I. M. [1990] *Justice and the Politics of Difference*, Princeton, N. J.: Princeton University Press（飯田文雄・苅田真司・田村哲樹監訳『正義と差異の政治』法政大学出版局,

2020年).

Zuckert, C. [2008] "Leo Strauss: Jewish, Yes, but Heideggerian?" in Fleischacker, J. S. ed., *Heidegger's Jewish Followers: Essays on Hannah Arendt, Leo Strauss, Hans Jonas, and Emmanuel Levinas,* Pittsburgh: Duquesne University Press.

Zuckert, C. and Zuckert, M. [2006] *The Truth about Leo Strauss: Political Philosophy and American Democracy,* Chicago: University of Chicago Press.

人 名 索 引

事 項 索 引

《著者紹介》

早 瀬 善 彦（はやせ　よしひこ）

1982年京都市生まれ.
京都大学大学院人間・環境学研究科共生文明学専攻博士後期課程研究指導認定退学.
博士（人間・環境学）.
現在，同志社大学嘱託講師.

主要業績

「ネオコン第一世代の思想と政策」『公共政策研究』11，2011年.
「レオ・シュトラウスとユダヤ思想――啓示と哲学の抗争――」『京都ユダヤ思想』
　　3，2012年.
「ディシプリンとしての政治哲学の再考」『社会システム研究』17，2014年.
「『安倍晋三回顧録』から読み解く安倍政権の政治学的評価――官僚機構，米国，保
　　守論壇との関係を中心に――」『日本國史學』20，2024年.

ガバナンスと評価13

政治哲学とイデオロギー
――レオ・シュトラウスの政治哲学論――

2024年4月30日　初版第1刷発行　　＊定価はカバーに
　　　　　　　　　　　　　　　　　　表示してあります

著　者　早　瀬　善　彦 ©

発行者　萩　原　淳　平

印刷者　江　戸　孝　典

発行所　株式会社　晃　洋　書　房
〒615-0026　京都市右京区西院北矢掛町7番地
　　　　　　　電話　075(312)0788番(代)
　　　　　　　振替口座　01040-6-32280

装丁　クリエイティブ・コンセプト　　印刷・製本　共同印刷工業㈱

ISBN978-4-7710-3844-8